重型卡车维修技术手册

底盘分册

ZHONGXING KACHE

WEIXIU JISHU SHOUCE

DIPAN FENCE

瑞佩尔　主编

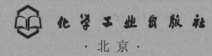

化学工业出版社
·北京·

内 容 简 介

"重型卡车维修技术手册"内容以国四、国五车型技术为主,所涉及的车型品牌国内国外相结合。在系统构造及功能原理讲解时,主要以奔驰、斯堪尼亚及陕汽重卡车型为主,在介绍部件分解拆装、系统检测与故障排除及诊断时,主要以一汽解放、重汽豪沃及陕汽德龙等重卡车型为主。

本册底盘分册,示例讲解结构、功能与原理的品牌车型主要有奔驰、斯堪尼亚、重汽、陕汽等重卡车型;示例讲述部件分解,总成拆装及故障检测、诊断与排除的品牌车型主要有一汽解放、重汽豪沃/斯太尔、陕汽德龙、奔驰、斯堪尼亚等重卡车型。

本书图文并茂,内容实用,在重卡维修技术资料稀缺的情况下,实为广大重卡维修售后技术工作人员宝贵的学习与参考资料。同时,本书也可供各汽车职业院校与培训机构作为教学资料使用。

图书在版编目(CIP)数据

重型卡车维修技术手册.底盘分册/瑞佩尔主编.
—北京:化学工业出版社,2021.3(2022.9重印)
ISBN 978-7-122-38523-9

Ⅰ.①重… Ⅱ.①瑞… Ⅲ.①重型载重汽车-底盘-车辆修理-技术手册 Ⅳ.①U469.207-62

中国版本图书馆 CIP 数据核字(2021)第 026671 号

责任编辑:周 红	文字编辑:冯国庆
责任校对:宋 玮	装帧设计:王晓宇

出版发行:化学工业出版社(北京市东城区青年湖南街 13 号 邮政编码 100011)
印　　装:北京盛通数码印刷有限公司
880mm×1230mm 1/16 印张 22 字数 714 千字 2022 年 9 月北京第 1 版第 4 次印刷

购书咨询:010-64518888　　　　　　　　售后服务:010-64518899
网　　址:http://www.cip.com.cn
凡购买本书,如有缺损质量问题,本社销售中心负责调换。

定　　价:168.00 元

前言

得益于我国近年来大规模的基础设施建设和物流业的快速发展，我国重型卡车（以下简称重卡）市场正处于一个前所未有的鼎盛时期。同时，随着机电一体化技术的推广以及汽车高端电子技术的广泛应用，以前一些只在小汽车上才可以见到的设备和技术也逐步出现在重卡上，如电控发动机、自动变速器、自动空调、DVD影音、ABS制动控制、电动助力转向、CAN总线集中控制等。这些需要我们通过更加专业、更为详尽的资料来了解及掌握它。

国四、国五重卡相对国三重卡来说是个质的飞跃，电子技术的应用对服务人员技能、维修手段和工具、配件供应等都提出了非常高的要求，必须经过一个复杂的学习过程，因而对服务技术的普及也会带来种种意想不到的困难。因此，对柴油电喷发动机如高压共轨、电控单体泵、后处理等技术的掌握及资料信息服务都必须紧紧跟上。

目前系统全面地介绍重卡维修技术的图书较为紧缺，因此我们组织相关专业技术人员编写了"重型卡车维修技术手册"。该手册分为发动机、变速器、底盘与电气四个分册。

本手册内容以国四、国五车型技术为主，将国内外品牌的车型相结合。在系统构造及功能原理讲解时，主要以奔驰、斯堪尼亚及沃尔沃车型为主；在介绍部件分解拆装、系统检测和故障排除与诊断时，主要以一汽解放、重汽豪沃及陕汽德龙等重卡车型为主。

维修技术一般分理论与实践两部分。系统的组成、总成的构造、部件的功能、整个机构或系统的运行流程与工作原理，这些都属于理论。通过理论的学习与研究，可以明白维修对象"长什么样""做什么用""如何作用"，这对确定检修思路，从而"对症下药"十分重要。因为我们知道产品的故障即功能缺失，只要修复该故障部件即可。至于部件分解、总成拆装、电路检测、机件检修、故障诊断这些工作，则需要丰富的实践经验。

本书为底盘分册，示例讲解结构、功能与原理的品牌车型主要有奔驰、斯堪尼亚、重汽、陕汽等重卡车型；示例讲述部件分解、总成拆装及故障检测、诊断与排除的品牌车型主要有一汽解放、重汽豪沃/斯太尔、陕汽德龙、奔驰、斯堪尼亚等重卡车型。

秉持"原理、维修、数据"三合一的编写原则，本书在讲解维修技术的原理、拆装、检测与诊断的同时，也提供了一些维修数据资料、故障码信息、电路图以及端子定义等供维修查阅参考。书中各连接器端子定义凡表示预留或未连接的，一概省略未列。

本书由广州瑞佩尔信息科技有限公司组织编写，瑞佩尔主编，此外参加编写的人员还有朱其谦、杨刚伟、吴龙、张祖良、汤耀宗、赵炎、陈金国、刘艳春、徐红玮、张志华、冯宇、赵太贵、宋兆杰、陈学清、邱晓龙、朱如盛、周金洪、刘滨、陈棋、孙丽佳、周方、彭斌、王坤、章军旗、满亚林、彭启凤、李丽娟、徐银泉。在编写过程中，参考了大量国内外相关文献和厂家技术资料，在此谨向这些资料信息的原创者们表示由衷的感谢！

由于编者水平有限，书中不足之处在所难免，恳请广大读者朋友及业内行家批评指正。

编者

目录
CONTENTS

第**1**章

传动机构

1.1
离合器

1.1.1 离合器结构与原理

1.1.1.1 离合器结构

以陕汽 F3000 系列重型卡车（以下简称重卡）为例，该车型装备膜片弹簧离合器。所谓膜片弹簧离合器就是用一个整体式的膜片弹簧代替螺旋弹簧和分离杠杆（分离压爪）。离合器的从动盘（摩擦片）直径为 430mm。离合器操作系统布置如图 1-1 所示。

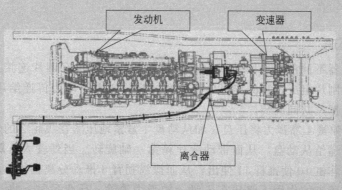

图 1-1　离合器操作系统布置

踏板紧固螺栓拧紧力矩为 21～25N·m，分泵安装螺栓拧紧力矩为 41～51N·m。

膜片弹簧离合器有两种操纵形式：一种是推式；另一种是拉式。所谓推式离合器，就是与常规离合器相同，离合器分离轴承向前推动膜片弹簧使离合器分离；而拉式离合器是分离轴承向后拉动膜片弹簧使离合器分离。如图 1-2（a）所示为推式离合器的压盘总成，如图 1-2（b）所示为拉式离合器压盘总成。

推式离合器结构如图 1-3 所示。推式离合器与常规的螺旋弹簧离合器结构相近，只是用一个膜片弹簧代替了螺旋弹簧和分离杠杆（分离压爪）。膜片弹簧 4 是一个鼓形弹簧，在内圈圆周上开有若干槽，它一方面起到将压盘 3 紧紧地将从动盘 1 压紧在飞轮 2 上的作用，同时又起到分离杠杆的作用。拉式离合器结构如图 1-4 所示。

(a) 推式离合器压盘总成

(b) 拉式离合器压盘总成

图 1-2　离合器压盘型式

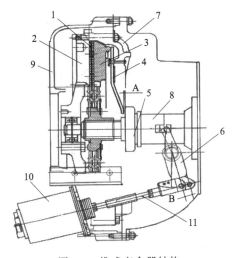

图 1-3　推式离合器结构

1—从动盘；2—飞轮；3—压盘；4—膜片弹簧；5—分离轴承；
6—分离拐臂；7—压盘壳；8—分离轴承壳；9—飞轮壳；
10—离合器工作缸（分泵）；11—推杆

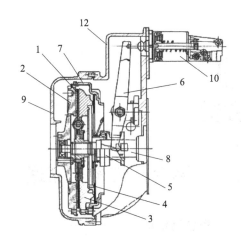

图 1-4　拉式离合器结构

1—从动盘；2—飞轮；3—压盘；4—膜片弹簧；5—分离轴承；
6—拐臂；7—压盘壳；8—分离轴承壳；9—飞轮壳；
10—离合器工作缸（分泵）；11—离合器壳

1.1.1.2　离合器工作原理

与常规螺旋弹簧离合器不同的是，膜片弹簧离合器在圆周上布置有四片连接压盘壳和压盘的传动片。每个传动片都由四片弹性刚片组成，它的作用是将发动机旋转产生的动力传递给压盘，从而使压紧的压盘和飞轮共同带动从动盘摩擦片共同旋转。

如图 1-5 所示，膜片弹簧 4 靠弹力将压盘 3 和从动盘 1 紧紧地压紧在飞轮 2 的表面上。此时，发动机的动力将通过飞轮和压盘传递给从动盘，从而带动变速箱第一轴旋转。当驾驶人员踩下离合器踏板时，通过离合器总泵控制离合器工作缸 10 使推杆 11 伸出，从而操纵拐臂 6 推动分离轴承 5 向前移动，分离轴承推动膜片弹簧，膜片弹簧在支承点的作用下将压在压盘上的弹力消除，压盘后移，将从动盘释放，离合器彻底分离。

当驾驶人逐渐放松离合器踏板时，分离轴承逐渐后撤，膜片弹簧弹力重新作用在压盘上，而且随踏板行程的减小，弹力逐渐加大，直到完全放松踏板，膜片以全负荷弹力压在压盘上，从而实现离合器的平稳结合。

压盘壳与压盘之间的传动片如图 1-6 所示。

拉式离合器的工作方位与推式离合器刚好相反。如图 1-7 所示，膜片弹簧 4 的外圆周边支承在压盘壳上，膜片鼓形鼓心朝前，将压盘 3 和从动盘 1 紧紧地压在飞轮 2 上，当驾驶人向下踩动离合器踏板时，离合器总泵通过助力分泵将推杆顶出，推动拐臂 6 摆动。拐臂的摆动使离合器分离轴承 5 后撤。

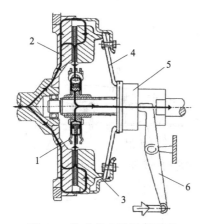

图 1-5 推式离合器原理示意

1—从动盘；2—飞轮；3—压盘；4—膜片弹簧；5—分离轴承；6—分离拐臂

图 1-6 压盘壳与压盘之间的传动片

在拉式离合器膜片中心分离指上用卡环固定着一个分离环，分离环上有六个环卡，膜片弹簧相应位置的分离指上有六个宽开口，分离环从膜片弹簧里面（飞轮面）向外（分离轴承面）装到膜片弹簧的分离指上，然后用环卡将分离环固定。在分离环上还安置了一个弹簧卡环，卡环的挂钩平时是挂住的，离合器分离轴承头部为一个锥面，在分离轴承套上有一个波纹弹片。在安装分离轴承时，可将卡环挂钩摘开，把分离轴承装入，然后将卡环挂钩重新挂合，卡环即把分离轴承在膜片弹簧的分离指上定位，波纹弹簧使分离轴承与膜片弹簧无间隙地连接到位。

当驾驶人踩下离合器踏板时，离合器总泵通过助力分泵将推杆向前推出，拐臂 6 的摆动，通过支点使拐臂头拉动分离轴承 5 向后（变速箱方向）移动，由于弹簧卡环把膜片弹簧的分离指固定在分离轴承上，因此膜片弹簧分离指也被向后（变速箱方向）拉动，膜片弹簧将压盘释放，离合器彻底分离。当驾驶人慢慢放松离合器踏板时，分离轴承随分泵推杆的缩回而逐渐向前移动，膜片弹簧分离指向前移动，使其对压盘的压力逐渐加大，离合器平稳结合。

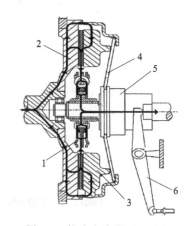

图 1-7 拉式离合器原理示意

1—从动盘；2—飞轮；3—压盘；4—膜片弹簧；5—分离轴承；6—拐臂

从上述分析可以看出：拉式离合器的分离轴承永远和膜片弹簧分离指连接成一体而没有间隙，因此分离轴承是常结合式，即只要发动机旋转，分离轴承就和离合器压盘总成一起旋转。一般拉式离合器的分离轴承都是常效免维护型的。安装拉式离合器的车型，则没有分离轴承间隙这一说，因此也就没有分离轴承间隙调整的问题。

值得注意的是，$\phi 430mm$ 膜片弹簧离合器从动盘的花键毂有两种不同规格：推式离合器从动盘的花键毂规格为 SAE10C1（SAE 标准 10 齿 C 型花键齿，外径 1in，即 $\phi 25.4mm$）；而拉式离合器从动盘的花键毂规格为 SAE10C2（SAE 标准 10 齿 C 型花键齿，外径 2in，即 $\phi 50.80mm$）。因此，在更换从动盘时应予以注意。

1.1.1.3 离合器操纵系统

目前离合器采用常规总泵-分泵液压操纵空气助力式操纵系统，如图 1-8 所示。

离合器总泵和助力分泵与传统常规的总泵-分泵控制系统结构没有什么区别，只是推式离合器与拉式离合器的助力分泵结构略有区别。

陕汽重卡用离合器总泵与常规结构相同，如图 1-9 所示，它基本上由推杆、活塞、总泵壳体和油杯组成。在安装时应注意当离合器的踏板完全松开时，推杆与活塞应保持 0.5～1.0mm 的间隙。

推式膜片离合器助力分泵原理示意如图 1-10 所示，其由两部分组成：一部分是液压控制部分；另一部分是气压助力部分。

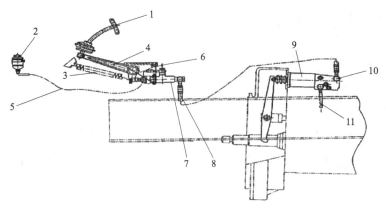

图 1-8　拉式离合器操纵系统

1—离合器踏板；2—储油罐；3—踏板回位弹簧；4—踏板拐臂；5—油管；6—踏板支架；7—离合器总泵；
8—连接油管；9—离合器助力分泵；10—分泵油管接头；11—分泵气管线接头

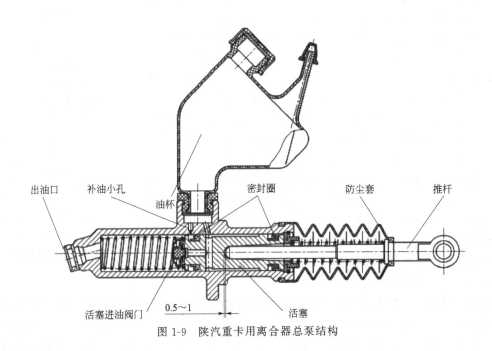

图 1-9　陕汽重卡用离合器总泵结构

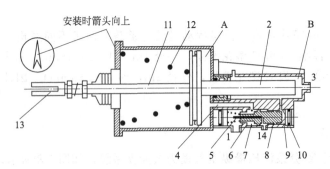

图 1-10　推式离合器助力分泵原理示意

1—进气口；2—活塞推杆；3—进油口；4—助力缸进气道；5—液控进气阀；6—排气通道；7,12—回位弹簧；
8—液控活塞；9—液压腔；10—液压通道；11—分泵推杆；13—连接杆；14—排气口

　　当驾驶人踩下离合器踏板时，踏板拐臂推动总泵内的活塞，首先封闭了储油罐来的进油口，继而将控制油液经管线压入助力分泵。控制油液从助力缸进油口进入 B 腔，油压一方面推动活塞推杆向左移动，同时经液压通道进入液压腔，推动液控活塞同时向左移动。液控活塞向左移动的结果，使液控进气阀被顶离阀座，进气门打开，压缩空气由进气口经助力缸进气道进入 A 腔，A 腔的压缩空气推动助力活塞产生助力作用。液压和气压助力的结果共同推动分泵推杆向前伸出，推动离合器拐臂，从而通过分离轴承使离合器分离。

当离合器踏板停止在某一位置时，总泵的油停止再进入助力分泵的液压腔 B，然而此时压缩空气仍在推动助力活塞左移，助力活塞继续左移的结果会使液压腔 B 的压力迅速下降，如此，液控活塞在气压与回位弹簧的作用下开始右移，至使液控进气阀落座，从而关闭通向 A 腔压缩空气的通道，分泵推杆不再向外推动，并停止在这个平衡的状态。这就是助力的随动性，离合器助力系统的随动性保证了离合器分离彻底、结合平稳的特性。

当驾驶人抬起离合器踏板时，B 腔的油压卸荷，液控活塞在气压和回位弹簧的作用下彻底右移，从而打开 A 腔至排气口的通道，A 腔压缩空气排空，分泵推杆在回位弹簧和离合器分离轴承回位弹簧作用下彻底右移，离合器结合。

推式离合器分泵推杆 12 的前端有一个可调的连接杆 14，调整连接杆的长度可以保证分离轴承的间隙。

拉式离合器助力分泵结构与推式基本相同，如图 1-11 所示，不同的是助力回位弹簧的位置不同。此外，因拉式离合器分离轴承没有间隙，因此其分泵推杆没有可调节的连接杆。

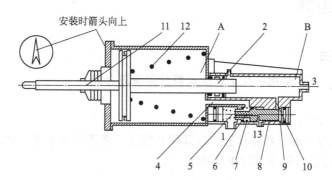

图 1-11　拉式离合器助力分泵原理示意

1—进气口；2—活塞推杆；3—进油口；4—助力缸进气道；5—液控进气阀；6—排气通道；7,12—回位弹簧；
8—液控活塞；9—液压腔；10—液压通道；11—分泵推杆；13—排气口

拉式离合器助力分泵的工作过程与推式完全相同。

离合器操纵系统在安装时应注意：总泵推杆与总泵应保持同一中心，最大偏移角度不应大于±3°，否则由于推杆的偏置会造成活塞早期偏磨而失效。在安装时注意将总泵的油杯朝上，以防止漏油和混入空气。应注意按助力泵盖板箭头向上的位置安装，同时使放空气螺钉处于最高点，有利于排气。总泵与助力泵的连接管线尽量减少折弯，保持由高到低，有利于管路空气的排除。

离合器操纵系统在初装或维修时需要对液压系统排放空气。排气方法有以下三种。

方法一：在助力泵放空气接头处连接一根油管、开关 C 和电动油泵 A，踏板 E 处于自由状态，打开放空气螺栓 D 和开关 C，开动电动油泵，从助力分泵放空气管向助力分泵 J 和总泵 H 充油。也可以用一个位置高于储液罐 F 的油罐，用自流的方式使油液充满总泵和分泵，直到纯净的油液达到储液罐的标定位置，将放油螺栓旋紧，拆除加油装置 A 和 C。

方法二：踏板 E 处于自由状态，旋松放空气螺钉 D，从储液罐加注油液，直到放空气螺栓处流出纯净的油液，将放空气螺栓旋紧。不断踩动踏板数次后，保持踏板最低位置不动，旋松放气螺栓，排气后立即旋紧。反复进行这项操作，直到放气螺栓放出不含空气的纯净油液为止，此时会明显感觉踏板沉重有力，最后旋紧放气螺栓，将储液罐油液加至规定的液位。在这项操作中，应注意储液罐中随时加满油液。

方法三：如果上述两种方法仍不能将空气排净，仍感觉踏板无力时，可将驾驶室翻转，用手拉下总泵踏板拐臂，然后拧松总泵出油接头，使里面的空气排出，再拧紧接头，松开踏板拐臂。反复数次，直到空气排净，踏板沉重有力为止。

初始使用或维修后重新安装总泵、助力分泵时，加油的方法也完全可按方法一和方法二进行。相关操作部件如图 1-12 所示。

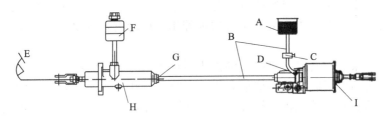

图 1-12　操纵系统排气部件

A—油罐式电动泵；B—液压管线；C—开关；D—放空气螺栓；E—离合器踏板；F—储液罐；
G—总泵出油接头；H—离合器总泵；I—助力分泵

离合器操纵系统加注的是 719 型合成制动液，应注意制动液中严禁混入机油，补液时应补同型号的制动液，否则会造成助力分泵失效。目前，陕汽重卡普遍使用这种型式的控制系统，包括螺旋弹簧离合器的操纵系统。

1.1.2　离合器维修

1.1.2.1　离合器拆装方法

以解放 J6P 卡车为例，该车采用单片干式拉式膜片弹簧离合器。

（1）拆卸前的作业

① 将变速器从整车上拆下。

② 从离合器助力泵上拆下离合器后软管，打开储油杯盖，将离合器系统中的油放净。

（2）安装后的作业　按照与拆卸前的相反顺序。

注意：

① 拆解各个分总成，要把所有零件按拆卸的顺序放在干净的工作台上，避免零件丢失、混淆，同时又便于装配；

② 在拆卸零件的过程，应按规范操作，避免损坏零件；

③ 安装软管总成时，不可将其扭曲。

离合器系统部件分解如图 1-13 所示。

装配顺序：按照分解的相反顺序。

1.1.2.2　离合器系统检修

（1）离合器液压系统排气

装配完成后，用 DOT-3 制动液将储油杯注满。注满油后，需对液压系统进行排气。

排气作业时，应不断补充制动液。取下助力泵放气塞防尘帽，用工具旋松放气塞，用一个小油泵（手动、气动、电动均可，流量以 $500 \mathrm{cm}^3/\mathrm{min}$ 为好，以便于观察泵出的液体量）经放气塞将制动液泵出至一个量杯内，泵出量为 $200 \sim 300 \mathrm{cm}^3$。在到达此液体量时，在油泵不关闭状态下，迅速锁紧放气塞，套好防尘罩。往储油杯内加注制动液，液面至标线 $H \sim L$ 之间。

也可以采用另一排气方法：取下助力泵放气塞防尘帽，将一根透明管的一端套在放气塞上，另一端放入一个已盛有少许制动液的容器液面里。两人一组进行排气作业。一个人缓慢踩下离合器踏板，在踏入状态下另一人拧开放气塞，排出制动液和空气并拧紧放气塞，然后放开离合器踏板。反复进行排气作业，直至流出的制动液无气泡为止。拧紧放气塞，套好防尘帽。检查储油杯中液面高度，应在标线 $H \sim L$ 之间，否则杯中制动液多去少补。

（2）操纵系统功能检查

反复踩动离合器踏板，离合器应分离彻底，接合平稳。最大踏板力（新车）为 80~150N（参考值）。

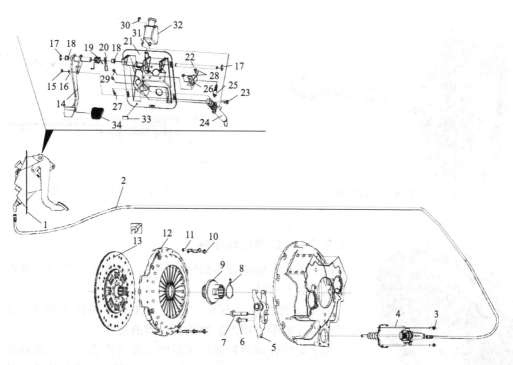

图 1-13　离合器系统部件分解

1—踏板总成；2—离合器油管总成；3,6,7—六角法兰面螺栓；4—离合器助力泵总成；5—离合器分离拨叉；8—离合器盖总成卡扣；
9—离合器分离轴承总成；10—六角头导颈螺栓；11—弹簧垫圈；12—离合器盖总成；13—离合器从动盘总成；14—离合器踏板总成；
15—六角头螺母；16—弹簧垫圈；17—开口挡圈；18—衬套-制动踏板轴；19—回位弹簧；20—摆臂-离合器开关；21—踏板支架；
22—踏板轴；23—轴-总泵；24—离合器总泵总成；25—离合器开关总成；26—离合器开关支架总成；27—内六角圆柱头螺钉；
28—六角头螺母；29—组合螺栓；30—六角头头部带槽螺栓；31—踏板限位块；32—储油杯总成；33—踏板限位块；34—踏板套

若不能分离彻底，需检查系统管路各处是否有油渗漏，若有渗漏，应查明原因解决后，重新排气，加制动液。

（3）部件检修标准与紧固力矩，见表1-1和表1-2。

表 1-1　部件检修标准

部位	维修项目	极限值/mm	校正方法
9	分离轴承磨损量	大于 0.5	更换分离轴承总成
12	压盘表面不平度	大于 0.25	更换离合器盖总成
13	从动盘铆钉到摩擦片上表面距离 A	小于 0.25	更换离合器从动盘总成
	花键间隙	大于 0.6	

表 1-2　部件拧紧力矩

部位	被拧紧的零件	拧紧力矩/N·m
6	六角法兰面螺栓	60～70
7	六角法兰面螺栓	250～300
10	六角头导颈螺栓	135～165

（4）部件拆装检修方法（从动盘总成15的拆卸与安装）

安装从动盘总成15时，需要通过花键轴与飞轮对中，如图1-14所示

从动盘总成15铆钉到摩擦片上表面距离 A 小于 0.25mm 时（图1-15），则需更换离合器从动盘总成。

安装离合器分离轴承总成11时，注意轴承凸台保持向上状态，如图1-16所示。

图 1-14 拆装从动盘总成

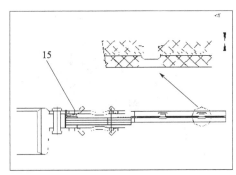

图 1-15 检查表面距离

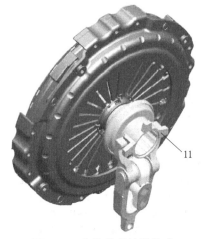

图 1-16 安装分离轴承总成

1.1.2.3 离合器故障排除

由于膜片弹簧离合器的结构特点，因此在维修时，特别是拆装时应特别注意如下事项。

① 在维修拆装过程中，应特别注意不要使传动片受到冲击负荷，如果传动片变形，将严重影响离合器的性能。

为了确保在运输和搬运过程中不致损伤传动片，在新离合器压盘总成上，固定有四个弹性 U 形卡子。当把压盘总成固定在飞轮上之后，弹性 U 形卡子自然松动，此时必须将 U 形卡子拆除，否则如果 U 形卡子掉入运转的离合器中，会造成严重的故障和后果。在维修拆下压盘总成时，应当设法将压盘与压盘壳相对固定，以避免传动片的损坏。

② 在安装压盘总成时，可用两个定位螺栓首先将压盘总成与飞轮定位，并用定心棒将从动盘定位在飞轮中心孔上，然后将压盘壳上的 12 个螺栓预紧，最后以 50～60N·m 的按扭矩对角顺序拧紧。

③ 压盘总成安装后应观察膜片弹簧的位置是否正确。

④ 由于离合器壳的检查窗口较小，在安装拉式离合器分离轴承时无法用手或借助工具将分离环上的弹簧卡环挂钩摘开，待装入轴承后再将挂钩挂合。因此，在实际安装时，首先将压盘总成安装到飞轮上。在安装完毕后，应用手活动一下弹簧卡环，观察弹簧卡环在分离环上是否松旷灵活。如果卡环在分离环上不能活动，则应检查和重新安装，否则分离轴承可能装不进去。注意：弹簧卡环的挂钩必须挂合。然后将安装压盘总成时使用的定心棒拨出，继而将带有分离轴承的变速箱安装到发动机上，待变速箱与飞轮壳固定之后，通过助力分泵的窗口可用绳索拉住分离轴承拐臂端部，向外猛拉拐臂，使分离轴承推入分离环并被弹簧卡环卡住，分离轴承即安装到位。安装到位后，再从离合器窗口处用手拨动一下分离轴承，确认分离轴承与分离环确实就位。

⑤ 分泵壳体上有一个向上的箭头标记，在安装时需将该箭头指向上位置，如此便于分泵排空气，否则分泵排气受阻，操纵系统工作不正常。

离合器应分离彻底和结合平稳。离合器产生的故障不外乎是分离不开、结合发"闯"、离合器打滑和分离轴承烧损等。

(1) 离合器分离不彻底及起步"发闯" 离合器分离不彻底的原因有离合器踏板自由行程过大，例如总泵自由间隙过大，使分离轴承间隙太大，从而使分离轴承的有效行程过小，离合器分离不完全。离合器分离杠杆（压爪）高度太低，使分离轴承已推至极限位置仍没有将分离杠杆压至彻底分离位置，造成分离不彻底的故障。在更换新从动盘时如果摩擦片的总厚度超过（10.0±0.3）mm 时，在没有重新调整检查分离杠杆（压爪）高度时，也会造成分离不彻底的故障。如果摩擦片的厚度标准超差太多，会使分离杠杆（压爪）根本调整不到标准位置（调整螺栓已调整到尽头），从而使离合器分离不开。

如果离合器从动盘翘曲变形，离合器压盘工作面产生鼓形变形、翘曲或不均匀磨损，使压盘工作面不平整，即使分离杠杆高度、分离轴承间隙都符合要求，也会产生分离不彻底，而且起步"发闯"的故障。所谓起步"发闯"，就是在离合器接合过程中，由于压盘与从动盘摩擦片部分接触的缘故，使离合器产生断续结合从而起步抖动。显然，如果分离杠杆（压爪）高度调整不一致，或是由于部分离合器弹簧热退火而弹力减弱，或是部分弹簧折断失效，或是没有按要求规定的位置安装不同颜色标记（不同弹力）的弹簧，使压盘周边压力不一致，如此在踩下踏板时会产生压盘歪斜，同样会产生分离不开和起步"发闯"的故障。

离合器分离不彻底会造成汽车起步挂挡响和不好挂挡的后果。但是对于安装法士特双中间轴变速箱的汽车来说，由于部分变速箱的主箱各挡没有同步器，为了起步便于挂挡，在变速箱上安装一个称为"离合器制动器"的装置。该装置是在离合器踏板下面安装一个制动器开关阀，当离合器踏板踩到底时即与该制动器开关阀接触，如果需起步挂挡，还需再向下踩动踏板将开关阀打开，压缩空气经该阀通向变速箱的制动气缸，使制动气缸活塞顶出，与变速箱中间轴取力齿轮接触，迫使副轴连同所有齿轮停止旋转，即可顺利挂挡起步。离合器制动器实际上起到一个起步同步器的作用（汽车正常行驶换挡无须上述的操作）。如此，在操作这样的汽车起步不好挂挡时，不一定是离合器分离不开的故障所致，如果起步不按要求的方法操作，或是离合器制动器失效等，也会造成起步挂挡响和不好挂挡的故障，这点需加以注意。

离合器分离不彻底故障排除见表1-3。

表1-3　离合器分离不彻底故障排除

原因分析	检查方法	解决方法
调整不当,自由行程过大,导致有效行程不足	检查离合器分离轴承的自由行程是否符合标准(3~5mm) 注:拉式离合器分离轴承与膜片弹簧没有间隙	调整离合器分泵推杆的调整螺母,使分离叉向前拨动分离套筒,以缩小分离轴承与分离杠杆内端的距离(按3~5mm调整)
分泵部件故障,行程不足	(1)自然状态下,对分泵推杆做好标记,踩下离合器踏板,测量推杆移动的距离 (2)查看分泵推杆推出与回位是否有卡滞、过慢及分段动作	将分泵的自由行程减小,如能分离则为分泵行程不足,应按以下步骤排查 (1)检查分泵与气罐之间的管路是否畅通和密封,管路内径是否够大(一般要求6~8mm) (2)检查总泵的液压油罐内液压油是否足够、干净 (3)检查分泵是否漏油漏气、密封胶是否失效,若失效则更换分泵
分离轴承的轴套卡死,不能前移	拆下离合器壳底盖(或观察孔),踩下离合器踏板后松开,观察分离轴承(座)回位是否灵活;松开离合器,检查分离轴承是否转动灵活	(1)检查分离摇臂(助力分泵)是否有回位弹簧,若无回位弹簧则分泵回位慢,会引起离合器打滑,应加装摇臂回位弹簧 (2)如分离轴承(座)缺油,则加注润滑脂(若无加润滑油的管,则加装) (3)如加润滑脂不能解决,则拆下变速箱,检查分离轴承(座)是否有回位弹簧,若没有回位弹簧则增加轴承座回位弹簧 (4)检查分离轴承是否散架、卡滞,若是则更换分离轴承
从动盘故障	拆开离合器检查	(1)从动盘/变速箱第一轴的花键齿面磨损,会导致从动盘轴向移动受阻。如是从动盘花键磨损则更换从动盘总成;如是变速箱第一轴的花键齿面磨损则更换变速箱第一轴 (2)检查从动盘摩擦片是否变形严重(将从动盘放到压盘上进行检测,变形量超过3mm则定为从动盘变形),若是则更换从动盘总成
压盘故障	拆开离合器检查	(1)分离指/分离轴承严重磨损,会导致有效行程不足;若磨损则更换离合器盖及压盘总成和分离轴承 (2)分离指高度不一致,按要求检测最高与最低之间的差值,离合器压盘分离指俩相邻指之值(在压紧状态下):<2.5mm可继续使用;>2.5mm更换离合器盖及压盘总成,同时排除有无异物堵塞 (3)若分离指断裂,则更换离合器盖及压盘总成件
拨叉轴部件故障	拨叉与轴承座两者接触处是否过度磨损	更换新的合格的拨叉和轴承座

车辆起步发闯故障排除见表1-4。

表1-4　车辆起步发闯故障排除

原因分析	检查方法	解决方法
操作不当	向驾驶员了解,整车起步是用哪个挡位	如果用3挡或3挡以上起步,整车会出现抖动、离合器早期磨损等故障,要求驾驶员使用1挡或2挡起步

原因分析	检查方法	解决方法
连接部件故障	检查发动机的固定螺栓,变速器与飞轮壳固定螺栓,离合器盖固定螺栓是否松动	若松动应予以拧紧
总、分泵及部件故障	检查分泵是否有分段动作或者是回位太快	将分泵的自由行程调小,如能分离则为分泵行程不足,应按以下步骤排查 (1)检查分泵与气罐之间的管路是否畅通和密封,管路内径是否够大(一般要求6~8mm) (2)检查总泵的液压油罐内液压油是否足够、干净 (3)检查分泵是否漏油漏气、密封胶是否失效。若失效则更换分泵 (4)如果以上检查处理不能解决行程不足问题,则可能是分泵选型不当,缸径过小
分离轴承的套筒卡滞,回位不顺畅	拆下离合器壳底盖(或观察孔),踩下离合器踏板后松开,观察分离轴承(座)回位是否灵活;松开离合器,检查分离轴承是否转动灵活	(1)检查分离摇臂(助力分泵)是否有回位弹簧,若无回位弹簧则分泵回位慢,会引起离合器打滑,应加装摇臂回位弹簧 (2)如分离轴承(座)缺油,应加注润滑油(若无加润滑油的油管,则加装) (3)如加润滑油不能解决,则拆下变速箱,检查分离轴承(座)是否有回位弹簧,若没有回位弹簧则增加轴承座回位弹簧 (4)检查分离轴承是否散架、卡滞,若是则更换分离轴承
分离指/分离垫环高度不一致	分解离合器检查	分离指高度不一致,按要求检测最高与最低之间的差值,离合器压盘分离指俩相邻指之间在上紧状态下差值:<2.5mm可继续使用;>2.5mm更换离合器盖及压盘总成,同时排除有无异物堵塞
从动盘减振弹簧松脱、断裂	拆下离合器检查	更换离合器从动盘总成件
压盘变形	拆下离合器检查,用直尺、塞规检查压盘平面跳动量	(1)<0.2mm,可继续使用 (2)>0.2mm,更换离合器盖及压盘总成

（2）离合器打滑　产生离合器打滑的原因也较多。分离轴承由于调整不当，间隙不仅没有，而且分离轴承一直以一定的压力压在分离杠杆上；离合器弹簧由于过热退火而弹力减弱；没有按规定要求的弹力安装离合器弹簧，使压盘压力不能满足输出扭矩的要求；离合器从动盘摩擦片烧损、完全磨损或是铆钉露头；摩擦片上由于油污而打滑；压盘工作表面变形导致与摩擦片局部接触等都会产生离合器结合不牢而"打滑"的故障。此外，总泵没有自由间隙、顶死不回位都会造成离合器打滑。显然，助力气缸活塞推杆回位不畅也会造成换挡瞬间离合器打滑。在使用中由于磨损，从动盘摩擦片会逐渐变薄，使分离杠杆（压爪）高度逐渐变高，从而会使分离间隙逐渐变小以至于消除，这正是离合器逐渐产生打滑而且越来越严重的原因。因此在使用中需经常检查助力泵的工作状况和分离轴承间隙。

离合器打滑的现象很容易发现。汽车起步时，如果起步速度明显与发动机加速不同步，在行驶时突然加速发动机而汽车增速缓慢，都说明有离合器打滑故障产生。严重时会产生烧焦的臭味。

离合器打滑故障排除见表1-5。

表1-5　离合器打滑故障排除

原因分析	检查方法	解决方法
操作不当	操作员是否用高挡起步或拖挡(高挡位低车速时,不及时将高挡位换成低挡位)	使用正确的操作方法(使用1挡起步;不要拖挡使用)
严重超载	车辆是否在额定的负荷范围内使用	避免严重超载
行程调整不当或无自由行程	检查推式离合器分离轴承的自由行程是否符合要求(要求3~5mm)	分离轴承无自由间隙会引起分离轴承顶死分离指,离合器打滑;应将分离轴承自由间隙调整到规定范围内

原因分析	检查方法	解决方法
分离轴承套筒卡死、不回位	拆下离合器壳底盖(或观察孔),踩下离合器踏板后松开,观察分离轴(座)回位是否灵活;松开离合器,检查分离轴承是否转动灵活	(1)检查分离摇臂(助力分泵)是否有回位弹簧,若无回位弹簧则分泵回位慢,会引起离合器打滑,应加装回位弹簧 (2)如分离轴承(座)缺油,应加注润滑油(若无加润滑油的油管,则加装) (3)如加润滑油不能解决,则拆下变速箱,检查分离轴承(座)是否有回位弹簧,若没有回位弹簧则增加轴承座回位弹簧 (4)检查分离轴承是否散架、卡滞,若是则更换分离轴承
摩擦片表面沾油	拆下离合器壳底盖(或观察孔),检查摩擦片边缘是否油污甩出	(1)拆下摩擦片,用汽油洗净后吹干;若摩擦片烧蚀、硬化、铆钉头外露等应更换从动盘总成件 (2)将分离轴承座过多加注的黄油(黄油已渗出在轴承座的两端面)清理干净
压盘变形,接触不良	拆下离合器,压盘面有局部烧蓝,并用平面尺、塞规检查压盘平面跳动量	(1)<0.2mm,可继续使用 (2)>0.2mm,更换离合器盖及压盘总成
膜片弹簧或螺旋弹簧变软或折断,压紧力不足	(1)拆开离合器观察孔,看有无摩擦片磨屑、是否有烧焦味 (2)拉手刹试车(空挡启动发动机,拉手刹,踩离合挂1挡,边慢慢加油门边慢慢放离合;如熄火,则离合器压紧力符合要求;反之表明压紧力不足,做下一步工作) (3)拆离合器,检测从动盘磨损情况和测量从动片厚度 (4)用手拨动分离拨叉,检查是否有卡滞、分离轴承(座)不回位、分离轴承座与导向套筒之间配合松扩等异常情况	(1)若压盘面明显发蓝,则更换离合器盖及压盘总成 (2)检查从动盘是否过度磨损(摩擦片磨损到距铆钉头0.5mm以下),若从动盘过度磨损,并且压盘面没有发蓝,要求只更换从动盘总成

（3）**分离轴承烧损** 分离轴承烧损的主要原因是由于分离轴承与分离杠杆之间没有间隙，使分离轴承总顶在分离杠杆（压爪）上，从而使分离轴承常转所致。任何零件都有一定的使用寿命，况且分离轴承是一次性润滑的（在保养中向离合器机构内注射润滑脂并不是润滑分离轴承，而是润滑分离轴承滑套），分离轴承只是在起步挂挡和正常换挡时跟随离合器做瞬间旋转，因此分离轴承间隙如果没有，分离轴承很快就会烧损。调整不当、摩擦片磨损、助力按钮阀不回位或排气不畅都会造成分离轴承间隙消除，拉式离合器分离轴承与离合器常转，因此必须使用合格的分离轴承。

（4）**离合器异响** 如果正常运转时没有响声，当踩下踏板时会听到"唰、唰"的响声，显然是分离轴承损坏的象征，这是最常见的异响。如果在离合器部位有其他明显不正常的响声，可能是压盘固定螺栓松动所致，必须解体后认真检查。离合器异响故障排除见表1-6。

表 1-6 离合器异响故障排除

原因分析	检查方法	解决方法
离合器踏板回位弹簧过软、脱落或断裂	检查弹簧	离合器踏板或分离轴承回位弹簧折断、过软或脱落等,致使分离轴承前后移动与分离杠杆相碰撞,更换回位弹簧
分离轴承损坏	踏下离合器踏板少许,此时有响声,但放松后响声消失,则证明分离轴承异响 (1)如听到的是"哗、哗"的响声,则可能为轴承缺油,滚珠与轴承圈干磨或松旷 (2)如听到的是"哗啦、哗啦"的响声,则为轴承滚珠破碎,轴承散架损坏或根本不能转动	(1)应对分离轴承加注润滑脂 (2)应更换分离轴承
分离轴承回位弹簧松脱、断裂	如听到的是间断的金属碰击声,一般可判定为分离轴承(套)回位弹簧松弛	更换回位弹簧
从动盘减振弹簧松脱、断裂	拆下离合器,检查从动盘减振弹簧是否有松动或断裂等故障	更换从动盘总成件

原因分析	检查方法	解决方法
从动盘花键孔和轴配合松旷	当刚踏下离合器踏板或刚抬起踏板时,离合器发出"咯噔"一下的响声,是由于从动盘盘毂与变速器第一轴花键齿磨损过甚,其配合松旷碰击的响声	如是从动盘花键磨损则更换离合器从动盘总成;如是变速箱第一轴花键磨损则更换变速箱第一轴
从动盘钢片断裂、破碎或铆钉头外露	汽车起步时刚放松离合器踏板就听到尖声,随即踏下踏板,响声消失	(1)从动盘钢片断裂、破碎;更换从动盘总成件 (2)铆钉头外露刮碰压盘或飞轮所致;更换从动盘总成件和损伤的相关件(离合器盖及压盘总成或飞轮)

离合器分离沉重故障排除见表 1-7。

表 1-7　离合器分离沉重故障排除

原因分析	检查方法	解决方法
踏板轴失油锈蚀、卡滞	拆下踏板检查	加注润滑脂
分离拨叉轴失油锈蚀、卡滞	将分泵推杆卸下,用手推拉分离拨叉,检查灵活程度	加注润滑脂
踏板变形机件失调	检查是否变形	更换踏板
油管直径过小,造成阻力过大	检查分泵与气罐之间的管路是否畅通和密封,管路内径是否够大(一般要求 6～8mm)	加大管路直径

1.1.3　全自动离合器

1.1.3.1　ECA 控制器总成

以斯堪尼亚重卡为例,配备全自动 Opticruise(斯堪尼亚智能换挡系统)时,车辆没有离合器踏板,系统通过离合器促动器自动处理啮合和脱离过程。离合器促动器以电气方式控制离合器分泵,后者再以液压方式脱开离合器。

离合器促动器作为一个部件被称为 ECA,其总成安装位置如图 1-17 所示。

ECA 全称为 Electrical Clutch Actuator,它是一个电动液压促动器,包含一个电动马达,连接到一个由总泵和分泵组成的液压系统。电动马达促动总泵中的活塞,此活塞继而使分泵中的活塞压下离合器杆。操纵部件工作状态如图 1-18 所示。

离合器促动器有两个传感器,用于确定离合器促动器的位置,即离合器是啮合还是分离。其中一个传感器是位于电动马达的角度传感器,另一个是位于分泵的位置传感器。离合器促动器由 TMS 控制单元通过单独的 CAN 总线控制,它会发出电动马达位置和速度的请求,并接收传感器返回的信号。离合器促动器储液罐有一个液位传感器。液位降到最低液位以下时,仪表盘中的警告灯亮起。

启动:开动配备全自动 Opticruise 的车辆时,油门踏板位置转化为动力系统中的扭矩请求。Opticruise 使发动机达到某一速度,在此速度下它可以提供所要求的扭矩,然后使用离合器促动器将离合器移动到能够传送所需扭矩的位置。离合器停止滑动时,离合器完全闭合。

换挡:如果车辆配备全自动 Opticruise,系统将在换挡时使用离合器。挡位即将解除时,离合器打开,以确保动力系统上没有转

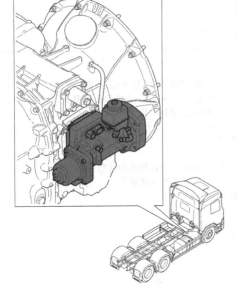

图 1-17　ECA 总成安装位置

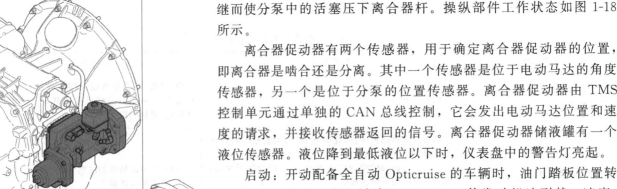

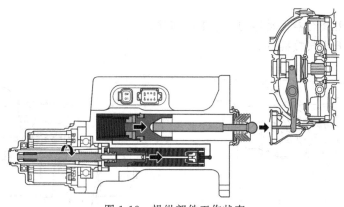

图 1-18　操纵部件工作状态

矩载荷。随后离合器闭合，新挡位在发动机的帮助下接合。在换挡时使用离合器可以在解除挡位时提供更高的舒适度。在半挡式挡位换挡期间，离合器被打开以接合半挡式挡位，然后离合器再次闭合。如果在半挡式挡位换挡期间使用离合器，则不用先接合空挡就能换挡，从而可以加快换挡速度。

停止：如果向前行驶，驾驶员踩下刹车踏板并且发动机转速接近怠速时，离合器打开。如果在水平面行驶并且接合了操纵模式，发动机转速接近怠速时，即使驾驶员不踩刹车，离合器也会打开。

如果在水平面行驶并且没有接合操纵模式，发动机转速接近怠速时离合器不会分离，而会保持接合，这意味着发动机将以怠速驱动车辆向前行驶。

配备按需用离合器踏板的智能换挡系统可用作常规的未配备离合器踏板的智能换挡系统，也可在有需要时用作手动离合器。配备按需用离合器踏板的智能换挡系统具有更好的换挡性能，降低了耗油量，并改善了车辆驾驶员的人体工程学特性。

踩下离合器踏板时，会向协调器传送信号，协调器接着会通过红色 CAN 向 TMS 传送信号。TMS 控制离合器促动器（ECA）。操作部件控制流程如图 1-19 所示。驾驶员必须将离合器踏板踩到底，以激活手动离合器模式。为了恢复踏板智能换挡系统模式，必须将离合器踏板完全松开。当驾驶员不再使用离合器踏板时，配备按需用离合器踏板的智能换挡系统可用作常规的未配备离合器踏板的智能换挡系统。在自动模式中，换挡与离合器踏板位置无关。为了在手动模式下换挡，必须将离合器踏板完全踩下或完全松开。

配备按需用离合器踏板的智能换挡系统在以下情况下不能使用。

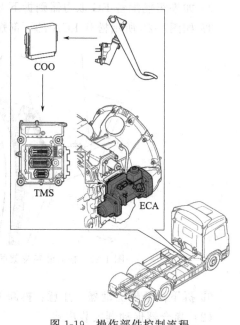

图 1-19　操作部件控制流程

① 驾驶员使用离合器时出现影响系统功能的故障。系统分离，并建议驾驶员切换至踏板智能换挡系统模式。

② 驾驶员未使用离合器踏板时出现故障。驾驶员得知系统已分离并且运行方式类似于踏板逻辑。

③ 即使系统功能降级，驾驶员仍尝试使用离合器踏板。仪表盘中显示一条消息，通知驾驶员离合器踏板已停用。

④ 已激活缓行返回模式。已停用离合器踏板。

1.1.3.2　ECA 系统维修

（1）离合器促动器拆卸步骤

① 关闭电源。如果配备了蓄电池总开关，则应将其断开。

② 倾掀驾驶室。

③ 如图 1-20 所示松开离合器促动器的 2 个上部螺栓。

④ 如图 1-21 所示断开电气接插件。

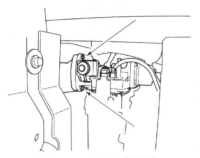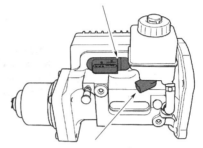

图 1-20　松开上部螺栓　　　　图 1-21　断开电气接插件（ECA 2.0）

⑤ 如图 1-22 所示松开线束支架的螺栓。使支架挂在线束上。

⑥ 在支撑脚架上举升并支撑车辆。

⑦ 拆下挡路的排气管。

⑧ 拆除所有隔声罩。

⑨ 如果车辆配备 EG 取力器则拆下 EG 取力器。

⑩ 如图 1-23 所示松开 ECA 的下部螺栓。

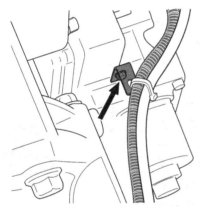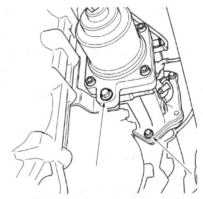

图 1-22　松开线束支架的螺栓　　　　图 1-23　松开 ECA 的下部螺栓

⑪ 拆下离合器促动器。注意：拆卸 ECA 时要小心；ECA 推杆可能会碰到离合器杆。

（2）离合器促动器安装步骤

① 在推杆上靠着离合器拨叉的部分涂抹少量油脂。

② 使用下部螺栓安装离合器促动器。注意：确认推杆靠在离合器杆上的正确位置。

③ 安装电气接插件。

④ 安装线束支架。

⑤ 如果车辆配备 EG 取力器则安装 EG 取力器。

⑥ 安装全部隔声罩。

⑦ 如果已经拆下，则安装排气管。

⑧ 放低车辆。

⑨ 将 2 个上部螺栓安装至 ECA。

⑩ 将驾驶室倾掀回位。

⑪ 在车辆投入使用前：运行诊断程序 SDP3＞检查和调节＞功能＞检查＞动力系统＞离合器＞对离合器促动器放气。离合器＞离合器促动器功能测试。离合器＞离合器适配。离合器＞设置离合器片总厚度。

运行向导。

（3）更换刹车液或对 ECA 进行放气　注意：不要对拆下的 ECA 进行放气，只能对安装在车内的 ECA 进行放气。不得将线束连接至未安装的离合器促动器，只能连接至安装在车辆上的离合器促动器。

如果作为零配件提供的离合器促动器充满工作液，则无须在更换后放气。必须使用 SDP3 检查系统。使用 SDP3 设置适配。

如果作为零配件提供的 ECA 是空的（即没有液体），则必须加注并放气。

拆下盖子加注液体或给系统放气之前，仔细清洁储液罐周围区域和储液罐盖，这样可防止污物污染液体。

① 将 SDP3 连接到车辆上。

② 在支撑脚架上举升并支撑车辆。

③ 拆除所有隔声罩。

④ 拆下挡路的排气管。

⑤ 确保离合器系统放气工具 587949 中加注了离合器油，且上部压力表显示 1bar（1bar＝10⁵Pa，余同）左右。

⑥ 如图 1-24 所示拆下 587949 离合器系统放气工具的盖子内的小号管路。注意：如果未拆下管路，储液罐中的液位传感器会受损。

⑦ 紧固盖子之前，必须用 587949 离合器系统放气工具将储液罐加注至 MIN 和 MAX 之间的正确液位。

⑧ 确保来自 587949 离合器系统放气工具的液体中没有空气。将 587949 离合器系统放气工具的盖子宽松地安装在离合器促动器储液罐上。紧固盖子，使其密封严实，如图 1-25 所示。

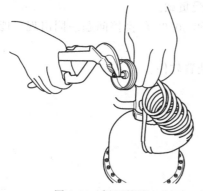

图 1-24　拆下管路

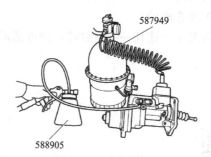

图 1-25　连接放气工具至离合器促动器储液罐

⑨ 在 SDP3 中运行放气程序时，应始终使系统处于放气状态。

⑩ 将 588905 离合器系统放气工具连接至离合器促动器上的放气嘴，如图 1-26 所示。

⑪ 打开 587949 离合器系统放气工具上的离合器油阀，然后将 588905 离合器系统放气工具连接至压缩空气，如图 1-27 所示。

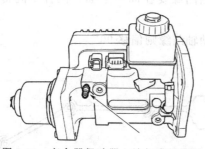

图 1-26　离合器促动器上放气嘴的位置

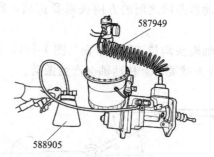

图 1-27　连接至压缩空气

⑫ 按下 588905 离合器系统放气工具上的板柄，拧出放气嘴大约半圈，将其打开。

⑬ 在 SDP3＞检查和调节＞功能＞检查＞动力系统＞离合器＞离合器＞对离合器促动器放气下方启动 SDP3 中的放气程序。请按照说明操作。

⑭ 放气程序结束时，关闭放气嘴，然后松开 588905 离合器系统放气工具上的手柄。

⑮ 关闭 587949 离合器系统放气工具上的离合器油阀门。

⑯ 检查 ECA 储液罐中的液位。注意：也可以使用瓶子将离合器油加注至正确的液位，但必须小心谨慎，以免污垢进入储液罐。

如果需要调节液位，则从离合器促动器储液罐上稍微松开 587949 离合器系统放气工具的盖子。

a. 如果液位过高：打开放气嘴并使用 588905 离合器系统放气工具调节液位。

b. 如果液位过低：打开 587949 离合器系统放气工具上的离合器油阀门，以增加液位。

⑰ 在 SDP3＞检查和调节＞功能＞检查＞动力系统＞离合器＞离合器促动器功能测试下方检查功能。在 SDP3＞检查和调节＞功能＞校准＞动力系统＞离合器＞离合器适配下方执行离合器适配。

⑱ 如果已经拆下，则安装排气管。

⑲ 安装变速箱下方的所有隔声罩。

⑳ 放低车辆。

（4）更新 ECA 装置软件　可采用除 SDP3 以外的其他方式来更新 ECA 装置软件。

ECA 装置软件故障可能会引起其他不同类型的故障，客车和卡车上均可能发生这些类型的故障，可通过软件更新的方式来修复这些故障。如果车辆发生下述任一类型故障，则需更新 ECA 装置软件。

① 离合器打滑：使用全自动智能换挡系统正常行驶期间，离合器打滑。

② 启动时离合器闭合：启动时离合器闭合可在寒冷气候时导致蓄电池和启动电机上的负载偏高。启动车辆时，如果变速箱润滑油温度偏低，低温时启动电机会承受负载。

③ OPC 故障码 50180 与换挡问题一同出现：OPC 故障码 50180 与换挡问题一同出现可能是因 ECA 装置中软件不正确造成的。

如果车辆发生上述任一类型故障，则可能需更新 ECA 装置软件。

1.2

传动轴

1.2.1　总成结构与原理

万向接头用于连接不完全处于一条直线上的各个轴。使传动轴顺畅传动的基本要求如下。

① 万向接头角（α）的选定要合适，如图 1-28 所示。

② 各驱动器凸缘之间的方向关系要正确，即各传动轴凸缘要在同一平面，但各中间传动轴凸缘要偏移 90°。

③ 传动轴轭头均位于同一平面（图 1-29），而中间传动轴凸缘则偏移 90°。

如未符合上述要件，传动轴会产生振动。

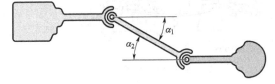

图 1-28　万向接头角

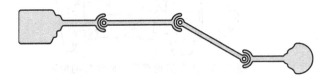

图 1-29　传动轴轭头均位于同一平面

传动轴轭头位于不同平面，即配置不正确，如图 1-30 所示。

假定轴 1 以匀速转动（等速运动）。由于万向接头内存在弯曲角（α），轴 2 必然以非均匀速度转动（不规则运动）。其转速每周增加或减少一倍。不规则性示例如图 1-31 所示。

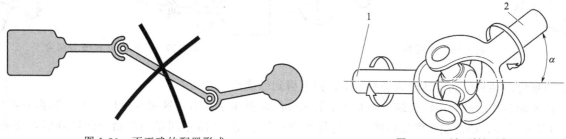

图 1-30　不正确的配置形式　　　　　　　　　图 1-31　不规则性示例

接头的角度越大，速度的变动（不规则性）就越大。极其不规则的传动轴会导致严重震动。配置有一个曳引轴（6×2、8×2）的卡车对于传动轴的不规则运动尤其敏感。这是因为当曳引轴位置升高或降低时，万向接头角会发生变化，如图 1-32 所示。

如图 1-33 所示，在传动轴系统中万向接头角应尽量小，但不要小于 1°，因为那样的话会使轴承和万向接头十字轴轴颈产生压力损伤，导致使用寿命缩短。

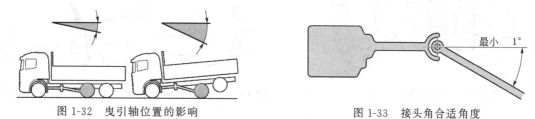

图 1-32　曳引轴位置的影响　　　　　　　　　图 1-33　接头角合适角度

如果在一个传动轴系统中使用几个接头，每个接头所导致的不规则性依其角度大小而定。使用合适的万向接头角，可对系统进行调节，使之不会产生严重震动。

如果传动轴各轴管轭都在同一平面，且没有横向角度，一个接头的不规则运动可被另一个接头所抵消。如果万向接头角 α_1 与万向接头角度 α_2 相等，则不会产生不规则运动。角位补偿示意如图 1-34 所示。

因为轴管轭都在同一平面，一个接头的转速增加时另一个接头转速会减少，反之亦然。

对于传动轴系统有两种基本的安装选项，分别称为 Z 安装和 W 安装，两者也可组合使用。在这两种选项中，传动轴处于同一平面（没有横向角度）。

Z 安装（图 1-35）：驱动单元和从动单元的轴几乎或完全平行。

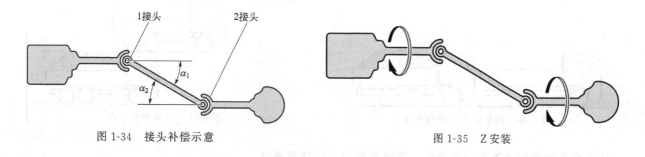

图 1-34　接头补偿示意　　　　　　　　　图 1-35　Z 安装

W 安装（图 1-36）：驱动轴和传动轴相互是不平行的。

Z 安装和 W 安装组合（图 1-37）两种安装形式组合使用，如图 1-37 所示。

为了计算一个传动轴系统的不规则度，必须测量万向接头角，如图 1-38 所示。可通过测量和比较每个轴的垂直及水平角度而得到。可使用 587090 带磁尺的角规测量垂直倾斜角度。务必测量平滑的、最好是加工的表面。测量时车辆位置应保持不变。

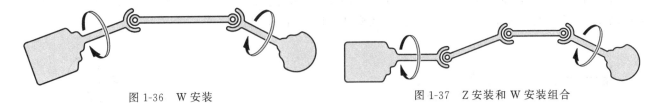

图 1-36　W 安装　　　　　　　　　　　图 1-37　Z 安装和 W 安装组合

① 测量传动轴和中间传动轴的倾斜角度，记下得到的读数。

② 把传动轴从后轴齿轮法兰卸下，并测量后车轴的倾斜角度。由于这里测量的是与后轴齿轮的输入轴成一个直角的平面，因此这个测量角度必须进行重新计算。用 90° 减去测量的数值，即得到所需要的角度。如角规读数为 85°，则角度为 5°（90°－85＝5°），将之记下。

③ 测量发动机和变速箱之间的倾斜角度 α，如图 1-39 所示。变速箱上的驱动法兰就是一个很好的测量点。重新计算角度的方法与在后桥的测量相同。

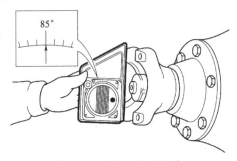

图 1-38　测量万向接头角

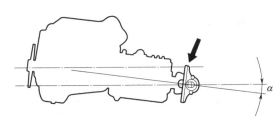

图 1-39　测量水平面与发动机及变速箱之间的倾斜角度

测量卡车的垂直角度时应至少使用两种装载情况（整备质量和装载卡车），如图 1-40 所示。

选择两种负载情况，使测量的差异性越大越好。在以下三种情况下对 6×2 和 8×2 卡车进行测量，如图 1-41 所示。

a. 在曳引轴升起时的自重情况下。

b. 在曳引轴降低时的自重情况下。

c. 曳引轴降低和装载卡车。

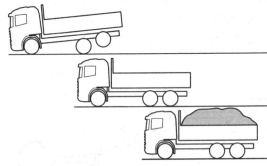

图 1-41　三种测量状态

图 1-40　测量空载与满载卡车

从上往下俯视的水平角无法测量，需要测量距离后计算角度。

在卡车的传动轴系统中，水平通常都很小，因而对不规则度的影响也很小。而且，水平角几乎无法改变，因此在这里将其不作考虑。

但是，在其他传动轴系统（如取力器轴）中，则常常有必要将水平角纳入计算，而垂直角反而不那么重要了，如图 1-42 所示。

例如：Scania 要求考虑万向接头角 α_1 和 α_2。既然传动轴 A 和 C 是平行的，所以对应的角度也是相同。

测量得到 $L=940\text{mm}$ 和 $S=205\text{mm}$，$\sin\alpha=S/L=205/940=0.2181$。

使用计算器或三角函数表可得出 $\alpha=12.6°$。

完整地计算不规则性是极其复杂的。这里提供一种简易的方法计算不规则度，不用单位。注意，传动轴系统的不规则性是指第一个接头之前或最后一个接头之后的零件的不规则性。

如果垂直角远远大于水平角，此计算方法则可适用于 Z 和 W 两种安装的传动轴。如果所有这些角度都小于 3°，则很少发生不规则性，因此也没有对系统进行调整的必要。

如图 1-43 所示为有两个接头的传动轴，传动轴驱动法兰 1 和 2 以及传动轴位于同一个平面（没有水平角）。

万向接头角的大小不等，因此传动轴会将不规则性传递到系统其他部位。

接头 1 处的万向接头角：$\alpha_1=7°$。

接头 2 处的万向接头角：$\alpha_2=8°$。

$\alpha_1^2-\alpha_2^2$ 为轴管轭处于同一平面时的不规则度，即 $(7\times7)-(8\times8)=-15$。

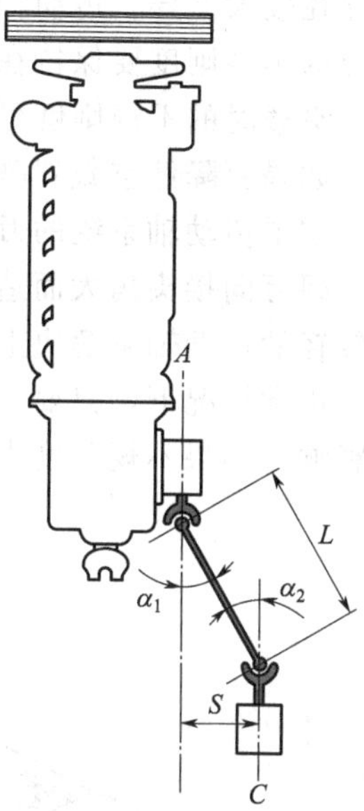

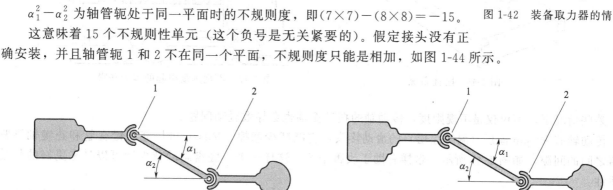

图 1-42 装备取力器的情况

这意味着 15 个不规则性单元（这个负号是无关紧要的）。假定接头没有正确安装，并且轴管轭 1 和 2 不在同一个平面，不规则度只能是相加，如图 1-44 所示。

图 1-43 有两个接头的传动轴

图 1-44 接头角分布

$\alpha_1^2+\alpha_2^2$ 为轴管轭不处于同一平面（即偏移 90°）时的不规则度，即 $(7\times7)+(8\times8)=113$。

对于连续的运转，这样的不规则性程度太大。这只有在极端情况和暂时、轻度的运行情况下才能被接受。

有三个接头的传动轴系统，传动轴法兰在同一平面，但中间传动轴法兰偏置 90°，如图 1-45 所示。

系统是 W 安装式，接头 1 和 2 之间存在互动的不规则性，但接头 3 可对此进行抵消。

万向接头角为：$\alpha_1=3°$，$\alpha_2=4°$，$\alpha_3=5°$。

$\alpha_1^2+\alpha_2^2-\alpha_3^2$ 为不规则度，即 $(3\times3)+(4\times4)-(5\times5)=9+16-25=0$。

系统的各个接头能相互完全抵消，到最后一个万向节之后，不规则度等于 0。

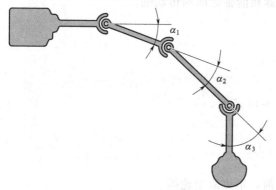

图 1-45 有三个接头的传动轴系统

在某些传动轴系统中必须接受一定程度的不规则性。尤其在卡车的动力传送装置中，若万向接头角会因为悬架运动而改变，或者因为后轴在刹车及加速过程中转动而改变时，都必定存在着一定程度的不规则性。因此，卡车动力传送装置中的传动轴系统往往需要对此妥协。

对于两个刚性结构单元之间的传动轴系统，如图 1-46 所示，其不规则度应该最小化到一个常数值，最好为零。

可接受的不规则度自然而然地要受许多因素影响。实践中能够减少这种不规则性的机会也常常不多。

对卡车上的传动轴而言，空载和满载时的不规则度可能存在较大差异。传动轴系统一般在构建时的宗旨，就是要使不规则性在最大负载时为最低。在此载荷下，系统的不规则度要保持在 0～25 单位内。

空载时的不规则度可能要高些，不同车型和轴距之间的差异也会更大。

如果要降低空载驾驶时由于震动而引起的不规则性，则可能就必须得接受满载时的更糟糕的情况。

如果传动轴系统的万向接头角很大，即使在系统的不规则度接近 0 的情况下也会发生不规则性问题。

因万向接头角大而造成传动轴的转速变化较大时，容易导致卡车震动。可以通过减小万向接头角或使用较轻的传动轴来解决上述这些问题。

正常情况下，只要传动轴系统的不规则度不超过 25 个单位，即可视为卡车动力传送装置的强度基本不受影响。如果不规则度大于 25 个单位可能导致震动和噪声，降低舒适度，如图 1-47 所示。

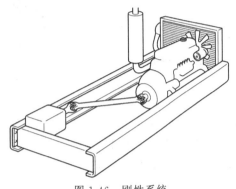

图 1-46　刚性系统

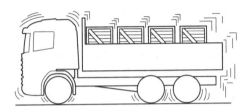

图 1-47　不规则度引起的震动和噪声

某些情况下，不仅仅是不规则度，传动轴的扭转振荡也会导致震动问题。

传动轴有 Rilsan 涂层（耐磨涂层）的滑动接头，它能减少摩擦。Rilsan 可填充花键套管和花键轴颈驱动器之间的间隙，如图 1-48 所示，这样有助于改善平衡。这样一来，底盘震动减少后可以带来更好的驾驶舒适性。

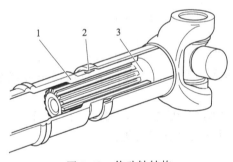

图 1-48　传动轴结构
1—齿槽管；2—双唇形的刮片；3—花键颈主动轮

Rilsan 涂层的滑动接头可降低润滑要求，延长传动轴的使用寿命。传动轴的花键式结合法兰还装配有一个双唇形刮片。这种配置能将灰尘和水汽更好地挡在外面，使密封效果更好。

斯堪尼亚传动轴的类型表示方式如下。

① 第一位数字表示相对长度。

② 第二个数字表示轴的类型，有如下几种。

0 表示传动轴。

1 表示中间传动轴。

2 表示在转向桥之间的转向传动轴。

4 表示在变速箱和分动器以及在分动器和后轴之间的传动轴。

6 表示在分动器和前轴之间的传动轴。

③ 第三位数表示开发阶段。

1.2.2　部件拆装与维修

以解放 J6P 车型后桥传动轴为例，后桥传动轴结构如图 1-49 所示。

1.2.2.1　部件拆装与检修

拆卸前的作业：发动机熄火；放置车轮轮挡。

警告：轮挡应塞牢，以防汽车移动；在全部作业完成之前，不可取走轮挡。

安装后的作业：收起车轮轮挡。

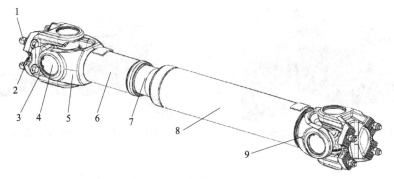

图 1-49　后桥传动轴结构

1—I 型非金属嵌件六角锁紧螺母；2—六角头凸缘螺栓；3—凸缘叉；4—十字轴及滚针轴承总成；
5—花键轴叉；6—防尘罩及油封总成；7—花键套管；8—轴管；9—焊接叉

传动轴部件分解如图 1-50 所示。

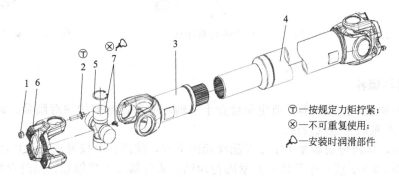

Ⓣ—按规定力矩拧紧；
⊗—不可重复使用；
🔧—安装时润滑部件

图 1-50　传动轴部件分解

1—I 型非金属嵌件六角锁紧螺母；2—六角头凸缘螺栓；3—花键轴叉及万向节总成；4—后桥传动轴及
万向节分总成；5—挡圈；6—凸缘叉；7—十字轴及滚针轴承总成

装配顺序：按照分解的相反顺序。

检修标准：传动轴总成动平衡检测——要求固定端剩余不平衡量不大于 240g·cm，滑动端剩余不平衡量不大于 290g·cm，校正时总成在平衡机上装配定位，平衡转速为 2000r/min。

六角头凸缘螺栓拧紧力矩：180～220N·m。

十字轴总成滑脂嘴使用全天候汽车通用锂基润滑脂，注至四个万向节滚针轴承油封刃口全部出油时为止。

检修方法如下。

（1）中桥传动轴的拆卸与安装

① 拆卸中桥传动轴时，先用扳手松开中桥传动轴凸缘叉与中桥输入凸缘之间的连接螺栓 2，取下螺栓，如图 1-51 所示。

② 然后用扳手松开中桥传动轴凸缘叉与变速器输出凸缘之间的连接螺栓，取下螺栓，如图 1-52 所示。拆下中桥传动轴。安装时顺序相反。

（2）检查十字轴及滚针轴承总成是否磨损或损坏　按需要更换十字轴总成或传动轴总成，十字轴总成如图 1-53 所示。

（3）检查传动轴外观及滑动花键　如图 1-54 所示在两个相反的方向上来回转动传动轴，不应感觉到有明显的间隙；检查花键部分是否过度磨损及表面润滑脂状态；还应检查传动轴上有无裂纹、变形或过度磨损。按需要更换传动轴总成。

（4）装配时对正箭头标记　装配时，应对正标记以使花键轴叉上轴承孔中心线与焊在传动轴花键套管另一端的焊接叉轴承孔中心线在同一平面内，如图 1-55 所示。

图 1-51　松开连接螺栓位置（一）

图 1-52　松开连接螺栓位置（二）

图 1-53　十字轴总成

图 1-54　检查传动轴外观

图 1-55　安装标记位置

1.2.2.2　总成使用与保养

① 保持润滑脂的油量，按照保养手册定期检查十字轴总成和花键副的润滑脂量。缺少润滑脂会造成运动机件的早期磨损，严重的会造成烧蚀。

② 添加润滑脂时，旋转传动轴使十字轴滑脂嘴朝向下方，使用油枪按要求数量加注润滑脂。

③ 汽车每行驶 10000km 或一个月检查并紧固传动轴总成各部位连接螺栓，同时对传动轴总成各润滑点加注全天候汽车通用锂基润滑脂。

1.2.2.3　常见故障分析与排除

传动轴故障分析与排除见表 1-8。

表 1-8　传动轴故障分析与排除

故障现象	原因分析	排除方法
传动轴异响和震动	传动轴变形	更换传动轴
	传动轴剩余不平衡量过大	重新进行动平衡
	花键配合间隙过大	更换传动轴
	传动轴与变速器、驱动桥连接螺栓松动	仔细检查以后，按规定扭矩拧紧松动的螺栓，更换损坏的零件
	传动轴万向节松旷、烧蚀或过度磨损	更换损坏的零件
	润滑不良	检查润滑脂是否充分，润滑路径是否通畅

1.3
分动器

1.3.1　斯堪尼亚分动器结构与原理

分动器 GT800、GT801、GT900、GT901、GTD800、GTD801、GTD900 和 GTD901 具有两个挡

位——高速挡和低速挡，还具有分离驱动轮的选项。GT800 系列和 GT900 系列之间的主要区别在于 GT900 系列作用力更大。

不带差速器锁的分动器（GT）将来自变速箱的动力输送到后轴和前轴。分动器中装有前轮驱动接合和分离机构。带差速器锁的分动器（GTD）通过输出轴上的行星差速器实现全时四轮驱动。差速器在前轴和后轴之间分配动力。差速器还允许前后轴之间存在转速差，从而降低动力传送装置内的张力。

只要差速器工作并且所有车轮都有摩擦，车辆就由所有车轮驱动。如果某个车轮失去摩擦力，所有动力都将集中于该旋转中的车轮，车辆停止。可以将差速器锁死，从而使两个输出轴以相同的速度旋转，动力通过车轴分配到车轮。

分动器可用于紧急转向的液压泵。在带差速器锁的分动器上，分动器功能和前轴的差速器锁是通过 AWD 控制单元操作的。

在高速挡和低速挡之间转换的条件如下。

① 只有在车辆静止或者以系统限制的极低速度行驶时，才允许并能够在高速挡和低速挡之间转换。

② 离合器踏板被踩下或者主变速箱处于空挡（如果主变速箱配备一个空挡位置传感器）。

③ 不得激活驱动轮分离。

如果控制单元没有接收到来自 TCO 的速度信息，则使用来自 BMS 的前轴速度信号。如果主变速箱没有接收到离合器踏板位置或空挡位置信号，仍然可以通过将点火钥匙转到关闭位置，然后转到行驶位置，在高速挡和低速挡之间转换。

在驱动轮分离期间，分动器处于中位，输入轴和输出轴之间的连接断开。

如果牵引车辆时没有断开此连接，分动器输入轴将迫使主变速箱中的主轴旋转，从而因缺少润滑而造成损坏。如果车辆内的空气压力过低，控制盒中的弹簧压力将自动接合高速挡。在这种情况下，必须拆除传动轴。

分离驱动轮的条件如下。

① 激活了驱动轮分离开关。

② 主变速箱处于空挡。

③ 车辆静止或者以非常低的速度行驶，受系统限制。

接合驱动轮的条件如下。

① 解除了驱动轮分离开关。

② 主变速箱处于空挡（如果主变速箱配备一个空挡位置传感器）或者离合器踏板被踩下。

③ 车辆静止或者以非常低的速度行驶，受系统限制。

如果控制单元没有接收到来自 TCO 的速度信息，则使用来自 BMS 的前轴速度信号。如果主变速箱没有接收到离合器踏板位置和空挡位置信号（如果变速箱配备一个空挡位置传感器），仍然可以通过将点火钥匙转到关闭位置，然后转到行驶位置在全轮驱动和驱动轮分离之间转换。

接合分动器差速器锁可以迫使前后传动轴以相同的速度旋转。只要前后传动轴以相同的速度旋转，不管速度如何都可以接合和解除差速器锁。

在 ABS 控制期间，如果踩下刹车踏板，BMS 可以防止差速器锁被接合或解除。如果差速器锁由于 ABS 控制而解除，停止 ABS 控制时它将自动重新接合，车轮再次以相同的速度旋转。如果车辆配备 BMS，AWD 控制单元将计算出来自 BMS 的前轴速度与来自 TCO 的后轴速度之间的差值。如果差值小于预设的值，控制单元将允许接合差速器锁。

接合分动器差速器锁的条件如下。

① 激活了差速器锁开关。

② 未激活 ABS 控制（配备 ABS 或 EBS 的车辆）。

③ 来自 BMS 的前轴速度与来自 TCO 的后轴速度之间的差值小于预设的值。

解除分动器差速器锁的条件：当踩下刹车踏板并且前轴速度大于或等于 15km/h 时，差速器锁开关被解除或者 ABS 控制被激活（配备 BMS 的车辆）。

如果车辆配备 BMS 并且某个速度信号提示故障或者丢失，发动机转矩必须低于预定值才能接合差速器锁。如果来自 EMS 的这个信号丢失或提示故障，差速器锁可以接合。

只要左右车轮以相同的速度旋转，不管速度如何，都可以接合和解除前轴差速器锁。

接合前轴差速器锁的条件如下。

① 激活了差速器锁开关。

② 未激活 ABS 控制（配备 BMS 的车辆）。

③ 左右前轮之间的差值小于预设值。

解除前轴差速器锁的条件：解除了差速器锁开关。

如果车辆配备 BMS 并且某个速度信号提示故障或者丢失，发动机转矩必须低于预定值才能接合差速器锁。如果来自 EMS 的这个信号丢失或提示故障，差速器锁可以接合。

装有 ABS 的车辆差速器锁接合开关 S85 有三个位置：0-Ⅰ-Ⅱ。位置Ⅰ是固定的，此位置将电压传送到差速器锁继电器 R63 和 R64。要激活差速器锁，必须将此开关设到位置Ⅱ。位置Ⅱ是弹簧复位的。按压时激活差速器锁。刹车期间，如果 ABS 系统起作用，差速器锁将被解除。要重新激活差速器锁，驾驶员必须再次将此开关按到位置Ⅱ。

行驶时可以激活差速器锁，但必须通过踩下离合器踏板释放分动器上的负荷。不带 ABS 的车辆的差速器锁接合开关 S85 只有两个位置 0-Ⅰ，用于接合和分离差速器锁。接合分动器差速器锁或其他差速器锁时，仪表板中的指示灯发亮。如果解除差速器锁后指示灯不马上熄灭，则因为联锁一直要到差速器锁上的负荷被释放后才会解除。

输入轴（图 1-56）上装有两个自由运转的齿轮（高速挡和低速挡）和一个滑动挡位选择器套筒。输入轴上还可能装有一个取力器。如果装有取力器，则分动器还带有润滑油泵。

中间轴（图 1-57）有两个固定齿轮。中间轴还有一个用于速度表中速度传感器的脉冲轮。中间轴上也可以安装一个用于紧急转向的液压泵。

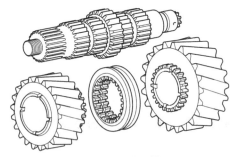

图 1-56　输入轴

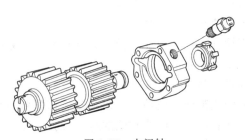

图 1-57　中间轴

不带差速器锁的分动器的输出轴只有一个固定的齿轮，将动力分配到前轴和后轴。通过一个齿形连接套筒接合和分离前轮驱动，如图 1-58 所示。后轮驱动固定不变。下部轴齿轮和油雾喷射器确保变速箱的所有齿轮和轴承都受到润滑。

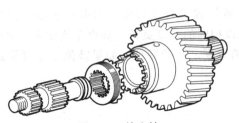

图 1-58　输出轴

带差速器锁的分动器的输出轴通过一个按行星齿轮设计的差速器连接到车辆的前轴和后轴。与行星齿轮相比，前轴输出轴类似一个太阳轮，后轴输出轴类似齿圈。中间轴驱动行星齿轮架，保持恒定的全轮驱动。差速器可由通过齿形连接套筒锁在一起的行星齿轮架和前轴输出轴（太阳轮）锁止。

高速挡和低速挡由带有换挡拨叉和回位弹簧的轴以及带有两个单独工作的活塞的控制缸构成，如图 1-59 所示。

高速挡和低速挡的接合及分离机构如图 1-60 所示。

控制缸有 A 和 B 两个空间，带有各自的空气接头。空间 A 为固定于拨叉轴上的活塞提供工作区域。空间 B 为分离的活塞提供工作区域。它在一个方向上按压轴的端部，同时在另一个方向上，轴的端部将其压出。轴在一个方向上通过气压工作，在另一个方向上通过回位弹簧工作。接合高速挡时，拨叉轴被压到回位弹簧的右侧。接合低速挡时，空间 A 和 B 加压，拨叉轴滑动到左侧。分离驱动轮时，空间 B 加压，空间 A 中的活塞将拨叉轴压到左侧，连接套筒分离。

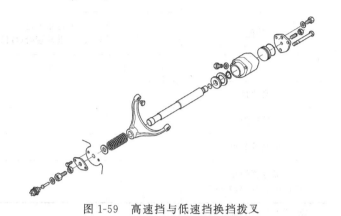

图 1-59　高速挡与低速挡换挡拨叉　　　　　　　图 1-60　高速挡和低速挡的接合及分离机构

　　分动器不带差速器锁（GT 型）的车辆有一个接合和分离前轮驱动的机构。此机构包含带有活塞的控制缸、带有回位弹簧的轴和连接拨叉。前轮驱动控制机构如图 1-61 所示。

　　控制缸有一个用于接合前轮的空气接头，通过回位弹簧进行分离，如图 1-62 所示。

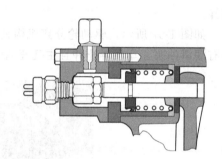

图 1-61　前轮驱动控制机构　　　　　　　　　　图 1-62　前轮驱动控制缸

1—确认开关；2—气缸盖；3—气缸套；4—活塞；5—回位弹簧；6—带拨叉的轴

　　分动器带有差速器锁的车辆有一个差速器锁机构，如图 1-63 所示。

　　差速器锁机构包含带有活塞的控制缸、带有回位弹簧的轴和连接拨叉。差速器锁止时空间 A 加压，通过回位弹簧进行分离，如图 1-64 所示。

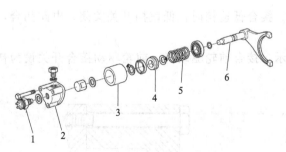
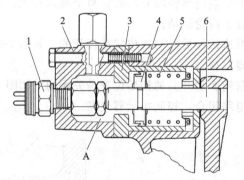

图 1-63　差速器锁机构

1—确认开关；2—气缸盖；3—气缸套；4—活塞；
5—回位弹簧；6—带拨叉的轴

图 1-64　用于差速器锁止的控制缸

1—确认开关；2—气缸盖；3—气缸套；
4—活塞；5—回位弹簧；6—带拨叉的轴

　　压缩空气接头分布如图 1-65 所示。空气接头对应挡位功能见表 1-9。

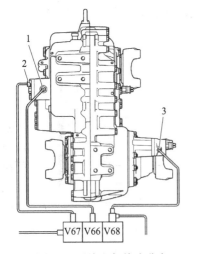

图 1-65　压缩空气接头分布

V66—低速挡；V67—驱动轮分离；V68—差速器锁止（GTD）/前轮驱动（GT）

表 1-9　空气接头对应挡位功能

功能	压缩空气接头		
	高/低		差速器锁止（GTD）/前轮接合（GT）
	1	2	3
高速挡	—	—	—
低速挡	×	×	—
驱动轮分离	—	×	—
差速器锁止（GTD）/全轮驱动（GT）	—	—	×

注："×"表示起作用。

如图 1-66 所示，仪表板上有一个开关用于操作将空气引至对应控制缸的电磁阀，其外观因车辆配置而异。

如图 1-67 所示，驱动轮分离机构只可在牵引期间或者使用位于分动器上的取力器时使用。由于分动器没有润滑油泵，车辆静止并且主变速箱中接合了一个挡位时不会进行润滑。

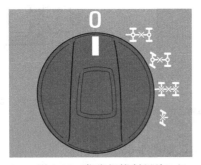

图 1-66　仪表板控制开关

图 1-67　驱动轮分离机构

不带差速器锁的分动器有两个确认开关：其中一个确认开关指示低速挡何时接合；另一个确认开关指示接合了前轮驱动。

低速挡开关的初始位置是打开的，如图 1-68 所示。接合低速挡时，低速挡开关关闭。电路闭合，控制指示器发亮。

前轮驱动开关的初始位置是关闭的，如图 1-69 所示。接合前轮驱动时，前轮驱动接合开关设为初始位置。电路闭合，控制指示器发亮。

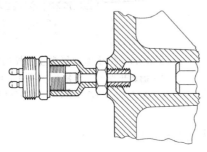

图 1-68　低速挡开关

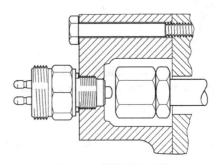

图 1-69　前轮驱动开关

中间轴的后盖上有一个用于测量速度的速度传感器，如图 1-70 所示。

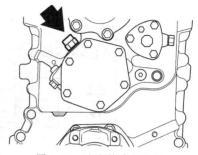

图 1-70　速度传感器位置

高速挡（常态挡位）接合并通过弹簧 A 保持位置，空气接头随即减压，两个活塞都通过弹簧力推到其最外部位置。换挡拨叉将挡位选择器套筒移向高速挡齿轮，将齿轮锁定在轴上，如图 1-71 所示。

电磁阀 V66 和 V67 通过仪表板上的开关工作。电磁阀将空气引至控制缸空气接头，两个活塞都通过压缩空气推到其最内部位置。换挡拨叉将挡位选择器套筒移向低速挡齿轮，将齿轮锁定在轴上。轴压住确认开关，使电路闭合，开关中的控制指示器随即发亮，低速挡接合并通过压缩空气保持位置，如图 1-72 所示。

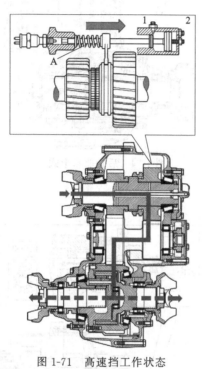

图 1-71　高速挡工作状态
1,2—空气接头

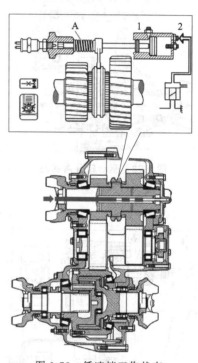

图 1-72　低速挡工作状态
1,2—空气接头

驱动轮分离期间，压缩空气和回位弹簧都将工作，如图 1-73 所示。

仪表板上的开关用于操作电磁阀 V67，该电磁阀将空气引至控制缸空气接头（图 1-73 中右侧所示）。分离的活塞通过压缩空气推到其最内部位置。由于其他空气接头已减压，回位弹簧将轴压向分离的活塞，该活塞起止动作用。此时，挡位选择器套筒的换挡拨叉位于齿轮之间，两个齿轮在轴上自由运转。

开启开关时控制指示器发亮，因此不指示驱动轮已分离。

不带差速器锁的分动器由后轮驱动，后轮始终接合，如图 1-74 所示。

前轮驱动接合并通过压缩空气保持，通过回位弹簧分离，如图 1-75 所示。

仪表板上有一个开关用于操作电磁阀 V68，该电磁阀将空气引至控制缸空气接头。压缩空气克服弹簧的阻力，活塞向其最内部位置行进。拨叉将套筒移向接合位置。确认开关解除，电路闭合并且控制指示器发亮。

全时四轮驱动使用的是一种带差速器锁的分动器，前轮和后轮通过差速齿轮持续接合。差速器锁止并通过压缩空气保持位置，通过回位弹簧分离，如图 1-76 所示。

仪表板上有一个开关用于操作电磁阀 V68，该电磁阀将空气引至控制缸空气接头。压缩空气克服弹簧的阻力，活塞向其最内部位置行进。拨叉将套筒移向锁止位置。套筒随即锁止差速器，此时在前后轴之间平均分配输出动力，与路面附着力无关。确认开关解除，电路闭合并且控制指示器发亮。

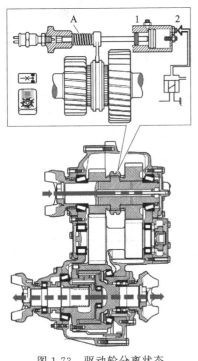

图 1-73 驱动轮分离状态
1,2—空气接头

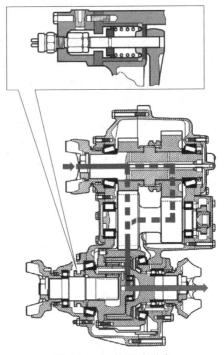

图 1-74 后轮驱动形式

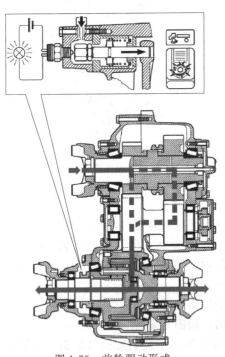

图 1-75 前轮驱动形式

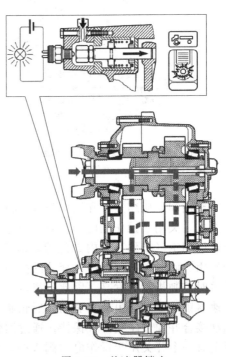

图 1-76 差速器锁止

　　分流冷却系统机油冷却回路由内部润滑油泵 P 加压。用于输送和回流管路的热交换器连接管道（M22×1.5 螺纹）通常有外径为 18mm、内径为 15mm 的直管接头。如果安装了分流系统，则必须在机油泵和热交换器之间安装一个启动压力为 0.2bar 的旁通管道，如图 1-77 所示。

　　如果车辆热交换器在分动器回流接头上方，则还必须在热交换器和回流接头之间安装一个旁通管道。

　　接入和接出热交换器的机油软管必须为 18×1.5mm 并且应当尽量短。

重型卡车维修技术手册
底盘分册

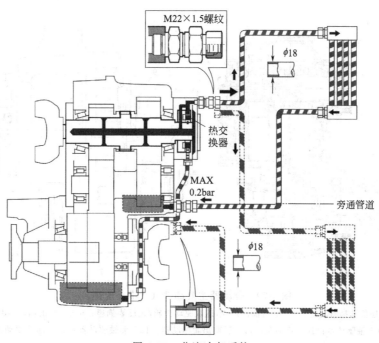

图 1-77　分流冷却系统

　　全流冷却系统机油冷却回路由内部润滑油泵 P 加压。用于输送和回流管路的热交换器连接管道（M22×1.5 螺纹）通常有外径为 18mm、内径为 15mm 的直管接头，如图 1-78 所示。

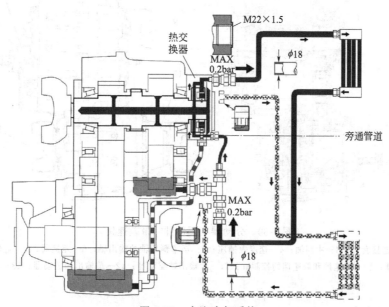

图 1-78　全流冷却系统

　　如果车辆热交换器在分动器回流接头上方，则还必须在热交换器和回流接头之间安装一个旁通管道。

　　接入和接出热交换器的机油软管必须为 18×1.5mm 并且应当尽量短。

　　在牵引期间接合分动器驱动轮分离，否则主变速箱可能由于缺少润滑而损坏。如果没有压缩空气，则必须分离两个传动轴。

　　对于有车轮接触地面的驱动轴，将其传动轴分离。

　　在测功机上行驶时，从变速箱上分离不滚动的驱动轴上的传动轴，并锁住分动器差速器（GTD）或接合前轮驱动（GT）。

　　分动器的主要零件如图 1-79 和图 1-80 所示。

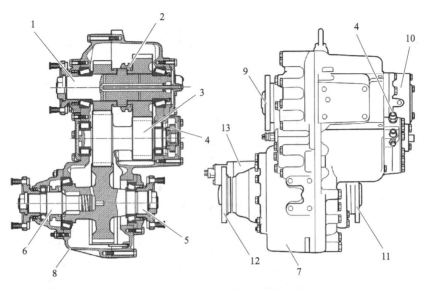

图 1-79　分动器主要部件（不带差速锁）

1—输入轴；2—挡位选择器套管；3—中间轴；4—车速表驱动齿轮/速度表插座；5,6—输出轴；7,8—前轮驱动装置；
9—输入轴驱动器；10—机油泵；11—后输出轴驱动器；12—前轴驱动器；13—前轮驱动控制缸

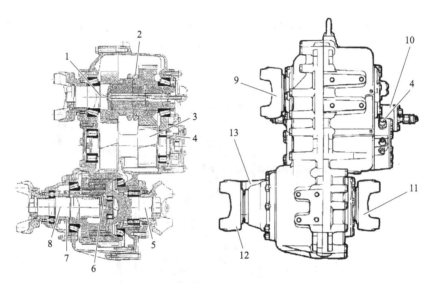

图 1-80　分动器主要部件（带差速锁）

1—输入轴；2,7—连接套管；3—中间轴；4—速度表插座；5—至车辆后轴的输出轴；6—差速器；8—至车辆前轴的输出轴；
9—输入轴驱动器；10—高速挡和低速挡的控制缸；11—后输出轴驱动器；12—前输出轴驱动器；13—差速器锁控制缸

1.3.2　奔驰分动箱 VG1600-3W 分解

分动箱部件分解如图 1-81 所示，分解步骤如下。

① 拆下分动箱。

② 从分动箱内排出机油。

③ 拆下温度传感器 21。

④ 拆下连接凸缘 4 和 27，使用相应的止推件。

⑤ 拆下径向轴密封环 5 和 28。

⑥ 将换挡杆罩 1 从分动箱上分开。

⑦ 拆下公路和越野挡位换挡工作缸 2。

⑧ 将驱动轴外壳盖 6 从前部变速箱壳体 44 上分开并拆下密封件 7 和垫片 8。

⑨ 分开换挡工作缸 26 和密封件 25。

⑩ 将护盖 24 和密封件 23 从后部变速箱壳体 20 上分开。

⑪ 将前部变速箱壳体 44 从后部变速箱壳体 20 上分开。

⑫ 拆下驱动轴 19，行星齿轮组 40 和副轴 43。

⑬ 拆下含油元件 31、32。

⑭ 拆下并分解齿圈 36。

⑮ 将圆锥滚子轴承外座圈 22、34 从后部变速箱壳体 20 上拆下。

⑯ 将圆锥滚子轴承外座圈 9、45 从前部变速箱壳体 44 上拆下。

⑰ 分解驱动轴 19。

⑱ 分解副轴 43。

⑲ 分解行星齿轮组 40。

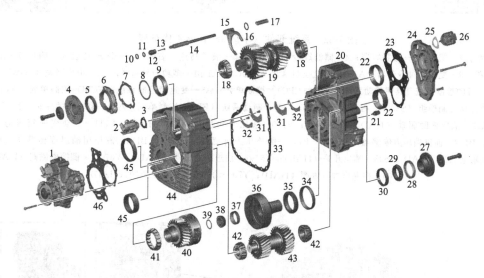

图 1-81　分动箱部件分解

1—换挡杆罩；2—公路和越野挡位换挡工作缸；3,7,23,25,33,46—密封件；4,27—连接凸缘；5,28—径向轴密封环；6—驱动轴外壳盖；8,16,39—垫片；9,22,30,34,37,45—轴承外座圈；10—导向环；11—密封圈；12—换挡活塞；13—磁铁；14—换挡杆；15—换挡拨叉；17—弹簧；18,29,35,38,41,42—圆锥滚子轴承；19—驱动轴；20—后部变速箱壳体；21—温度传感器；24—护盖；26—换挡工作缸；31,32—含油元件；36—齿圈；40—行星齿轮组；43—副轴；44—前部变速箱壳体

1.4
液压辅助驱动

1.4.1　系统部件

奔驰卡车液压辅助驱动系统部件安装位置如图 1-82 和图 1-83 所示。

系统管路连接如图 1-84 所示。

辅助驱动系统液压原理如图 1-85 和图 1-86 所示。

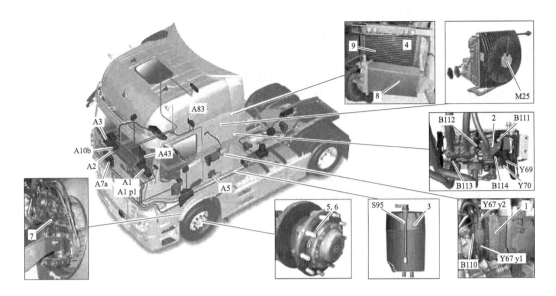

图 1-82　系统部件（车型 963，第 4 代车型）

1—液压泵；2—阀座；3—膨胀容器；4—储油罐冷却器模块；5—液压马达（右侧）；6—液压马达（左侧）；7—主销轴；8—储油罐；9—变速箱油冷却器；A1—仪表盘控制单元（ICUC）；A1 p1—多功能显示屏；A2—中央网关（CGW）控制单元；A3—行驶控制系统［共用传动系统控制器（CPC）］控制单元；A5—变速箱控制系统（TCM）控制单元；A7a—单信号采集及促动控制模组（SSAM）控制单元；A10b—电子制动系统（EBS）控制单元；A43—模块开关面板（MSF）控制单元；A83—液压辅助驱动（HAD）控制单元；B110—液压泵角度传感器（HAD）；B111—手动变速箱压力传感器（HAD）；B112—前进挡压力传感器（HAD）；B113—倒挡压力传感器（HAD）；B114—液压用油温度传感器（HAD）；M25—风扇电动机（HAD）；S95—油位开关（HAD）；Y67y1—前进挡电磁阀（HAD）；Y67 y2—倒挡电磁阀（HAD）；Y69—控制压力电磁阀（HAD）；Y70—动力液压系统电磁阀（HAD）

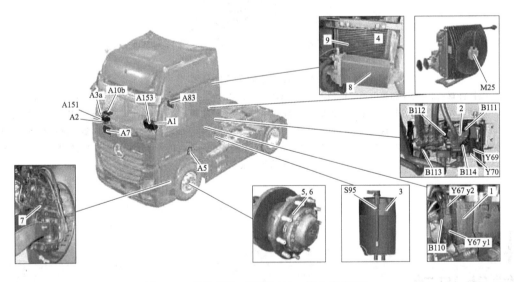

图 1-83　系统部件（车型 963，第 5 代车型）

1—液压泵；2—阀座；3—膨胀容器；4—储油罐冷却器模块；5—液压马达（右侧）；6—液压马达（左侧）；7—主销轴；8—储油罐；9—变速箱油冷却器；A1—仪表盘控制单元（ICUC）；A2—中央网关（CGW）控制单元；A3a—行驶控制系统［共用传动系统控制器（CPC）］控制单元；A5—变速箱控制系统（TCM）控制单元；A7—高级信号采集及促动控制模组（ASAM）控制单元；A10b—电子制动控制系统（EBS）控制单元；A83—液压辅助驱动（HAD）控制单元；A151—仪表盘（IC）控制单元；A153—仪表盘屏幕（ICS）控制单元；B110—液压泵角度传感器（HAD）；B111—手动变速箱压力传感器（HAD）；B112—前进挡压力传感器（HAD）；B113—倒挡压力传感器（HAD）；B114—液压用油温度传感器（HAD）；M25—风扇电动机（HAD）；S95—油位开关（HAD）；Y67 y1—前进挡电磁阀（HAD）；Y67 y2—倒挡电磁阀（HAD）；Y69—控制压力电磁阀（HAD）；Y70—动力液压系统电磁阀（HAD）

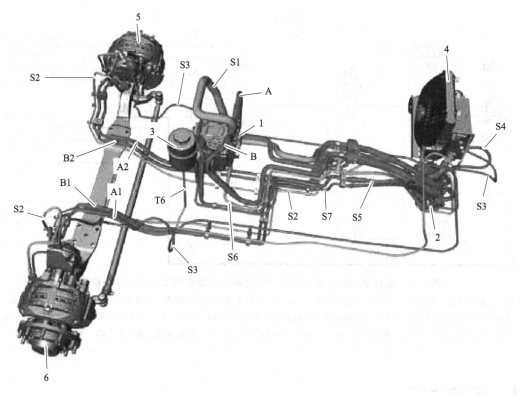

图 1-84　系统管路连接

1—液压泵；2—阀座；3—膨胀容器；4—储油罐冷却器模块；5—液压马达（右侧）；6—液压马达（左侧）；
A，B—高压管；A1，B1—高压管路（左侧）；A2，B2—高压管路（右侧）；S1—吸入管；
S2—控制管路；S3—溢油管；S4，S5，S7—回流管路；S6，T6—供给管路

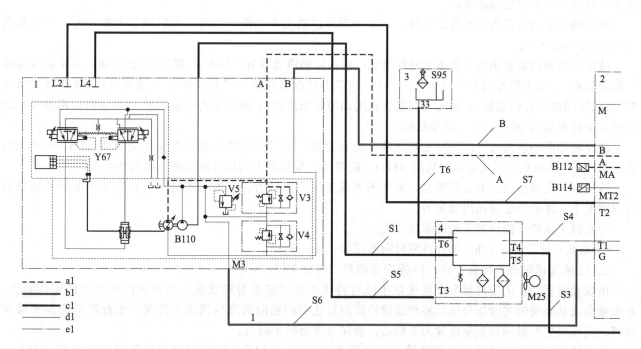

图 1-85　辅助驱动系统液压原理（向前驱动的辅助驱动系统的开关位置）

1—液压泵；2—阀座；3—膨胀容器；4—储油罐冷却器模块；B110—液压泵角度传感器（HAD）；B112—前进挡压力传感器（HAD）；
B114—液压用油温度传感器（HAD）；M25—风扇电动机（HAD）；S95—油位开关（HAD）；Y67—液压泵电磁阀（HAD）；
A，B—高压管；S1—吸入管；S3—溢油管；S4，S5，S7—回流管；S6，T6—供给管线；V3～V5—限压阀；
a1—高压；b1—控制压力；c1—无压/泄漏/吸入管；d1—冷却器回路背压；e1—无压

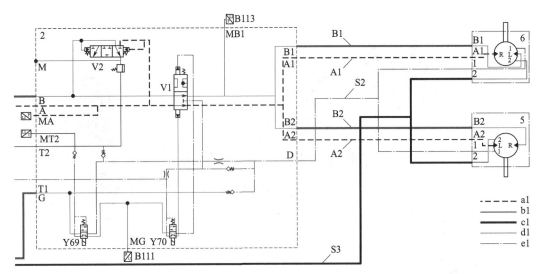

图 1-86 辅助驱动系统液压原理（向前驱动的辅助驱动系统的开关位置）

2—阀座；5—液压马达（右侧）；6—液压马达（左侧）；B111—手动变速箱压力传感器（HAD）；B113—倒挡压力传感器（HAD）；
Y69—控制压力电磁阀（HAD）；Y70—动力液压系统电磁阀（HAD）；A1，A2，B1，B2—高压管；S2—控制管路；S3—溢油管；
V1—两位五通换向阀；V2—三位五通换向阀；a1—高压；b1—控制压力；c1—无压/泄漏/吸入管；d1—冷却器回路背压；e1—无压

1.4.2 系统功能

液压辅助驱动装置为重载卡车的传统式后轮驱动提供可切换的前轮驱动功能。然而，液压辅助驱动装置与全时全轮驱动装置不同，仅适用于偶尔需要起步辅助的车辆。与全轮驱动装置相比，液压辅助驱动装置重量较轻，可承载更高的载荷。

液压辅助驱动装置为力矩控制系统，可单独测量前轴上是否需要力矩，然后调节力矩分配，力矩最高可达约 12000N·m。

液压辅助驱动装置由以下基本总成件组成：液压辅助驱动装置（HAD）控制单元（A83）（控制液压辅助驱动装置）；变速箱控制单元（TCM）（A5）（识别驾驶员负荷要求以及附加功能要求）；高性能液压泵（产生液压用油的容积流量）；阀座（控制液压用油的容积流量）；储油罐冷却器模块（存储液压用油并冷却液压用油储液罐）；液压马达（驱动前轮）。

液压辅助驱动装置可与以下特定驱动装备配合使用：第三代梅赛德斯动力换挡变速箱（Power Shift3，代码G5G）；二级水冷式缓速器（代码B3H）；防滑链；发动机上的后部取力器；欧洲版挂车。

液压泵产生液压用油的容积流量，但并不形成液压用油压力。在液压系统中，只有在液压用油遇到阻力的情况下，才会产生液压用油压力。

可在以下条件下操作液压辅助驱动装置。

① 最高车速为 15km/h，也允许短时间车速为 27km/h。

② 12速变速箱最大接合5挡；16速变速箱最大接合7挡。

由发动机驱动，固定排量泵在液压泵中随后持续产生固定的容积流量。如果关闭液压辅助驱动装置，此流量会流动至前轴的液压马达。容积流量将液压马达中的径向活塞压回活塞外壳，由此降低磨损和减少摩擦。液压泵中的轴向活塞泵设置为零输送，确保尽可能减少阻力。

以上措施可避免不必要的燃油消耗。控制压力电磁阀（HAD）Y69 和动力液压系统电磁阀（HAD）Y70 位于循环开关位置（休息位置），如图 1-87 所示。

在休息位置，五位二通阀 V1 上控制柱塞的两侧通过控制压力电磁阀（HAD）Y69 和动力液压系统电磁阀（HAD）Y70 实现无压 e1。弹簧也会作用到控制柱塞上，从而保持五位二通阀 V1 处于闭合状态。控制压力 b1 从定量泵通过连接 A 经五位二通阀 V1 和连接 B 返回定量泵中。控制压力电磁阀（HAD）Y69

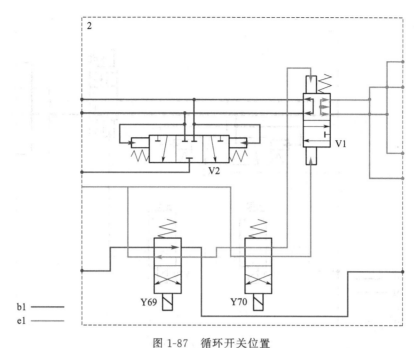

图 1-87　循环开关位置

2—阀座；Y69—控制压力电磁阀（HAD）；Y70—动力液压系统电磁阀（HAD）；
V1—五位二通阀；V2—五位三通阀；b1—控制压力；e1—无压

可将控制压力 b1 从连接 G 传递至连接 D。此控制压力 b1 将径向活塞推回液压马达中，从而减少不必要的摩擦。

在休息位置，五位二通阀 V1 上控制柱塞的两侧通过控制压力电磁阀（HAD）Y69 和动力液压系统电磁阀（HAD）Y70 实现无压 e1。弹簧也会作用到控制柱塞上，从而保持五位二通阀 V1 处于闭合状态。控制压力 b1 从定量泵通过连接 A 经五位二通阀 V1 和连接 B 返回定量泵中，控制压力电磁阀（HAD）Y69 可将控制压力 b1 从连接 G 传递至连接 D。此控制压力 b1 将径向活塞推回液压马达中，从而减少不必要的摩擦。

驱动开关位置如图 1-88 所示。

控制压力 b1 从连接 G 传递至五位二通阀 V1。控制压力 b1 移动控制柱塞，克服弹簧作用力，然后五位二通阀 V1 通过高压 a1 进行切换。高压 a1 由转向柱塞泵产生，通过连接 A1 和连接 A2 传递至液压马达，从而驱动前轮。通过控制压力电磁阀（HAD）Y69 在连接 D 处通风，从而释放压力 e1。

在液压马达中，通过径向活塞在工作压力最大约 420bar 时的阻力施加流量，然后转换为移动力或扭矩，从而驱动前轮。液压马达的操作通过仪表盘控制单元（ICUC）（A1）［适用于第 4 代车型的车辆或装配经典型驾驶舱（代码 J6A）的第 5 代车型的车辆］或仪表盘屏幕（ICS）控制单元（A153）［适用于装配多媒体驾驶舱（代码 J6B）或交互式多媒体驾驶舱（代码 J6C）的第 5 代车型的车辆］中的蓝色指示灯提示驾驶员该情况。

静液压辅助驱动装置（HAD）控制单元 A83 持续监控液压用油的温度和液压用油的压力。液压用油通过机油冷却器和风扇电动机（HAD）M25 冷却。五位二通阀 V1 上的控制压力 b1 只能在控制压力电磁阀（HAD）Y69 和动力液压系统电磁阀（HAD）Y70 同时切换时产生。

如果驾驶员在倒车时请求液压辅助驱动，则液压泵中的流量方向通过促动前进挡电磁阀（HAD）Y67y1 和倒挡电磁阀（HAD）Y67y2 改变。然后，液压马达反向运行。

此时的特性和要求与向前行驶的特性和要求相同。如果释放油门踏板上的压力或踩下制动踏板，液压辅助驱动装置（HAD）控制单元 A83 将液压辅助驱动从驱动状态切回准备就绪状态。

如果超过约 85℃ 的液压油温度，则液压辅助驱动装置（HAD）控制单元 A83 会关闭液压辅助驱动。

坡道驻车系统通过接合制动器防止车辆在斜坡等情况下起步时发生溜车。通过将坡道驻车系统与液压辅助驱动接合，提高了起步性能。

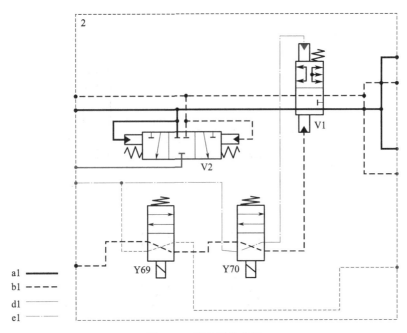

图 1-88 驱动开关位置

2—阀座；Y69—控制压力电磁阀（HAD）；Y70—动力液压系统电磁阀（HAD）；V1—五位二通阀；

V2—五位三通阀；a1—高压；b1—控制压力；d1—冷却器回路背压；e1—无压

为此，必须满足以下功能要求。

① 发动机运转。

② 通过液压辅助驱动装置（HAD）开关 S972 启用液压辅助驱动。

③ 坡道驻车系统通过坡道驻车系统开关 S47 启用。

④ 接合液压辅助驱动的允许挡位。

⑤ 已操作行车制动器。

⑥ 车辆静止。

如果两个功能都启用，则会促动阀座 2 中的五位二通阀 V1 且至高压管路的油道打开，从而必要时在前轮处快速产生转矩。

如果随后松开制动踏板，则会保持最后施加的制动压力，不会溜车。踏下油门踏板时，变速箱控制单元（TCM）A5 会促动离合器，以同步前轮和后轮的转矩增加情况。坡道驻车系统集成在电子制动系统中。

重型卡车维修技术手册

底盘分册

第2章

车桥

2.1
车桥概述

2.1.1　重汽 MCY13/11 驱动桥

MCY13/11 双联驱动桥是重汽与德国 MAN 公司合作并引进其技术生产的，它是欧洲目前使用率最多的驱动桥型之一。MCY13/11 驱动桥由主减速器、差速器、半轴、驱动桥壳和制动器等组成。

驱动桥的作用是：

① 将万向传动装置传来的发动机转矩通过主减速器、差速器、半轴等传到驱动车轮，实现降速、增大转矩；

② 通过主减速器圆锥齿轮副改变转矩的传递方向；

③ 通过差速器实现两侧车轮差速作用，保证内、外侧车轮以不同转速转向。

主减速器是汽车传动系统中降低转速、增大转矩的主要部件。MCY13/11 驱动桥是单级减速桥，因此主减速器承担了车桥全部的降速任务。差速器解决汽车转向时两侧的驱动车轮转动速度不等和多轴驱动桥转动速度不等的问题。半轴用来可靠地传递驱动力。驱动桥壳是传动系统和行驶系统主要部件的安装基础件。

MCY13/MCY11 系列驱动桥单桥载荷分别为 13t 和 11t，目前桥总成有四种速比，即 3.08、3.36、3.70、4.11。驱动桥采用钢板冲压焊接桥壳和盘式或鼓式制动器，其结构简单、自重轻、制动舒适、安全系数高、维修方便，适用于公路用车。

MCY1370/MCY1350 系列驱动桥主减速器采用重负荷齿轮油润滑，轮毂使用润滑脂润滑。该桥采用高强度冲压焊接桥壳，结构设计合理，自重轻。中后桥均采用等高齿圆锥齿轮副，运转平稳，抗冲击，使用寿命长。轮毂轴承使用世界著名轴承制造厂家生产的轴承单元，质量安全可靠。双联桥标配轴间差速锁，选装轮间差速锁。

MCY13/11 双联驱动桥按制动器形式分有盘式与鼓式两种，悬架形式为板簧悬架。

MCY 车桥齿轮油首次更换里程或时间：

① 长途运输车 10 万千米或 10 个月，先到者为准；

② 市政用车、城建工程车、运输型自卸车、搅拌车 8 万千米或 10 个月，先到者为准；

③ 矿山工地车 2.5 万千米或 5 个月，先到者为准。

2.1.2 陕汽重卡所配汉德车桥

陕汽重卡装配汉德公司引进德国 MAN 公司生产的前轴；后桥选装 10t 级 MAN 技术双级桥、13t 级 MAN 技术单级桥、13t 级 MAN 技术双级桥。该系列车桥是汉德公司引进德国 MAN 公司技术生产的，是国内重卡车型的首选车桥，具有结构紧凑、承载能力强、重量轻、维护方便的优点，是国内最优秀的重卡车桥之一。

为了区别车桥的性能特征和生产制造信息，汉德车桥有型号和制造编号之分。

汉德车桥型号含义如图 2-1 所示。

汉德车桥生产编号含义如图 2-2 所示。

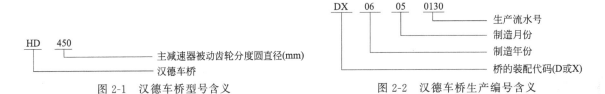

| 图 2-1 汉德车桥型号含义 | 图 2-2 汉德车桥生产编号含义 |

车桥的制造编号体现车桥的生产日期和流水号，从而能够追溯到车桥的型号、零部件的制造和供货商，为"三包"期内的追偿和故障的质量分析以及对后期质量整改提供依据。根据制造编号可以查出车桥的型号，明确车桥的配置。

一般车桥上全部安有车桥铭牌，铭牌铆钉在桥壳气室支架连接板的右侧斜面上，如图 2-3 所示。

如果在使用中车桥铭牌丢失，在桥壳左侧的上平面上靠近弹簧钢板支架里侧，刻有车桥制造编号的钢印标识，如图 2-4 所示。

图 2-3 车桥铭牌位置

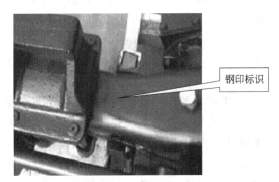

图 2-4 车桥钢印标识

MAN 卡车前轴与一般常规的汽车随动前轴大同小异，只是在具体结构和维修规范上与常规随动前轴略有不同。而驱动桥主减速器则是采用准双曲线齿轮传动，与常规圆锥齿轮传动略有不同的是，其主动齿轮不是从被动齿轮中心传递动力，而是从被动齿轮中心线下方偏置一个距离传递进去。

同一个型号系列的驱动车桥，有不同的速比可供选择，表 2-1 中给出的即是各种型号驱动车桥速比参数。

表 2-1 各型号驱动车桥速比参数

车桥型号	速比参数						
HD450	3.583	3.909	4.300	4.778	5.375	5.857	
HD485		3.083	3.364	3.700	4.111	4.625	5.286
HD469	2.714	3.083	3.364	3.700	4.111	4.625	5.286
HD425		3.083	3.364	3.700	4.111	4.625	5.286
	5.571	5.857	6.413				

5.5t级MAN技术前桥技术参数见表2-2，维修标准见表2-3，拧紧力矩见表2-4。

表2-2　5.5t级MAN技术前桥技术参数

项目	参数
前轴形式	I字形断面横锻钢梁
转向节形式	拳式
主销外径	$\phi47$mm
制动鼓安装形式	轮毂外侧

表2-3　5.5t级MAN技术前桥维修标准

项目		名义尺寸/mm	维修标准/mm	磨损极限/mm	备注
主销外径		$\phi47.0$	—	$\phi46.9$	
主销与转向节衬套间隙		—	$0.01\sim0.10$	0.20	
主销与前轴孔的间隙		—	<0.04	0.15	
前轮毂轴承预紧载荷		—	$20\sim55$N	—	在车轮螺栓处测量
转向节启动阻力		—	<10N	—	在轴头开口销孔处测量
转向节与前轴的间隙		—	<0.1	—	垫片调整
球头销的球头直径		$\phi38.0$	—	$\phi37.5$	
轮辋的跳动	端面跳动	—	<1.5	—	
	径向跳动	—	<1.5	—	

表2-4　5.5t级MAN技术前桥拧紧力矩

项目	拧紧力矩/N·m	项目	拧紧力矩/N·m
钢板弹簧U形螺栓	$350\sim400$	防尘盖固定螺栓	$10\sim20$
主销的锁销螺母	$25\sim40$	制动气室紧固螺母	$60\sim90$
转向节限位螺栓锁止螺母	$80\sim100$	制动气室支架紧固螺栓	$70\sim80$
转向节臂固定螺母	$280\sim350$	制动器底板固定螺栓	$130\sim160$
横拉杆节臂固定螺母	$350\sim450$	轮毂制动鼓紧固螺母	$300\sim420$
球头销固定螺母	$250\sim310$	轮胎螺母	$500\sim550$
横拉杆卡套紧固螺母	$35\sim45$	轮毂轴承盖调整螺母紧固螺栓	12
主销螺塞	$60\sim80$		

目前汉德单级减速驱动后桥有HD450和HD485两大系列。车桥的型号数字代表驱动车桥的被动齿轮的分度圆直径，例如HD450车桥主减速器被动齿轮的分度圆直径为450mm。单级减速后桥的外部结构如图2-5所示，其技术参数见表2-5。

表2-5　单级减速后桥技术参数

部位	HD450型	HD485型
被动齿轮分度圆直径/mm	450	485
额定轴荷/kg	13000	
轮距/mm	1830	$1800\sim1860$
板簧跨距/mm	950	$950\sim1030$
断面尺寸/牙包直径/mm	$160\times152\times16/\phi550$	$160\times152\times16/\phi550$ $150\times135\times14/\phi540$
凸缘规格/mm	$\phi150$	$\phi180$

部位	HD450 型	HD485 型
速比种类	3.586　3.909　4.300 4.778　5.375　5.857	3.083　3.364　3.700 4.111　4.625　5.286
最大输出转矩/N·m	50000	62000～65000
制动器规格/mm	ϕ410×220	
制动分室规格	前分室 24in,后复合式制动分室 24in	
制动分矩/N·m	34560(每个制动分室)	
自重/kg	760	820
车轮安装方式	轮辋中心孔定位,半轮螺栓 10 根 M22×1.5,分度圆直径 ϕ335mm	

注：1in＝2.54cm,下同。

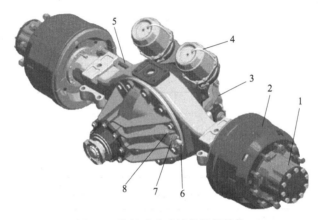

图 2-5　单级减速后桥的外部结构

1—轮毂；2—制动鼓；3—制动间隙自动调节臂；4—复合式制动分室；5—制动凸轮轴；
6—差速锁指示开关；7—差速锁工作气缸进气接头；8—通气孔

汉德单级减速后桥由中央一级减速直接带动车轮旋转,其主要结构与常规的驱动桥没有本质上的区别。中央传动结构见图 2-6。

汉德单级减速后桥的中央传动是由主动齿轮 5、被动齿轮 1 及差速器总成组成的。准双曲线的主、被动圆锥齿轮不仅改变了传动的方向,而且达到了减速增扭的目的。双曲线齿轮传动与常规的圆锥齿轮传动的区别是传动效率高、传递平稳、传递的转矩大。因此,双曲线齿轮不仅可以实现大转矩传动而且省油。常规的圆锥齿轮传动的几何位置是:主动齿轮在被动齿轮的水平中心线上,而双曲线传动则是主动齿轮在被动齿轮中心线向下偏移一个距离输入的。动力由偏置中心线下方的主动齿轮传递给被动齿轮,再经差速器内四个行星齿轮传递给两个半轴齿轮,继而通过两个半轴传递给车轮。在汽车拐弯时,差速器可以通过行星齿轮和两个半轴齿轮自动地调整两个车轮的转速,使两个车轮适应不同的转弯半径造成车轮不同的行驶距离,以消除机件内部的损耗和减少轮胎的磨损。

当汽车驶入光滑或泥泞路面而产生单边车轮打滑时,差速锁可以将左、右半轴锁死,使两个半轴形成一个刚性的驱动轴,从而使汽车平稳地驶出故障路面。当然,一旦驶出故障路面,必须立即将差速锁摘除,否则轻则造成轮胎磨损,严重时会产生扭断半轴等机械事故。HD485 型汉德单级减速后桥在差速器上同样设置了差速锁,在差速器右壳(从前向后看)上有一个与差速器壳一体的啮合齿,在右半轴上安置有一个差速锁啮合套 8,该啮合套与半轴花键连接。差速锁啮合套 8 的移动是受拨叉轴控制的,而拨叉轴又受控于差速锁工作气缸 10 的活塞。

汽车正常行驶时,如图 2-7 所示,差速锁拨叉被回位弹簧顶到使差速锁滑动啮合套与差速器壳上啮合齿脱开的位置。当操作差速锁开关闭合时,电磁阀打开,压缩空气通入差速锁工作缸 10,将活塞杆连同拨叉和滑动啮合套 8 推进与差速器壳上的啮合齿啮合,如此,使右半轴与差速器壳连为一体,最终使左、右半轴和差速器总成连成一个整体，从而使汽车驶出故障路面。

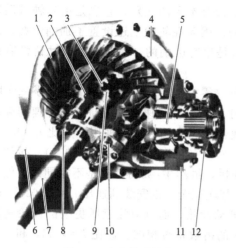

图 2-6　中央传动结构

1—被动齿轮；2—差速器壳；3—行星齿轮；4—主减速器壳；
5—主动齿轮；6—驱动桥壳；7—半轴；8—差速锁啮合套；9—半轴
齿轮；10—差速锁工作缸；11—主动齿轮壳；12—输入凸缘

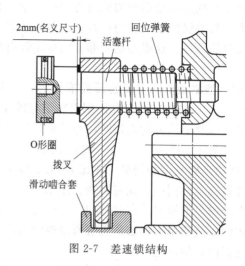

图 2-7　差速锁结构

HD450 型驱动桥没有设置差速锁装置，在 HD485 驱动桥上差速锁装置也是选装件，在公路用车，如卡车、牵引车和客车上，可以不要求安装差速锁。

但是，因为差速锁的滑动啮合套是在右半轴的花键上安置的，因此，在维修带有差速锁装置的车桥，需抽出半轴时应特别注意。

在抽出差速锁一边（右）的半轴之前，首先要用机械的方式把差速锁挂合，否则一旦半轴抽出，滑动啮合套将掉进桥壳，如想恢复原位则必须将主减速器总成从桥壳上拆卸下来，滑动啮合套很容易卡在主减速器和桥壳之间，使主减速器总成无法从桥壳内拉出。显然，如果需解体桥总成，在分解主减速器总成与桥壳之前，同样需首先挂合差速锁。具体的方法是将安置在差速锁工作缸上的指示灯开关（该开关在差速锁挂合到位时接通点亮差速锁开关内的指示灯，以指示差速锁挂合到位）从工作缸上拆卸下来，然后用一个同样大小的定位螺栓拧入，边转动车轮，边向里入螺栓，直到拧到位为止，此时滑动啮合套将与差速器壳上的啮合齿啮合成为一体，差速锁机构将与主减速器一体从桥壳上拆卸下来。组装时，当把半轴完全插入到位后，再将定位螺栓解除。

HD450 型单级减速桥与 HD485 型单级减速桥结构大同小异，其维修规范和拆装程序也基本相同，HD450 型单级减速桥没有设置差速锁装置，因此该桥主要装用于公路牵引车和客车。而 HD485 型单级减速桥差速锁装置也是选装件。HD450 和 HD485 型单级减速桥的主要区别是主、被动齿轮的大小（分度圆直径）不同，齿轮的模数不同，因此传递的扭矩大小也不相同。HD450 型和 HD485 型单级减速桥有多种速比可供选择，不同速比的主/被动齿轮齿数如表 2-6 所示。

表 2-6　不同速比的主/被动齿轮齿数

HD450 型		HD485 型	
速比 i	主/被动齿轮齿数	速比 i	主/被动齿轮齿数
3.583	12/43	3.083	12/37
3.909	11/43	3.364	11/37
4.3	10/43	3.700	10/37
4.778	9/43	4.111	9/37
5.375	8/43	4.625	8/37
5.857	7/41	5.286	7/37

所有型号的汉德驱动桥（包括驱动双联桥）除了半轴有所不同之外，其他零部件均相同，均可以互换。

汉德单级减速驱动后桥的轮边与常规的驱动桥在结构上没有本质的区别。它也是由半轴带动轮毂旋转传递动力，只是汉德驱动桥的轮毂轴承是用齿轮油来润滑的，因此在轮毂上还设置了加油丝堵，同时标明了加注油量的油位。这点与绝大部分汽车轮毂由润滑脂润滑是略有区别的，因此汉德驱动桥没有设置半轴油封。

HD450 型驱动桥的主减速器壳有两种：一种用于卡车（零件号：DZ9112320074）；另一种用于客车（零件号：DZ9112320174），其区别仅在于与桥壳的连接尺寸不同。所有速比的车桥其右差速器壳、行星齿轮、十字轴以及半轴齿轮均相同，与被动齿轮连接的左差速器壳也有两种：一种用于速比 $i=4.3$ 和 3.909（零件号：DZ9112320077）；另一种用于速比 $i=4.778$ 和 5.857（零件号：DZ9112320079）。显然，不同速比的主/被动齿轮是不相同的。速比 $i=4.3$ 和 3.909 的驱动桥，虽然主/被动齿轮是不相同的，但其安装位置和尺寸是完全相同的，换句话说：速比 $i=4.3$ 的主/被动齿轮完全可以安装到速比 $i=3.909$ 的车桥上去。因此，在维修需要换主/被动齿轮时，不仅应成对更换主/被动齿轮，而且应注意所更换的齿轮速比是否与原车的相同，最简单的办法是观察所更换的齿轮与原车齿轮的齿数是否相同。速比 $i=4.778$ 和 5.857 的车桥也应注意同样的问题。

HD485 型驱动桥主减速器壳也有两种：一种是带差速锁装置的（零件号：81.35301.0074）；另一种是不带差速锁装置的（零件号：81.35301.0174），两者的区别仅在于是否加工有差速锁工作气缸。HD485 型车桥右差速器壳也有带差速锁啮合齿的（零件号：81.35110.0040）和不带差速锁啮合齿的（零件号：81.35110.0045）两种。其左差速器壳也有两种：一种是用于速比 $i=5.286$、4.625、4.111、3.700（零件号：81.35105.0045）；另一种是用于速比 $i=3.364$ 和 3.083（零件号：81.35105.004）。差速器的其他零部件均基本相同，可以互换。显然，HD485 型车桥在维修更换主/被动齿轮时，同样应注意所更换的主/被动齿轮速比应与原车的保持一致。

汉德公司目前生产有 HD469 和 HD425 两种型号的单级减速驱动双联桥，其后桥外部结构如图 2-8 所示，中桥外部结构如图 2-9 所示。

图 2-8　HD469 型单级减速驱动后桥外部结构

1—轮毂；2—制动鼓；3—制动间隙自动调整臂；4—复合式制动分室；5—制动凸轮轴；

6—差速锁指示灯开关；7—差速锁工作气缸接头；8—通气孔

HD469 型单级减速双联桥的基本性能参数如表 2-7 所示。

表 2-7　HD469 型单级减速双联桥的基本性能参数

项目	基本性能参数
额定轴荷/kg	2×11500（技术允许 13000）
轮距/mm	1800～1860
板簧跨距/mm	960～1040

项目	基本性能参数
桥壳断面尺寸/mm	150×135×16～150×135×14
牙包直径/mm	ϕ520
被动齿轮分度圆直径/mm	ϕ469
额定输出扭矩/N·m	43000
传动比	3.083　3.364　3.700　4.111　4.625　5.286　鼓式
制动器规格/mm	ϕ410×220
制动分室/in	24
制动力矩/N·m	34560
自重/kg	中桥920、后桥800
车轮安装方式	轮辋中心孔定位,车轮螺栓10－M22×1.5,分度圆直径ϕ335

图 2-9　HD469 型单级减速驱动中桥外部结构

1—轮毂；2—制动鼓；3—制动凸轮轴；4—制动间隙自动调整臂；5—输出凸缘；6—轮间差速锁指示灯开关；7—轮间差速锁工作气缸接头；8—通气孔；9—输入凸缘；10—轴间差速锁指示灯开关；11—轴间差速锁工作气缸气接头

单级减速双联桥的轮边结构与单级减速单后桥的结构完全相同，除了半轴等部分零件有一定的区别外，其余大部分零件均可互换。

双联桥的后桥结构与 HD450 和 HD485 型单后桥大同小异，其维修拆装程序也都基本相同，只是 HD425 型双联后桥与 HD450 和 HD485 型单后桥结构完全相同，而 HD469 型双联后桥的差速器结构却与之略有差异。双联后桥中央传动机构如图 2-10 所示。

HD425 型双联后桥结构与 HD450 和 HD485 型单后桥结构完全相同，它们差速器的行星齿轮十字轴都是扣合在两半个差速壳上的。此外，差速器壳连接螺栓与被动齿轮固定螺栓是分开的。而 HD469 型双联后桥的差速器结构却有较大的区别。差速器行星齿轮十字轴由一根十字通轴和两根十字半轴组成，它们分别将四个行星齿轮完全装配在左差速器壳内。装配时首先将十字通轴穿过左差速器壳的十字轴孔，将两个行星齿轮连同垫片装到左差速器壳内，然后分别将十字半轴穿过左差速器壳另外两个十字轴孔，将其余两个行星齿轮及垫片装到左差速器壳内，两个十字半轴的前扁口端分别插入十字通轴中间的缺口定位，最后将被动齿轮、右差速器壳一并扣合，用一套连接螺栓即把差速器壳和被动齿轮共同连接固定。显然，被动齿轮安装到位后，把左差速器壳的四个十字轴孔堵死，将使十字通轴与十字半轴定位。除了差速器结构的不同之外，其余部分与其他驱动桥结构大同小异。

单级减速双联桥的中桥的结构如图 2-11 所示。

单级减速双联中桥由两部分构成：一部分贯通传动部分；一部分是中桥传动部分。输入凸缘将传动轴输入的动力传递给轴间差速器，轴间差速器通过十字轴和四个行星齿轮将动力分别传递给两个半轴齿轮，从而将动力一分为二。一路经轴间差速器前半轴齿轮（与主动圆柱齿轮一体）传递给主动圆柱齿轮，再经被动圆柱齿轮传递给主动圆锥齿轮，从而通过被动齿轮将动力传递给中桥。另一路径轴间差速器后半轴和贯通轴、输出凸缘和短传动轴，将动力传递给后桥。

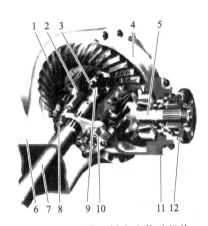

图 2-10　双联后桥中央传动机构

1—被动齿轮；2—差速器壳；3—行星齿轮；4—主减速器壳；
5—主动齿轮；6—驱动桥壳；7—半轴；8—差速锁啮合套；
9—半轴齿轮；10—差速锁工作缸；11—主动齿轮轴承座；
12—输入凸缘

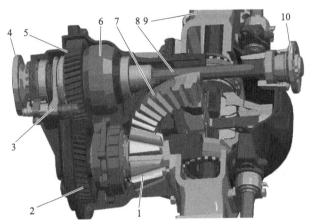

图 2-11　单级减速双联桥的中桥的结构

1—主动齿轮；2—被动圆柱齿轮；3—轴间差速锁拨叉；
4—输入凸缘；5—主动圆柱齿轮；6—轴间差速器；7—被动
圆锥齿轮；8—贯通轴；9—桥壳；10—输出凸缘

轴间差速器的作用是汽车行驶在坑洼不平的路面时，可自动调节中桥与后桥的转速，从而不致产生磨轮胎和损坏机件的故障。在轴间差速器上也设置有差速锁装置，当汽车行驶在光滑或泥泞路面，而使中桥或后桥整体打滑空转时，驾驶员可按下轴间差速锁开关（踩下离合器），接通轴间差速器电磁阀，从而使压缩空气通入轴间差速锁工作缸，工作缸内的活塞克服回位弹簧的弹力，推动拨叉将差速锁啮合套与差速器壳的啮合齿啮合成为一体，如此，使中桥和后桥成为一体刚性传动，当驾驶员抬起离合器时，汽车将平稳驶出故障路面，与轮间差速锁一样，一旦驶出故障路面，须立即将差速锁解除。

HD469 与 HD425 型双联中桥结构除轮间差速器有较大的区别之外，再就是在轴间差速器和贯通轴具体结构上稍有差别。

HD469 与 HD425 型中桥中断结构的主要区别是：HD425 型中桥主减速器仍然采用常规结构的差速器，而 HD469 型中桥主减速器的差速器就像其后桥一样，采用的是相嵌式的差速器，即将四个行星齿轮用一根十字通轴和两根十字半轴镶嵌在左半差速器壳内，而且是用一套连接螺栓将差速器的两半壳及被动齿轮固定在一起。

HD425 型中桥的后贯通轴与凸缘是一体结构，而 HD469 型中桥的后贯通轴与凸缘则采用常规结构，在贯通轴的连接定位上也略有区别。

单级减速双联桥不同速比的各传动齿轮的齿数如表 2-8 所示。

表 2-8　单级减速双联桥不同速比的各传动齿轮的齿数

类型	速比 i	主/被动齿轮齿数
HD469 型	3.083	12/37
	3.364	11/37
	3.700	10/37
HD425 型	4.111	9/37
	4.625	8/37
	5.286	7/37

注：1. 主/被动齿轮包括中桥过桥箱主减速器和后桥主减速器的主/被动齿轮。
　　2. 中桥中断内部主动/被动圆柱齿轮齿数相同。

由表 2-8 可见，HD469 和 HD425 型速比种类相同，同速比的主/被动齿轮齿数相同，但因被动齿轮的分度圆直径不同，齿轮的模数不同，因此不能通用互换。

HD469 型双联桥不同速比的中桥与后桥，除了主减差速器壳和主/被动齿轮不同之外，其余零件基本上相同。而速比 $i=3.083$ 和 3.364 的差壳是相同的，速比 $i=3.700$、4.111、4.625、5.286 的差壳也是相同的。换句话说：速比 $i=3.083$ 和 3.364 的主/被动齿轮的安装尺寸是相同的，速比 $i=3.700$、4.111、4.625 和 5.286 的主/被动齿轮的安装尺寸是相同的。这就要求在维修时需更换中桥或后桥主减速器主/被动齿轮的时候应特别注意：所更换的新主/被动齿轮的速比，必须与原车的速比一致，否则不同速比的主/被动齿轮完全有可能安装上，一旦发生这种情况，会造成同一台车中桥速比和后桥速比的差异，汽车完全可以行驶，只是在很短的时间内就会发生轴间差速器烧损的事故。解决这一问题的方法很简单，在维修更换主/被动齿轮时，只需观察所更换的主/被动圆锥齿轮的齿数与原车主/被动齿轮的齿数一致即可。

2.2
前桥

2.2.1　前桥类型与组成

2.2.1.1　斯堪尼亚重卡前桥

前轴的主要部件是前轴梁 1、转向节 2、球接头 3、直拉杆 4、横拉杆 5 和直拉杆臂 6（图 2-12）。横拉杆臂与转向节集成在一起。前轴梁呈工字形，它由铸造韧性合金钢制成。有多个平面用于固定弹簧组件，每端有多个锥孔，用于固定转向主销。偏移量 A 是车轮中心与轴构件弹簧接触表面之间的距离。

前轮毂安装在轴颈上，而轴颈通过就位的转向主销安装在轴上。轴颈有两种不同的尺寸，最里面的直径比最外边的尺寸大 0.2mm。

轴颈的上部位于衬套中，下部通常位于圆锥滚子轴承内。轴 AM621 下部具有衬套型轴承。在轴颈上部与轴构件之间有一个防磨垫圈。两个轴承都用润滑脂润滑，并安装密封圈。

径向力在上部的衬套和下部的滚柱轴承或衬套之间分配。

轴向力（车轮压力）由转向主销经过滚子轴承或轴 AM621 的防磨垫圈吸收。

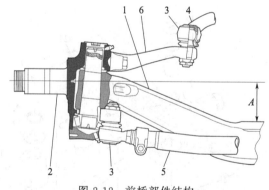

图 2-12　前桥部件结构

将球接头连接在直拉杆和横拉杆的两端。球接头采用永久润滑，无须任何维护润滑。如图 2-13 所示，通过将球销压在上轴承表面 2 上，用螺旋弹簧 1 补偿磨损造成的自由间隙。

直拉杆安装在方向机转向摇臂和轴颈上的直拉杆臂间，如图 2-14 所示。安装在转向摇臂上的球接头 1 为螺纹型，并使用固定夹套 2 锁紧。安装在直拉杆臂内的球接头固定在管 3 内，因此无法更换。通过松开转向摇臂上的固定夹套和球接头并旋转球接头，可调节直拉杆的长度。

有两种类型的横拉杆：一种是在两端带有固定夹套的直杆，如图 2-15 所示；另一种是在一端带有调节螺钉和固定夹套的弯杆，如图 2-16 所示。

球接头 1 和 2 安装在第一类的两端，并使用固定夹套 3 锁紧。一个球接头是右旋螺纹，而另一个是左旋螺纹，长度通过松开固定夹套并旋转横拉杆进行调节。夹紧螺钉和螺母必须更换，紧固之前进行润滑，以达到规定的夹持力。

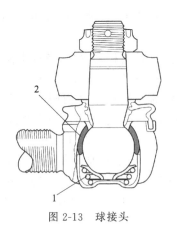

图 2-13　球接头

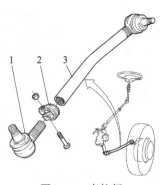

图 2-14　直拉杆

另一种类型横拉杆两端也装有球接头 1 和 2，但是在这种情况下，长度使用调节套管 3 进行调节。调节套管为右旋或左旋。

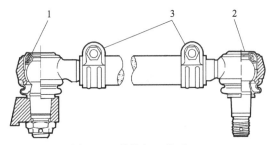

图 2-15　横拉杆（类型一）

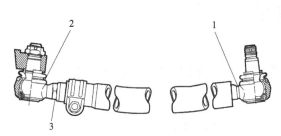

图 2-16　横拉杆（类型二）

注意：每次检查时都应检查横拉杆调节机构的自由间隙。

前桥部件分解如图 2-17 所示。

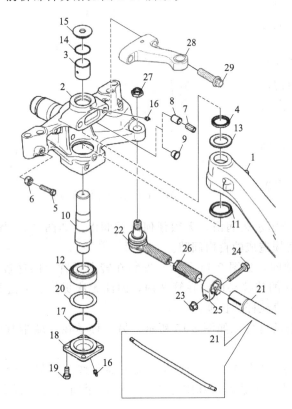

图 2-17　前桥部件分解

1—前轴梁；2—转向节；3—滑环；4—密封圈；5—设定螺钉；6—六角螺母；7—夹子；8—套筒；9—塞子；10—转向主销；11—密封圈；12—锥形滚柱轴承；13—耐磨垫圈；14,17—O形环；15,18—盖；16—黄油嘴；19—六角螺钉；20—垫片；21—连接杆；22—球接头；23—螺母；24,29—螺钉；25—夹子；26—调节套管；27—开槽螺母；28—直拉杆臂驱动前桥 AMD900/901、AMD600TZP 部件分解如图 2-18 和图 2-19 所示。

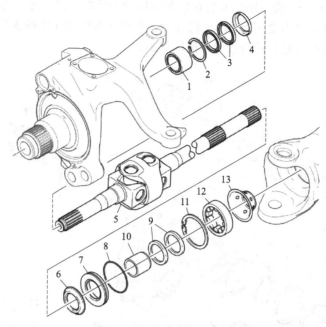

图 2-18　驱动型前桥 AMD900/901 部件分解

1—滚针轴承；2—卡环；3,4,6,9—密封件；5—半轴；7—密封座；8—O 形环；
10—轴承；11—卡簧；12—滚柱轴承；13—插座

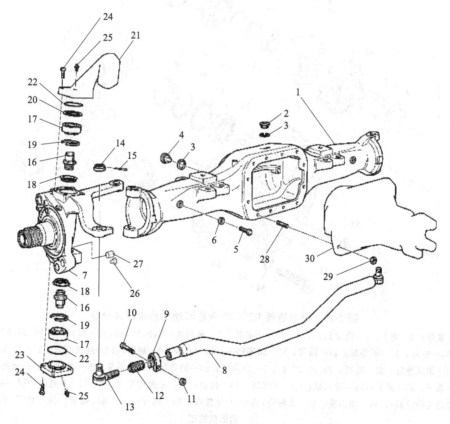

图 2-19　驱动型前桥 AMD600TZP 部件分解

1—轴梁；2,26—塞子；3—密封垫圈；4—磁性塞；5,10—螺钉；6—六角螺母；7—轴颈；8—连接杆；9—夹子；
11,14,29—螺母；12—调节套管；13—球接头；15—开口销；16—回转销；17—轴承；18—密封件；19—弹簧；
20—垫片；21—支架；22—O 形环；23—盖子；24—六角螺钉；25—黄油嘴；27—套筒；28—螺杆；30—车轴齿轮

带差速器 RBP735/RBP736 全轮驱动的前桥部件分解如图 2-20 和图 2-21 所示。

RBP735 装在后轴的最前端，而 RBP736 装在前驱动轴的最后端。两个差速器的零部件、设置和测试值以及紧固扭矩都相同，主要的区别是 RBP736 中的盆形齿轮组是 RBP735 中的镜像。由于旋转方向相反，所以对齿轮组（盆形齿轮和角齿齿轮）的齿进行不同的切割。

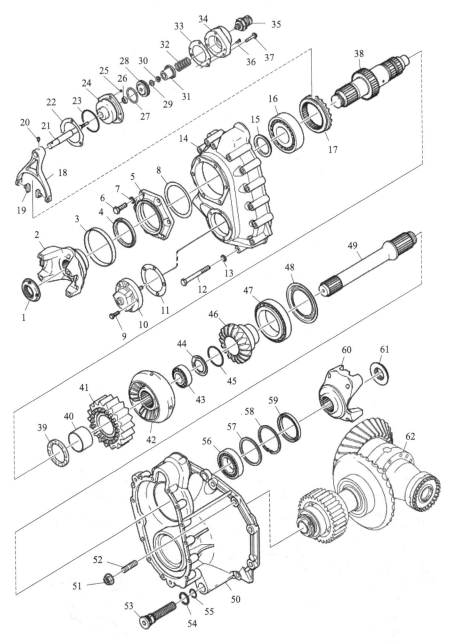

图 2-20 带差速器 RBP735 全轮驱动的前桥部件分解

1,61—锁紧螺母；2—轭头；3—防尘盖；4,26,59—密封圈；5—密封座；6,9,12,36,37—螺钉；7,13,29,57—垫圈；8,11,22,33,54—垫片；10—机油泵；14—前盖；15—间隔垫圈；16,43,47,56—轴承；17—连接套筒；18—拨叉；19—换挡拨叉销；20—锁紧螺栓；21—拉杆；23,25,27,45,55—O 形环；24—阻塞缸；28—活塞；30—螺母；31—套筒；32—压缩弹簧；34—盖子；35—开关；38—输入轴；39—耐磨环；40—衬套；41—差速齿轮（前）；42—差速器外壳；44,48—集油器；46—差速齿轮（后）；49—输出轴；50—齿轮壳；51—凸缘螺母；52—螺杆；53—滤网装置；58—卡环；60—轭头；62—盆形齿轮组

机油在轮毂减速器齿轮和差速器之间循环。因此，车辆在被送入维修厂之前，差速器和轮毂减速器齿轮中的机油液位可能按照车辆的行驶情况而变化。

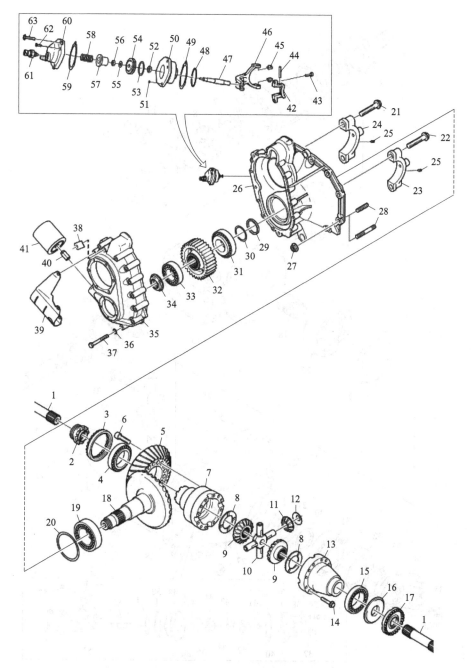

图 2-21 带差速器 RBP736 全轮驱动的前桥部件分解

1—半轴；2—连接套筒；3—调节环；4,15,19,31,33—轴承；5—盆形齿轮；6,14,21,22,37,62,63—螺钉；7—差速器半壳体；8,12—耐磨垫圈；9,11—差速齿轮；10—差速器十字轴；13—差速器半壳体；16—集油器；17—调节环；18—角齿齿轮；20—垫片；23,24—轴承盖；25—设定螺钉；26—齿轮壳；27,34,56—螺母；28—螺杆；29—调节环；30,49,59—垫片；32—齿轮；35—前盖；36,55—垫圈；38—类型标牌；39—保护外壳；40—螺纹管；41—机油滤芯；42—支架；43—内六角螺钉；44—轴；45—换挡拨叉销；46—杆；47—拉杆；48,51,53—O形环；50—阻塞缸；52—密封圈；54—活塞；57—套筒；58—压缩弹簧；60—盖子；61—开关

带差速器 RBP735/RBP736 全轮驱动的前桥部件分解如图 2-22 所示。

2.2.1.2 转向桥与转向驱动桥

转向桥是利用车桥中的转向节使车轮可以偏转一定角度，以实现汽车的转向。它除承受垂直载荷外，还承受纵向力和侧向力及这些力造成的力矩。转向桥通常位于汽车的前部，因此也常称为前桥。

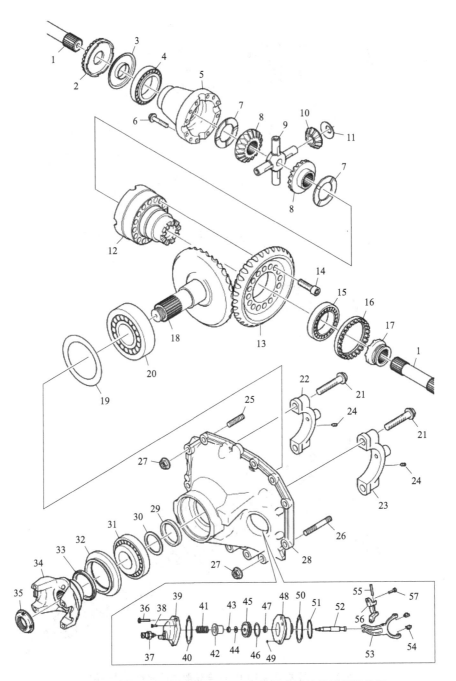

图 2-22　带差速器 RBP735/RBP736 全轮驱动型的前桥部件分解

1—半轴；2,16—调节环；3—集油器；4,15,20,31—轴承；5—差速器半壳体；6,14,21,36,38—螺钉；7—耐磨垫圈；
8,10—差速齿轮；9—差速器十字轴；11—耐磨垫圈；12—差速器半壳体（盆形齿轮侧）；13—盆形齿轮；17—连接套筒；
18—角齿齿轮；19—垫片；22,23—轴承盖；24—设定螺钉；25—螺杆（短）；26—螺杆（长）；27,43—螺母；28—齿轮
壳；29—调节套管；30,40,50—垫片；32—密封座；33—密封件；34—轭头；35—轭头螺母；37—开关；39—盖子；
41—弹簧；42—套筒；44—垫圈；45—活塞；46,49,51—O形环；47—密封圈；48—阻塞缸；52—拉杆；53—杆；54—
换挡拨叉销；55—轴；56—支架；57—内六角螺钉

（1）转向桥的作用　转向桥是转向系统功能实现的重要总成。转向即使汽车按驾驶员选定的方向行驶。汽车转向系统可按转向能源的不同分为机械转向系统和动力转向系统两大类。

　　机械转向系统以驾驶员的体力作为转向能源，其中所有传力件都是机械的。如图 2-23 所示为机械转向系统的组成和布置示意。当汽车转向时，驾驶员对转向盘施加一个转向力矩。该力矩通过转向轴、转向万向节和转向传动轴输入转向器。经转向器放大后的力矩和减速后的运动传到转向摇臂，再经过转向直拉杆

传给固定于转向节上的转向节臂，使左转向节和它所支承的左转向轮偏转。为使右转向节及其支承的右转向轮随之偏转相应角度，还设置了转向梯形。转向梯形由固定在左、右转向节上的梯形臂和两端与梯形臂（亦称作转向横拉杆臂）作球铰链连接的转向横拉杆组成。以上转向力传动路线中，自转向节臂（包括转向节臂）以后的部件为桥箱公司装配。

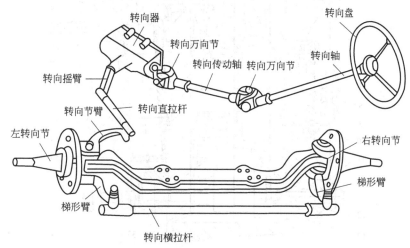

图 2-23　机械转向系统的组成和布置示意

　　动力转向系统是兼用驾驶员体力和发动机动力为转向能源的转向系统。在正常情况下，汽车转向所需的能量，只有一小部分由驾驶员提供，而大部分是由发动机通过转向助力装置提供的。但在转向助力装置失效时，一般还应当能由驾驶员独立承担汽车转向任务。因此，助力转向系统是在机械转向系统的基础上加设一套转向助力装置而形成的。如图 2-24 所示为液压式动力转向示意。其中，属于转向助力装置的部件是转向油罐、转向液压泵、转向控制阀和转向动力缸。当驾驶员逆时针转动转向盘（左转向）时，转向摇臂带动转向直拉杆前移。直拉杆的拉力作用于转向节臂，并依次传递到梯形臂和转向横拉杆，使之右移。与此同时，转向直拉杆还带动转向控制阀中的滑阀，使转向动力缸的右腔接通液面压力为 0 的转向油罐。转向液压泵的高压油进入转向动力缸的左腔，于是转向动力缸的活塞上受到向右的液压作用力便经推杆施加在转向横拉杆上，也使之右移。这样，驾驶员施加于转向盘上很小的转向力矩，便可克服地面作用于转向轮上的转向阻力。

　　转向桥一般安装在汽车的前部，它支撑着汽车前部的重量。转向桥上还装有制动器，用于使汽车减速或停车，并保证驾驶员离去后汽车可靠地停驻。

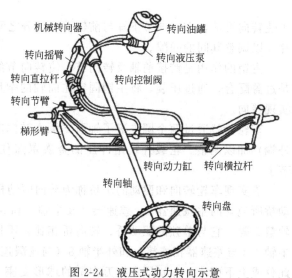

图 2-24　液压式动力转向示意

　　（2）转向桥的构造　各种类型汽车的转向桥结构基本相同，主要由前轴（梁）、转向节、主销和轮毂四部分组成，如图 2-25 所示。

　　作为主体零件的前梁 27 是用钢材锻造的，其断面是工字形以提高抗弯强度。为提高抗扭强度，靠近两端略成方形。中部加工出两处用以支承钢板弹簧的加宽面——板簧座（图中没有标示）。中部向下弯曲，使发动机位置得以降低，从而降低汽车重心，扩展驾驶员视野，并减少传动轴与变速器输出轴之间的夹角。

　　转向节是车轮转向的铰链，它是一个叉形件。上下两叉有安装主销的两个同轴孔，转向节轴颈用来安装支撑车轮的前轮毂。转向节上销孔的两耳通过主销与前轴两端的拳形部分相连，使前轮可以绕主销偏转一定角度而使汽车转向。为了减小磨损，转向节销孔内压入青铜衬套，衬套与主销之间用润滑脂润滑。为

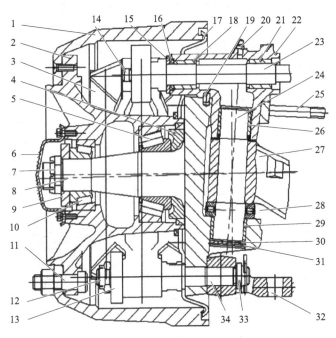

图 2-25　重汽使用的转向桥

1—制动鼓；2—前轮毂；3—制动蹄；4—隔环；5,10—圆锥滚子轴承；6—端盖；7,12,32—开槽圆螺母；
8—转向节；9—垫片；11—车轮螺栓；13—限位板；14—滚轮；15—调正垫片；16—轴密封圈；17—防尘罩；18,21,
26,29—衬套；19—定位销；20—润滑脂嘴；22—气室支架；23—凸轮轴；24—主销；25—双头螺柱；27—前梁；
28—推力轴承；30—主销盖；31—孔用弹性挡圈；33—转向横拉杆臂；34—制动蹄支承销

了使转向灵活，在转向节下耳与前轴拳形部分之间装有轴承。在转向节上耳与拳形部分之间还装有调整垫片，以调整其间的间隙。

主销的作用是铰接前轴及转向节，使转向节绕着主销摆动以实现车轮的转向。主销与前轴上的主销孔是过盈配合，通过压装，将主销固定在前轴的拳形部分的孔中。主销与转向节上的销孔是间隙配合，以便实现转向。

车轮轮毂通过两个圆锥滚子轴承支承在转向节外端的轴颈上。轴承的松紧度可用调整螺母（装于轴承外端）加以调整。轮毂外端用冲压的金属罩盖住，内端装有油封。制动底板与防尘罩一起都固定在转向节上。

能实现车轮转向和驱动的车桥称为转向驱动桥，如图 2-26 所示。在结构上，转向驱动桥既具有一般驱动桥所包含的主减速器 1、差速器 3 及半轴 4 和 8；也具有一般转向桥所具有的转向节壳体 11、主销 12 和轮毂 9 等。它与单独的驱动桥、转向桥相比，不同之处是，由于转向的需要半轴被分为两段，分别称为内半轴 4（与差速器相连接）和外半轴 8（与轮毂连接），两者用等角速万向节 6 连接起来。同时，主销也因此分成上下两段，分别固定在万向节的球形支座 14 上。转向节轴颈 7 做成空心的，以便外半轴从中穿过。转向节的连接叉是球状转向节壳体 11，既满足了转向的需要，又适应了转向节的传力。转向驱动桥广泛地应用在全轮驱动的越野汽车上。

① 驱动部分。桥的中部装有主减速器（未画出）和差速器。内半轴和外半轴通过等角速万向节连接在一起，外半轴的端部制有花键，它和半轴凸缘相啮合。当前桥驱动时，转矩由主减速器、差速器传给内半轴、万向节、外半轴和半轴凸缘，最后传递到轮毂，驱动车轮旋转。

② 转向部分。转向节由转向节轴颈和转向节外壳用螺栓连接成整体。转向节轴颈上装有两个轮毂轴承，以支承轮毂；转向节轴颈的内孔壁内压装有衬套，以支承外半轴。在转向节外壳的上下两端分别装有上下两段主销的加粗部分，并用止动销止动；在转向节外壳上端还装有转向节臂，在转向节外壳下端装有下盖。转向节臂和下盖分别通过螺栓和锥形衬套与转向节外壳相连，以便上、下主销密封定位。主销配用带有翻边的青铜主销衬套，该衬套分别压入上、下两个主销座孔内，主销座孔又压装在球形支座的上下两端，衬

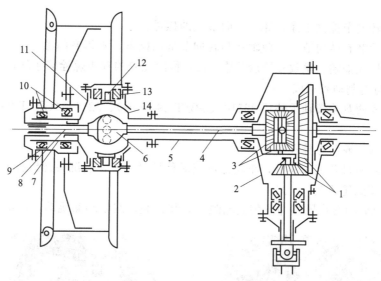

图 2-26 转向驱动桥示意

1—主减速器；2—主减速器壳；3—差速器；4—内半轴；5—桥壳；6—万向节；7—转向节轴颈；8—外半轴；
9—轮毂；10—轮毂轴承；11—转向节壳体；12—主销；13—轴承；14—球形支座

套的翻边起止推作用。润滑脂由上、下油嘴注入后，分别进入主销中心油道，再从两个侧孔出来进入主销与衬套之间，实现润滑。汽车转向时，转向直拉杆拉动转向节臂带动转向节绕主销摆动，这时转向轮即可随之偏转，从而实现汽车的转向。

重汽公司生产的转向驱动桥均带有轮边减速装置，如图 2-27 所示。

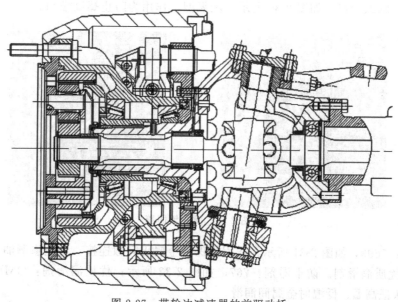

图 2-27 带轮边减速器的前驱动桥

2.2.2 前桥拆装

以重汽 STR 斯太尔/豪沃前桥为例，介绍卡车前桥拆装步骤与注意事项。

2.2.2.1 分装工序

在进行斯太尔/豪沃前桥整桥装配前，首先进行分装工序以及准备工作是必须的。

（1）分装转向节

① 将轴承内环及转向节擦拭干净，卸下转向节上的螺母。

② 使用冲子将轴承装在转向节上，使轴承与转向节端面贴紧，不得有间隙。

③ 在双头螺栓的螺纹短端涂螺纹锁固胶乐泰 242，将涂完胶的双头螺栓装于转向节上，见图 2-28。

（2）分装前轮毂与前制动毂总成

① 在前轮毂中压入两盘轮毂轴承外环 32310（GB/T 297—94）、32314（GB/T 297—94），确保压到底，不得有间隙。

② 将车轮螺栓压入前轮毂螺栓孔中，

③ 装制动毂、车轮螺母及沉头螺钉，车轮螺母仅对称拧紧 4 个，装沉头螺钉拧紧。

④ 将油封用冲子装到轮毂上。

⑤ 如图 2-29 所示将 ABS 齿圈用冲子装到轮毂上，装到底，测量端面跳动，保证≤0.2mm。

图 2-28 转向节装轮毂轴承

图 2-29 装油封及 ABS 齿圈

（3）装配时各种胶类的使用

① 螺纹锁固胶：242、271，如图 2-30 所示，厌氧型，作用为防止螺纹松动。

图 2-30 螺纹锁固胶

② 平面密封胶：5699，如图 2-31 所示，作用为保证金属无间隙连接，防止渗漏油。

③ 防卡滞剂及优质润滑剂。防卡滞剂：767，如图 2-32 所示；优质润滑剂：OMEGA99。作用：防止金属粘接、粘联，保证高温、低温时金属间润滑。

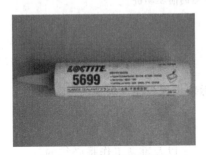

图 2-31 耐油平面密封胶

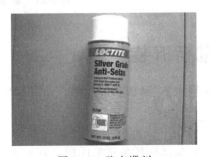

图 2-32 防卡滞剂

2.2.2.2 前桥装配工序

将零件及分装好的小总成装配至前梁上。

（1）前轴总成定位，装转向节总成

① 前轴分总成平衡杆端面朝前，将前轴分总成在夹具上定位，钢板面朝下。

② 将推力轴承套在转向节销大端（轴承紧圈紧贴前轴安装）。

③ 如图2-33所示吊装转向节总成在前梁上。

④ 如图2-34所示向铭牌均匀涂抹紧固胶，必要时涂抹促进剂，粘贴牢固铭牌。

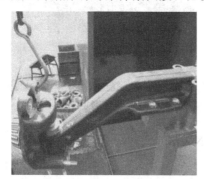

图2-33　吊装前桥转向节

图2-34　向铭牌均匀涂抹紧固胶

（2）安装支架总成

① 如图2-35所示安装转向节定位销，用铜锤敲击转向节，消除转向节、前轴、推力轴承之间间隙。

② 将密封圈及调整垫片放到支架上，用铜锤敲击支架将其装到主销上，如图2-36所示。

图2-35　装转向节定位销

图2-36　将转向节装于支架上

③ 如图2-37所示用塞尺检测调整垫片处间隙≤0.08mm。

④ 检查转向节的转动灵活性，不得有阻滞、卡死和松矿现象。

⑤ 如图2-38所示拧紧自锁螺母，检测扭力矩：146～178N·m。

图2-37　检测转向节间隙

图2-38　检测自锁螺母拧紧力矩

（3）调整转向角

① 如图 2-39 所示在调整螺钉上涂螺纹锁固胶；安装调整螺钉并拧入到底。

② 如图 2-40 所示旋转转向节调整转向角为 $43°\sim45°$，调整好后将六角薄螺母锁紧。

图 2-39　安装调整螺钉

图 2-40　旋转转向节调整转向角

③ 如图 2-41 所示紧固防尘罩，检测扭力矩：$21\sim25N\cdot m$。

④ 在制动凸轮轴上安装附加垫片。

⑤ 在制动凸轮轴上安装 O 形密封圈。

⑥ 安装凸轮轴到支架总成的相应孔内。

⑦ 支承销与转向节配合处涂润滑脂，将支承销大端推入转向节销孔中；将横拉杆臂装在支承销上。

（4）安装制动蹄总成

① 如图 2-42 所示向蹄铁衬套孔内涂抹防卡滞剂，放平并推入制动蹄孔中。

图 2-41　紧固防尘罩

图 2-42　向蹄铁衬套孔内涂抹防卡滞剂

② 向蹄铁半圆孔表面涂防卡滞剂，并挂装制动蹄到支承销，如图 2-43 所示。

③ 在支承销上安装限位板，将槽形螺母拧到支承销上，如图 2-44 所示。

图 2-43　挂装制动蹄到支承销

图 2-44　将槽形螺母拧到支承销上

④ 如图 2-45 所示拧紧横拉杆臂一侧槽形螺母，力矩≥280N·m。

⑤ 拧紧限位板一侧槽形螺母，力矩≥220N·m。

⑥ 如图 2-46 所示安装两侧开口销。

图 2-45　拧紧槽形螺母

图 2-46　安装两侧开口销

（5）安装横拉杆总成及转向节臂

① 安装回位弹簧销，挂装回位弹簧，如图 2-47 所示。

② 安装滚轮。

③ 如图 2-48 所示安装转向节臂到转向节上，拧紧转向节臂锁紧螺母，力矩：280～350N·m。

图 2-47　挂装回位弹簧

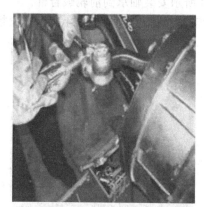

图 2-48　拧紧转向节臂锁紧螺母

④ 如图 2-49 所示安装横拉杆总成，拧紧槽形螺母，力矩≥210N·m。

⑤ 将开口销插入槽形螺母孔中，锁止。

（6）安装调整臂总成

① 如图 2-50 所示在制动凸轮轴上安装密封圈及隔套。

图 2-49　安装横拉杆总成

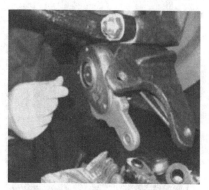

图 2-50　安装密封圈等部件

② 在制动凸轮轴上安装附加垫片。

③ 在凸轮轴上安装调整臂总成。

④ 在调整臂上安装调整垫圈，如图 2-51 所示用挡圈钳将弹性挡圈装入调整臂固定。

⑤ 检查附加垫片与调整臂之间的间隙，保证间隙为 0.2～0.7mm。用手拉动调整臂，松手后应能迅速回位且不发卡。

（7）安装前轮毂合件

① 在转向节总成上安装前轮毂合件，如图 2-52 所示。

图 2-51　用挡圈钳将弹性挡圈装入调整臂

图 2-52　在转向节总成上安装前轮毂合件

② 如图 2-53 所示安装轴承到前轮毂合件。

③ 安装垫片和槽型螺母，如图 2-54 所示拧紧槽形螺母，力矩≥280N·m。

图 2-53　安装轴承到前轮毂合件

图 2-54　拧紧槽型螺母

④ 将螺母后退少许，保证预紧力矩为 6～10N·m。

（8）安装防护罩及 ABS

① 如图 2-55 所示将开口销插入十字销孔中，有效锁止。

② 在罩与轮毂结合面处均涂密封胶，用 8 个螺栓及垫圈依次固定罩在前轮毂上，如图 2-56 所示，力矩：21～25N·m。

图 2-55　将开口销插入十字销孔中

图 2-56　将螺栓及垫圈固定罩到前轮毂上

③ 将保护套塞入 ABS 孔内；将防尘帽装在防尘罩上，如图 2-57 所示。

④ 掰动调整臂刹车，检测制动蹄与制动鼓间的刹车间隙，不对称值不超过 0.30mm。若超过允许值可修整制动摩擦片。

（9）调整前束

① 如图 2-58 所示在车轮螺栓上固定前束仪。

图 2-57　将防尘帽装在防尘罩上　　　图 2-58　在车轮螺栓上固定前束仪

② 转动转向节臂使前桥直行。

③ 转动横拉杆总成，调整前束值，斜交胎（3±1）mm，子午胎（0±1）mm。如图 2-59 所示用钢卷尺校验前束仪。

④ 如图 2-60 所示拧紧横拉杆卡箍处自锁螺母，力矩：70～90N·m。

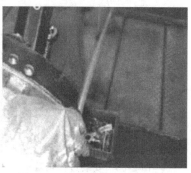 

图 2-59　用钢卷尺校验前束仪　　　图 2-60　拧紧横拉杆卡箍处自锁螺母

⑤ 如图 2-61 所示打直行标记。

（10）注油

① 如图 2-62 所示安装注油嘴。

② 前桥总成注油，至油孔溢油为止。

③ 如图 2-63 所示将溢出的润滑脂擦拭干净。

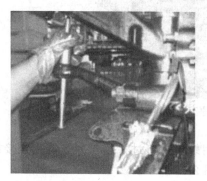  

图 2-61　打直行标记　　　图 2-62　安装注油嘴　　　图 2-63　将溢出的润滑脂擦拭干净

以上为斯太尔/豪沃系列刚性转向前桥的装配流程及技术要求。斯太尔与豪沃系列刚性转向前桥的区别在于使用的前梁不同，斯太尔前梁载荷为 6.5t，豪沃前梁载荷为 7t。作为车轮侧的内部结构两者相同。

2.3
中桥

2.3.1 中桥拆装

2.3.1.1 陕汽 MAN 13t 双级减速驱动桥

中桥主减速器拆装如下。

① 拆卸过桥箱盖，排出润滑油。

注意：即使在安装状态下也可以拆卸过桥箱盖。拆下两个过桥箱盖上的螺栓，用导向销插到两孔中。拆下所有螺栓。将螺栓拧入过桥箱盖上的丝孔中，将过桥箱盖与轴间差速器总成一同拆下，如图 2-64 所示。

② 安装过桥箱盖，砸上定位销 1，在过桥箱结合面上涂密封胶，将过桥箱盖连轴间差速器沿定位销 1 安装，均匀拧紧过桥箱盖上的螺栓，如图 2-65 所示。注意：确保输出齿轮、输入齿轮及轴承有正确的预紧力。

图 2-64 拆下过桥箱盖与轴间差速器

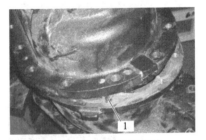

图 2-65 安装过桥箱盖

③ 如图 2-66 所示将螺栓 1 拧紧，力矩为 (70±5)N•m，并用扭矩扳手复紧。

④ 排出润滑油，拆下过桥箱盖，拧下过桥箱上螺 1，如图 2-67 所示，将过桥箱连同主动锥齿轮及输入圆柱齿轮一同取下。注意：过桥箱与减速器壳连接之间装有调整垫片，调整垫片厚度打印在过桥箱底部。

图 2-66 拧紧螺栓

图 2-67 拧下过桥箱上的螺栓

⑤ 在过桥箱与减速器壳结合面上涂密封胶，装上调整垫片，再用螺栓 1 将过桥箱与减速器壳连接好。拧紧力矩为 (200±10)N•m。保证挡油罩 2 的正确安装及密封，如图 2-68 所示。

⑥ 分解和组装过桥箱盖。

a. 分解过桥箱盖，排油，拆卸过桥箱盖。从轴间差速锁上卸下工作缸1，连同活塞一起拆下。

b. 将轴间差速锁操纵杆向外按压，拆掉弹簧2和拨叉1，如图2-69所示。

图2-68　安装过桥箱盖

图2-69　拆掉弹簧和拨叉

c. 将过桥箱盖用螺栓固定在夹板上，检测深沟球轴承功能是否正常，用专用工具将深沟球轴承固定，将差壳上部1和半轴齿轮2及垫片拆下，如图2-70所示。

d. 如图2-71所示拆下差速器壳上的螺栓1。

图2-70　拆下差壳上部和半轴齿轮

图2-71　拆下差速器壳上的螺栓

e. 如图2-72所示卸下开槽螺母1，将十字轴合件、差速器壳下端盖2、过桥箱主动圆柱齿轮总成3、垫片一起拆下。

从工作台上卸下过桥箱盖，压出主轴。

注意：主轴朝下将其取出，翻转过桥箱盖，将球轴承压出过桥箱盖，清洁并确认零件是否完好。

轴间差速器安装说明：在承受非常大的载荷时，过桥箱主动圆柱齿轮的调整垫圈可能损坏，如果车辆载重太大，在返修时，应将铁调整垫圈更换成铜垫圈。

f. 过桥箱盖的装配。在主轴装轴承处涂油，将向心球轴承压装到主轴上，直至静止不动，如图2-73所示。

图2-72　卸下开槽螺母等部件

图2-73　将向心球轴承压装到主轴

g. 进行维修时，新旧齿轮不能一起安装，产品返修时，如果轴间/轮间差速器齿轮都需更换，可同时安装新齿轮。如图2-74所示连同轴承，将主轴插入过桥箱盖。

说明：在工作台上将过桥箱盖用螺栓紧固，安装输入轴油封。

h. 如图 2-75 所示安装差速锁拨叉 1 和滑动啮合套 2。

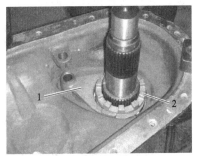

图 2-74　将主轴插入过桥箱盖　　　　图 2-75　安装差速锁拨叉和滑动啮合套

i. 润滑过桥箱主动圆柱齿轮衬套，将过桥箱主动圆柱齿轮总成滑动装入主轴上。如果需要重新安装圆柱齿轮衬套，则压出旧衬套并压入新衬套直至静止不动。

j. 如图 2-76 所示润滑后套装调整垫圈。

k. 如图 2-77 所示装配差壳下端 1。

图 2-76　润滑后套装调整垫圈　　　　图 2-77　装配差壳下端

l. 如图 2-78 所示装十字轴、浮动衬套、衬套、行星齿轮及球面垫片，装配前将各零件润滑以便齿轮啮合完好。

m. 用带磁力架的百分表，将表架固定在过桥箱盖上，用表沿主轴的轴向垂直于十字轴的表面并施加一定压量，然后用手上下移动行星齿轮，该间隙为 0.2～0.4mm，如果测量值不在此范围内，则通过增减垫片的方法重新调整，直到符合为止。

n. 如图 2-79 所示将分装好的半轴齿轮总成 1 和垫片 2，套装在行星齿轮上，用手转动灵活，并在垫片表面涂适量机油。注意：装前在螺栓上涂适量的螺纹紧固剂。要求拧紧力矩为 (100＋20)N·m。

图 2-78　装十字轴等部件　　　　图 2-79　装上半轴齿轮总成和垫片

o. 如图 2-80 所示将其他 8 个螺栓对角拧紧。注意：装前在螺栓上涂适量的螺纹紧固剂。要求拧紧力矩为 (100＋20)N·m。

p. 将另一半壳合件对正标记装在前壳上，并用 4 个螺栓对角紧固。在主轴装轴承处涂油，将深沟球轴承压装到位。注意轴承下端与差速器壳（前）的间隙为 0.6～1mm，并用塞尺检测，如图 2-81 所示。

图 2-80　将螺栓对角拧紧　　　　图 2-81　轴承下端与差速器壳（前）的间隙

q. 如图 2-82 所示装入弹簧 1，弹簧中心孔要与拨叉中心孔对正。

⑦ 安装差速锁（结构见图 2-83）：在操纵杆上装开槽平端紧钉螺钉 1、六角薄螺母 2，再将其穿入过桥箱盖的孔中。在过桥箱盖的另一边，把拨叉 3 穿入操纵杆 4，然后穿入弹簧 5，最后把操纵杆安装到位。在差速锁锁缸 6 内涂润滑脂，然后装开关活塞 7、O 形圈 8，最后用螺栓 9 将差速锁缸与过桥箱盖连接，两者之间装入密封垫圈 10。

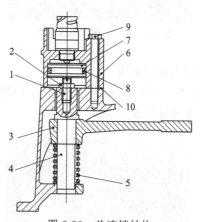

图 2-82　装入弹簧　　　　　　　图 2-83　差速锁结构

注意：螺栓涂适量的螺纹紧固剂，拧紧力矩为（25±5）N·m，最后用工艺螺栓拧紧操纵杆，用塞尺测量轴间差速锁啮合套之间的间隙，要求为 0.5～1mm，不合格时拆下差速锁缸，调整开槽平端紧钉螺钉，直到合格为止。

⑧ 分解和组装过桥箱。

a. 分解过桥箱：拆下十二角螺母，并拉出从动圆柱齿轮。将主动锥齿轮 1 压出过桥箱，如图 2-84 所示。

注意：当主动锥齿轮向下落时，用手握住它，从主动锥齿轮上拆下调整垫圈 1、间隔衬套 2，再用特定工具拆下圆锥滚子轴承 3（图 2-85）。用专用工具分别拆下过桥箱上的两个轴承外环。

b. 装配过桥箱：在过桥箱上装轴承处涂油，分别压装过桥箱上的两个圆锥滚子轴承外环。

图 2-84　过桥箱体分解　　　　　图 2-85　安装两个圆锥滚子轴承外环

c.将圆锥滚子轴承内环套装在主动锥齿轮上，并用压装机压装到位。

将分装好的过桥箱合件套装在主动锥齿轮上，然后将合适的间隔衬套、调整垫片1、对应的圆锥滚子轴承内环2套装在主动锥齿轮上，如图2-86所示。注意：轴承内环涂油。

d.如图2-87所示将从动圆柱齿轮2套装在主动锥齿轮上，并拧紧十二角螺母1，要求拧紧力矩为900～1000N·m。

注意：在十二角螺母上套上调整板，然后用弹簧秤垂直于主动锥齿轮的直径，沿切线方向拉调整板的一孔，用同样的方法拉三点，力矩应为13～19N·m，如果不符合要求，则通过增减垫片的方法直至达到规定值，最后再锁死十二角螺母。

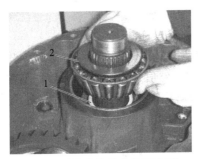

图2-86 安装垫片与轴承内环

图2-87 安装从动圆柱齿轮

⑨ 安装新的输入轴密封圈。

a.拆卸轴密封圈。拆下输入法兰上的十二角螺母1，拔出输入法兰2，如图2-88所示。

b.如图2-89所示卸下锁止片。

图2-88 拆卸十二角螺母与输入法兰

图2-89 拆下锁止片

注意：从轴间差速锁上卸下工作缸2，以确保使用开口螺母扳手时，给其留下必要的工作空间。拆下调整螺母。

c.安装轴密封圈。用压头和压杆依次装入轴密封圈。

注意：在调整螺母内壁装密封圈处涂油，压装到位后，在密封圈刃口间涂润滑脂。

d.在调整螺母螺纹处涂密封胶（图2-90），并将其拧入过桥箱盖中。

e.在输入法兰滑动表面涂油，轻轻套装在主轴上，并拧紧十二角螺母。

注意：如果之前拆下工作缸，则在此装上。用錾子锁死十二角螺母，如图2-91所示。

中桥主差速器总成的拆装过程与后桥一致。最终完成中桥主减速器总成的安装。

⑩ 安装新的输出轴密封圈。

a.拆除输出轴密封圈。松开贯通轴上（在桥壳上）的螺纹锁止片。如图2-92所示用专用工具松开调整螺母1，并将调整螺母1与贯通轴2一起从桥壳中旋转拉出来。

b.松开锁片1，拧下开槽螺母2，如图2-93所示。

c.用专用工具拆下深沟球轴承1，如图2-94所示。

d.安装输出轴密封圈。使用安装设备，按顺序压入新的输出轴密封圈。注意在调整螺母内壁装密封圈处涂油，压装到位后，在密封圈刃口间涂润滑脂。

图 2-90　在调整螺母螺纹处涂密封胶

图 2-91　锁死十二角螺母

图 2-92　取出贯通轴

图 2-93　拧下开槽螺母

e.在贯通轴装轴承处涂油，将调整螺母总成套装在贯通轴上，再压装深沟球轴承到位。如图 2-95 所示将分装好的贯通轴合件装上桥壳，用专用工具拧紧调整螺母。

图 2-94　拆下深沟球轴承

图 2-95　安装贯通轴合件

f.依次安装锁止片、开槽螺母，并拧紧开槽螺母，用锁止片锁死。

g.如图 2-96 所示用锁止片 1 锁死调整螺母，固定锁止片螺栓的拧紧力矩为（25±5）N·m。

图 2-96　用锁止片锁死调整螺母

2.3.1.2 重汽 MCY13/11 驱动桥拆装

MCY13/11（盘式）驱动桥整体外观如图 2-97 所示。

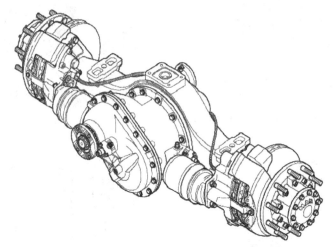

图 2-97　MCY13/11（盘式）驱动桥整体外观

（1）半轴拆装步骤

① 拆卸半轴。

a. 在拆卸半轴前，首先将制动气室调整螺栓件 1 旋紧最少 50°，如图 2-98 所示。

b. 旋紧的目的是解除制动，保证轮毂能够自由转动。接下来的工作是松开半轴螺栓 1，拉出半轴 2，如图 2-99 所示。

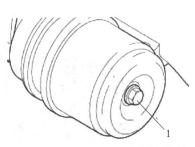

图 2-98　将制动气室调整螺栓旋紧

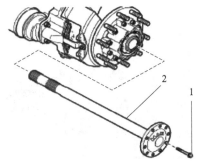

图 2-99　拉出半轴

② 安装半轴。

a. 在半轴结合面上涂抹密封胶。

b. 插入半轴并轻轻旋转，使其插入差速器齿轮。

c. 使用扭力扳手拧紧十个六角头锁止螺栓，力矩：MCY13 为 360N·m；MCY11 为（260±30）N·m。

（2）轮毂拆装步骤

轮毂部件分解如图 2-100 所示。

① 轮毂拆卸

a. 松开开槽螺母 3，取下止推垫片 2，松开轮毂螺栓 1，使轮毂与制动盘分离，如图 2-101 所示。

b. 在拆卸下轮毂之前，必须在桥壳轴头上套上轮毂拆装专用工具"轮毂导向器"，如图 2-102 所示。

c. 分别拆下制动盘 1、轮毂 2、导向管 3 和 O 形圈 4。

注意拆卸轮毂时，首先边转动轮毂边向外侧敲击轮毂的内侧非配合面。注意，敲击力不得过大，要均匀敲击。使轮毂总成落至导向管上后，与导向管一同从桥上取下。

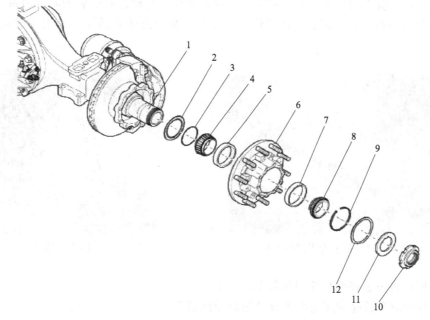

图 2-100　轮毂部件分解

1—轴头；2—带感应器的径向轴油封；3—O形圈；4—内圆锥滚子轴承；5—轴承座；6—轮毂；

7—轴承座；8—外圆锥滚子轴承；9—卡簧；10—开槽螺母；11—止推环；12—半轴油封

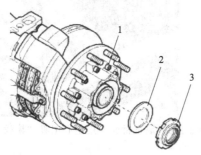

图 2-101　使轮毂与制动盘分离

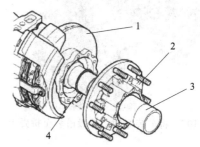

图 2-102　套上轮毂拆装专用工具

② 轮毂装配。

a.将轮毂轴承单元压入轮毂内。注意：轴承单元有反正，如图 2-103 所示，可看到橡胶油封面向外侧。轮毂与制动盘螺栓连接力矩为（280±30)N·m。螺纹处涂乐泰胶271。

b.如图 2-104 所示将传感器支架加热至150～180℃后套在桥壳两端轴头上，安装到位。

图 2-103　轮毂轴承单元部件

图 2-104　安装传感器支架

c. 如图 2-105 所示在桥壳轴头上拧上专用定心工具，其作用是确保轮毂装配时内油封不受损伤。

d. 如图 2-106 所示在桥壳专用定心工具"轮毂导向器"及轴头外表面涂上专用润滑脂 SKF LGAF/3E，要求涂抹均匀。

图 2-105 拧上专用定心工具 　　　　　　　　图 2-106 涂上专用润滑脂

e. 如图 2-107 所示将分装好的后轮毂吊装至桥壳上。

f. 如图 2-108 所示取下桥壳专用定心工具"轮毂导向器"。

图 2-107 将分装好的后轮毂吊装至桥壳上 　　　图 2-108 取下桥壳专用定心工具"轮毂导向器"

g. 如图 2-109 使用专用套头将开槽圆螺母扭紧，力矩：MCY13 为 (1200±100)N·m（右旋）；MCY11 为 (900±90)N·m（右旋）。边拧紧边反方向转动轮毂。

h. 将开槽圆螺母锁止可靠，如图 2-110 所示。

图 2-109 将开槽圆螺母扭紧 　　　　　　　　图 2-110 将开槽圆螺母锁止可靠

（3）盘式制动器拆装　制动器分解如图 2-111 所示。

① 拆卸制动器。

a. 松开制动片保持架螺栓，取下制动片保持架，见图 2-112。

b. 如图 2-113 所示取出制动片，如制动片不易取出，可以使用手调机构放大制动间隙，取出制动片。

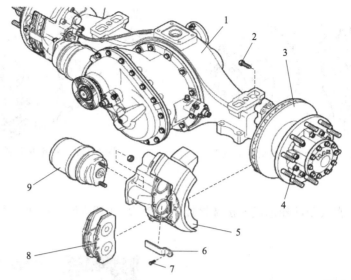

图 2-111　盘式制动器分解

1—桥壳；2—钳体螺栓；3—盘式制动器；4—轮毂连接螺栓；5—钳体；
6—制动片保持架；7—制动片保持架螺栓；8—制动片；9—气室

图 2-112　取下制动片保持架

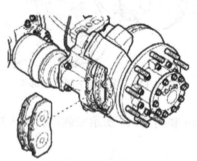

图 2-113　取出制动片

c.如图 2-114 所示拆气室，首先松开螺母 2，然后取下气室 1。

d.拆制动器总成。如图 2-115 所示松开制动器与桥壳连接螺栓 1，注意：此时整个制动器总成 2 与桥已脱离，防止制动器总成落下伤人及摔坏零件。

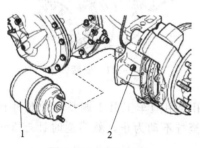

图 2-114　取下气室

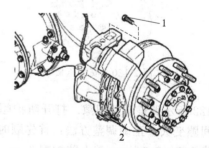

图 2-115　松开制动器与桥壳连接螺栓

e.如图 2-116 所示将制动器总成从桥上取下。

f.拆制动盘。制动盘可以在不拆卸与轮毂连接的螺栓的情况下，与轮毂一同取出。注意：制动盘与轮毂一同取出时，必须在桥壳轴头上套上轮毂拆装专用工具"轮毂导向器" 1，如图 2-117 所示。

g.分别从桥上取出制动盘 1、轮毂 2、轮毂连接螺栓 3、O 形圈 4、导向管"轮毂导向器"，如图 2-118 所示。

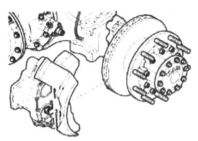

图 2-116　将制动器总成从桥上取下

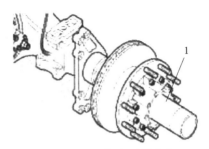

图 2-117　一起取下制动盘

② 装配制动器。

a.如图 2-119 所示，盘式制动器总成连接螺栓拧紧力矩为（640±60）N·m，对称拧紧，螺纹处涂胶乐泰 271。

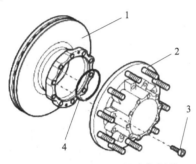

图 2-118　分别取下制动盘部件

图 2-119　安装制动器总成连接螺栓

b.如图 2-120 和图 2-121 所示安装压板及压板螺栓、弹垫，螺栓拧紧力矩为 112～137N·m，螺纹处涂胶乐泰 271。

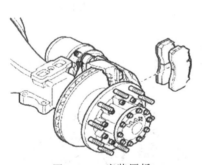

图 2-120　安装压板

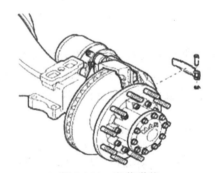

图 2-121　安装弹垫

c.如图 2-122 所示调整制动间隙。打开防护帽 2，使用专用随车工具 1 调整，顺时针拧制动间隙变小；逆时针拧制动间隙变大。正确调整方法：首先顺时针拧紧至拧不动为止，然后逆时针拧 3～5 圈。调整至制动器初始间隙为 1.7～2.3mm。盖上防护帽 3。

d.根据维修要求，盘式制动器除更换总成外，仅手调总成可以更换。下面为装配手调总成的步骤及要求。

ⓐ 装入手调总成，见图 2-123。

ⓑ 装上手调座，拧紧力矩为 124～145N·m，涂抹乐泰 271，见图 2-124。

ⓒ 装上橡胶帽，见图 2-125。

ⓓ 如图 2-126 所示用铁棒压下杠杆，检查杠杆总成旋转是否正常，手调轴是否随之旋转。

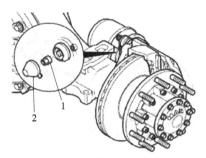

图 2-122　调整制动间隙

图 2-123　装入手调总成

图 2-124　装上手调座

图 2-125　装上橡胶帽

（4）主减速器总成拆装（中、后桥通用）

① 主减速器拆卸。先拆下半轴，松开主减速器与桥壳连接螺栓，就可将主减速器从桥壳上取下，如图 2-127 所示。

图 2-126　用铁棒压下杠杆

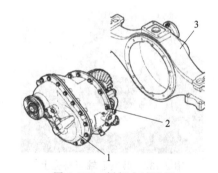

图 2-127　拆卸主减速器

1—主减速器；2—主减速器与桥壳连接螺栓；3—桥壳

② 主减速器装配。在桥壳 3 与主减速器 1 结合面处均匀涂抹密封胶，使用主减速器与桥壳连接螺栓 2 将主减速器与桥壳拧紧，螺栓拧紧力矩：MCY13 为（370±40）N·m；MCY11 为（320±30）N·m，对称拧紧。注意，螺纹处涂螺纹锁固胶，并且螺纹孔内不得有密封胶。

（5）贯通轴拆装（仅中桥有）　MCY13/11 贯通轴零件示意如图 2-128 所示。

① 贯通轴拆卸。

a.松开贯通轴螺母见图 2-129，注意：拆卸贯通轴螺母后，防止贯通轴螺纹磕碰。

b.使用拔子拆下贯通轴法兰，见图 2-130。

c.取下装在桥壳上的贯通轴油封。

d.取下贯通轴轴承卡簧。

e.从桥上取出贯通轴（带轴承）。

② 贯通轴装配步骤。

a.贯通轴装上轴承，如图 2-131 所示。

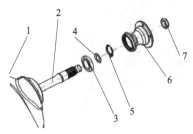

图 2-128　MCY13/11 贯通轴零件示意

1—桥壳；2—贯通轴；3—圆锥辊子轴承；4—调整垫圈；

5—孔用弹性挡圈；6—法兰总成（KV165）；7—锁紧螺母

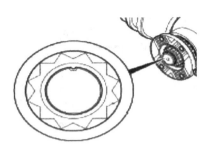

图 2-129　松开贯通轴螺母

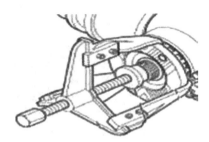

图 2-130　使用拔子拆下贯通轴法兰

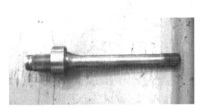

图 2-131　贯通轴装上轴承

b. 装贯通轴至桥壳上，见图 2-132。

c. 装上垫片及卡簧，如图 2-133 所示。

图 2-132　装贯通轴至桥壳上

图 2-133　装上垫片及卡簧

d. 使用工装装入油封，见图 2-134。

e. 装法兰盘、涂密封胶，装螺母，拧紧力矩为 850～1100N·m，锁紧，完成装配，见图 2-135～图 2-137。

图 2-134　使用工装装入油封

图 2-135　装法兰盘

③ 安装注意事项。

a. 贯通轴轴承装在贯通轴上及桥壳上都必须压装到底、无间隙。装配顺序为先将轴承装在贯通轴上，装到底，然后将轴承与贯通轴一起放入桥壳内。压装时压轴承外环，装到底。

图 2-136　装紧固螺母

图 2-137　锁紧螺母

b. 调整垫片厚薄必须选择与测量尺寸相同的数值。装入调整垫片和卡簧后，贯通轴不应有轴向窜动量，但应能顺畅转动。注意，无论是更换贯通轴还是更换贯通轴轴承，都必须更换贯通轴油封。

（6）中桥主减速器的拆卸

① 拆除输入轴油封，输入轴油封的结构如图 2-138 所示。

② 首先松开输入轴螺母，见图 2-139。注意：拆卸输入轴螺母后，防止输入轴螺纹磕碰。

③ 使用工具拆下输入法兰，见图 2-140。

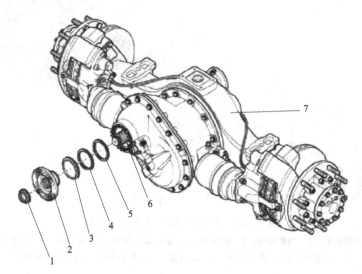

图 2-138　输入轴油封的结构

1—输入轴螺母；2—输入法兰；3—防尘罩；4—外径向轴油封；5—内径向轴油封；6—输入轴；7—桥壳

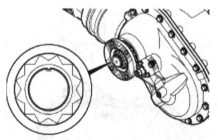

图 2-139　松开输入轴螺母

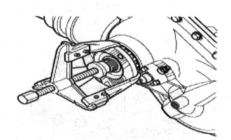

图 2-140　使用工具拆下输入法兰

④ 使用专用工具拆下输入轴内外径向轴油封，见图 2-141。

⑤ 拆除输入轴轴间差速器。输入轴轴间差速器安装结构如图 2-142 所示。

注意：油封取出后一般不再重复使用，必须更换新油封，并且将内外油封一起更换。

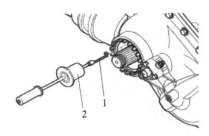

图 2-141　使用专用工具拆下
输入轴内外径向轴油封
1—专用工具起取件；2—专用工具钩取件

首先用专用工具 1 松开开槽螺母 2，如图 2-143 所示。

⑥ 如图 2-144 所示使用专用工具（1～3 组合），松开调整螺母 4。

⑦ 松开过桥箱盖 2 与过桥箱 4 连接螺栓 1，使用顶丝 3 将过桥箱盖连同输入轴一起从过桥箱上一起取下，如图 2-145 所示。注意拆卸过桥箱盖前，一定要将主减速器固定牢固，防止其翻倒或零件落下伤人。

⑧ 过桥箱内部零件拆卸见图 2-146，可依次取下轴间差速器前半轴齿轮垫片 1、主动圆柱齿轮 2、轴间差速器 3。

⑨ 将拆卸下的带输入轴 2 的过桥箱盖 1 放置于平稳可靠的两平板之上，如图 2-147 所示，向下压下输入轴，可将输入轴轴承压出过桥箱盖。若需敲击输入轴时，禁止使用铁锤直接敲击，否则将输入轴底部砸变形后，易造成输入轴无法装入半轴齿轮。勉强装入后，也可能造成轴间差速器脱不开的故障。此处敲击的工具必须使用软金属锤或橡胶槌。

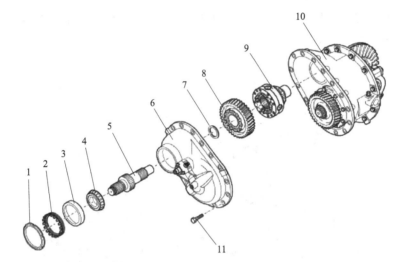

图 2-142　输入轴轴间差速器安装结构
1—开槽螺母；2—调整螺母；3—轴承座；4—圆锥滚子轴承；5—输入轴；6—过桥箱盖；
7—止推垫片；8—圆柱齿轮；9—差速器；10—减速器壳；11—过桥箱螺栓

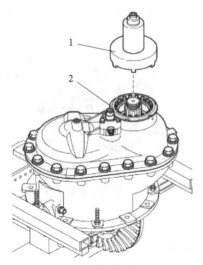

图 2-143　松开开槽螺母

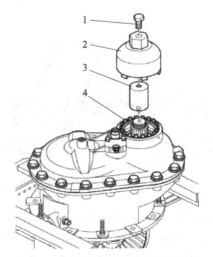

图 2-144　用专用工具松开调整螺母

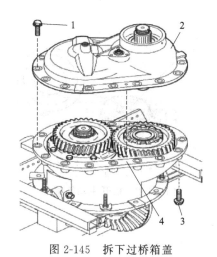

图 2-145 拆下过桥箱盖

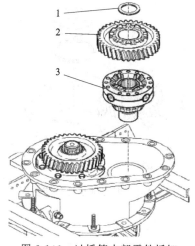

图 2-146 过桥箱内部零件拆卸

⑩ 取下输入轴后可以按照图 2-148，在过桥箱盖 1 上拔出轴差活塞推杆 2。

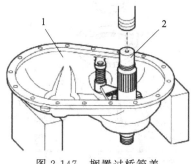

图 2-147 搁置过桥箱盖

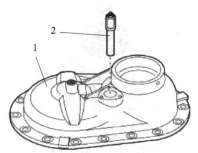

图 2-148 拔出轴差活塞推杆

⑪ 按照图 2-149 取下滑动啮合套 1、弹簧 2、拨叉 3。

⑫ 如图 2-150 所示，拆卸轴承外环 1 时，最好使用专用工具轴承拔子（2 与 3 的组合），尽量不直接冲击轴承外环，因为轴承外环硬度较高，冲击后易开裂或掉块。如不仔细检查，仍旧使用，易造成总成故障。

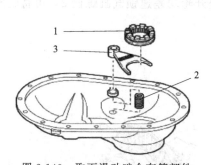

图 2-149 取下滑动啮合套等部件

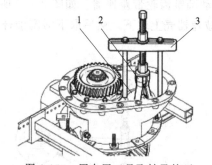

图 2-150 用专用工具取轴承外环

⑬ 如图 2-151 所示，取出轴承外环 1 与 O 形圈 2。

⑭ 拆除主动圆锥齿轮带轴承座。如图 2-152 所示，松开主动轮螺母件 1。

⑮ 如图 2-153 所示，取下被动圆柱齿轮件 1。同样需要注意的是，取下主动轮螺母后的拆卸工作，要防止碰伤主动圆锥齿轮头部的螺纹。

⑯ 如图 2-154 所示，松开主动轮轴承座螺栓 4，可将主动轮轴承座 3 及调整垫片 1 从主减速器壳件 2 上取下。

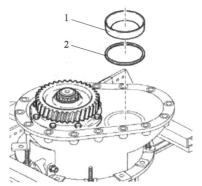

图 2-151　取出轴承外环与垫圈

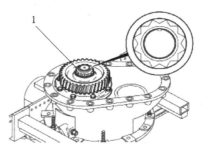

图 2-152　松开主动轮螺母

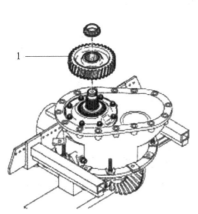

图 2-153　取下被动圆柱齿轮件

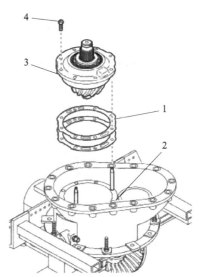

图 2-154　将主动轮轴承座取出

⑰ 如图 2-155 所示，圆柱轴承拆卸专用工具组 1、2、3 将主动轮圆柱轴承 4 从主减速器壳件上取下。

⑱ 拆除被动圆锥齿轮带差速器。如图 2-156 所示，松开轮间差速锁气缸螺栓 2，可将轮间差速锁气缸 1及垫片 3 从主减速器壳上取下，然后取下活塞推杆 4。

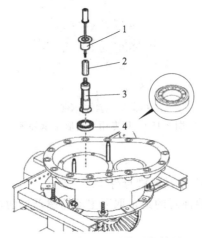

图 2-155　拆卸主动轮圆柱轴承

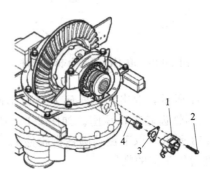

图 2-156　拆除轮间差速锁气缸

⑲ 如图 2-157 所示，顺次取出拨叉 1、滑动啮合套 2、弹簧 3（带轮差锁桥）。

⑳ 如图 2-158 所示，取下开口销 3，松开瓦盖螺栓 1，2 为瓦盖。

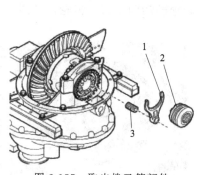

图 2-157 取出拨叉等部件

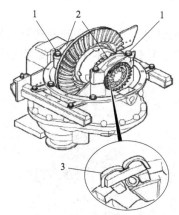

图 2-158 拆下开口销

㉑ 如图 2-159 所示，旋转取出左右调整螺母 1、2。
㉒ 如图 2-160 所示，取出瓦盖螺栓 1 和瓦盖 2。

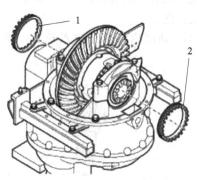

图 2-159 旋转取出左右调节螺母

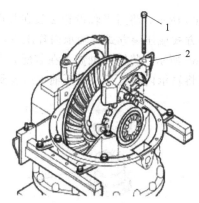

图 2-160 取出瓦盖

㉓ 如图 2-161 所示，使用吊具 1 将差速器总成 3 吊离主减速器壳 2。
㉔ 中桥轮间差速器的拆卸与后桥基本相同，可以相互参照。

（7）中桥主减速器总成的装配　中桥主减速器与后桥主减速器不同之处在于轴间差速器带输入轴总成。此处，仅介绍轴间差速器带输入轴总成的装配，其余与后桥主减速器相同。

① 装配轴间差速器。将差速器壳挡油罩放置在轴间差速器壳上，将挡油罩压装到底。挡油罩如图 2-162 所示。

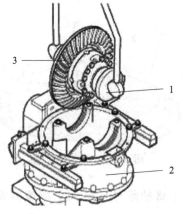

图 2-161 吊取差速器总成

图 2-162 挡油罩

② 将轴间差速器壳放置在装配台上，取十字轴放入差速器壳内，十字轴可自由转动，十字轴部件外观如图2-163所示。

③ 将十字轴的任意一个轴颈探到差速器壳外，将行星轮装到十字轴上，再将其转回到差速器壳中。旋转十字轴，其余三个轴颈重复本工步。装配完毕后用手可轻松转动四个行星齿轮，如图2-164所示。

图2-163　十字轴部件外观

图2-164　安装行星轮

④ 如图2-165所示，将后半轴齿轮2放在装配台上，将32215轴承内环1平稳放在后半轴齿轮上，采用加热轴承内环方式或压装方式将轴承内环压下，保证压装到底。

⑤ 如图2-166所示，将输入轴放置在装配台上，将31313轴承内环套在输入轴上，采用加热轴承内环方式或压装方式将轴承内环压下，保证轴承压装到底。

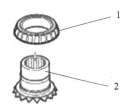

图2-165　装配轴承内环到后半轴齿轮

图2-166　将轴承内环套在输入轴上

⑥ 如图2-167所示，将主减速器壳盖放在装配台上，将弹簧2、拨叉3依次放入主减壳盖中，保证拨叉带编号的面朝上，使拨叉与滑动啮合套1配合上，然后翘起拨叉使其压住拨叉轴弹簧，保证弹簧不歪斜。

⑦ 如图2-168所示，将主减速器壳盖1翻转180°，将拨叉轴2依次穿过拨叉和弹簧，保证拨叉轴滑动自如。拨叉轴与拨叉之间有一个调整垫片，厚度为0.5～2mm。可以通过更换不同厚度的调整垫片，最终保证拨叉与滑动啮合套的自由间隙为0.5mm。

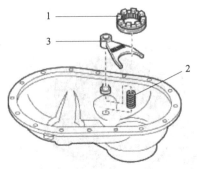

图2-167　安装拨叉等部件

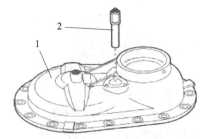

图2-168　安装拨叉轴

⑧ 如图2-169所示，减速器壳固定牢固，使用专用冲子将轴承外环敲入主减速器壳孔中，保证压装到底。

⑨ 如图2-170所示，将压装好的半轴齿轮总成放到减速器壳轴承外环上，将止推垫片放在半轴齿轮上。

将装好的轴间差速器总成装入减壳中，挡油罩朝向后半轴齿轮，保证后半轴齿轮与轴间差速器行星轮正确配合。将主动圆柱齿轮放在轴间差速器上，保证正确啮合，然后放上止推垫片和隔环。

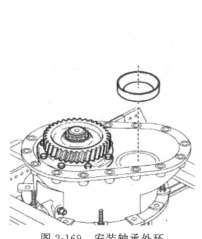

图 2-169 安装轴承外环

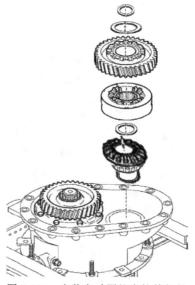

图 2-170 安装主动圆柱齿轮等部件

⑩ 如图 2-171 所示，将分装好的输入轴总成装入减壳中，自上而下顺序穿过隔环、止推垫、主动圆柱齿轮、轴间差速器总成、半轴齿轮，对准输入轴花键与十字轴花键，保证装配到底。

⑪ 如图 2-172 所示，在减速器壳与主减速器壳盖接合面上涂抹乐泰 574 密封胶，将主减速器壳盖放到减速器壳上，将定位销 2 装到减速器壳销孔中。将主减速器壳盖螺栓 1 拧入 2~3 个螺距，用风扳机拧紧，六角头螺栓扭矩为 135~165N·m。

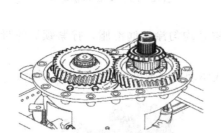

图 2-171 输入轴总成装入减速器壳中

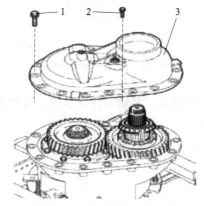

图 2-172 安装螺栓与定位销

⑫ 如图 2-173 所示，使用专用套头将 31313 轴承外环敲入主减速器壳盖的孔中，最终控制轴承外环端面高出主减速器壳盖内空中的台阶面大约 3mm。

⑬ 如图 2-174 所示，将六角头螺栓顺序穿过气缸、密封垫然后一起拧到减速器壳上，注意密封垫黑面朝向气缸。拧紧力矩为 22~27N·m。

⑭ 如图 2-175 所示，将调整螺母 1 放置在装配台上，油封 2 放置在调整螺母上，水平放置平稳，压头压下，将油封压装到底（与端面平齐，在调整螺母螺纹处涂抹螺纹锁固胶）。

⑮ 如图 2-176 所示，将压装好的调整螺母总成拧入过桥箱盖输入端螺纹孔中，先用 250N·m 的力矩拧紧，然后转动输入轴至少 10 圈，以使输入轴轴承滚子处于正确位置。回退调整螺母 40°（约为 2 个齿的距离），控制输入轴的窜动量为 0.15~0.20mm。装锁片，使锁片锁止边卡入调整螺母牙槽中，拧入螺栓，拧

紧力矩为9～11N·m。

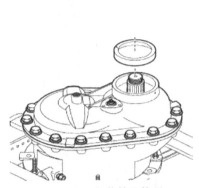

图 2-173　安装轴承外环

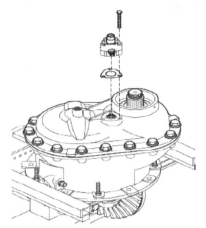

图 2-174　安装气缸与密封垫

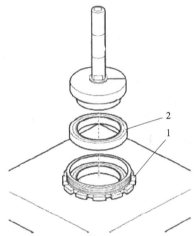

图 2-175　压合调整螺母与油封

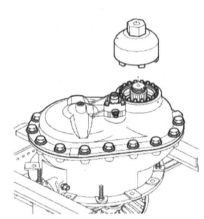

图 2-176　安装调整螺母

⑯　如图 2-177 所示，装输入法兰总成，压装前在花键处均匀涂抹润滑脂，拧紧锁紧螺母，拧紧力矩为900～1000N·m。

（8）MCY13/11 鼓式驱动桥的拆装　MCY13/11 鼓式驱动桥总成外观如图 2-178 所示。

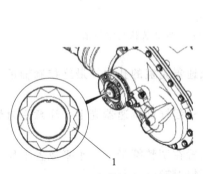

图 2-177　安装输入法兰

图 2-178　MCY13/11 鼓式驱动桥总成外观

MCY13/11 驱动桥，鼓式与盘式的区别仅在制动器上，其余完全相同。这里介绍制动器的拆装，其余参考 MCY13/11 盘式桥拆装说明。

① 拆制动鼓。松开车轮螺母，松开紧定螺钉，取下制动鼓，如图 2-179 所示。

② 拆轮毂及轴承单元，其部件如图 2-180 所示。

图 2-179 取下制动鼓

图 2-180 拆毂及轴承单元

③ 松开开槽螺母，取下止推垫片，如图 2-181 所示取下轮毂连同轴承单元。

④ 在拆卸轮毂之前，必须在桥壳轴头上套上轮毂拆装专用工具"导向管"，如图 2-182 所示。

图 2-181 取下轮毂连同轴承单元

图 2-182 套上轮毂拆装专用工具

⑤ 拆卸轮毂时，边转动轮毂边向外侧敲击轮毂的内侧非配合面。注意，敲击力不得过大，要均匀敲击。使轮毂总成落至导向管上后，与导向管一同从桥上取下。

⑥ 拆解制动器。制动器的整体结构见图 2-183。

⑦ 如图 2-184 所示松开制动器与保持底板螺栓，取下制动器。

图 2-183 制动器的整体结构

图 2-184 松开制动器与保持底板螺栓

装配步骤如下。

① 如图 2-185 所示将传感器支架加热至 150～180℃后套在桥壳两端轴头上，安装到位。

② 如图 2-186 所示在桥壳轴头上拧上专用定心工具，其作用是确保轮毂装配时，内油封不受损伤。

③ 在桥壳专用定心工具外表面涂上专用润滑脂，要求涂抹均匀。如图 2-187 所示将分装好的制动器吊装至桥壳上。

④ 如图 2-188 所示将分装好的后轮毂装至桥壳上。

图 2-185　安装传感器支架

图 2-186　拧上专用定心工具

图 2-187　将分装好的制动器吊装至桥壳上

图 2-188　将分装好的后轮毂装至桥壳上

⑤ 如图 2-189 所示取下桥壳专用定心工具。

⑥ 如图 2-190 所示使用专用套头将开槽圆螺母扭紧，力矩为 (1200 ± 100) N·m（右旋），边拧紧边反方向转动轮毂。

图 2-189　取下桥壳专用定心工具

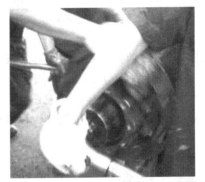

图 2-190　使用专用套头将开槽圆螺母扭紧

⑦ 如图 2-191 所示将开槽圆螺母锁止可靠。

⑧ 如图 2-192 所示装入半轴，螺栓扭紧力矩为 (360 ± 40) N·m，对称拧紧。

⑨ 如图 2-193 所示装上制动鼓，拧上车轮螺母。

图 2-191　将开槽圆螺母锁止可靠

图 2-192　装入半轴

图 2-193　装上制动鼓

重型卡车维修技术手册
底盘分册

总成紧固位置、拧紧力矩与密封胶规格见表 2-9。

表 2-9　总成紧固位置、拧紧力矩与密封胶规格

总成紧固位置	拧紧力矩		密封胶规格
	MCY13	MCY11	
被动齿轮与差速壳壳螺栓	530～610N·m	330～390N·m	
后主减速器轴承座转动力矩	8.0～16.0N·m	7～14N·m	
后主减速主动轮锁紧螺母力矩	(950±100)N·m	(900±100)N·m	
凸缘和锁紧螺母花键配合端面			乐泰 5699
后减速器轴承座与减速器壳连接螺栓	(380±40)N·m	(310±30)N·m	
减速器壳轴承盖连接螺栓	480～580N·m	(300±30)N·m	
主从动锥齿轮齿侧隙	0.2～0.3mm	0.2～0.3mm	
中减速器轴承座与减速器壳连接螺栓	(425±50)N·m	(310±30)N·m	
后主减速器主动轮锁紧螺母力矩	(950±50)N·m	(900±100)N·m	
中减速壳与减速器壳盖结合面		(310±30)N·m	乐泰 574 密封胶
中减速壳与减速器壳盖连接螺栓	六角头螺栓扭矩 135～165N·m	六角头螺栓扭矩(150±15)N·m	
	内六角螺栓扭矩 95～125N·m	内六角螺栓扭矩(110±10)N·m	
轴间差速锁气缸连接螺栓	22～27N·m	22～27N·m	
输入轴调整螺母总成	先用 250N·m 的力矩拧紧,然后转动输入轴至少 10 圈,以使输入轴轴承滚子处于正确位置,再回退调整螺母 40°(约为 2 个齿的距离),控制输入轴的窜动量为 0.15～0.20mm		
输入轴调整螺母总成锁片	9～11N·m		
输入法兰锁紧螺母	900～1000N·m	(900±100)N·m	
底板螺栓力矩	(162±16)N·m	(162±16)N·m	乐泰 271。鼓式
滤清器螺栓拧紧	(22±3)N·m		乐泰 242。螺栓为预涂胶螺栓,拆卸后需涂螺纹胶;螺栓小力矩低,不要使用风动工具拧紧,易拔长断裂
磁块粘贴	缺口两侧第一、第二个螺栓孔中间	缺口两侧第二个螺栓孔下	乐泰 680
通气塞	通气塞口指向后偏外约15°		乐泰 5699
主减速器大盘面			乐泰 518。均匀涂抹一圈密封胶;胶条均匀连续,环绕螺纹孔无间断,直径大于 3mm。注意:螺纹孔内不得有胶
主减速器螺栓拧紧	(370±40)N·m	(320±30)N·m	乐泰 271。注意按照螺栓安装处有无凸起的台阶选择长短螺栓
ABS 软管夹拧紧	1～5N·m	拧紧即可	乐泰 242
ABS 连接螺栓	1～5N·m	拧紧即可	
ABS 支架涂胶			乐泰 680;可配合乐泰 7649 促进剂使用
ABS 传感器距齿圈	0.20～0.35mm	ABS 支架外端面与轴肩端面距 15～16mm	鼓式桥的 ABS 电磁阀均采用 STR 电磁阀结构,顶到齿圈后旋转轮毂即可保证电磁阀在合适的感应距离
装配膏的涂抹			SKF LGAF3E/0.5kg;距轴肩 2cm 内不涂。防止膏体堆积,轮毂不到底

总成紧固位置	拧紧力矩		密封胶规格
	MCY13	MCY11	
轴头开槽圆螺母拧紧	(1200±100)N·m	(900±90)N·m	拧紧过程转动轮毂至少10圈
制动鼓稳钉力矩	(20±2)N·m		打紧即可
制动间隙差	≤0.3mm		
ABS瞬时感应电压	≥0.2V,轮毂转速30~40r/min		
半轴螺栓拧紧力矩	(360±40)N·m	(260±30)N·m	乐泰263
半轴端面			乐泰574
锁紧螺母力矩	(950±50)N·m		
贯通轴花键			乐泰5699;防止花键漏气
支承板螺栓力矩	295~310N·m		
支承板焊脚高	10mm		
加放油螺塞	(100±15)N·m		
压力开关	(35±4)N·m	(35±4)N·m	
轮毂与制动盘连接螺栓	(280±30)N·m	(280±30)N·m	乐泰271;盘式
制动器与底板螺栓力矩	540~596N·m	(570±30)N·m	乐泰271;盘式
压板螺栓力矩	112~137N·m	112~137N·m	乐泰271;盘式
制动器初始间隙	1.7~2.3mm	1.7~2.3mm	盘式
制动气室螺母	190~210N·m	190~210N·m	盘式;先以(50±5)N·m交替拧紧

2.3.1.3 汉德HD469/425中桥拆装

HD469型单减速器双联中桥部件分解如图2-194和图2-195所示。

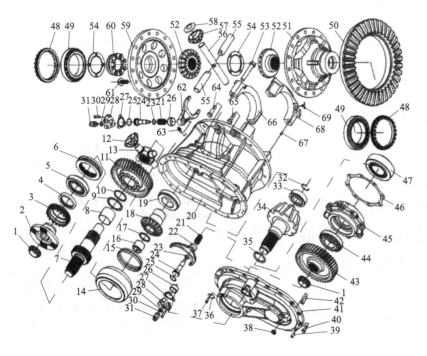

图2-194 过桥箱部件分解

1—凸缘螺母；2—输入凸缘；3—调整螺母；4—油封；5—轴间差速器前轴承；6—差速锁啮合套；7—输入轴；8—衬套；9—止推垫片；10—隔环；11—主动圆柱齿轮（与前半轴齿轮一体）；12—行星齿轮；13—十字花键轴；14—轴间差速器壳；15—集油罩；16—衬套；17，46—调整垫片；18—后半轴齿轮；19—轴间差速器后轴承；20—中桥过桥箱壳；21—差速锁回位弹簧；22—轴间差速锁拨叉；23—垫圈；24—差速锁活塞杆；25—O形圈；26—差速锁工作缸衬套；27—气缸垫片；28—差速锁工作缸盖；29—密封垫；30,40,42,64,65—螺栓；31—差速锁指示灯开关；32—卡环；33—主动锥齿轮前支承轴承；34—主被锥齿轮；35—调整垫片；36—锁片；37—螺钉；38—锥形堵塞；39—定位销；41—过桥箱盖；43—被动圆柱齿轮；44—主动锥齿轮外轴承；45—轴承座；47—主动锥齿轮内轴承；48—轮间差速器轴承调整帽；49—差速器轴承；50—被动圆锥齿轮；51—左差速器壳；52—半轴齿轮；53—瓦盖螺栓；54—半轴齿轮垫片；55—十字半轴；56—十字通轴；57—行星齿轮；58—行星齿轮垫片；59—右差速器壳；60—轮间差速锁啮合套；61—连接螺栓；62—轮间差速锁拨叉；63—轮间差速锁工作缸气接头；66—轴承瓦盖；67—定位销；68—轴承瓦盖；69—锁止开口销

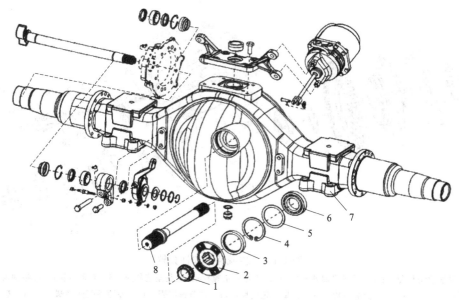

图 2-195 输出贯通轴部件分解

1—凸缘螺母；2—输出凸缘；3—油封；4—卡环；5—垫圈；6—带卡环槽的球轴承；7—中桥壳；8—输出贯通轴

HD425 型单减速器双联桥部件分解如图 2-196～图 2-198 所示。

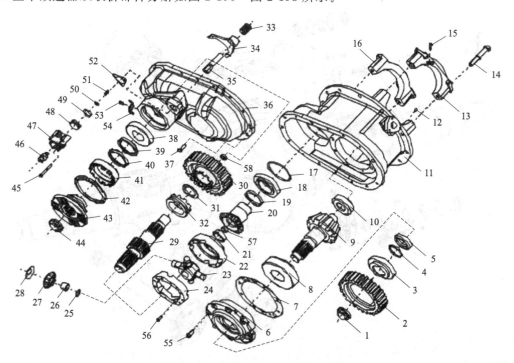

图 2-196 过桥箱部件分解

1—凸缘螺母；2—被动圆柱齿轮；3—主动齿轮外轴承；4—隔套；5,31—垫片；6—轴承座；7—调整垫片；8—主动齿轮内轴承；9—主动齿轮轴；10—前支承轴承；11—中桥过桥箱壳；12—定位销；13—轴承瓦盖；14—瓦盖螺栓；15—锁止开口销；16—轴承瓦盖；17—垫圈；18—轴间差速器内轴承；19—隔套；20—后半轴齿轮；21—衬套；22—轴间差速器后半壳；23—十字轴；24—轴间差速器前半壳；25—浮动衬套；26,57,58—衬套；27—行星齿轮；28—行星齿轮垫片；29—输入轴；30—主动圆柱齿轮（与轴间差速器前半轴齿轮一体）；32—轴间差速锁啮合套；33—回位弹簧；34—轴间差速锁拨叉；35—拨叉轴；36—过桥箱盖；37,45—螺栓；38—输入轴轴承；39—油封；40—油封座；41—开槽螺母；42—防松螺母；43—输入凸缘；44—凸缘螺母；46—轴间差速锁指示灯开关；47—轴间差速锁工作气缸；48—活塞；49—O 形圈；50—薄螺母；51—螺柱；52—气缸垫；53—螺钉；54—锁片；55—轴承座螺栓；56—轴间差速器壳连接螺栓

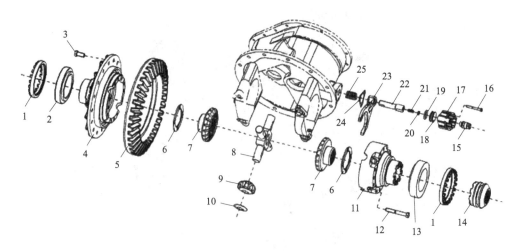

图 2-197　主减速器部件分解

1—差速器轴承调整花帽；2—差速器轴承；3—被动齿轮固定螺栓；4—左差速器壳；5—被动齿轮；6—半轴齿轮垫片；
7—半轴齿轮；8—十字轴；9—行星齿轮；10—行星齿轮垫片；11—右差速器壳；12—差速器壳连接螺栓；13—差速器右轴承；
14—轮间差速锁啮合套；15—差速锁指示灯开关；16,21—螺栓；17—轮间差速锁工作气缸；18—活塞；19—O形圈；
20—薄螺母；22—拨叉轴；23—轮间差速锁拨叉；24—气缸垫；25—回位弹簧

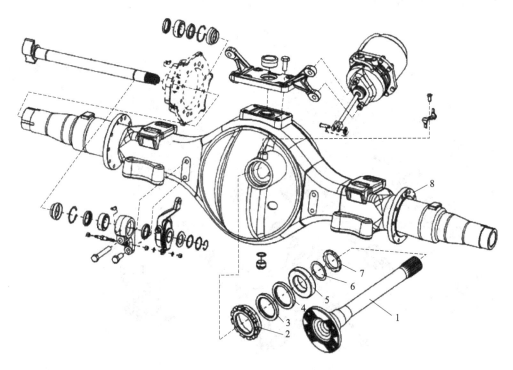

图 2-198　输出贯通轴部件分解

1—输出贯通轴；2—油封座；3,4—油封；5—贯通轴轴承；6—锁片；7—防松螺母；8—中桥壳

双联桥的轮边结构与单桥轮边完全相同，其拆装程序可以相互参考。

（1）HD469 单级减速双联桥中桥过桥箱的拆卸

① 如果拆卸的是带轮间差速锁的中桥，在拆卸前应首先将差速锁指示灯开关 2 从工作缸 1 上拆下，如图 2-199 所示。

② 如图 2-200 所示用一个相同螺纹的长螺栓 1，旋入差速锁指示灯开关的螺孔内，随着慢慢地转动轮毂，逐渐把螺栓旋进到底，确保差速锁啮合套与差速器壳上的啮合齿啮合到位。拆卸过桥箱与桥壳的连接螺栓。

图 2-199　拆下差速锁指示灯开关　　　　图 2-200　用长螺栓拧入差速锁指示灯开关螺孔

③ 拆卸半轴与轮毂连接螺栓，如图 2-201 所示将中桥左、右半轴从轮毂内抽出。

④ 用扁铲将输出贯通轴凸缘螺母锁边铲开，如图 2-202 所示拆卸凸缘螺母和凸缘，取出油封。用卡环钳拆卸贯通轴定位卡环，抽出输出贯通轴。

图 2-201　抽出中桥半轴　　　　　　　　图 2-202　卸凸缘螺母和凸缘

⑤ 将中桥过桥箱朝上，拆卸过桥箱与桥壳连接螺栓，用吊具将过桥箱总成吊出桥壳，如图 2-203 所示。

⑥ 如图 2-204 所示将过桥箱安置在翻转工作台上，应固定牢固。

图 2-203　用吊具将过桥箱总成吊出桥壳　　　图 2-204　将过桥箱安置在翻转工作台

⑦ 如图 2-205 所示拆卸过桥箱盖与壳的联接螺栓。

⑧ 用扁铲将输入凸缘螺母锁边铲开，如图 2-206 所示用省力扳手或冲击套筒扳手拆卸凸缘螺母。

⑨ 如图 2-207 所示取出输入凸缘。

⑩ 如图 2-208 所示拆卸锁止垫片的固定螺栓，取出锁止垫片。

⑪ 如图 2-209 所示用专用扳手拆卸输入轴开槽螺母。

⑫ 如图 2-210 所示用两个螺栓将过桥盖顶离过桥箱壳。

图 2-205　拆卸壳体连接螺栓

图 2-206　用省力扳手或冲击套筒扳手拆卸凸缘螺母

图 2-207　取出输入凸缘

图 2-208　拆卸锁止垫片的固定螺栓

图 2-209　用专用扳手拆卸输入轴开槽螺母

图 2-210　用两个螺栓将过桥盖顶离过桥箱壳

⑬ 如图 2-211 所示将过桥箱盖拆离。

⑭ 将轴间差速锁活塞杆、回位弹簧和拨叉拆下，如图 2-212 所示。

图 2-211　将过桥箱盖拆离

图 2-212　拆下轴间差速锁活塞杆等部件

⑮ 将输入轴连同轴间差速锁啮合套一同从主动圆柱齿轮孔中抽出，如图 2-213 所示。

⑯ 取出主动圆柱齿轮上的隔环和调整垫片，如图 2-214 所示。

图 2-213 抽出输入轴连同轴间差速锁啮合套

图 2-214 取出主动圆柱齿轮上的隔环和调整垫片

⑰ 如图 2-215 所示取出主动圆柱齿轮。

⑱ 取出差速器壳和十字轴、行星齿轮组件，如图 2-216 所示。

图 2-215 取出主动圆柱齿轮

图 2-216 取出差速器壳等部件

⑲ 如图 2-217 所示取出后半轴齿轮调整垫片。

⑳ 如图 2-218 所示取出后半轴齿轮。

图 2-217 取出后半轴齿轮调整垫片

图 2-218 取出后半轴齿轮

㉑ 由图 2-219 可见：轴间差速锁的啮合齿、主动圆柱齿轮与前半轴齿轮是一体式结构。

㉒ 行星齿轮与十字轴就装在差速器壳内，如图 2-220 所示。

㉓ 将十字轴垂直差速器壳旋转 90°，即可将两个行星齿轮拆卸下来，如图 2-221 所示。

㉔ 再将另一侧十字轴旋转 90°就可以将差速器壳中另外两个行星齿轮拆卸下来，以致将十字轴与差壳分离，如图 2-222 所示。

图 2-219　前半轴齿轮结构

图 2-220　行星齿轮与十字轴的位置关系

图 2-221　拆卸行星齿轮

图 2-222　将十字轴与差壳分离

㉕ 如图 2-223 所示用扁铲将被动圆柱齿轮固定螺母锁边冲开。

㉖ 如图 2-224 所示用省力扳手或冲击套筒扳手将主动圆柱齿轮固定螺母拆除。

图 2-223　将固定螺母锁边冲开

图 2-224　将主动圆柱齿轮固定螺母拆除

㉗ 如图 2-225 所示取出被动圆柱齿轮。

㉘ 如图 2-226 所示拆卸主动圆锥齿轮轴承座固定螺栓。

图 2-225　取出被动圆柱齿轮

图 2-226　拆卸主动圆锥齿轮轴承座固定螺栓

㉙ 将凸缘和螺母再装到主动圆锥齿轮轴上，用吊具将主动圆锥齿轮组件吊出，如图 2-227 所示。

㉚ 解体主动圆锥齿轮轴，总成结构如图 2-228 所示。

㉛ 观察主动齿轮前支承轴承，如有磨损可用专用拨出器将支承轴承拆出（图 2-229）。

㉜ 取出轴承座调整垫片并保存好，待重新装配时使用（图 2-230）。

图 2-227　用吊具将主动圆锥齿轮组件吊出

图 2-228　主动圆锥齿轮轴总成结构

图 2-229　检查主动齿轮前支承轴承

图 2-230　取出轴承座调整垫片

㉝ 旋转翻转工作台，使差速器总成朝上。取出两侧轴承瓦盖上的锁止开口销，如图 2-231 所示。

㉞ 如图 2-232 所示拆卸轴承瓦盖螺栓。

图 2-231　取出两侧轴承瓦盖上的锁止开口销

图 2-232　拆卸轴承瓦盖螺栓

㉟ 如图 2-233 所示取下轴承瓦盖和开槽螺母。

㊱ 如图 2-234 所示将差速器总成吊出。

㊲ 如需要换差速器轴承，如图 2-235 所示，可用专用拨出器将轴承拆卸。

㊳ 拆卸被动齿轮固定螺栓（被动齿轮的固定螺栓也就是差速器壳连接螺栓），取下差速器左壳，如图 2-236 所示。

㊴ 取出左半轴齿轮和垫片，如图 2-237 所示。

㊵ 抽出两个十字半轴，取出两个行星齿轮，再抽出十字通轴，取出其余两个行星齿轮，如图 2-238 所示。

图 2-233　取下轴承瓦盖和开槽螺母

图 2-234　将差速器总成吊出

图 2-235　用专用拨出器将轴承拆卸

图 2-236　取下差速器左壳

图 2-237　取出左半轴齿轮和垫片

图 2-238　取出十字半轴与行星齿轮

㊶ 如图 2-239 所示取出右半轴齿轮和垫片。在拆卸时应注意：将已拆卸的半轴齿轮和垫片做好配对标记，包括半轴齿轮和差速器壳，以便重新装配时仍按原已磨合的配套零件装复。至此，过桥箱总成全部解体完毕。

（2）HD469 型单级减速双联中桥过桥箱的装配　一般来说，装配按与拆解相反的程序进行即可，在这里仅将主要部位的装配过程进行一个简单的介绍。

① 将检查完好的半轴齿轮和配对的垫片装置在差速器右半壳内，然后装配行星齿轮组件。

② 首先，按原配套位置先插入十字通轴和两个行星齿轮。然后分别插入两个十字半轴和另外两个行星齿轮，如图 2-240 所示。两个十字半轴的凸台应插入十字通轴的凹槽内。

图 2-239　取出右半轴齿轮和垫片

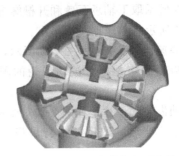

图 2-240　装入十字轴与行星齿轮

③ 如果更换差速器轴承，将新轴承加热至 120～150℃后压入差速器壳轴端，如图 2-241 所示。注意新的轴承暂不要加注润滑油。

④ 将左半轴齿轮与垫片安置在差速器壳内，如图 2-242 所示。

图 2-241　将新轴承加热压入差壳轴端　　　　图 2-242　安装左半轴齿轮与垫片

⑤ 将新的差速器轴承加热至 120～150℃后压入左差速器壳上，将被动齿轮，左、右差速器壳扣合，用差速器壳连接螺栓将其连接固定，以（570±40）N·m 的扭矩将螺栓对称扭紧，如图 2-243 所示。

过桥箱主动圆锥齿轮分总成分解如图 2-244 所示。

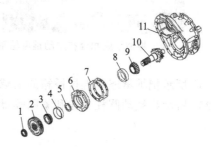

图 2-243　将左右差壳扣合

图 2-244　过桥箱主动锥齿轮分总成分解
1—凸缘螺母；2—被动圆柱齿轮；3—主动锥齿轮轴外侧轴承内圈；4—主动锥齿轮轴外侧轴承外圈；5—调整垫片；6—轴承座；7—调整垫片；8—内侧轴承外圈；9—内侧轴承内圈；10—主动齿轮轴；11—过桥箱壳

⑥ 如果更换主动锥齿轮前支承轴承，可将轴承内圈加热至 120～150℃后压入锥齿轮前轴端，如图 2-245 所示。

⑦ 如图 2-246 所示将新的圆锥滚子轴承外圈压入过桥箱支承轴孔内，并用卡簧将其定位。

图 2-245　将轴承内圈加热压入前轴端　　　　图 2-246　将滚子轴承外圈压入过桥箱支承轴孔

⑧ 如图 2-247 所示用专用工具 2 将新的主动锥齿轮内、外轴承的外圈 1 分别压入轴承座。

⑨ 将内轴承内圈加热至 120～150℃后压入主动锥齿轮轴肩，并压装到位。将调整垫片 1 放入轴内，如图 2-248 所示。

⑩ 待轴承冷却后，将轴承座扣合在主动锥齿轮轴上，如图 2-249 所示。

⑪ 将外轴承内圈压入主动锥齿轮轴到位，如图 2-250 所示。

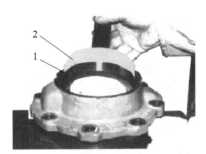

图 2-247　用专用工具安装轴承外圈

图 2-248　压装内轴承内圈

图 2-249　将轴承座扣合在主动锥齿轮轴上

图 2-250　将外轴承内圈压入

⑫ 如图 2-251 所示把轴承座装入过桥箱的主减速器壳中，并将连接螺栓旋紧。

⑬ 如图 2-252 所示将被动圆柱齿轮和紧固螺母装到主动锥齿轮轴上，以 900～1000N·m 的扭矩拧紧紧固螺母。

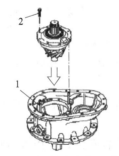

图 2-251　把轴承座装入过桥箱

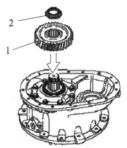

图 2-252　安装被动圆柱齿轮和紧固螺母

⑭ 如图 2-253 所示用扭力扳手测量其轴承摩擦转动力矩应为 3～10N·m。如果不在此标准范围，则应重新解体更换内、外轴承之间的调整垫片。如果实测的扭矩大于标准，则应将调整垫片加厚；反之应减少调整垫片的厚度。

⑮ 轴承座垫片的调整。

a. 如果主动锥齿轮轴分总成没有更换任何零件，那么在将主动锥齿轮总成装入过桥箱主减壳时，可将原拆卸下来的调整垫片重复使用。如果在维修中更换了主动锥齿轮轴、内或外轴承以及轴承座其中任何一件，则装配时，必须重新测量计算轴承座与主减速器壳之间的调整垫片。

一般来说，过桥箱主减速器壳上轴承座安装面至主减速器中心的尺寸 A 在加工过桥箱壳时就已经测量好了（图 2-254），并将尺寸刻印在箱壳边缘。如果没有提供该尺寸，则可将箱壳轴承瓦座一端放在平板上，用深度尺测量轴承座安装面至主减中心的距离 A，例如实测 $A=295.7$mm。

b. 主动锥齿轮的安装距 B，即主动锥齿轮顶端至主减速器壳中心的距离，一般刻印在主动锥齿轮的齿顶端面上，例如图 2-255 中 $B=110.39$mm。

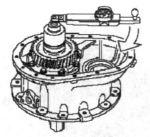

图 2-253 用扭力扳手测量摩擦转动力矩

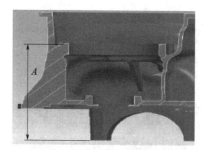

图 2-254 测量 A 距离

c.用标准杆百分表 2 测量已组装好的主动齿轮和轴承座分总成,从齿轮轴的顶面至轴承座连接面的距离 C,例如图 2-256 中实测的距离 $C=189.1$mm。

注意:在测量时不要将百分表测针头对准支承轴承的内圈边缘,而应对准齿轮轴的顶面。

图 2-255 主动锥齿轮的安装距 B

图 2-256 测量距离 C

d.计算轴承座调整垫片的厚度:$S=B+C-A=110.39+189.1-295.7=3.79$(mm),可选择 $S=3.8$mm 的垫片。

注意:最好采用三个垫片(厚度合计为 3.8mm),而且将两个薄的垫片放在上和下两侧,以便密封效果更好;同时在安装时应注意回油孔的位置,以保证回油孔的畅通,如图 2-257 所示。

⑯ 将主动锥齿轮总成用临时安装的凸缘和螺母吊装至过桥箱主减速器壳内,如图 2-258 所示。注意:在装配过程中一定要让锥齿轮轴的支承轴内圈顺利地进入外圈滚子内,以便不至于使支承轴承损坏。

图 2-257 安装垫片

图 2-258 吊装主动锥齿轮总成

⑰ 拆掉用于吊装用而临时安装的凸缘和螺母(图 2-259)。以 (370 ± 40)N·m 的扭矩对称地将轴承座与主减速器壳连接螺栓拧紧。

⑱ 安装被动圆柱齿轮到主动锥齿轮花键轴上,以 $900\sim1000$N·m 的扭矩将圆柱齿轮固定螺母拧紧,如图 2-260 所示。

⑲ 用扁冲将螺母锁边冲压至花键轴缺口位置,以确保螺母锁住。

⑳ 用翻转工作台将过桥箱主减速器壳翻转朝上,如图 2-261 所示。

㉑ 将差速器总成吊装至主减壳轴承座上。

图 2-259　拧紧轴承座与主减速器壳连接螺栓

图 2-260　将圆柱齿轮固定螺母拧紧

㉒ 如图 2-262 所示安装左、右差速器开槽螺母，将轴承瓦盖按原来配套位置装好。注意：轴承瓦盖位置装错将使调整开槽螺母无法旋进，甚至造成螺纹损坏。

图 2-261　将过桥箱主减速器壳翻转朝上

图 2-262　安装左、右差速器开槽螺母

㉓ 将轴承瓦盖先预紧。旋紧两侧的开槽螺母，使被动齿轮没有轴向间隙。

㉔ 如图 2-263 所示测量主、被动齿轮齿侧间隙，将磁力百分表座安置在主减速器壳上，百分表的测头垂直于被动齿轮边缘的齿面上，来回转动被动齿轮，观察齿侧间隙应在 0.25～0.35mm 范围。如果不在标准间隙范围之内，则需调整开槽螺母，使被动齿轮轴向移动，直至达到标准。

注意：在调整开槽螺母时，将一侧开槽螺母旋出几圈几度，则必须将另一侧开槽螺母旋进几圈几度，如此才能保证被动齿轮的轴向无间隙。

㉕ 如图 2-264 所示差速器轴承预紧度的调整：齿侧间隙调整完之后，首先以（420±20）N·m 扭矩将被动齿轮对面一侧的轴承瓦盖固定螺栓拧紧。

图 2-263　测量主、被动齿轮齿侧间隙

图 2-264　差速器轴承预紧度的调整

㉖ 如图 2-265 所示将磁力百分表座固定在被动齿轮一侧的轴承瓦盖上，百分表测头预顶在被动齿轮背圆的平面上。

㉗ 用专用扳手向旋紧的方向转动被动齿轮一侧的开槽螺母，观察百分表指示一定数值后，再向旋松方向旋动开槽螺母，直到百分表指针不再移动，此时差速器轴承处在无预紧力的状态（图 2-266）。

㉘ 如图 2-267 所示再向旋紧方向旋动该开槽螺母，直到观察百分表指示移动（0.20±0.05）mm 时为止，轴承预紧度即调整完毕。

㉙ 如图 2-268 所示将被动齿轮侧轴承瓦盖固定螺栓以（420±20)N·m 的扭矩拧紧。

图 2-265　安装磁力百分表

图 2-266　向旋松方向调整开槽螺母

图 2-267　再向旋紧方向旋动该开槽螺母

图 2-268　拧紧轴承瓦盖固定螺栓

㉚ 观察两侧开槽螺母齿槽位置，如果齿槽没有对准锁销孔，则可对开槽螺母进行微调，使齿槽正对锁销孔。如图 2-269 所示将开口锁销装好，并且用改锥将开口锁销圆头冲大，确保锁止开槽螺母。

㉛ 在齿侧间隙和轴承预紧调整好之后，还要进行啮合痕迹的检查，如图 2-270 所示。在被动齿轮的齿面上涂抹红丹油等颜色，转动被动齿轮数圈，观察齿轮的承载面上的啮合痕迹，正确的啮合痕迹应当在齿宽的中部，齿长方向偏向小齿一边，但都不能在边缘。如果啮合痕迹不在正常范围内，则必须重新进行调整。

图 2-269　将开口锁销装好

图 2-270　进行啮合痕迹的检查

㉜ 组装轴间差速器十字轴组件。按照拆前标记的配套位置首先将十字轴放到差速器壳中，把两个行星齿轮装到十字轴两端，然后转动十字轴将装有行星齿轮的十字轴推入差速器壳，将未装齿轮的十字轴端伸出差速器壳，再将其余两个行星齿轮装入，最后旋转十字轴将剩余两个行星齿轮全部装入差速器壳。

㉝ 将差速器后半轴齿轮连同锥轴承内圈装入过桥箱，如图 2-271 所示。

㉞ 如图 2-272 所示放入半轴齿轮垫片。

㉟ 如图 2-273 所示将轴间差速器壳总成装入过桥箱，注意：有导油护罩的一端朝下。

㊱ 如图 2-274 所示将主动圆柱齿轮（与前半轴齿轮一体）装入过桥箱。

㊲ 如图 2-275 所示将垫片放入主动圆柱齿轮端面。

㊳ 如图 2-276 所示将输入轴连同差速锁啮合套和锥轴承一同装入过桥箱，在装配时应注意输入轴的花

键轴必须完全插入后半轴齿轮的花键孔内。

图 2-271　安装半轴齿轮联同锥轴承内圈

图 2-272　放入半轴齿轮垫片

图 2-273　装入轴间差速器壳总成

图 2-274　装入主动圆柱齿轮

图 2-275　将垫片放入主动圆柱齿轮端面

图 2-276　装入输入轴等部件

㊴ 如图 2-277 所示将差速锁回位弹簧、拨叉、活塞杆按顺序装到过桥箱上，拨叉插入差速锁啮合套的滑槽中。在重新装配前应更换活塞上的 O 形密封圈。

㊵ 用手压下差速锁拨叉的活塞杆至使啮合套与主动圆柱齿轮上的啮合齿啮合到位。如图 2-278 所示用厚薄规测量它们的啮合间隙应为 0.5mm，如不符合要求则必须更换活塞杆上不同厚度的调整垫片。

㊶ 如图 2-279 所示在过桥箱壳连接面上涂抹平面密封胶。

㊷ 将过桥箱盖与过桥箱壳扣合，装好后如图 2-280 所示。

㊸ 观察差速锁控制活塞是否正常，如图 2-281 所示。

㊹ 安装过桥箱盖连接螺栓并拧紧，如图 2-282 所示。

图 2-277　将差速锁回位弹簧等部件装回

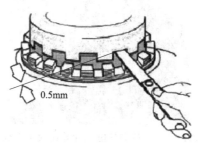

图 2-278　用厚薄规测量啮合间隙

图 2-279　在过桥箱壳连接面上涂抹平面密封胶

图 2-280　将过桥箱盖与过桥箱壳扣合

图 2-281　观察差速锁控制活塞是否正常

图 2-282　安装过桥箱盖连接螺栓并拧紧

㊺　在输入端开槽螺母螺纹处涂抹螺纹紧固密封胶，用专用工具以 250N·m 的扭矩将开槽螺母拧紧，然后向旋松方向旋动 40°～50°，装入油封，如图 2-283 所示。

㊻　安装锁片和固定螺钉，将开槽螺母锁死，如图 2-284 所示。

图 2-283　将开槽螺母扭紧

图 2-284　安装锁片和固定螺钉

㊼　如图 2-285 所示安装气缸垫片、差速锁工作缸，将工作缸固定螺栓拧紧。

㊽　安装凸缘，在凸缘轴肩涂抹密封胶，以 900～1000N·m 的扭矩将凸缘螺母旋紧，如图 2-286 所示。

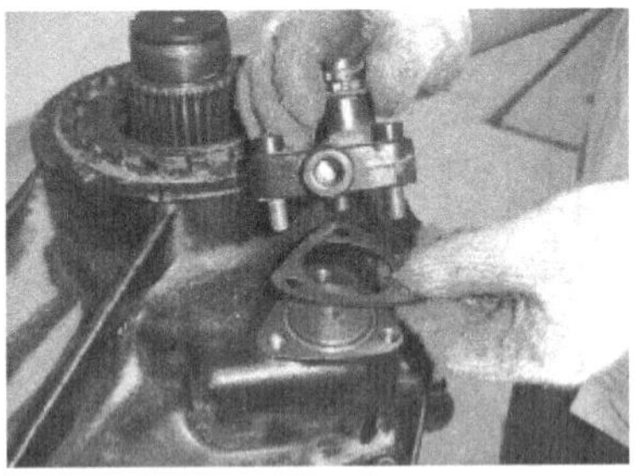

图 2-285　安装气缸垫片差速锁工作缸

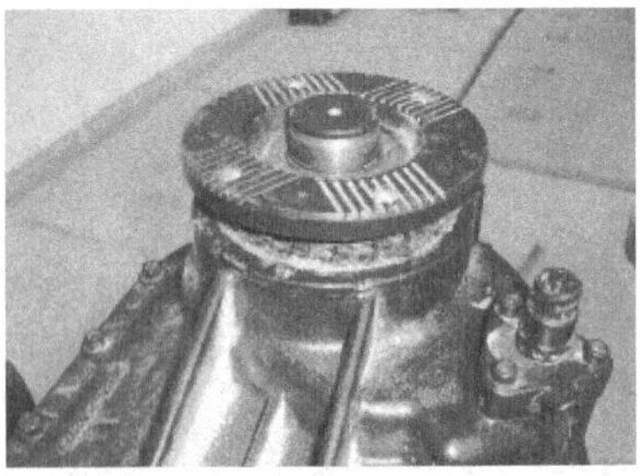

图 2-286　将凸缘螺母旋紧

㊾ 如图 2-287 所示将凸缘螺母锁死。

㊿ 如图 2-288 所示在中桥壳连接表面涂抹平面密封胶。

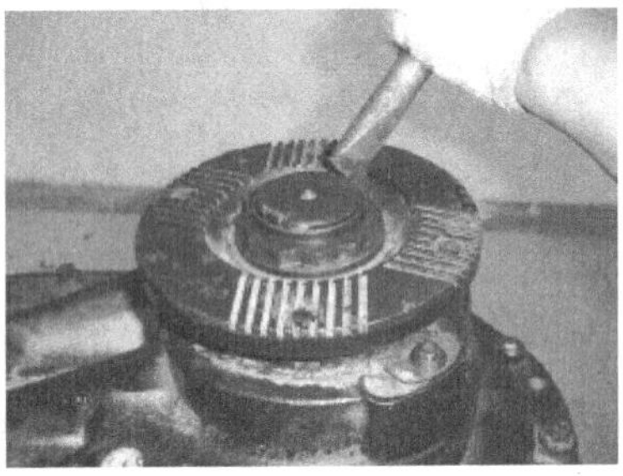

图 2-287　将凸缘螺母锁死

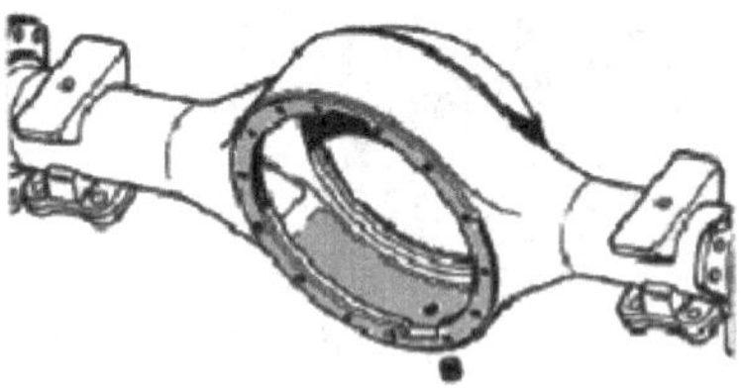

图 2-288　在中桥壳连接表面涂抹平面密封胶

(51) 如图 2-289 所示用液压举升小车将过桥箱总成推入桥壳，或用吊具将过桥箱总成吊入桥壳。

(52) 安装桥壳与过桥箱连接螺栓，以（370±40）N·m 的扭矩将连接螺栓拧紧。注意：此时轮间差速锁仍用螺栓 1 顶住，使差速锁处于挂合状态，如图 2-290 所示。

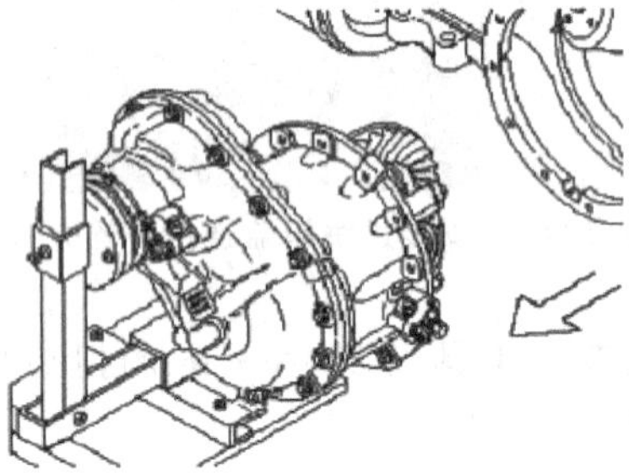

图 2-289　将过桥箱总成推入桥壳

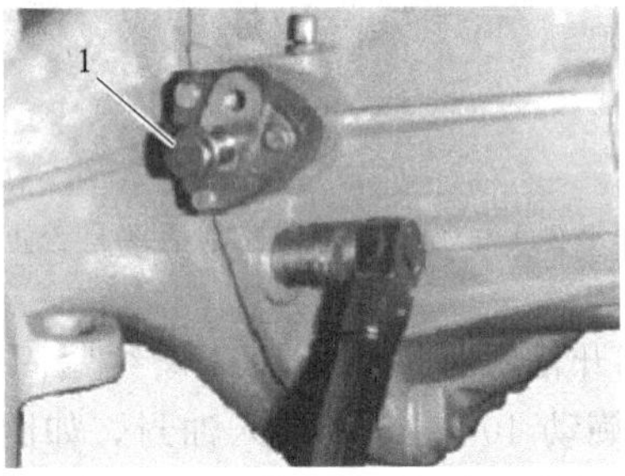

图 2-290　轮间差速锁用螺栓顶住

(53) 如图 2-291 所示将带有球轴承的输出贯通轴伸进桥壳，并将贯通轴花键插入后半轴齿轮花键孔中。安装垫片并用卡环将轴承定位。

(54) 如图 2-292 所示装入油封、凸缘和凸缘螺母，用省力扳手以 900～1000N·m 的扭矩将凸缘螺母拧紧。

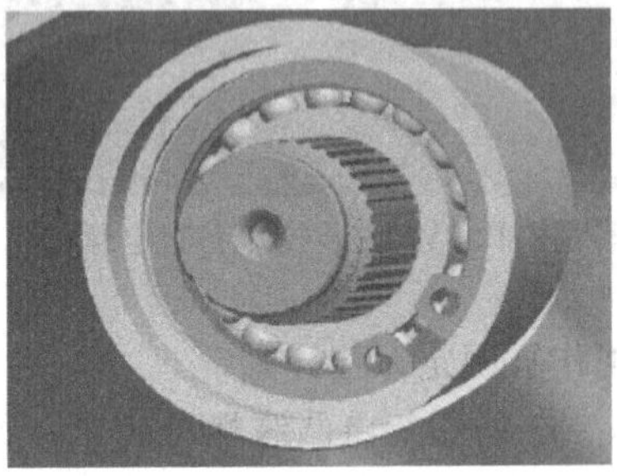

图 2-291　将输出贯通轴伸进桥壳

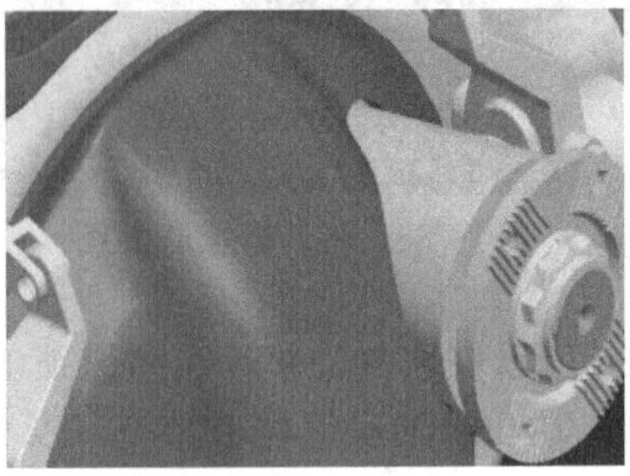

图 2-292　装入油封、凸缘和凸缘螺母

(55) 安装左、右半轴，以（280±20)N・m的扭矩将半轴凸缘螺栓旋紧，如图2-293所示。

(56) 将中桥轮间差速锁工作缸上临时安装的螺栓拆除，安装差速锁指示灯开关和气缸接头。至此，中桥装配工作全部完成。在维修中如需对某个局部位置或某个分总成进行拆装时，也可遵照上面介绍的程序进行。

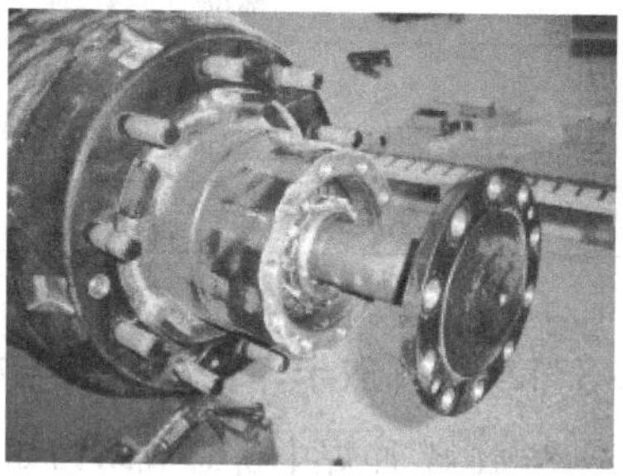

图2-293 将半轴凸缘螺栓旋紧

(3) HD425型双联桥中桥的拆装　HD425型双联桥中桥与HD469型双联桥中桥的主要区别在于，其贯通轴结构和轴间差速器结构略有不同。此外，HD425和HD469型双联桥的轮间差速器的结构也略有差异。

HD469型双联桥贯通轴后轴的凸缘与轴是两体的，而HD425型双联桥贯通后轴与凸缘是一体的。

HD425型双联桥轴间差速器采用常规两半个差速器壳的结构，而HD469型双联桥则采用一种全部的差速器壳结构。

虽然差速器壳结构不同，但拆装程序还是相同的。因此HD425型双联桥中桥过桥箱完全可参照HD469型双联桥过桥箱的拆装程序，主减差速器的拆装完全可参照HD450和HD485单减速器后桥主减速器差速器的拆装。下面只简单介绍一下HD425型双联桥中桥输出端贯通轴的拆卸和安装。

① 拆卸开槽螺母的锁片，用勾头扳手将开槽螺母旋松，随着把开槽螺母拆卸可将整体式后贯通轴、开槽螺母、两个油封、轴承和轴承内圈锁母一同从桥壳中抽出，如图2-294所示。

② 安装可按与拆卸相反的程序进行。首先将两个油封装入开槽螺母内腔，并将轴承一同套在输出贯通轴上，然后用垫片和锁母将轴承固定在后贯通轴轴肩。将后贯通轴组件插入中桥桥壳，并保证贯通轴的花键插入轴间差速器后半轴齿轮的花键孔内。如图2-295所示将开槽螺母旋入桥壳，用勾头扳手拧紧开槽螺母，并用锁片将开槽螺母锁固，拧紧锁片螺钉。

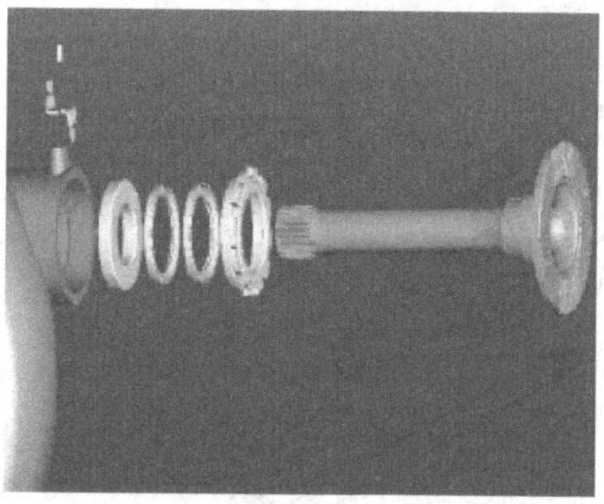

图2-294 取出整体式后贯通轴

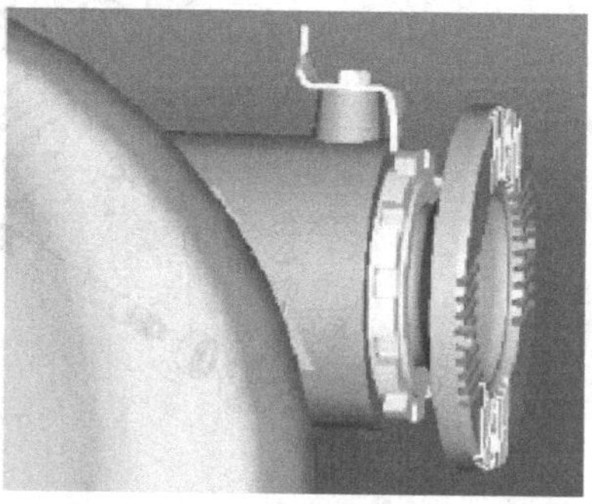

图2-295 用锁片将开槽螺母锁固

表2-10为HD469型与HD425型双联桥中桥主要部位拧紧力矩。

表2-10 HD469型与HD425型双联桥中桥主要部件拧紧力矩　单位：N・m

部位	HD469	HD425
轮边轴头螺母	以(550±20)N・m拧紧轴头内螺母，然后再回转60°，再以(550±20)N・m拧紧轴头外螺母并用锁片锁紧	
差速器连接螺栓	570±40	
被动齿轮与差速器壳连接螺栓		370±40
主动齿轮轴承座与主减速器壳连接螺栓	370±40	250±40
差速器轴承瓦盖固定螺栓	420±20	
后桥主减速器总成与桥壳连接螺栓	370±40	
中桥过桥箱与桥壳连接螺栓	370±40	

部位	HD469	HD425
凸缘螺母	900～1000	950
半轴与轮毂固定螺栓	280±20	
制动底板与桥壳固定螺栓	185±15	

2.3.1.4 解放卡车中桥拆装与检修

解放 J7 冲焊中桥总成结构如图 2-296 所示。

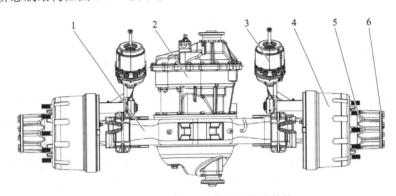

图 2-296　解放 J7 冲焊中桥总成结构

1—中桥桥壳总成；2—中桥主减速器总成；3—制动器总成；4—制动鼓；5—轮毂总成；6—半轴

中桥桥壳、贯通轴与半轴部件分解如图 2-297 所示。

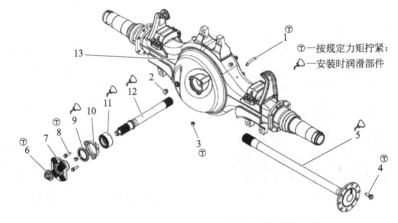

图 2-297　中桥桥壳、贯通轴与半轴部件分解

1—通气塞；2—加油螺塞；3—放油螺塞；4—半轴螺栓；5—半轴；6—凸缘螺母；7—凸缘总成-贯通轴；8—螺栓-贯通轴轴承盖；
9—贯通轴油封总成；10—轴承盖-贯通轴；11—圆锥滚子轴承总成；12—贯通轴；13—中桥桥壳总成

装配顺序：按照与分解的相反顺序。

注：后桥桥壳及半轴分解与装配顺序参照与中桥相同零件进行。

紧固件拧紧力矩见表 2-11。

表 2-11　紧固件拧紧力矩（一）　　　　　　　　　　　　　　　　单位：N·m

部位	被拧紧的零件	拧紧力矩
1	通气塞	9～16
2	加油螺塞	37～56
3	放油螺塞	55～86

部位	被拧紧的零件	拧紧力矩
4	半轴螺栓	230～290
6	凸缘螺母	650～700
8	螺栓-贯通轴轴承盖	150～185

润滑剂及密封胶使用规范见表2-12。

表2-12 润滑剂及密封胶使用规范

部位	涂覆位置	规定的润滑剂	数量
5	半轴与轮毂接合面	硅酮(聚硅氧烷)密封胶	视需要
9	油封防尘唇与密封唇之间	全天候汽车通用锂基润滑脂	视需要
11	圆锥滚子轴承外圈油封配合表面	润滑油	视需要
12	贯通轴轴承配合表面	润滑油	视需要

检修方法如下。

(1) 贯通轴12的拆卸 如图2-298所示，拆卸贯通轴12时，需先拆下凸缘螺母6，再按照分解顺序进行拆卸。

注意若单纯拆卸贯通轴，则应先锁紧轴间差速锁，再拆卸。

(2) 贯通轴油封总成9的安装 如图2-299所示，将贯通轴油封总成防尘唇和密封唇之间填充通用锂基润滑脂，在油封配合表面涂以通用锂基润滑脂，然后把油封总成压入贯通轴轴承盖中，要求油封总成外表面与轴承盖端面在同一平面上，安装时注意不要损伤油封刃口。

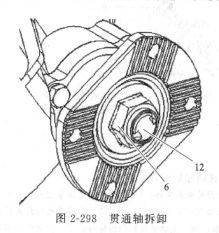

图2-298 贯通轴拆卸

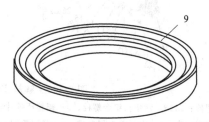

图2-299 贯通轴油封总成

解放J7中桥减速器总成部件分解如图2-300所示。

装配顺序：按照与分解的相反顺序。

检修标准：部位8的主从动锥齿轮齿侧间隙为0.30～0.40mm；同一对齿轮的齿隙变动量不大于0.1mm。

紧固件拧紧力矩见表2-13。

表2-13 紧固件拧紧力矩（二） 单位：N·m

部位	被拧紧的零件	拧紧力矩	备注
1	螺栓-紧固减速器	230～290	用扭力扳手逐一检验拧紧力矩
2	螺栓-紧固调整环止动片	36～63	—
5	螺栓-紧固差速器轴承盖	600～660	用扭力扳手逐一检验拧紧力矩
9	螺栓-紧固轴间差速锁气缸盖	50～80	—

部位	被拧紧的零件	拧紧力矩	备注
12	端式弯管接头-锥形管节联结	9～16	—
16、38	螺母-主动锥齿轮凸缘	650～700	—
18	组合螺栓	20～30	—
20	主动圆柱齿轮轴前轴承调整环	250～300	—
22	螺栓-圆柱齿轮壳	150～190	用扭力扳手逐一检验拧紧力矩
40	螺栓-中桥主齿轴承座	150～190	—

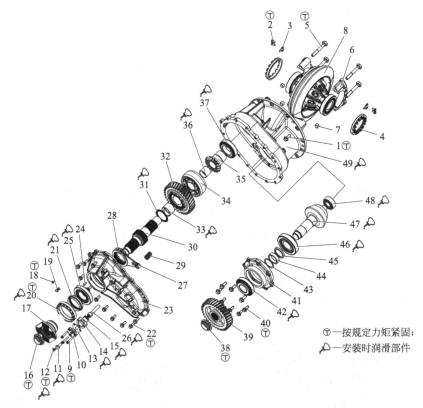

Ⓣ—按规定力矩紧固；
⚲—安装时润滑部件

图 2-300　解放 J7 中桥减速器总成部件分解

1—紧固减速器螺栓；2,18—六角头组合螺栓；3—调整环锁片；4—差速器轴调整环；5—紧固差速器轴承盖螺栓；6—差速器轴承盖；7—差速器轴承定位套；8—中桥差速器总成；9—紧固轮间差速锁气缸盖螺栓；10—气缸盖；11—轮间差速锁开关总成；12—端式弯管接头；13—气缸盖垫密片；14—轮间差速锁气缸；15—轮间差速锁活塞；16—主动锥齿轮凸缘螺母；17—主动圆柱齿轮轴凸缘；19—调整环止动片；20—主动圆柱齿轮轴前轴承调整环；21—中桥输入凸缘油封总成；22—圆柱齿轮壳螺栓；23—圆柱齿轮壳；24—滚花圆柱销；25—圆锥滚子轴承总成；26—拨叉轴总成；27—轴间差速锁拨叉；28—轴间差速锁；29—轮间差速锁回位弹簧；30—主动圆柱齿轮轴；31—推力滚针轴承；—32—主动圆柱齿轮；33—主动圆柱齿轮衬套；34—轴间差速器总成；35—轴间差速器后锥齿轮；36—后锥齿轮衬套；37—圆锥滚子轴承总成；38—主动锥齿轮凸缘螺母；39—从动圆柱齿轮；40—六角法兰面螺栓；41—中桥主齿轴承座；42—圆锥滚子轴承总成；43—主动锥齿轮轴承调整垫圈；44—主动锥齿轮轴隔套；45—主动锥齿轮轴承调整垫圈；46—圆锥滚子轴承总成；47—中桥主动锥齿轮；48—圆柱滚子轴承总成；49—中桥减速器壳

润滑剂及密封胶施用部位见表 2-14。

表 2-14　润滑剂与密封胶施用部位

部位	涂覆位置	规定的润滑剂	数量
11、12	轮间差速锁开关总成和端式弯管接头螺纹（气缸盖端）	硅酮（聚硅氧烷）密封胶	视需要
14	差速锁气缸内表面	全天候汽车通用锂基润滑脂	视需要

部位	涂覆位置	规定的润滑剂	数量
15	活塞环槽	—	视需要
26	拨叉轴表面	—	视需要
23、49	减速器壳与桥壳、圆柱齿轮壳连接面	硅酮(聚硅氧烷)密封胶	视需要
14、23	气缸与圆柱齿轮壳及盖配合表面	硅酮(聚硅氧烷)密封胶	视需要
20	调整环及油封总成的螺纹上	密封胶	视需要
21	中桥输入凸缘油封总成配合面	润滑油	视需要
25、37、42、46、48	轴承内外圈	润滑油	视需要
31	轴承两侧	全天候汽车通用锂基润滑脂	视需要
33、36	衬套	全天候汽车通用锂基润滑脂	视需要
47	主动锥齿轮轴承配合表面	润滑油	视需要

检修方法如下。

（1）主、从动锥齿轮齿侧间隙的调整　如图 2-301 所示转动左、右侧调整环 4，改变从动锥齿轮的轴向位置，从而调整主、从动锥齿轮的齿侧间隙，为了保证已调整好的差速器轴承预紧负荷，左、右侧调整环的进退量必须相等，确保旋转差速器总成力矩为 6～10N·m。

注意在从动锥齿轮大致三等分的位置上测量齿侧间隙，齿侧间隙应在 0.30～0.40mm 的范围内，变动量不大于 0.10mm。

（2）主、从动锥齿轮接触印痕的调整　如图 2-302 所示用涂色法检验齿轮的啮合印痕，应符合图 2-303 的要求。如不符合则按表 2-15 所示的方法进行调整，直至符合上述要求为止。注意调整时不能改变轴承的预紧负荷，确保旋转差速器总成力矩为 2～4N·m。

图 2-301　齿侧间隙的调整 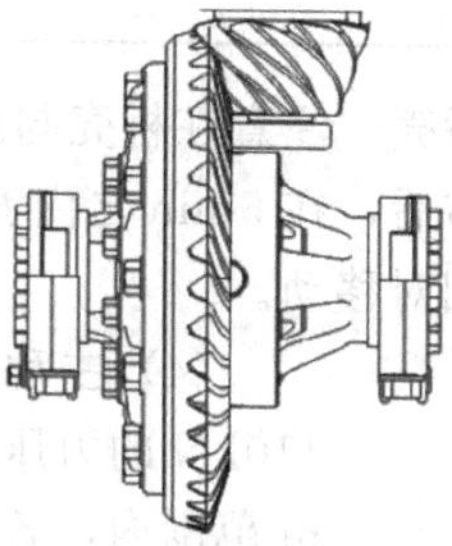　　　　图 2-302　齿轮接触印痕的调整

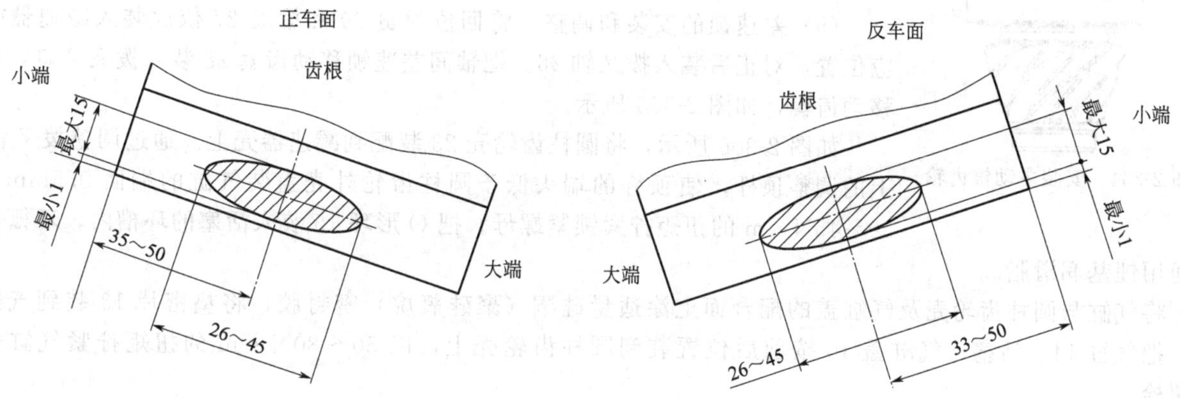

图 2-303　从动锥齿轮接触印痕

表 2-15　中桥主、从动锥齿轮接触印痕及齿侧间隙的调整

主、从动锥齿轮接触印痕		调整方法	
齿轮凸面 向前行驶	齿轮凹面 向后行驶		
		将从动锥齿轮向主动锥齿轮移近,若此时齿隙过小,则将主动锥齿轮移开	
		将从动锥齿轮自主动锥齿轮移开,若此时齿隙过大,则将主动锥齿轮移近	
		将主动锥齿轮向从动锥齿轮移近,若此时齿隙过小,则将从动锥齿轮移开	
		将主动锥齿轮自从动锥齿轮移开,若此时齿隙过大,则将从动锥齿轮移近	

（3）减速器装入桥壳　注意在桥壳与减速器结合面涂密封胶,涂布密封胶条直径在 3mm 以上;胶条要连续,不得间断;涂布后,在 5min 之内安装主减速器总成;安装后,密封胶最少要 24h 才能固化,因此必须注意不能使法兰面相对移动。

（4）主动锥齿轮 47 的调整与安装　安装主动锥齿轮凸缘螺母前,以 90～110kN 的力压住主动锥齿轮前轴承内圈,此时转动轴承座的扭矩应在 6～10N·m 范围内,若扭矩小于 6N·m,则减少或者减薄调整垫片;若扭矩大于 10N·m,则增加或者加厚调整垫片。检测轴承预紧负荷应在轴承经过润滑并转动若干圈以后进行。安装主动锥齿轮见图 2-304。

（5）差速锁的安装和调整　将回位弹簧 29 和拨叉 27 依次装入减速器壳相应位置,对正后装入拨叉轴 26。把轴间差速锁移动齿套 28 装入拨叉叉口,对正移动齿套,如图 2-305 所示。

如图 2-306 所示,将圆柱齿轮壳 23 装配到减速器壳上。通过调整拨叉轴 26 上的调整顶杆,使顶杆的端头低于圆柱齿轮外壳盖装气缸的端面 0.5mm。以 30～45N·m 的扭矩拧紧锁紧螺母。把 O 形环 15 装入活塞的环槽内,环槽内填充通用锂基润滑脂。

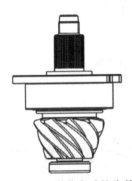

图 2-304　安装主动锥齿轮

将气缸与圆柱齿轮壳及气缸盖的配合面上涂适量硅酮（聚硅氧烷）密封胶,将垫密片 13 装到气缸盖上,把气缸 14、活塞、气缸盖 10 按前后位置装到圆柱齿轮壳上,以 50～80N·m 的扭矩拧紧气缸盖连接螺栓。

在差速锁指示灯开关 11 的螺纹上涂硅酮（聚硅氧烷）密封胶后装入气缸盖上。

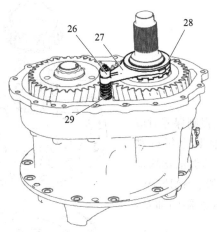

图 2-305 差速锁的安装和调整

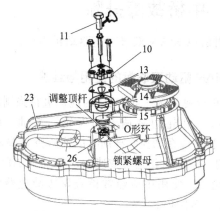

图 2-306 差速锁的安装和调整

差速器总成分解如图 2-307 所示。

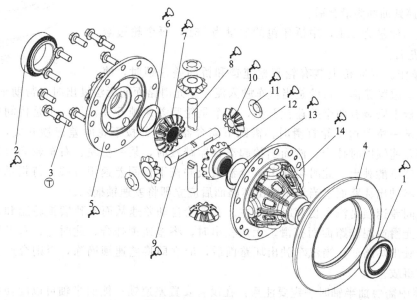

图 2-307 差速器总成分解

1,2—圆锥滚子轴承；3—紧固差速器壳及从动齿轮螺栓；4—从动锥齿轮；5—差速器左壳；6,13—半轴齿轮垫片；
7,12—半轴齿轮；8—短行星齿轮轴；9—长行星齿轮轴；10—行星齿轮；11—行星齿轮垫片；14—差速器右壳

装配顺序：按照与分解的相反顺序。

紧固差速器壳及从动齿轮螺栓 3 的拧紧力矩为 550～600N·m，用扭力扳手逐一检验拧紧力矩。

润滑剂使用部位见表 2-16。

表 2-16 润滑剂使用部位

部位	涂覆位置	规定的润滑剂	数量
5、14	差速器左右壳内工作表面及与轴承配合轴颈	润滑油	视需要
6、7、12、13	半轴齿轮及垫片表面	润滑油	视需要
8、9、10、11	行星齿轮及垫片表面、十字轴	润滑油	视需要

安装差速器总成，如图 2-308 所示。

差速器总成装配后，转动半轴齿轮 7 和行星齿轮 10 时，应轻便、无发卡现象。

2.3.2 中桥故障排除

下面的讲解以 MAN 双级减速驱动桥为例。

2.3.2.1 MAN 驱动双联桥的使用与维护

① 在新车行驶 2000～4000km 时应该进行强制保养，在强制保养时应该更换中央传动和轮边减速器的齿轮润滑油。以后换油期为每行驶10000km。中桥中段在加注润滑油时应该从桥间差速器壳上的加油丝堵加注。双联桥的中央传动和轮边减速器应该加注 APIGL-4 等级、SAE85W/90 黏度的齿轮油。使用中应经常检查轮边减速器和桥主减速器的油量，使其保持在规定范围内。

轮边减速器上有两个丝堵：设置在轴头最边缘的丝堵是放油丝堵，而在端盖近于中心部位上有加油丝堵。轮边减速器油量的正常位置是放油丝堵在最高位置时，加油丝堵的水平位置。此时将加油丝堵打开，用手指平直伸进螺孔，应能摸到油面为最合适。

一般后桥牙包的油量为 13L，中桥牙包的油量为 16L，每个轮边减速器油量为 3.5L 左右。

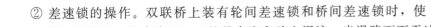

图 2-308 安装差速器总成

② 差速锁的操作。双联桥上装有轮间差速锁和桥间差速锁时，使用差速锁能顺利驶出故障路面。目的是当汽车驶入泥泞、光滑路面而无法驶出时，帮助车辆驶出坏路面。

在驾驶室仪表板上安装有两个差速锁开关，一个是轮间差速锁开关，另一个是桥间差速锁开关。当汽车驶入泥泞路面而某一桥单边车轮打滑时，需踩下离合器踏板并按下轮间差速锁开关，当指示灯点亮时，此时中、后桥轮间差速锁同时挂合。然而当抬起离合器踏板时，某一桥左、右车轮同时打滑空转，而另一桥却不动，汽车仍然不能驶出，此时再踩下离合器踏板并按下桥间差速锁开关，待指示灯点亮，挂挡，脚抬离合器，汽车必然驶出坏路面。当汽车驶出坏路面后应立即将差速锁摘除。

驱动后桥的轮间差速锁是汽车拐弯时，使左、右车轮自动差速从而不致磨损轮胎和造成机械损坏。汽车在单边车轮驶入光滑或泥泞路面而打滑，无法驶出时，将差速锁挂合，此时左、右半轴成为一根刚性连接轴，汽车自然会驶出坏路面。当汽车驶出坏路面后，应立即将差速锁摘除，否则会产生轮胎严重磨损和打坏差速器的严重事故。

③ 在维修保养中需要抽半轴时一定要注意：在没有安置差速锁一侧的半轴可以随便抽装，而在安装有差速锁的一侧半轴，在抽半轴前应当首先将差速锁挂合，为了确保差速锁啮合套不致脱落，还应用螺栓将差速锁工作缸顶至差速锁挂合，以免工作缸漏气而造成啮合套脱落。

④ 应避免严重超载。MAN 驱动后桥设计承载能力为 13t，严重的超载和载荷集中都会造成桥壳变形及断裂，这必将造成严重的后果，使用中一定要按行驶条件所规定的载荷装载。

⑤ 制动间隙调整臂的调整。

a. 手动间隙调整臂。调整前应松开所有制动，顺时针转动蜗杆轴端的六角螺栓，直至制动锁死无间隙，然后反转，听到三次响声即可。行车检查制动情况和是否有车辆跑偏现象。

b. 自动间隙调整臂。调整前应松开所有制动，调整臂上箭头方向与制动方向一致，顺时针转动调整臂上的六角螺母，使制动臂插入制动气室推杆的 U 形叉内，对正孔位，用平头销、垫片及开口销连接。用手推动调整臂到头，随后紧固定位支架，使用螺栓和螺母把支架与调整臂紧固。顺时针转动调整臂上的六角螺母，使制动蹄与制动鼓之间没有间隙，然后反旋螺母 3/4 圈，反复制动几次即可。

⑥ 在维修中如果重新组装差速器、被动齿轮等连接件，必须在连接螺纹上涂抹乐泰 262 螺纹锁固剂并以规定扭矩拧紧，以确保连接螺栓的锁固。

2.3.2.2 常见故障分析与排除

（1）漏油故障　桥漏油原因较多，并且发生位置也较多，应先确认漏油源，然后具体维修。综合起来有以下一些方面。

① 轮边漏油。发生轮边漏油后，应检查三个部位，轮毂与行星架轴头的 O 形密封圈、隔圈总成与桥壳轴管间的 O 形密封圈和轮毂油封。一般来说轮毂油封漏油的可能性较多。在重新安装轮毂油封时应注意，在油封外圈或轮毂压装油封处必须涂抹乐泰 603 圆柱固持胶，并要分清油封的左右旋向（新式油封带有回油线），压入油封时必须放正，使其垂直压入。如果是轮毂 O 形密封圈漏油，最好能在密封圈槽内涂适量密封胶，然后将 O 形密封圈合模缝向桥包装入，捋正油封不得扭曲。另外，检查隔圈内 O 形密封圈是否老化或缺损以及隔圈表面的光洁度及磨损情况。如果油封完好无损，仍然漏油严重，则应检查桥壳的通气装置（应经常检查）。如果通气口被油污堵塞，则运转中桥壳产生的热量使空气压力增加，从而迫使润滑油从油封处向外排泄。

② 差速器油封（凸缘）漏油。差速器油封有中桥输入、中桥输出和后桥输入三处。如果漏油发生在输入轴处，则一般是输入轴（主动齿轮轴）油封损坏或磨损，或是油封弹簧松弛。在维修时应注意，如果是油封外圈处向外漏油，则说明是油封外圈与外壳配合松旷。在重新装配时应将油封外圈及外壳油封座孔清洗干净，在油封外圈处涂抹乐泰 603 固持胶，再将油封打入油封座孔。如果油封完好无损，仍然漏油严重，则首先应检查桥壳的通气装置是否堵塞；其次要检查凸缘螺母有无松动现象或凸缘表面的光洁度和磨损情况，如不符合要求应及时更换相关件。再检查轴承是否有磨损和松旷以及传动轴的平衡量等原因造成油封的偏磨。半轴油封的损坏漏油，使油从轮边减速器窜入主减速器中，使主减速器中油量过多，压力增大，产生漏油；同时伴有桥发热和轮边过烫现象。如果漏油发生在输出端，则检查内容与输入端检查内容一致。

③ 结合面或桥壳焊缝处漏油。如果是轴头端盖向外漏油，说明端盖与行星轮架接触面不密封，端盖与轴头端面是无垫连接，可拆卸后将端盖与星行架端面清理干净，然后涂抹乐泰 587 密封胶重新装配。涂胶时应在连接表面涂抹不间断的胶条。对于中桥，过桥箱处结合面较多，漏油的可能性较大。尤其在拆卸维修时一定要注意各结合面的保护，杜绝野蛮拆卸，对有磕碰及滑伤面应及时修复，并涂好密封胶。桥壳与主减速器的结合面也容易发生漏油，原因较多。机件的变形、螺栓松动等都有可能引发结合面漏油。维修时应修整结合平面，涂乐泰 587 密封胶装复。桥壳焊缝漏油多为桥壳承受较大压力，使焊缝处应力集中，产生裂纹漏油，因此，应杜绝超载。

④ 铸造件的砂眼、疏松漏油。有些漏油现象往往发生在一些非结合部位，需要在维修时判断清楚。砂眼与铸造缺陷可以通过补焊或更换解决。

（2）桥间差速器烧损故障　中桥主减速器与过渡传动箱采用飞溅润滑，而桥间差速器的位置又最高，因此桥间差速器的润滑条件较差，稍一缺油就会对桥间差速器产生影响。新车在加油时，或在更换齿轮油时，新油必须由桥间差速器壳上的加油口加注，待油面到中桥过渡箱检查口为止。

有些故障发生后，更换新的差速器后仍然继续烧损，严重时甚至完全将行星齿轮与十字轴烧结在一起。造成桥间差速器烧损的主要原因有两个：一是缺油；二是中桥与后桥速比不对。此时应对圆锥、圆柱主被动齿轮的齿数进行核对。个别用户在维修时单独更换中桥或者后桥主、被动圆锥齿轮时没有注意原车速比，使中桥或后桥所更换的主、被动圆锥齿轮速比与原车的不同。（不同速比的主、被动圆锥齿轮安装尺寸是相同的）。这将造成中桥与后桥速比的差异，从而导致在行驶时桥间差速器的高速运转，加上差速器本身润滑条件较差，很快会将差速器烧损。

（3）桥传动异响故障　行驶中如果突然发生桥牙包异响，则应立即停驶进行检查，因为这种异响往往是机件损坏的表现。

差速器支承轴承散架、轴承严重点蚀或磨损、被动齿轮固定螺栓松动或脱落、差速锁啮合套松动以及传动齿轮或差速器齿轮打齿等都会造成严重异响。

如果发生齿轮磨损持续的响声，而且随车速的提高响声逐渐增大，这一般是由于轴承的点蚀、传动齿轮磨损或齿面划伤、点蚀产生的。如果正常行驶没有明显的响声，而在减速收油门时反而有明显的噪声，这一般是由于传动齿轮齿背拉伤、点蚀造成的。中桥有 7 个轴承，轴承散架产生的异响也比较明显，应诊断异响的部位，然后进行拆检。

汽车在正常直线行驶时没有明显的噪声，在拐弯时明显产生不正常的声音，显然是差速器齿轮损伤或烧损产生的，轮间差速器和桥间差速器行星齿轮与半轴齿轮烧蚀或是齿牙损坏，都会产生明显的噪声。轮间差速锁啮合套花帽松旷使啮合套串动，会产生两啮合套碰撞的声音，桥间差速锁销串动也会产生敲击的声音，这种异响也是没有规律的机械碰击的声音。

如果在更换新主、被动齿轮后产生持续的噪声，而且随车速的提高噪声增大，则应检查主、被动齿轮啮合间隙和齿面接触痕迹是否合格，而且主、被动圆锥齿轮是配对研磨的，因此如果更换的不是一对配套的齿轮，显然会产生这种异响而且无法排除。特别应注意主、被动齿轮是否是配套装配。

在修理拆卸主、被动圆锥齿轮时，应将安装距调整垫片保管好，在重新组装时必须将原垫片装复，否则由于调整垫片的偏差也会造成主、被动齿轮啮合的噪声。在维修更换被动圆锥齿轮时，必须在连接螺栓螺纹部位涂抹乐泰262螺纹防松胶并按规定拧紧力矩拧紧。

汽车在正常行驶时没有异响，而一旦减速撤油时反而有"嗡嗡"的噪声，这一般都是齿轮的齿背面拉伤或点蚀所产生的。轻微的这种响声倒是无关大局，严重时也应拆检。

齿轮间隙过大，各花键轴、孔松旷，急加速或起步时会产生"嘎噔"的响声，而且明显有松旷的感觉。

桥壳变形也会产生后桥异响，在检查时应注意。

发现桥异响，不要再强行行驶，应立即进行拆检。因为轴承的散架、固定螺栓的松动、齿轮的损伤如不及时修理会造成更严重的后果。

（4）桥发热故障　桥发热可能会有三个原因：润滑油过多或缺油，轴承预紧过大。缺油，机件得不到润滑，会使机件发热，严重时可能使机件烧蚀。而润滑油过量也会产生过热现象。差速器支承轴承、主动齿轮轴支承轴承如果预紧力过大也会产生过热现象，应通过调整垫片厚度来解决。

（5）差速锁挂不上故障　当需要挂合差速锁时，按下差速锁开关，挂合指示灯并不点亮。应首先检查在按下开关时，差速锁工作缸活塞推杆是否动作。当发现工作缸推杆虽然伸出，但仍挂不到位，说明啮合套齿顶和齿顶对顶而没有啮合到位，可将汽车前、后推动一下，自然就会挂合。如果工作缸没有任何反应，显然是电磁阀的电、气控制系统的问题。可将电磁阀输出气接头松开，观察有无压缩空气输出，如果没有，应该是电磁阀的电路控制或是电磁阀本身的问题。如果有压缩空气输出，则是工作缸本身的问题。

如果在按下差速锁开关后，工作缸推杆明显将差速锁挂合到位，然而开关内指标示灯不点亮，问题在于差速锁指示灯开关或是灯泡上，这不难用试验灯进行排查判断。

（6）轮毂发热故障　轮毂发热一般是轮毂轴承预紧力过大所致，这一般发生在保养之后。在保养中没有按照规定要求拧紧轴头花帽，轴头花帽拧紧力矩过大使轴承的预紧力过大所致。应当按规定要求重新装配轮毂。轮毂轴承损坏当然也会造成轮轴过热。

半轴油封漏油，齿轮油窜入桥包，使轮边减速器缺油，轴承的转动缺少润滑，产生热量也是原因之一。

（7）制动鼓发热故障　造成制动鼓过热的因素较多，有制动机械部分的问题，也有制动控制气路系统的问题。

首先应注意检查在制动后，制动气室是否能迅速回位。如果制动气室不能回位或回位缓慢，可将气室推杆与制动调节臂拆离，再检查气室制动是否回位迅速，如果回位仍然缓慢，显然故障在制动气室及制动控制气路。如果气室与调节臂拆离后，明显回位顺畅，则应检查制动凸轮轴转动是否灵活。制动凸轮轴弯曲变形、轴衬套严重缺油或者制动凸轮轴支架变形错位，都会引起制动回位不畅从而使制动鼓过热的故障。制动蹄回位弹簧折断或者松弛，不仅会使制动鼓过热，而且会产生摩擦的噪声。

正常行驶时，制动摩擦片与制动鼓之间应有一定的间隙，间隙过大会影响制动效果，间隙过小会产生过热。

因此制动鼓本身散热条件较差，频繁的制动会很快使制动鼓过热，严重时甚至将轮胎气嘴烧损造成轮胎漏气。因此常在山区行驶的汽车在长距离下坡行驶时，应提倡使用发动机排气制动减速，尽量避免频繁使用行车制动。防止制动鼓过热。

（8）ABS故障　ABS系统故障一般有以下几种原因：轮毂轴承间隙增大，使ABS探头与脉冲齿圈的间隙超出规定值，要求在0.7mm以内；探头上有污物堆积，使灵敏度下降，应定期清洁；ABS线束在车辆运行中位置的变化使其受到损伤，产生短路现象；ABS传感器故障等几种。

2.4
后桥

2.4.1 后桥结构

以斯堪尼亚重卡为例，常用后桥类型如图 2-309～图 2-311 所示。

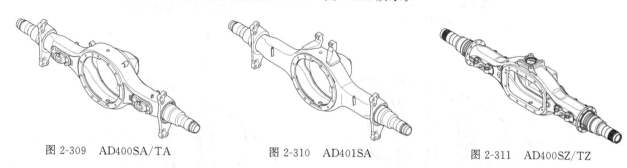

图 2-309 AD400SA/TA　　　　图 2-310 AD401SA　　　　图 2-311 AD400SZ/TZ

差速器传递传动轴转矩至驱动轮。差速器由一个伞齿轮组组成，伞齿轮组由一个小齿轮、冠状齿轮和轴差速器组成，如图 2-312 所示。在装有双后驱动轴的车辆上，前差速器与双轴悬吊架差速器以及一个或两个分动齿轮组合在一起，如图 2-313 所示。

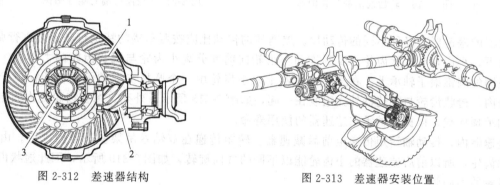

图 2-312 差速器结构
1—盆形齿轮；2—角齿齿轮；3—轴差速器

图 2-313 差速器安装位置

小齿轮和冠状齿轮有着特殊的齿，从而确保轮齿有着很高的强度、噪声低并且动力损失少。由于需要传递高转矩，因此在小齿轮和冠状齿轮之间应采用最佳安装。如今，角齿齿轮和盆形齿轮的轮齿已打磨为最佳齿形。

如图 2-314 所示有两种不同的伞齿轮，伞形正齿轮和伞形曲面齿轮。在伞齿轮组 [图 2-314(a)] 中，小齿轮中心线与冠状齿轮中心线吻合。在准双曲面齿轮组 [图 2-314(b)] 中，小齿轮的中心线与冠状齿轮中心线偏移，使得轮齿的强度增加，滑动啮合更长，轮齿重叠也更好。

如图 2-315 所示冠状齿轮与小齿轮之间的距离对于差速器的使用寿命非常重要。

小齿轮和冠状齿轮的轮齿应在轮齿中心啮合。装配差速器时，应使用标记用涂料检查啮合位置，啮合图像如图 2-316 和图 2-317 所示。位置不良的啮合会降低差速器的使用寿命，并发出很高的噪声。

传动比是冠状齿轮和小齿轮轮齿数量之间的关系。在没有轮毂减速器齿轮的车辆上，差速器内的减速意味着半轴旋转速度低于传动轴。在装有轮毂减速器齿轮的车辆上，最终减速发生在轮毂减速器齿轮内。减速造成相应的转矩增加。

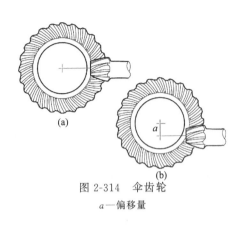

(a)

(b)

图 2-314 伞齿轮

a—偏移量

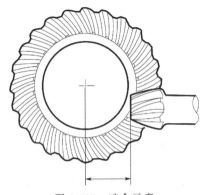

图 2-315 啮合示意

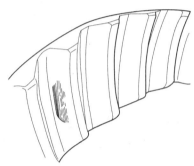

图 2-316 轮齿前端的啮合图像

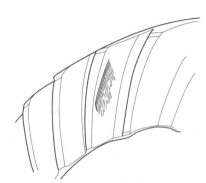

图 2-317 轮齿后端的啮合图像

每种类型的差速器有多种不同的传动比。差速器的传动比应按照车辆的特定行驶条件进行调节。

在带载下，小齿轮和冠状齿轮都受到推动小齿轮向前和分离小齿轮与冠状齿轮的力作用。为此，小齿轮支撑在坚固的圆锥滚子轴承上。在某些差速器上，小齿轮由一个圆柱支撑轴承，该圆柱位于冠状齿轮总成的齿轮壳内。冠状齿轮与差速器外壳组装在一起，如图 2-318 所示，外壳支撑在齿轮壳内固定的圆锥滚子轴承上。轴承预加载，以提高轴承和差速器的使用寿命。

在前差速器内，传动轴转矩传递至前后减速器。转矩传递在双轴悬吊架差速器内进行。由于前差速器安装有分动齿轮，所以以前后差速器的小齿轮能以不同的方向旋转，如图 2-319 所示，因此冠状齿轮位于前后差速器小齿轮的不同侧。

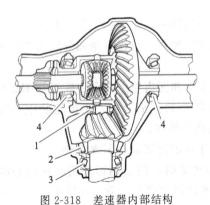

4

1

2

3

4

图 2-318 差速器内部结构

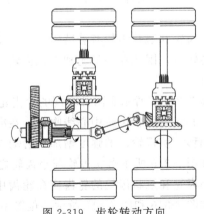

图 2-319 齿轮转动方向

1—支撑轴承；2—后小齿轮轴承；3—前小齿轮轴承；4—差速器外壳轴承

在转弯时，驱动轮行驶的距离不同，因此具有不同的旋转速度。车轮之间的旋转差值传送至轴差速器。

轴差速器由四个安装在差速器十字轴上的锥形差速器小齿轮组成，如图 2-320 所示。差速器小齿轮恒定地与两个和相关半轴相连的相对差速器齿轮啮合。轴差速器集成在差速器外壳上。

当车辆朝前直线行驶，且驱动轮的旋转速度相同时，差速器十字轴上的差速器小齿轮不旋转，仅作为冠状齿轮和半轴之间的驱动器工作，参见图 2-321 的 A。

当车辆转向时，内驱动轮行驶的距离比外驱动轮的短。由于驱动轮具有不同的旋转速度，因此半轴上的差速器齿轮也具有不同的旋转速度。差速器小齿轮接着旋转，参见图 2-321 的 B。

由于驱动轮的组合速度是固定的，因此相对于冠状齿轮，外驱动轮的旋转速度较快，而内驱动轮的旋转速度较慢。在某些个别情况下，当一个驱动轮静止，而另一个驱动轮打滑时，打滑的驱动轮的旋转速度是冠状齿轮的两倍。如果一个驱动轮不具有足够的摩擦力，且开始打滑，车辆保持静止，打滑驱动轮上的摩擦力决定总转矩量。该转矩决定两个驱动轮的驱动力，因为轴差速器始终将转矩传送至两个驱动轮。

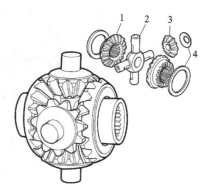

图 2-320　轴差速器结构
1,3—差速齿轮；2—差速器十字轴；
4—支撑垫圈

当车辆转向时，后驱动轴上的车轮行驶的路径不同。前部一对车轮行驶的距离要比后部一对车轮要长，如图 2-322 所示。这意味着车轮具有不同的旋转速度，前部和后部一对车轮的旋转差速分配在双轴悬吊架差速器上。

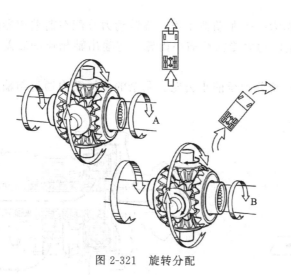

图 2-321　旋转分配

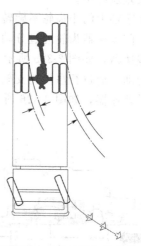

图 2-322　双轴悬吊架差速器

双轴悬吊架差速器具有两个变体。

① 新变体——双轴悬吊架差速器具有轴差速器的功能。

差速器十字轴与输入轴相连。车辆移动时，差速器十字轴的转速恒定。差速器十字轴上的差速器小齿轮恒定地与两个和分动齿轮以及输出轴相连的差速器齿轮啮合，如图 2-323 所示。

② 旧变体–双轴悬吊架差速器是一个行星齿轮。

内环齿轮通过一个驱动器与输入轴相连。车辆移动时，内环齿轮的转速恒定，太阳轮与输出轴相连，行星齿轮恒定地与内环齿轮和太阳轮啮合。行星齿轮固定在行星齿轮支架上，其中一个分动齿轮安装在行星齿轮支架上。行星齿轮成对排列，以便在内环齿轮和太阳轮之间保持旋转方向，如图 2-324 所示。

以下例子说明了双轴悬吊架差速器上的旋转分配：

① 朝前直线行驶；

② 前驱动轮打滑，一个极端例子；

③ 后驱动轮打滑，一个极端例子。

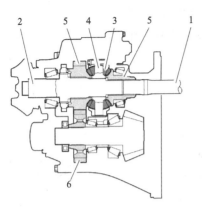

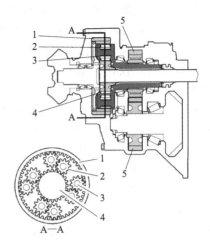

图 2-323　新变体差速器内部结构

1—输出轴；2—输入轴；3,5—差速齿轮；

4—差速器十字轴；6—分动齿轮

图 2-324　旧变体差速器内部结构

1—内环齿轮；2—行星齿轮；3—小齿轮轴架；

4—太阳轮；5—分动齿轮

由于轴间差速器存在两种变体，因此对这两种变体进行说明。

当车辆朝前直线行驶，且一对驱动轮的转动速度相同时，驱动传动轴的旋转动力将以相同的方式分配在双轴悬吊架差速器中。

差速器十字轴上的小齿轮不旋转，而是作为一个驱动器工作。旋转动力分配在前差速器齿轮和后差速器齿轮之间。前差速器齿轮通过分动齿轮将旋转动力传输至前小齿轮，与输出轴相连的后差速器齿轮将旋转传输至后差速器，如图 2-325 所示。

部分旋转动力通过行星齿轮支架和分动齿轮分配至前小齿轮。剩余的旋转动力通过与输出轴相连的太阳轮传输至后差速器，如图 2-326 所示。

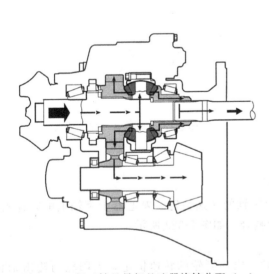

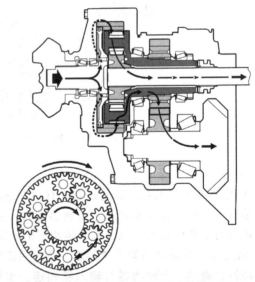

图 2-325　新双轴悬吊架差速器旋转分配（一）

图 2-326　旧双轴悬吊架差速器旋转分配（一）

当前驱动轴上的车轮打滑时，旋转运动从传动轴传输至前小齿轮。

后差速器齿轮保持静止，这意味着差速器十字轴上的差速器小齿轮旋转。前差速器齿轮的旋转速度快两倍，并将旋转动力通过分动齿轮传输至前小齿轮，如图 2-327 所示。

输出轴上的太阳轮保持静止，这意味着成对的行星齿轮旋转。行星齿轮支架的旋转速度快两倍，并将旋转动力通过分动齿轮传输至前小齿轮，如图 2-328 所示。

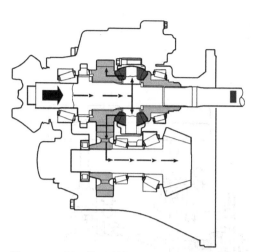

图 2-327　新双轴悬吊架差速器旋转分配（二）

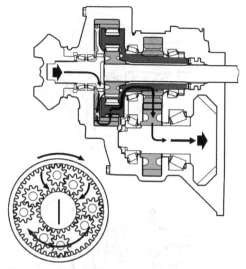

图 2-328　旧双轴悬吊架差速器旋转分配（二）

当后驱动轴上的车轮打滑时，旋转运动从传动轴传输至后小齿轮。前差速器齿轮保持静止，这意味着差速器小齿轮旋转。后差速器齿轮的旋转速度快两倍，并将旋转动力通过输出轴传输至后差速器，如图 2-329 所示。

行星齿轮支架保持静止，这意味着成对的行星齿轮旋转。太阳轮的旋转速度快两倍，并将旋转动力传输至后差速器，如图 2-330 所示。

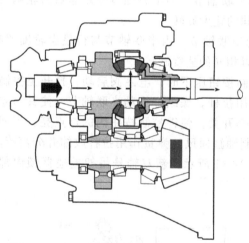

图 2-329　新双轴悬吊架差速器旋转分配（三）

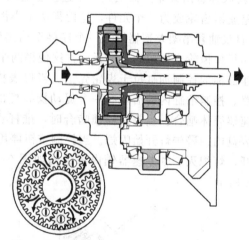

图 2-330　旧双轴悬吊架差速器旋转分配（三）

差速器装有一个轴差速器锁，防止同轴上的齿轮以不同转速旋转。

轴差速器锁在一个半轴上有一个滑动半联轴节。当半联轴节推向侧面时，它将半轴锁紧在差速器壳上或者将差速器壳锁紧在差速器齿轮上。然后带冠状齿轮和半轴的轴差速器成一个刚性元件，从而使得驱动轮以相同速度旋转，如图 2-331 所示。

如果车轮未打滑，轴差速器锁可以在直线行驶时啮合或分离。如果轴差速器锁在车轮打滑时啮合，可能会损坏差速器。

车辆在干燥和坚硬路面行驶时不应使用轴差速器锁，因为这可能会造成相当大的轮胎磨损，降低车辆可转向性，在最糟糕的情况下可能损坏差速器和半轴。

除了每个轴上的轴差速器锁外，装有双后驱动轴的车辆还配备双轴悬吊架差速器锁。双轴悬吊架差速器锁防止前后轴上的轮对以不同速度旋转，如图 2-332 所示。

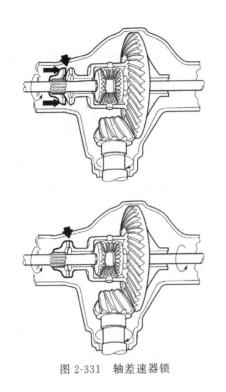

图 2-331 轴差速器锁

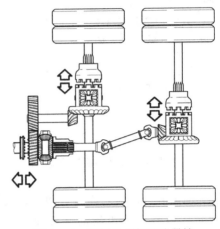

图 2-332 双轴悬吊架差速器锁

由于双轴悬吊架差速器有新旧变量，因此同样适用于双轴悬吊架差速器锁。

① 新双轴悬吊架差速器锁是一个连接至输入轴的滑动半联轴节。当半联轴节与差速器齿轮啮合时，输入轴和差速器齿轮成为一个元件，这使得两个小齿轮以相同的速度旋转。

② 旧双轴悬吊架差速器锁是一个连接至输出轴的滑动半联轴节。当半联轴节与行星齿轮轴架啮合时，输出轴和行星齿轮支架成为一个元件，这使得两个小齿轮以相同的速度旋转。

差速器锁的控制油缸位于齿轮壳上。当仪表板上的控制按钮压下时，电磁阀启动，打开至控制油缸的空气管路。控制油缸内的活塞有一个促动操纵杆的弹簧作用拉杆。操纵杆推动半联轴节，使其与差速器齿轮或差速器壳体啮合。当差速器锁啮合时，推杆也启动一个开关，使得控制按钮内的灯点亮。当回路关闭时，仪表盘内的警告灯开始闪烁。当控制按钮停用时，控制油缸通风。弹簧作用拉杆收缩并分离半联轴节。回路断开，灯熄灭。轴差速器锁内部结构如图 2-333～图 2-335 所示。新双轴悬吊架差速器锁内部结构如图 2-336 所示。

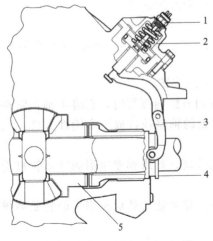

图 2-333 轴差速器锁（RB660 内）
1—开关；2—控制缸；3—杆；
4—半联轴节；5—差速齿轮

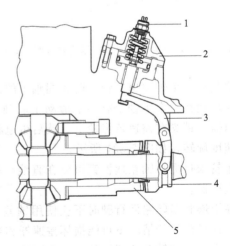

图 2-334 轴差速器锁（RBP735 内）
1—开关；2—控制缸；3—杆；
4—半联轴节；5—差速器外壳

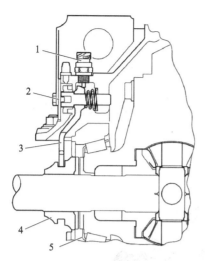

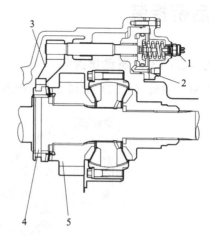

图 2-335　轴差速器锁，R885 内
1—开关；2—控制缸；3—杆/叉；
4—半联轴节；5—差速器外壳

图 2-336　新双轴悬吊架差速器锁内部结构
1—开关；2—控制缸；3—杆总成；
4—半联轴节；5—差速齿轮

　　旧双轴悬吊架差速器锁通过一个隔膜促动的活塞控制，它经由电磁阀的空气控制。活塞推杆驱动一个弹簧作用杆总成，这个总成推动半联轴节，直至它在行星齿轮支架内啮合，如图 2-337 所示。

　　当双轴悬吊架差速器锁啮合时杆总成驱动一个开关，控制按钮内的一个灯点亮。当回路关闭时，仪表盘内的警告灯开始闪烁。当控制按钮停用时，电磁阀通风，活塞推杆收缩。杆总成分离半联轴节。回路断开，灯熄灭。

　　差速器通过油池内冠状齿轮旋转产生的机油喷洒，进行润滑，如图 2-338 所示。

　　在装有双后传动轴的车辆上，前差速器有一个油泵，向输出和输入轴以及双轴悬吊架差速器提供润滑。大多数差速器有一个机油滤清器。见图 2-338。

　　在装有新轮毂减速器齿轮的车辆上，机油在差速器与轮毂减速器齿轮之间循环。后轴壳内的一个机油管收集冠状齿轮喷射的机油。机油经油管传递至轮毂减速器齿轮。轮毂减速器齿轮内的集油器沿着轮毂盖缘收集机油，机油在后轴壳内经再次循环至被清洁的差速器。

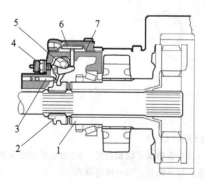

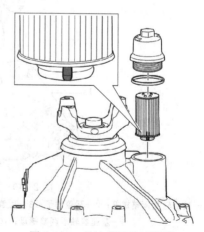

图 2-337　旧双轴悬吊架差速器锁内部结构
1—小齿轮轴架；2—半联轴节；3—设置螺钉；4—开关；
5—带回位弹簧的杆机构；6—活塞；7—膜片

图 2-338　差速器机油滤清器

　　由于共用润滑系统，差速器内的机油液位不同，这取决于检查机油液位时车辆是如何行驶的。速度快时，差速器内的机油多；而低慢时，机油少。

2.4.2 后桥拆装

2.4.2.1 重汽 MCY13/11 驱动桥拆装

MCY13/11 驱动后桥（盘式）如图 2-339 所示。

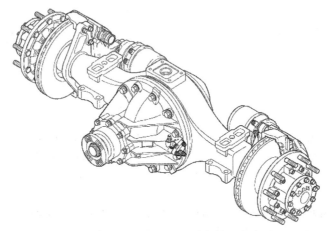

图 2-339 MCY13/11 驱动后桥（盘式）

这里主要讲解后桥主减速器的拆装，其他部件拆装参考 2.3.1.2 小节中的内容。

后桥主减速器部件分解如图 2-340～图 2-342 所示。

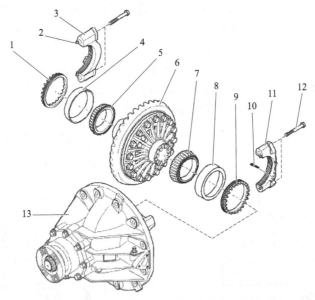

图 2-340 后桥主减速器部件分解（一）

1—被动轮端调整螺母；2—瓦盖销子；3—瓦盖；4,8—轴承外环；5,7—圆锥滚子轴承内环；6—被动轮带差速器；
9—差速器轴承调整螺母；10—开口销；11—瓦盖；12—螺栓；13—减速器壳

（1）后桥主减速器的拆卸

① 如图 2-343 所示，从瓦盖 2 和 3 上拆除两个开口销 5，标记瓦盖 2 和 3 的安装位置，因为两边瓦盖在减速器壳上的位置是不可以互换的；松开螺栓 1 和 4，拆下瓦盖。拆下调整螺母和轴承外环。注意：调整螺母在减速器壳上的位置也是不可以互换的，因此也需做标识。

② 如图 2-344 使用吊具 2 和 3，将差速器总成 1 吊出减壳 4。

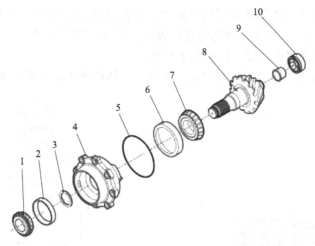

图 2-341　后桥主减速器部件分解（二）

1—圆锥滚子轴承内环；2—外轴承外环；3—垫片；4—主动轮轴承座；5—O 形圈；
6—内轴承外环；8—主动轮；9—圆柱滚子轴承内环；10—圆柱滚子轴承

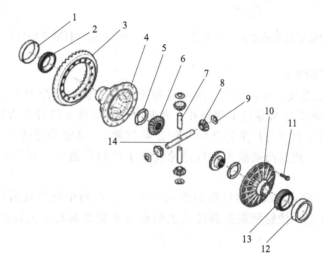

图 2-342　后桥主减速器部件分解（三）

1,12—轴承外环；2,13—圆锥滚子轴承；3—被动轮；4—差速器壳；5—止推垫；6—半轴齿轮；
7,14—差速器轴；8—行星轮；9—球形垫片；10—差速器壳盖；11—六角锁止螺栓

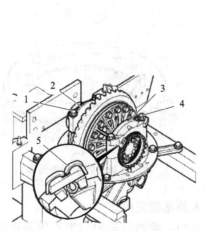

图 2-343　拆下瓦盖、调整螺母和轴承外环

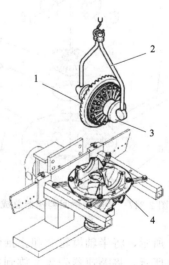

图 2-344　将差速器总成吊出减速器壳

③ 如图 2-345 所示，首先在拆卸差速器壳与被动轮连接螺栓前，对左、右差速器半壳及被动轮之间的装配位置做好标记。然后松开 16 个壳与被动轮连接螺栓。这样，被动轮及差速器左、右半壳即可拆开。注意：被动轮仅靠摩擦力与差速器壳连接，防止落下砸伤。

④ 如图 2-346 所示，拆下差速器远离被动轮一侧外壳，从内取下并拆除半轴齿轮 2 和止推垫片 1。

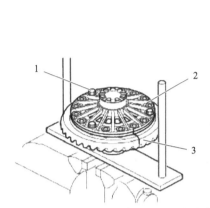

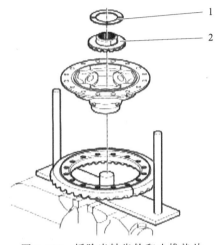

图 2-345　拆开被动轮及差速器左、右半壳　　　　图 2-346　拆除半轴齿轮和止推垫片

（2）后桥主减速器总成的装配

① 装配后桥轮间差速器总成。如图 2-347 所示将差速器壳放置在装配台上，依次放入半轴齿轮垫片 4 及半轴齿轮 3，将长行星轮轴 7 依次穿过十字轴孔 5 和两个带有垫片 2 的行星齿轮 1（在穿的过程中用手拿住行星齿轮和垫片，保证行星轮轴与行星轮及垫片的正确位置）。差速器壳转 90°，将短行星轮轴依次穿过差速器壳、行星齿轮及垫片，使其凸端插入长行星轮差轴中部的凹槽中。再将差速器壳转 180°，重复上述内容。

② 如图 2-348 所示，将被动轮加热温度控制在 60～80℃。在两个螺纹孔内拧入两个工艺销 1。吊轮间差速器 3 放于从动锥齿轮 2 上，使轮间差速器法兰上的孔与从动锥齿轮上的螺纹孔对正，然后卸下两个工艺销。

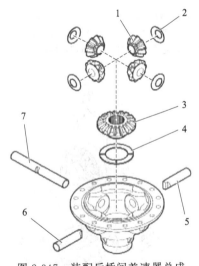

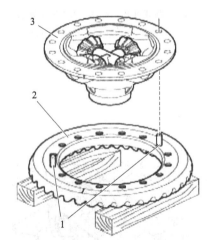

图 2-347　装配后桥间差速器总成　　　　图 2-348　装轮间差速器

③ 如图 2-349 所示，将半轴齿轮 2 和止推垫片 1 放入差速器壳内。

④ 如图 2-350 所示，将差速器壳盖 2 放到差速器壳 3 中，检测行星轮和半轴轮是否运行良好，拧紧 16 个连接螺栓 1 力矩：MCY13 为 530～610N·m；MCY11 为 330～390N·m。

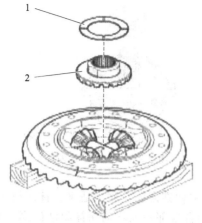

图 2-349　安装半轴齿轮和止推垫片

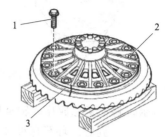

图 2-350　将差速器壳盖放到差速器壳中

⑤ 将圆锥滚子轴承加热至 120° 在差速器壳上将圆锥滚子轴承装到底，如图 2-351 和图 2-352 所示。

图 2-351　安装将圆锥滚子轴承

图 2-352　将圆锥滚子轴承（对侧）

（3）主动圆锥齿轮带轴承座的装配

① 如图 2-353 所示，将轴承外环 4 压装在轴承座 5 内（上、下两盘轴承）。

② 如图 2-354 所示，在主动轮上装配轴承内环及圆柱滚子轴承内环。

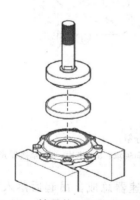

图 2-353　轴承外环压装在轴承座

图 2-354　安装轴承内环及圆柱滚子轴承内环

③ 如图 2-355 所示，将主动轮壳放到主动轮 2 上，将调整垫片 1 放到主动轮上（初选 4mm 后的调整垫片）。

④ 如图 2-356 所示，将圆锥滚子轴承内环 1 装至主动轮 2 上，将圆锥滚子轴承内环装到底。在 8.6t 的压力下，测量轴承座转动力矩：MCY13 为 8.0～16.0N·m；MCY11 为 7～14N·m。如超差，则拆卸后更换调整垫片再重新装配。

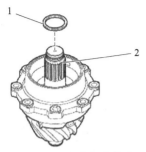

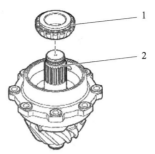

图 2-355　安装调整垫片　　　　　图 2-356　安装轴承内环

⑤ 如图 2-357 所示，将油封总成压入轴承座 3，在主动锥齿轮花键上适量涂抹润滑脂后将输入法兰压装到底。环绕螺母 2 与花键结合根部一周均匀涂抹耐油硅酮（聚硅氧烷）密封胶，胶条直径为 2.5mm 且连续不间断，手动拧上锁紧螺母 3～5 个螺距。锁紧螺母 1 拧紧力矩：MCY13 为（950±100)N·m；MCY11 为（900±100)N·m。

图 2-357　安装环绕螺母

（4）后桥主减速器的装配

① 如图 2-358 所示，将导向轴承外环砸入减速器壳相应孔中，保证敲击到底不歪斜。在减速器壳盘面螺纹孔内拧入两个工艺销，放入适量的调整垫片，将轴承座总成吊至主减速器壳盘面孔正上方，将密封圈抹油后放入轴承座下方，将轴承座总成竖直落下，保证各个孔对正，同时导向轴承内外环配合到位，最后拧出工艺销。

② 将轴承座与减速器壳连接螺栓拧入 2～3 个螺距，然后使用风扳机对称拧紧在主减速器壳上。螺栓的拧紧力矩：MCY13 为（380±40)N·m；MCY11 为（310±30)N·m。

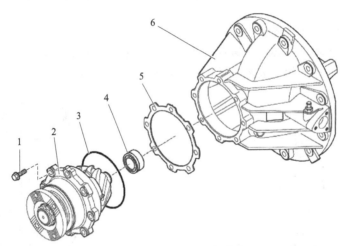

图 2-358　主减速器部件分解

1—六角头锁止螺栓；2—主动轮壳；3—O 形圈；4—导向轴承；5—垫片；6—减速器壳

③ 如图 2-359 所示，选择与主动锥齿轮配对的从动轮带差速器总成，吊起后落入主减速器壳中，装上轴承外环，保证轴承外环装配良好。

④ 如图 2-360 所示，将轴承盖按原位装在主减速器壳上，用风扳机预紧，扭矩为 60N·m。将齿侧隙调整到 0.25～0.35mm。（通过旋紧旋出两端的调整螺母）。

⑤ 如图 2-361 所示，旋紧主动圆锥齿轮一侧的调整螺母，预紧力矩为 20～50N·m，用锤子轻轻敲打轴承盖，以便使圆锥滚子轴承正确定位，然后至少转动一周被动轮，再松开被动轮一侧的调整螺母。

⑥ 如图 2-362 所示，将百分表座吸附于被动锥齿轮上，并指向轴承盖且对齐，将表头压下 1mm 左右置为 0。将被动轮侧的调整螺母用 120N·m 的力矩拧紧，至少转动被动轮一周并再一次用 120N·m 的力矩对调整螺母拧紧力矩进行检验，在拧紧调整螺母时百分表的值显示为（0.25±0.05)mm。使用拧紧机将轴承

盖连接螺栓拧紧，拧紧力矩：MCY13 为 480～580N·m；MCY11 为（300±30）N·m。

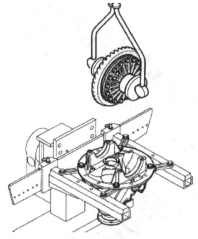

图 2-359 吊装从动轮带差速器总成

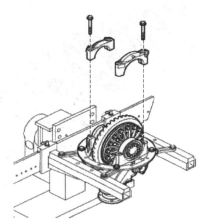

图 2-360 安装轴承盖

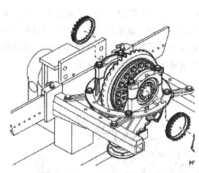

图 2-361 安装调整螺母

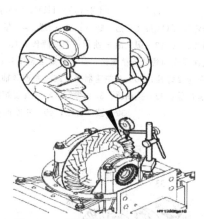

图 2-362 配合百分表拧紧调整螺母

⑦ 如图 2-363 所示检验接触区，在从动锥齿轮齿面上均匀涂红丹粉与机油混合物，要求涂抹 2～3 个齿，转动从动锥齿轮使齿轮副啮合，接触区与生产中的接触区完全一致。啮合区域要求为：距小端脱开 2～7mm，长度占齿长的 1/2～2/3，齿高方向不小于 50%，且任意边界都不得有脱不开现象（如不符合则移去轮间差速器总成，更换垫片重新调整）。

⑧ 装开口销，将开口销上的孔扩展成椭圆形，如图 2-364 所示。

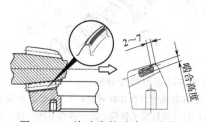

图 2-363 检验齿轮啮合面接触区

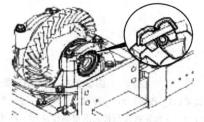

图 2-364 安装开口销

2.4.2.2 汉德 HD450/485 单后桥部件分解

HD450 型单级减速后桥主减速器部件分解如图 2-365 所示。

HD485 型单级减速后桥主减速器部件分解如图 2-366 所示。

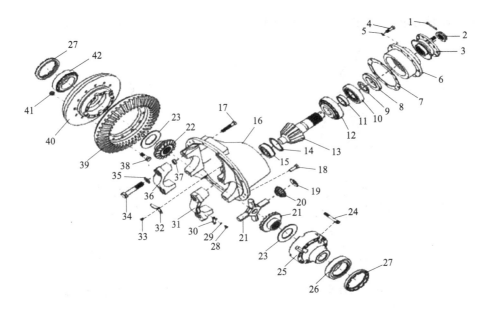

图 2-365　HD450 型单级减速后桥主减速器部件分解

1—凸缘螺母定位开口销；2—凸缘螺母；3—凸缘；4—轴承座固定螺栓；5—垫圈；6—主动齿轮轴承座；7—调整垫片；8—油封；9—挡片；10,12—圆锥滚子轴承；11—隔圈；13—主动齿轮；14—弹性卡环；15—圆柱滚子轴承；16—主减速器壳；17,18—主减速器壳与桥壳连接螺栓；19—行星齿轮垫片；20—行星齿轮；21—十字轴；22—半轴齿轮；23—半轴齿轮垫片；24—差速器壳连接螺栓；25—右差速器壳；26—差速器轴承；27—调整花帽；28—锁紧螺钉；29,35—垫圈；30—锁片；31—差速器右轴承瓦盖；32—挡油罩；33—螺钉；34—瓦盖螺栓；36—差速器左轴承瓦盖；37—定位套；38—被动齿轮固定螺栓；39—被动齿轮；40—左差速器壳；41—自锁螺母；42—差速器轴承

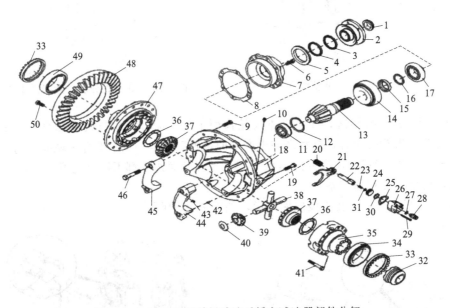

图 2-366　HD485 型单级减速后桥主减速器部件分解

1—凸缘螺母；2—凸缘；3,4—油封；5—隔环；6—主动齿轮轴承座与主减速器壳连接螺栓；7—主动齿轮轴承座；8—调整垫片；9—主减速器壳与桥壳连接螺栓；10—通气孔直通接头；11—圆柱滚子轴承；12—弹性卡环；13—主动齿轮；14—圆锥滚子轴承；15—隔套；16—调整垫片；17—圆锥滚子轴承；18—主减速器壳；19—螺栓；20—差速锁回位弹簧；21—差速锁拨叉；22—差速锁拨叉轴；23—螺钉；24—差速锁控制活塞；25—垫圈；26—差速锁工作缸；27—密封圈；28—差速锁指示灯开关；29—工作缸固定螺栓；30—O 形密封圈；31—薄螺母；32—差速锁滑动啮合套；33—差速器调整花帽；34—差速器轴承；35—右差速器壳；36—半轴齿轮垫片；37—右半轴齿轮；38—十字轴；39—行星齿轮；40—行星齿轮垫片；41—差速器壳螺栓；42—瓦盖定位销；43—锁紧螺钉；44—差速器右瓦盖；45—差速器左瓦盖；46—瓦盖螺栓；47—左差速器壳；48—被动齿轮；49—差速器轴承；50—被动齿轮固定螺栓

后桥轮边部分解如图 2-367 所示。

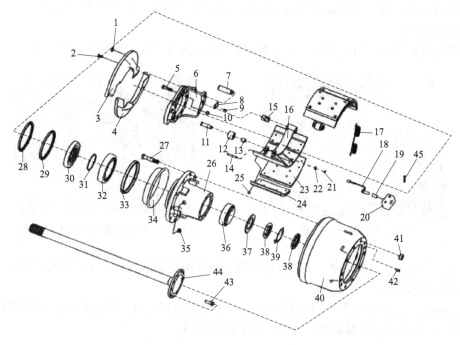

图 2-367　后桥轮边部件分解

1—密封圈；2—螺钉；3,4—防尘罩；5—制动底板固定螺栓；6—制动底板；7—制动蹄销；8—蹄销锁片；9—锁片螺钉；10—自锁螺母；11—制动滚轮销；12—制动滚轮；13—滚轮衬套；14—回位弹簧销；15—蹄销衬套；16—制动蹄；17—回位弹簧；18—ABS 传感器；19—传感器衬套；20—ABS 支架；21—卡环；22—垫圈；23,24—摩擦片；25—铆钉；26—轮毂；27—车轮螺栓；28,29—油封；30—油封隔圈；31—密封圈；32—轮毂内轴承；33—ABS 齿圈；34—挡油盘；35—螺塞；36—轮毂外轴承；37—止推垫环；38—轴头螺母；39—锁片；40—制动鼓；41—车轮螺母；42—十字沉头螺钉；43—半轴螺栓；44—半轴

单级减速双联桥后桥的拆装说明如下。

HD425 型单级减速双联桥的后桥结构与 HD450 型和 HD485 型单级减速单后桥大同小异，其拆装程序完全可参照单后桥来执行。

HD469 型双联桥后桥除了差速器结构与其中桥主减速器的差速器结构相同外，其拆装程序可参见中桥的拆装，其余部分完全可参照 HD450 型和 HD485 型单级减速单后桥的拆装。

2.4.2.3　陕汽 MAN 13T 后桥主减速器拆装

（1）分轴承座拆解

① 从法兰盘上拆下十二角螺母 1，再拔出法兰盘 2，如图 2-368 所示。

② 压出主动锥齿轮 1，如图 2-369 所示。

图 2-368　拔出法兰盘

图 2-369　压出主动锥齿轮

③ 移除调整垫片、间隔衬套，用专用工具拔出圆锥滚子轴承内环。

④ 拆下油封座，拔出两个圆锥滚子轴承的外环，并拆下挡油罩，如图 2-370 所示。

（2）组装轴承座合件

① 主动锥齿轮装轴承处涂油，压装一个圆锥滚子轴承内环 1 到位，如图 2-371 所示。

图 2-370　拆下挡油罩

图 2-371　压装圆锥滚子轴承内环到位

② 如图 2-372 所示，安装挡油罩 1，并分别将两个圆锥滚子轴承外环 2 压装到轴承座 3 上的正确位置。注意：轴承座装轴承处涂机油。

③ 如图 2-373 所示，将间隔衬套、调整垫片 1、分装好轴承座合件、对应的圆锥滚子轴承内环 2 依次套装在主动锥齿轮上，用压装机压装到位。注意：轴承内环涂油。

图 2-372　安装圆锥滚子轴承外环等部件

图 2-373　安装衬套、垫片等部件

④ 如图 2-374 所示装上法兰盘，用 950N·m 的力矩拧紧凸缘螺母。说明：用弹簧秤垂直于轴承座的直径，沿切线方向拉轴承座的圆周一个孔，用同样的方法拉三点，扭矩为 14～21N·m，如不符合要求，则通过更换垫片直到达到规定值。

⑤ 如图 2-375 所示，将两个油封、防尘罩依次压装入油封座 1 到位。说明：油封座装油封处涂密封胶，油封刃口间涂润滑脂，轴密封圈上端与油封座上端保证 15mm 距离。

图 2-374　装上法兰盘

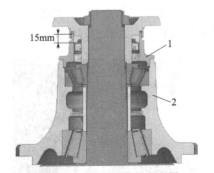

图 2-375　安装油封与防尘罩

⑥ 选好调整垫片后，拆下十二角螺母及法兰盘，在油封座总成 1 和与轴承座 2 配合的面上涂密封胶，并将油封座总成压装到位，如图 2-375 所示。

⑦ 如图 2-376 所示，将法兰盘 1 压装到位，拧紧十二角螺母 2，要求拧紧力矩为 900～1000N·m。

⑧ 最后用錾子将十二角螺母上边缘砸进主动锥齿轮的凹槽中，锁死十二角螺母，如图 2-377 所示。

图 2-376　法兰盘压装到位

图 2-377　锁死十二角螺母

（3）差速器拆装

① 给减速器壳 1 和轴承盖连接处做标记，拆下调整螺母的锁止片 2，如图 2-378 所示。

② 拧下轴承盖上的四个螺栓 1，拆下轴承盖 2，如图 2-379 所示。

图 2-378　拆下调整螺母的锁止片

图 2-379　拆下轴承盖

③ 如图 2-380 所示，倒转调整螺母 1，将其拆下。再从调整螺母上拆下挡油板和 V 形圈。

④ 将差速器从减速器壳上吊起，取下来，并拆下圆锥滚子轴承外环 1，如图 2-381 所示。备注：检查圆锥滚子轴承是否损坏。

图 2-380　倒转调整螺母

图 2-381　拆下圆锥滚子轴承外环

以下为安装差速器步骤。

① 如图 2-382 所示，将外环 1 放置在圆锥滚子轴承上，并与差速器一起吊装入减壳中。注意：减速器壳、轴承盖与轴承的结合面涂油，轴承涂油。

② 如图 2-383 所示，将挡油板 1、V 形圈 2 依次装在调整螺母 3 上。

③ 装上调整螺母 1，并将轴承盖 2 对应安装，拧紧轴承盖上的螺栓 3，如图 2-384 所示。注意：带 V 形圈的调整螺母装在被动轮齿面一侧，保证螺纹转动灵活，螺栓上涂螺纹锁固剂。

④ 如图 2-385 所示，将两个定位销 1 装入轴承盖销孔中，并用锁环 2 锁固。注意：确保两个定位销之

间距离正确。

图 2-382　将差速器吊装入减速器壳

图 2-383　安装挡油板与 V 形圈

图 2-384　安装调整螺母

图 2-385　安装定位销

以下为调整齿侧间隙步骤。

① 如图 2-386 所示，用进退调整螺母的方法调整齿侧间隙，用百分表在齿轮圆周大致相等的三点测量该间隙为 0.30～0.41mm（之前应标记出调整螺母的位置）。

② 如图 2-387 所示，拧紧主减速器轴承盖上的螺栓 1，拧紧力矩为 240～290N·m。

图 2-386　调整齿侧间隙

图 2-387　拧紧主减速器轴承盖螺栓

以下为调整啮合印迹步骤。

① 在被动锥齿轮的三个连续凹凸齿表面均匀涂抹红丹粉，转动被动锥齿轮检测啮合印迹，如图 2-388 所示。印迹应在齿宽方向居中，齿长方向稍偏小端，但不可偏出小端和齿顶，如不符合要求，则拆下轴承座连主动锥齿轮，通过增减垫片的方法，直到合格为止。

② 取一个锁止片 1 并用六角头螺栓 2 紧固，锁止调整螺母，六角头螺栓拧紧力矩为 23N·m，如图 2-389 所示。

（4）差速器拆装

① 用专用工具拔出两个轴承内环 1，如图 2-390 所示。

② 如图 2-391 所示，拧开固定被动锥齿轮的螺栓 1，必要时可拆下被动锥齿轮 2。

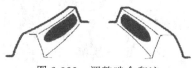

图 2-388　调整啮合印迹

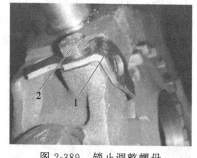

图 2-389　锁止调整螺母

图 2-390　拔出两个轴承内环

图 2-391　拧开固定被动锥齿轮的螺栓

③ 如图 2-392 所示，拧开差速器壳连接螺栓 1，并拆下另外一半壳。

④ 如图 2-393 所示，取出半轴齿轮 1 和半轴齿轮垫片 2。

图 2-392　拧开差速器壳连接螺栓

图 2-393　取出半轴齿轮和半轴齿轮垫片

⑤ 如图 2-394 所示，取出十字轴合件 1，并清理各零件，检查其是否有损伤，有损伤的换掉。

以下为装配差速器步骤。

① 在差速器壳的支承面上涂适量的机油，如图 2-395 所示，装上半轴齿轮垫片及半轴齿轮（之前在差速器半壳球面、内孔、半轴齿轮垫片及半轴齿轮上涂油）。

图 2-394　取出十字轴合件

图 2-395　装上半轴齿轮垫片及半轴齿轮

② 在十字轴上涂油，将四个行星齿轮、行星齿轮垫片依次套装在十字轴上（装前垫片上涂油），再将分装好的十字轴合件装上差速器半壳，如图 2-396 所示。

③ 在另一个差速器半壳中装入半轴齿轮 1 和半轴齿轮垫片 2，将两半壳合装到一起，如图 2-397 所示。

图 2-396　将十字轴合件装上差速器半壳

图 2-397　装入半轴齿轮

④ 如图 2-398 所示，用螺栓 1 连接两个半壳，螺栓的拧紧力矩为 280～300N·m。备注：检验半轴齿轮转动灵活。

⑤ 将清理过的被动锥齿轮 1 套装在差速器半壳上，并用螺栓 2 固定，如图 2-399 所示（螺栓上涂螺纹紧固剂，拧紧力矩为 260～280N·m）。

图 2-398　用螺栓连接两半壳

图 2-399　安装被动锥齿轮

⑥ 在差速器总成上装轴承处涂油，用压装机压入两个圆锥滚子轴承内环 1、2，如图 2-400 所示。

以下为拆卸差速锁步骤。

① 用紧定螺栓松开差速锁，卸下滑动啮合套，如图 2-401 所示，卸下工作缸。

图 2-400　安装圆锥滚子轴承内环

图 2-401　卸下滑动啮合套

② 拔出操纵杆，从减速器壳上拆下拨叉及弹簧，用卡簧钳将卡簧夹紧后拔出固定啮合套。将零件清洗后做检测确认是否完好，装入新密封垫片和O形圈。

以下为安装差速锁步骤。

① 在差速器壳花键上装上固定啮合套，用卡簧钳夹紧卡簧，同时滑动装上固定啮合套，松开卡簧，将其锁死，如图 2-402 所示。

② 在操纵杆上装开槽平端紧钉螺钉 1、六角薄螺母 2，再将其穿入住减速器壳的孔中。

③ 在主减速器壳的另一边，把拨叉 3 穿入操纵杆 4，然后穿入弹簧 5，最后把操纵杆安装到位，在拨叉中装入滑动啮合套。

④ 取一个差速锁缸 6，缸内涂润滑脂，然后装开关活塞 7、O 形圈 8，最后用螺栓 9 将差速锁缸与减速器壳连接，两者之间装入密封垫圈 10。以上部件安装位置见图 2-403。

注意：螺栓涂适量的螺纹紧固剂，拧紧力矩为（25±5）N·m，最后用工艺螺栓拧紧操纵杆，用塞尺测量轴间差速锁啮合套之间的间隙，要求是 0.5mm，如图 2-404 所示，不合格时拆下差速锁缸，如图 2-405 所示调整开槽平端紧钉螺钉，直到合格为止。

图 2-402　安装固定啮合套卡簧

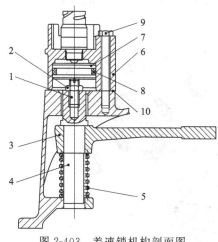

图 2-403　差速锁机构剖面图

0.5mm间隙

图 2-404　轴间差速锁啮合套之间的间隙

⑤ 最终完成后桥主减速器总成的装配，如图 2-406 所示。在桥壳大平面涂抹密封胶，将减速器吊装到其上方，对准位置，卧入桥壳，拧紧螺栓。注意：拧紧力矩为（180±10)N·m。

图 2-405　调整开槽平端紧钉螺钉

图 2-406　安装好后的总成

2.4.2.4　解放 J7 冲焊后桥拆装

冲焊后桥结构如图 2-407 所示。

后桥减速器总成部件分解如图 2-408 所示。

装配顺序：按照与分解的相反顺序。

螺栓拧紧力矩参数见表 2-17。

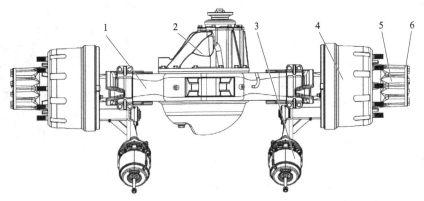

图 2-407 冲焊后桥结构

1—后桥桥壳总成；2—后桥主减速器总成；3—制动器总成；4—制动鼓；5—轮毂总成；6—半轴

图 2-408 后桥减速器总成部位分解

1—紧固减速器螺栓；2—紧固调整环止动片组合螺栓；3—调整环锁片；4—差速器轴承调整环；5—紧固差速器轴承盖螺栓；
6—差速器轴承盖；7—差速器轴承盖定位套；8—差速器总成；9—主动锥齿轮凸缘螺母；10—主动锥齿轮凸缘总成；
11—主动锥齿轮油封总成；12—紧固主动锥齿轮轴承座螺栓；13—主动锥齿轮轴承座；14—主动锥齿轮轴承调整垫片；
15,18,20—圆锥滚子轴承；16,17—主动锥齿轮轴承调整垫圈；19—主动锥齿轮；21—减速器壳

表 2-17 螺栓拧紧力矩参数

部位	被拧紧的零件	拧紧力矩	备注
1	紧固减速器螺栓	230~290	用扭力扳手逐一检验拧紧力矩
2	紧固调整环止动片组合螺栓	36~63	—
5	紧固差速器轴承盖螺栓	600~660	用扭力扳手逐一检验拧紧力矩
9	主动锥齿轮凸缘螺母	650~700	拧紧后,冲铆凸缘螺母的锁边
12	紧固主动锥齿轮轴承座螺栓	150~190	用扭力扳手逐一检验拧紧力矩

润滑剂及密封胶使用规范见表 2-18。

表 2-18　润滑剂与密封胶使用规范

部位	涂敷位置	规定的润滑剂	数量
11	主动锥齿轮油封的防尘唇及密封唇之间	全天候汽车通用锂基润滑脂	视需要
11	主动锥齿轮油封与轴承座配合面	润滑油	视需要
13、21	减壳与轴承座和桥壳连接面	硅酮(聚硅氧烷)密封胶	视需要
15、18、20	轴承配合面	润滑油	视需要
19	主动锥齿轮轴承配合面	润滑油	视需要

2.4.3　中后桥保养与故障排除

2.4.3.1　解放卡车用中后桥保养与故障排除

使用中要保持润滑油的油量,应经常检查驱动桥的油量,缺油会造成运动机件的早期磨损,严重的会造成烧蚀。

润滑油牌号:1700801-54W-C00 齿轮油(壳牌:SPIRAX S3 AD 80W/90)。

更换润滑油周期:新车行驶 6 万千米时应更换齿轮油,以后每行驶 10 万千米或一年更换齿轮油,以先到为准。

加油量:中桥约为 21L,后桥约为 19L(加油时,应加到油面高度与检查孔平齐);康迈轮边每边 1L。观察润滑油量的油面孔在桥壳后盖接近桥中心位置;放油孔位于桥壳底部。

当汽车驶入光滑或泥泞路面而打滑无法驶出时,将轴间差速锁接合,汽车能够驶出故障路面。使用差速锁时,必须保持车辆直线行驶,否则容易损坏相关零件。当汽车驶出坏路面后,应立即停车将差速锁解除,否则会产生严重磨损而导致相关零件损坏。

驱动桥常见故障排除见表 2-19。

表 2-19　驱动桥常见故障排除

故障现象	原因分析	排除方法
整车无法行驶	主、从动锥齿轮打齿断裂	更换齿轮
	半轴断裂	更换半轴
轴间差速器异响	齿轮垫片磨损严重	更换垫片
	齿轮损坏	更换齿轮
贯通轴处渗油	油封损坏	更换油封
输入凸缘处渗油	油封损坏	更换油封

2.4.3.2　重汽 MCY13 中后桥轮毂总成故障维修

轮毂总成故障主要表现为:内侧油封漏油;外侧油封漏油;轮毂高温、轮毂异响;轮毂结合面漏油。故障判定方法如下。

① 如图 2-409 所示,目测轮毂表面、与半轴结合面处、半轴螺栓处,是否有油泥或漏油现象。

② 如图 2-410 所示,检查车轮内侧桥壳法兰处及制动底板防尘罩处,是否有油迹。

③ 拆除半轴后检查轮毂外侧油封,是否有漏油现象。

④ 拆下制动鼓,观察轮毂表面和制动蹄,如果有油污、油泥,则表明轮毂内侧油封或 O 形圈损坏。

⑤ 用手感觉几个驱动车轮,查看是否有温度明显高于其他车轮的。旋转车轮,听轮毂内部是否有"咔嚓、咔嚓"的异响,如有则说明轴承损坏或存在杂物。如有以上情形出现,说明轴承单元存在故障,需拆解维修。

故障处理：轮毂轴承单元故障，要求更换后轮毂（带轴承单元）总成。

维修步骤：后轮毂总成拆卸（轮毂或轴承单元损坏，必须更换轮毂总成，不得更换单件），如图 2-411 所示剔开轴头螺母锁口，逆时针拆下螺母。注意曼桥桥壳两端螺纹都是右旋。装上导向套筒，轮毂总成可以水平拉出，如图 2-412 所示。

图 2-409　检查总成外观

图 2-410　检查壳体与防尘罩

图 2-411　剔开轴头螺母锁口

图 2-412　拉出轮毂总成

装配步骤如下。

① 将桥壳两端轴头擦拭干净。

② 将导向套筒拧到轴头上，在轴头的轴承位置圆周上均匀涂抹薄薄的一层装配膏，牌号：SKF LGAF 3E。距离轴肩约 2cm 宽不涂，如图 2-413 所示。

③ 将轮毂总成推装到轴头上，用力推到底。

④ 将止推垫片装到桥壳轴头上，使其内环的止口对准轴端上的锁紧槽。

⑤ 将开槽圆螺母用手拧至轴头上至少 3～4 扣丝，拧紧螺母至（1200±100）N·m。

⑥ 用专用錾子将开槽圆螺母的锁止环锁到轴端锁紧槽中，要求锁止处锁紧环连续无裂纹，如图 2-414 所示。注意：使用过的开槽圆螺母不得再次使用。

图 2-413　涂抹装配膏

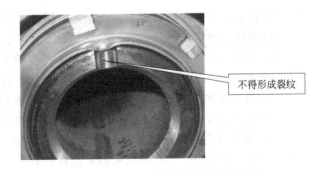

此处约有2cm宽不涂

不得形成裂纹

图 2-414　安装开槽圆螺母的锁止环锁

⑦ 在隔环组中挑选 2 个隔环装入轮毂中，装到底，确保隔环压到轴承单元上。保证隔环平面低于轮毂平面，如图 2-415 所示，并且低于深度小于 0.1mm。注意：轮毂内隔环拆卸后可以再次使用，但必须重新挑选检测。每套轮毂内的隔环不是随意装配的。

图 2-415　保证隔环平面低于轮毂平面

特别注意：更换轮毂总成带轴承单元时，不得漏装隔环（老式：每轮 2 个，单桥 4 个。新式：每轮 1 个，单桥 2 个）。否则，轴承单元无法压紧，极易损坏。开槽螺母与隔环零件信息见表 2-20。

表 2-20　开槽螺母与隔环零件信息

产品名称	产品编号	单桥用量/个	备注
隔环组	712-35710-0110	4（2）	老式包含：812W35710-0110 隔环（12.0） 712W35710-0112 隔环（12.1） 712W35710-0113 隔环（12.2） 712W35710-0114 隔环（12.3） 新式包含：WG7117349081 隔环（24.1） WG7117349082 隔环（24.2） WG7117349083 隔环（24.3） WG7117349084 隔环（24.4）
开槽螺母 M100X1,5	810W90620-0092	2	一次性用件，拆下不得重复使用

后轮毂总成编号按桥型不同选择不同类型。配件安装位置如图 2-416 所示。

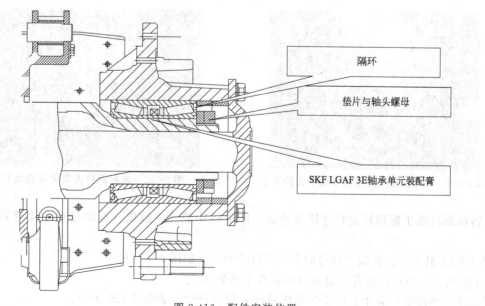

图 2-416　配件安装位置

使用胶辅料：SKF LGAF 3E轴承单元装配膏，用于轮毂轴承与桥壳配合面；乐泰574平面密封胶，用于半轴与轮毂结合端面；乐泰271螺纹胶，用于半轴螺栓螺纹处。

① 在拆装轮毂总成轴头螺母时，首先把中后桥轴头螺母套筒（图2-417）套在轴头螺母上，再用扭力扳手来辅助拆装，如图2-418所示。

图2-417　轴头螺母套筒

图2-418　拆装轮毂总成轴头螺母

② 使用轮毂总成拔出器时要配合使用辅助垫块，轮毂总成拔出器（TZ402029）及其辅助垫块（TZ402026）如图2-419和图2-420所示。

图2-419　轮毂总成拔出器

图2-420　辅助垫块

首先，如图2-421所示将辅助垫块拧紧在半轴套管轴头上；然后将轮毂拔出器套在垫块上，拧紧螺栓，如图2-422所示。

图2-421　将辅助垫块拧紧在半轴套管轴头上

图2-422　将轮毂拔出器套在垫块上

顺时针转动顶杆或手握顶杆逆时针转动轮毂，即可将轮毂总成拔出（拆卸过程中注意防止轮毂总成掉落伤人）。

③ 使用专用工具中后桥轮毂总成导向器（TZ402008），如图2-423所示。

如图2-424所示，将中后桥轮毂总成导向器拧套在轴头上。

将轮毂总成和制动盘顺着中后桥轮毂总成导向套安装到位，如图2-425所示。

图 2-423　中后桥轮毂总成导向器

图 2-424　装专用工具装在轴头上

图 2-425　安装轮毂总成和制动盘

常用轮毂总成零部件编号如表 2-21 所示。

表 2-21　常用轮毂总成零部件编号

配件号码	配件名称	应用总成	螺栓说明
AZ7117349056（替代 812-35700-6139）	后轮毂总成（ABS）	MCY13 后桥（鼓式）	车轮螺栓（M22×1.5×98）；811W45501-0178
812-35700-6140	后轮毂总成	MCY13 中桥（鼓式）	
AZ7117349058	后轮毂总成（ABS，辐板厚 25mm）	MCY13 后桥（鼓式）	车轮螺栓（M22×1.5×125）；810W45501-0177
712-35700-6146	后轮毂总成（辐板厚 25mm）	MCY13 中桥（鼓式）	
812-35700-6130	后轮毂总成（ABS）	MCY13 后桥（Z4 盘式）	车轮螺栓（M22X1,5X79）；810W45501-0174
812-35700-6136	后轮毂总成	MCY13 中桥（Z4 盘式）	
712-35700-6147	后轮毂总成（辐板厚 25mm）（ABS）	MCY13 后桥（Z4 盘式）	车轮螺栓（M22X1,5X102）；711W45501-0181
712-35700-6147	后轮毂总成（辐板厚 25mm）（ABS）	MCY13 中桥（Z4 盘式）	
712-35700-6151	后轮毂总成（辐板厚 25mm）	MCY13 中桥（Z4 盘式）	

说明：自 2016 年 11 月起，盘式曼桥轮毂总成不再包含制动盘。请注意，制动盘故障和盘式轮毂总成故障分别报修，轮毂和轴承单元仍然是报修总成。

2.4.3.3　陕汽重卡单级减速双联桥保养与故障维修

（1）定期维护

① 日常维护：目测轮胎螺母和轮毂状况，以及是否有松动；通过制动测试检查制动效果。

② 5000km 维护：重新拧紧轮胎螺母，第一次在使用 100km 时，第二次在使用 500km 时，以后每使用 5000km 就要重新拧紧。

③ 15000km 维护：检查制动蹄间隙和摩擦片磨损情况，当摩擦片厚度变薄时，要经常检查，以避免严重失效。摩擦片的更换和制动蹄及制动鼓的维修按上文中的规则进行。

④ 30000km 维护：检查制动蹄、制动鼓和其他制动器部件的工作状况；检查并旋紧装配螺栓。制动器的维护修理需由专业人员进行。

⑤ 60000km 维护：检查轮毂轴承间隙。

对间隙调整臂进行检查；卡车必须在每行驶 40000km 时检查间隙调整臂。必须按调整臂的安装规则和介绍进行检查。

每 6 个月或 1 年要对拆下的制动鼓进行清洁，以免润滑油流进制动鼓。

每组桥所装用的摩擦片必须由同一厂家生产，采用同一种材料，同一批次，不得混装。

（2）润滑油的更换　过桥箱和轮边每 5000km 进行油平面检查；在 2000～4000km 时进行首次更换，以后每 60000km 更换。换油时必须使用相同等级的润滑油，首先从轮毂和桥壳上面拆掉放油孔的油塞并且排空润滑油，再清洁桥壳上的磁性螺纹塞，重新安装好螺纹塞，然后从轮毂处加注润滑油，油面位置在桥中心线下方 36mm 处，过桥箱是从桥壳后盖处加油直至从加油孔中流出。加注后，等到油彻底流经桥轮边和过桥箱，再加少许油直到油面规定的位置。

凸轮轴衬套处每行驶 15000km 加注润滑脂；间隙调整臂处每行驶 10000km 加注润滑脂。

如果车辆在一年中行驶的里程少于规定的换油周期时，润滑油也必须更换。

齿轮油：加注重负荷车辆齿轮油（AP1GL-5 级）。

黏度等级：取决于环境温度。

热带地区、常温地区：85W-140-GB 13895—1992；85W-90-GB 13895—1992。

寒冷地区：80W-90-GB 13895—1992。

高寒地区：75W-GB 13895—1992。

润滑脂加注：锂基润滑脂。

（3）单级减速双联桥常见故障和排除　单级减速双联桥的一般常见故障与单级减速后桥一样，唯独需要特别注意的是中桥的轴间差速器的位置较高，润滑条件恶劣，因此不能缺油，一旦缺油，轴间差速器就会烧损。轴间差速器烧损的另外一个重要原因，就是在维修时需单独更换中桥或后桥的主、被动齿轮时，需注意所更换的新齿轮速比，必须与原车速比相同。因为在单级减速双联桥中某些相近速比的主、被动齿轮的安装位置和安装尺寸是完全相同的，因此虽然速比不同也照样可以安装就位，如此安装会造成中、后桥速比的不同，汽车照样能够行驶，只是在行驶中轴间差速器将持续地高速差速，很快就会烧损。为保证中、后桥速比不变，最简单的办法就是在更换主、被动锥齿轮时，注意所更换的新齿轮的齿数必须与原车拆卸下来的齿轮齿数相同。

任何设备都不能缺油，但是也不是多多益善。车桥也是一样，润滑油量过多是造成车桥发热的主要原因，而且油量过多也会造成漏油的机会增大。

行驶中如果发现某单边车轮发热，首先要区分是制动系统造成的还是轮毂本身造成的，然后再分别去排查解决相应的故障。

第3章

悬架系统

3.1
悬架

3.1.1　悬架结构与原理

3.1.1.1　前悬架

以解放 J6P 卡车为例，该车前悬架为钢板弹簧，后悬架为空气弹簧。

钢板弹簧前悬架结构如图 3-1 所示。

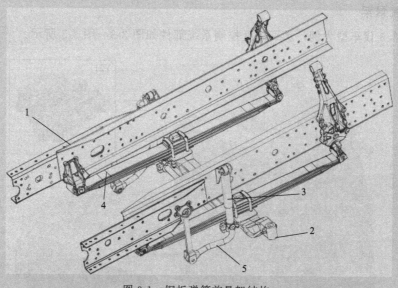

图 3-1　钢板弹簧前悬架结构

1—车架；2—前轴；3—减振器；4—钢板弹簧总成；5—横向稳定杆

钢板弹簧总成 4 和减振器 3 装在车架 1 和前轴 2 之间，以支承车身重量，吸收来自路面的振动和冲击，防止振动和冲击直接传递到车身，从而保护车身、车上的人和货物。这种结构也能抑制车轮的不规则振动，保证行驶平衡。

3.1.1.2　后悬架

空气弹簧总成结构如图3-2所示。

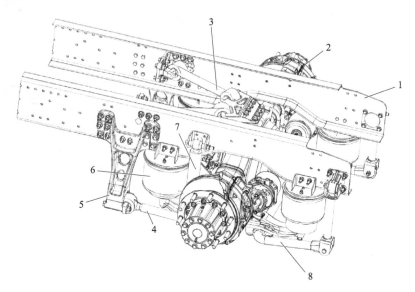

图 3-2　空气弹簧总成结构

1—车架；2—后桥总成；3—上反作用杆总成；4—下反作用杆总成；5—空气悬架大支架；
6—空气弹簧总成；7—减振器总成；8—横向稳定杆

　　空气弹簧总成6、减振器总成7装在车架1和后桥总成2之间，支承车身重量，吸收来自路面的振动和冲击，防止振动和冲击直接传递到车身，从而保护车身、车上的人和货物；上反作用杆总成3和下反作用杆总成4装在后桥总成2和车架及空气悬架大支架之间，承受横向及纵向力。这种结构也能抑制车轮的不规则振动，保证行驶平稳。

3.1.1.3　电子空气悬架

　　以奔驰Arocs第5代车型为例，水平高度控制系统部件如图3-3～图3-5所示。

图 3-3　水平高度控制阀部件位置

Y21—2轴车辆水平高度控制阀单元

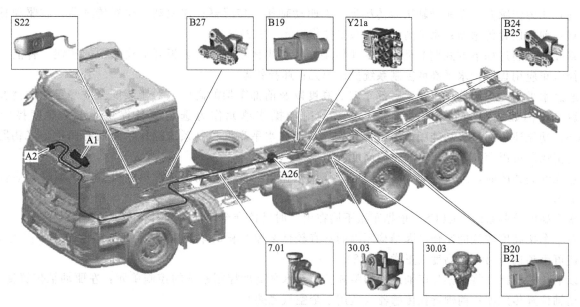

图 3-4　水平高度控制部件 [装配经典型驾驶舱（代码 J6A）的车辆]

7.01—带回流的溢流阀；30.03—带通气装置的限压阀；A1—仪表盘控制单元（ICUC）；A2—中央网关（CGW）控制单元；A26—水平高度控制系统（CLCS）控制单元；B19—前轴压力传感器；B20—左驱动轴压力传感器；B21—右驱动轴压力传感器；B24—左驱动轴位置传感器；B25—右驱动轴位置传感器；B27—前轴位置传感器；S22—水平高度控制系统操作单元；Y21a—3轴车辆水平高度控制阀单元

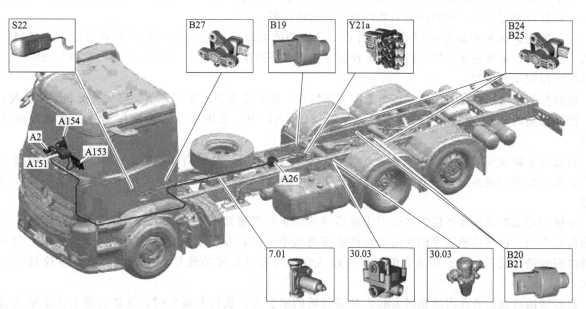

图 3-5　水平高度控制部件 [装配多媒体驾驶舱（代码 J6B）或交互式多媒体驾驶舱（代码 J6C）的车辆]

7.01—带回流的溢流阀；30.03—带通气装置的限压阀；A2—中央网关（CGW）控制单元；A26—水平高度控制系统（CLCS）控制单元；A151—仪表盘（IC）控制单元；A153—仪表盘屏幕（ICS）控制单元；A154—主机屏幕（HUS）控制单元；B19—前轴压力传感器；B20—左驱动轴压力传感器；B21—右驱动轴压力传感器；B24—左驱动轴位置传感器；B25—右驱动轴位置传感器；B27—前轴位置传感器；S22—水平高度控制系统操作单元；Y21a—3轴车辆水平高度控制阀单元

对于装配空气悬挂的车辆，在行驶模式下，水平高度控制系统（CLCS）监测车架高度，并使其恒定保持已设置参数的设定水平高度。车辆静止时，可在装载和卸载时保持车架高度固定。

水平高度控制系统（CLCS）由以下主要部件组成：高级信号采集及促动控制模组控制单元；水平高度控制系统控制单元；前轴水平高度控制阀单元；2轴车辆水平高度控制阀单元；3轴车辆水平高度控制阀单

元；前轴压力传感器；左驱动轴压力传感器；右驱动轴压力传感器；左驱动轴位置传感器；右驱动轴位置传感器；前轴位置传感器；水平高度控制系统操作单元（S22）。

驾驶员可通过如下方式调节至所需的车辆高度：多媒体系统；仪表板开关模块中的按钮；智能手机上的遥控卡车应用程序；水平高度控制系统操作单元；遥控钥匙。

通过水平高度控制操作单元，后部车架的高度以及前部车架的高度（对于装配全空气悬挂的情况）可单独调节，例如装载和卸载时。车身上安装的附加操作单元作为选装装备提供。水平高度控制系统（CLCS）功能还可通过多功能版本中的遥控钥匙促动。水平高度控制系统操作单元配有两把记忆钥匙，通过这两把钥匙可以存储任意所需的车架高度。

点火开关关闭时，通过手动升高或降低操作或根据已存储车架高度选择单独设置的车架高度最长可保持 60min。

水平高度控制系统（CLCS）根据车型不同在出厂时已校准至确定的车架高度（行车高度）。

对于车架高度较低的车辆（因结构原因而具有较低复原行程的车辆），除了标准高度（正常高度 1）之外，还可手动选择另一个高度（正常高度 2）。

以下传感器持续将车架与车轴之间的距离发送至水平高度控制系统的控制单元：左驱动轴位置传感器；右驱动轴位置传感器；前轴行程传感器（适用于全空气悬架）。

水平高度控制系统的控制单元评估信号并促动以下阀单元以保持规定高度：2 轴车辆水平高度控制阀单元；3 轴车辆水平高度控制阀单元；前轴水平高度控制阀单元（适用于全空气悬架）。

车轴上的空气悬架气囊通过阀单元进气或排气。根据来自相应行程传感器的信号，如果水平高度控制系统控制单元检测到达到规定高度，其会促动相应的阀单元。车轴空气悬架气囊中不再进气或排气。

水平高度控制系统控制单元还会执行以下附加功能：促动附加轴；促动水平高度控制系统；侧倾控制；评估车轴载荷测量装置；监测带感知功能的牵引座连接器。

对于装配集成水平高度控制系统（CLCS）TL 功能的高级信号采集及促动控制模组（ASAM）（代码O1X）的车辆，未装配水平高度控制系统控制单元。水平高度控制系统（CLCS）通过高级信号采集及促动控制模组控制单元控制。

侧倾控制系统以电子方式自动调节悬架减振情况，使其适应当前车辆载荷、驾驶状况和路面情况。

侧倾控制的功能集成在水平高度控制系统（CLCS）中。采用持续可变减振器，各减振器由比例阀促动。

通过与车轴载荷测量装置选装装备（代码J3Z）配合使用，水平高度控制系统控制单元可确定车轴载荷。如此可在多功能显示屏（A1 p1）或仪表盘（ICS）屏幕控制单元（A153）中调用单个车轴载荷和总车重。

带感知功能的牵引座连接器将牵引座连接器的锁止状态通知驾驶员，有 3 个传感器用于感测，传感器即为接近开关。这些传感器可识别由于金属物接近而造成的自身磁场变化。开关由两个舌簧触点组成，后者通过磁铁进行切换。带感知功能的牵引座连接器的状态通过多功能显示屏或仪表盘屏幕控制单元进行显示。

起步辅助可通过升高附加轴增大起步时驱动轮的牵引力。执行此操作时，可能会超出法定驱动轴负荷最多 30%。起步辅助在车速不超过 30km/h 的情况下启用。

对于装配一个驱动轴和一个从动轴/主动轴的 3 轴车辆，可卸载/升高从动轴/主动轴，这会减少轮胎磨损。如图 3-6～图 3-8 所示为悬架控制系统功能网络。

奔驰卡车悬架控制系统水平高度控制（CLCS）控制单元故障码如表 3-1 所示。

表 3-1　奔驰卡车悬架控制系统水平高度控制（CLCS）控制单元故障码

故障码	故障记忆/故障文本
00FBE1	部件"Y18(左后轴第 2 比例阀)"和"Y19(右侧第 2 后轴比例阀)"未达到规定的电流强度
00FBE3	部件"Y18(左后轴第 2 比例阀)"对正极短路
00FBE4	部件"Y18(左后轴第 2 比例阀)"对地短路

故障码	故障记忆/故障文本
00FBE5	部件"Y18(左后轴第2比例阀)"开路
11F7E3	部件"XR-NV2(水平高度控制位置传感器电源电缆焊点)"对正极短路
11F7E4	部件"XR-NV2(水平高度控制位置传感器电源电缆焊点)"对地短路
11F7E5	部件"XR-NV2(水平高度控制位置传感器电源电缆焊点)"开路
11F9E7	部件"S86(半挂车板接近开关)"出现合理性错误
12F9E7	部件"S84(主销接近开关)"出现合理性错误
12FFE2	控制器区域网络(CAN)总线断开故障
13F7E3	部件"B27(前轴位置传感器)"的电源对正极短路
13F7E4	部件"B27(前轴位置传感器)"的电源对地短路
13F7E5	部件"B27(前轴位置传感器)"的电源开路
13F7E9	部件"B24(左侧驱动轴位置传感器)"和"B25(右侧驱动轴位置传感器)"有故障
13F9E7	部件"S84(主销接近开关)"和"S86(半挂车板接近开关)"之间的数值出现合理性错误
140B13	控制器区域网络(CAN)信息"端子15"丢失
14F7E5	部件"B20(左侧驱动轴压力传感器)"和"B21(右侧驱动轴压力传感器)"有故障
18FFF3	控制器区域网络(CAN)信息"方向盘转角"有故障
19FFF3	控制器区域网络(CAN)信息"前轴车轮转速"有故障
1AFFF3	控制器区域网络(CAN)信息"方向盘转角"和"前轴车轮转速"不可用
1BF7E3	部件"XR-NV1(水平高度控制压力传感器电源电缆焊点)"对正极短路
1BF7E4	部件"XR-NV1(水平高度控制压力传感器电源电缆焊点)"对地短路
1BF7E5	部件"XR-NV1(水平高度控制压力传感器电源电缆焊点)"开路
1BFFF3	控制器区域网络(CAN)信息"制动力"有故障
1CF7E3	部件"XR-SK(鞍式牵引架挂钩电缆焊点)"对正极短路
1CF7E4	部件"XR-SK(鞍式牵引架挂钩电缆焊点)"对地短路
1CF7E5	部件"XR-SK(鞍式牵引架挂钩电缆焊点)"开路
1CFFF3	控制器区域网络(CAN)信息"发动机扭矩"有故障
1DF7E3	部件"左侧辅助车轴"对正极短路
1DF7E4	部件"左侧辅助车轴"开路或对地短路
1DFFF3	控制器区域网络(CAN)信息"离合器"有故障
1EF7E3	部件"右侧辅助车轴"对正极短路
1EF7E4	部件"右侧辅助车轴"开路或对地短路
1EFFF3	控制器区域网络(CAN)信息"车辆重量"有故障
1FFFF3	控制器区域网络(CAN)信息"前轴转速"有故障
20FFF3	控制器区域网络(CAN)信息"车辆倾斜度"有故障
25F7E3	部件"S86(半挂车板接近开关)"对正极短路
25F7E4	部件"S86(半挂车板接近开关)"对地短路
25F7E5	部件"S86(半挂车板接近开关)"开路
26F7E3	部件"主销接近开关"对正极短路
26F7E4	部件"主销接近开关"对地短路
26F7E5	部件"主销接近开关"开路
27F7E3	部件"鞍式牵引架挂钩舌簧触点1"对正极短路
27F7E4	部件"鞍式牵引架挂钩舌簧触点1"对地短路
28F7E3	部件"鞍式牵引架挂钩舌簧触点2"对正极短路
28F7E4	部件"鞍式牵引架挂钩舌簧触点2"对地短路

故障码	故障记忆/故障文本
29F3E3	部件"Y21 y1(后轴通风电磁阀)"或"Y21a y1(后轴通风电磁阀)"对正极短路
29F3E4	部件"Y21 y1(后轴通风电磁阀)"或"Y21a y1(后轴通风电磁阀)"对地短路
29F3E5	部件"Y21 y1(后轴通风电磁阀)"或"Y21a y1(后轴通风电磁阀)"开路
2A0313	控制器区域网络(CAN)信息"车速"有故障
2AF3E3	部件"Y21 y2(左侧驱动轴电磁阀)"或"Y21a y2(左侧驱动轴电磁阀)"对正极短路
2AF3E4	部件"Y21 y2(左侧驱动轴电磁阀)"或"Y21a y2(左侧驱动轴电磁阀)"对地短路
2AF3E5	部件"Y21 y2(左侧驱动轴电磁阀)"或"Y21a y2(左侧驱动轴电磁阀)"开路
2BF3E3	部件"Y21 y3(右侧驱动轴电磁阀)"或"Y21a y3(右侧驱动轴电磁阀)"对正极短路
2BF3E4	部件"Y21 y3(右侧驱动轴电磁阀)"或"Y21a y3(右侧驱动轴电磁阀)"对地短路
2BF3E5	部件"Y21 y3(右侧驱动轴电磁阀)"或"Y21a y3(右侧驱动轴电磁阀)"开路
2CF3E3	电磁阀的接地线对正极短路
2CF3E4	电磁阀的接地线对地短路
2CF3E5	电磁阀的接地线开路
33F3E3	部件"Y21a y4(升起第3车轴电磁阀)"对正极短路
33F3E4	部件"Y21a y4(升起第3车轴电磁阀)"对地短路
33F3E5	部件"Y21a y4(升起第3车轴电磁阀)"开路
34F3E3	部件"Y21a y5(降下第3车轴电磁阀)"对正极短路
34F3E4	部件"Y21a y5(降下第3车轴电磁阀)"对地短路
34F3E5	部件"Y21a y5(降下第3车轴电磁阀)"开路
3DF3E3	部件"Y20 y1(前轴通风电磁阀)"对正极短路
3DF3E4	部件"Y20 y1(前轴通风电磁阀)"对地短路
3DF3E5	部件"Y20 y1(前轴通风电磁阀)"开路
3EF3E3	部件"Y20 y2(前轴水平高度控制电磁阀)"对正极短路
3EF3E4	部件"Y20 y2(前轴水平高度控制电磁阀)"对地短路
3EF3E5	部件"Y20 y2(前轴水平高度控制电磁阀)"开路
40F3E3	部件"Y20(前轴水平高度控制阀单元)"对正极短路
40F3E4	部件"Y20(前轴水平高度控制阀单元)"对地短路
40F3E5	部件"Y20(前轴水平高度控制阀单元)"开路
44FFF3	控制器区域网络(CAN)信息"前轴转速"有故障
45FFE7	升起前轴时出现合理性错误
460013	控制器区域网络(CAN)信息"驻车制动器"有故障
46FFE7	降下前轴时出现合理性错误
47FFE7	升起左后轴时出现合理性错误
48FFE7	降下左后轴时出现合理性错误
49FFE7	升起右后轴时出现合理性错误
4AFFE7	降下右后轴时出现合理性错误
5FBAE2	部件"鞍式牵引架挂钩舌簧触点1"的信号与部件"鞍式牵引架挂钩 舌簧触点2"的信号相比不可信
620609	内部故障
730200	端子30的电源过电压
730201	端子30的电源低电压
750209	控制单元已经进行"看门狗"重置
75020C	控制单元内部故障
B90603	部件"B27(前轴位置传感器)"对正极短路

故障码	故障记忆/故障文本
B90604	部件"B27(前轴位置传感器)"开路或对地短路
B90608	部件"B27(前轴位置传感器)"的信号不可信
BB0603	部件"B25(右侧驱动轴位置传感器)"对正极短路
BB0604	部件"B25(右侧驱动轴位置传感器)"开路或对地短路
BB0608	部件"B25(右侧驱动轴位置传感器)"的信号不可信
BC0603	部件"B24(左侧驱动轴位置传感器)"对正极短路
BC0604	部件"B24(左侧驱动轴位置传感器)"开路或对地短路
BC0608	部件"B24(左侧驱动轴位置传感器)"的信号不可信
BD0603	部件"B19(前轴压力传感器)"对正极短路
BD0604	部件"B19(前轴压力传感器)"开路或对地短路
BF0603	部件"B20(左侧驱动轴压力传感器)"对正极短路
BF0604	部件"B20(左侧驱动轴压力传感器)"开路或对地短路
C00603	部件"B21(右侧驱动轴压力传感器)"对正极短路
C00604	部件"B21(右侧驱动轴压力传感器)"开路或对地短路
E1FEED	车辆水平高度的校准值有故障
E2FEED	压力传感器的校准值无效
F50013	控制器区域网络(CAN)信息"行驶距离"有故障
F8FEE9	内部故障
F9FAE3	部件"Y13(右侧第1前轴比例阀)"对正极短路
F9FAE4	部件"Y13(右侧第1前轴比例阀)"对地短路
F9FAE5	部件"Y13(右侧第1前轴比例阀)"开路
FAFAE1	部件"Y12(左侧第1前轴比例阀)"和"Y13(右侧第1前轴比例阀)"未达到规定的电流强度
FAFAE3	部件"Y12(左侧第1前轴比例阀)"对正极短路
FAFAE4	部件"Y12(左侧第1前轴比例阀)"对地短路
FAFAE5	部件"Y12(左侧第1前轴比例阀)"或"Y13(右侧第1前轴比例阀)"开路
FBFAE3	部件"Y15(右侧第2前轴比例阀)"对正极短路
FBFAE4	部件"Y15(右侧第2前轴比例阀)"对地短路
FBFAE5	部件"Y15(右侧第2前轴比例阀)"开路
FCFAE1	部件"Y14(左侧第2前轴比例阀)"和"Y15(右侧第2前轴比例阀)"未达到规定的电流强度
FCFAE3	部件"Y14(左侧第2前轴比例阀)"对正极短路
FCFAE4	部件"Y14(左侧第2前轴比例阀)"对地短路
FCFAE5	部件"Y14(左侧第2前轴比例阀)"开路
FDFAE3	部件"Y17(右侧第1后轴比例阀)"对正极短路
FDFAE4	部件"Y17(右侧第1后轴比例阀)"对地短路
FDFAE5	部件"Y17(右侧第1后轴比例阀)"开路
FEFAE1	部件"Y16(左侧第1后轴比例阀)"和"Y17(右侧第1后轴比例阀)"未达到规定的电流强度
FEFAE3	部件"Y16(左侧第1后轴比例阀)"对正极短路
FEFAE4	部件"Y16(左侧第1后轴比例阀)"对地短路
FEFAE5	部件"Y16(左侧第1后轴比例阀)"开路
FFFAE3	部件"Y19(右侧第2后轴比例阀)"对正极短路
FFFAE4	部件"Y19(右侧第2后轴比例阀)"对地短路
FFFAE5	部件"Y19(右侧第2后轴比例阀)"开路

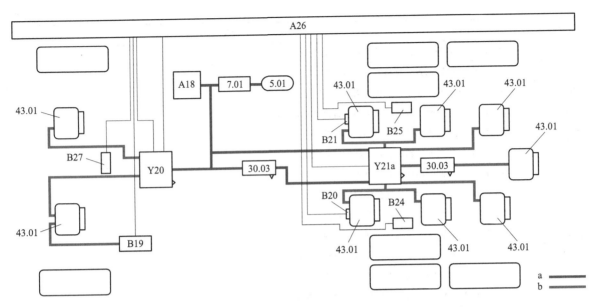

图 3-6 水平高度控制功能网络（车轴装配 6×2，带单轮胎从动轴）

5.01—压缩空气罐；7.01—带回流的溢流阀；30.03—带通气装置的限压阀；43.01—套筒气压弹簧；A18—电子空气处理单元（EAPU）控制单元；A26—水平高度控制系统（CLCS）控制单元；B19—前轴压力传感器；B20—左驱动轴压力传感器；B21—右驱动轴压力传感器；B24—左驱动轴位置传感器；B25—右驱动轴位置传感器；B27—前轴位置传感器；Y20—前轴水平高度控制阀单元；Y21a—3轴车辆水平高度控制阀单元；a—储备压力；b—空气悬架气囊压力

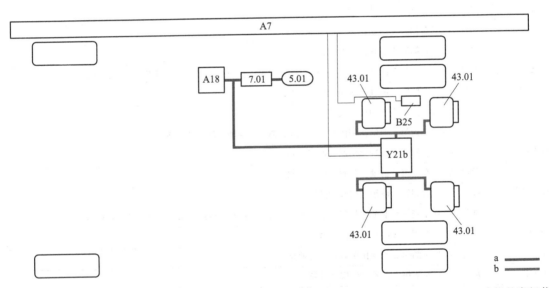

图 3-7　水平高度控制功能网络［采用车轴配置 4×2 和装配集成水平高度控制系统（CLCS）TL 功能的高级信号采集及促动控制模组（ASAM）（代码 O1X）的半拖车卡车］

5.01—压缩空气罐；7.01—带回流的溢流阀；43.01—套筒气压弹簧；A7—高级信号采集及促动控制模组（ASAM）控制单元；A18—电子空气处理单元（EAPU）控制单元；B25—右驱动轴位置传感器；Y21b—2轴车辆水平高度控制阀单元；a—储备压力；b—空气悬挂气囊压力

　　前轴水平高度控制阀单元（Y20）安装在行驶方向右侧车架纵梁内侧的靠近燃油箱的支架上，如图 3-9 所示，安装位置可能随车型的不同而有所不同。

　　前轴水平高度控制阀单元（Y20）将来自水平高度控制系统（CLCS）控制单元（A26）的控制信号转换为前轴空气悬架波纹管的升压和降压过程。

　　前轴水平高度控制阀工作原理如图 3-10 所示。

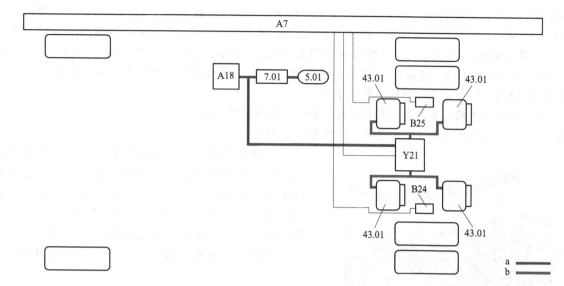

图 3-8　水平高度控制功能网络 ［采用车轴配置 4×2 和装配集成水平高度控制系统（CLCS）TL 功能的高级信号
采集及促动控制模组（ASAM)(代码 O1X）的平板车］

5.01—压缩空气罐；7.01—带回流的溢流阀；43.01—套筒气压弹簧；A7—高级信号采集及促动控制模组（ASAM)
控制单元；A18—电子空气处理单元（EAPU）控制单元；B24—左驱动轴位置传感器；B25—右驱动轴位置传感器；
Y21—2 轴车辆水平高度控制阀单元；a—储备压力；b—空气悬架气囊压力

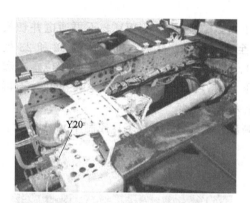

图 3-9　前轴高度控制阀位置
［车型 963.0，装配带空气减振装置的
前轴（代码 A1A）］
Y20—前轴水平高度控制阀单元

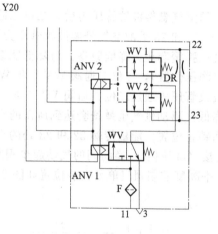

图 3-10　前轴水平高度控制阀工作原理

Y20—前轴水平高度控制阀单元；3—大气连接（降压）；11—能量供给
（空气悬挂储备压力）；22—能量传输（空气悬挂波纹管压力，右侧气压弹簧套）；
23—能量传输（空气悬挂波纹管压力，左侧气压弹簧套）；ANV 1—气动起步阀 1
（电动）；ANV 2—气动起步阀 2（电动）；DR—限制器；F—滤清器；
WV—二位三通阀；WV 1—二位二通阀 1；WV 2—二位二通阀 2

　　前轴气压弹簧套压力升高：二位三通阀 WV 的气动起步阀 1（电动）ANV 1 通电，并将二位三通阀
WV 切换至流通位置。将能量供给 11 的供给压力传递至位于锁止位置的二位二通阀 WV 1 和 WV2。然后，
二位二通阀 WV 1 和 WV2 的气动起步阀 2（电动）ANV 2 通电，并将二位二通阀 WV 1 和 WV 2 切换至流
通位置。将流入二位二通阀 WV 1 和 WV2 的供给压力作为空气悬架波纹管压力传递至能量传输 22 和 23。
前轴气压弹簧套达到所需的空气悬架波纹管压力后，气动起步阀 2（电动）ANV 2 不再通电，二位二通阀
WV 1 和 WV 2 切换回锁止位置，能量传输 22 和 23 处的空气悬架波纹管压力保持不变。

　　前轴气压弹簧套压力降低：为降低前轴气压弹簧套压力，气动起步阀 1（电动）ANV 1 不再通电，二

位三通阀 WV 切换回起始位置。二位二通阀 WV 1 和 WV2 的气动起步阀 2（电动）ANV 2 通电，二位二通阀 WV 1 和 WV 2 切换至流通位置。然后，能量传输 22 和 23 处的空气悬架波纹管压力通过二位二通阀 1WV 1 或二位二通阀 2WV 2，二位三通阀 WV 和大气连接 3 降低。前轴气压弹簧套达到所需的空气悬架波纹管压力后，气动起步阀 2（电动）ANV 2 不再通电，二位二通阀 WV 1 和 WV 2 切换回锁止位置。能量传输 22 和 23 处的空气悬架波纹管压力保持不变。

气动起步阀直接连接在水平高度控制系统（CLCS 控制单元（A26）上。

2 轴车辆水平高度控制阀门单元安装位置如图 3-11 所示。

图 3-11　2 轴车辆水平高度控制阀门
单元安装位置（车型 963.4）
Y21—2 轴车辆水平高度控制阀单元

2 轴车辆水平高度控制阀单元 Y21 安装在牵引座连接器下方管式横梁支架的中央，安装位置可能随车型的不同而有所不同。2 轴车辆水平高度控制阀单元 Y21 将来自水平高度控制系统（CLCS）控制单元 A26 的控制信号转换为驱动轴空气悬架波纹管的升压和降压过程。

2 轴车辆水平高度控制阀气动部件连接如图 3-12 所示。

驱动轴气压弹簧套压力升高原理：二位三通阀 WV 2 通电并切换至流通位置。将能量供给 1 的供给压力传递至位于锁止位置的二位二通阀 WV 1 和 WV 3。然后，二位二通阀 WV 1 和 WV 3 通电并切换至流通位置。将流入二位二通阀 WV 1 和 WV 3 的供给压力作为空气悬架波纹管压力传递至能量传输 22 和 23。驱动轴气压弹簧套达到所需的空气悬架波纹管压力后，二位二通阀 WV 31 和 WV 3 不再通电并切换回起始位置（锁止位置）。能量传输 22 和 23 处的空气悬架波纹管压力保持不变。

驱动轴气压弹簧套压力降低原理：为降低驱动轴气压弹簧套压力，二位三通阀 WV 2 不再通电并切换回起始位置（降压位置），二位二通阀 WV 1 和 WV 3 通电并切换至流通位置。然后，能量传输 22 和 23 处的空气悬架波纹管压力通过二位二通阀 WV 1 或二位二通阀 WV 3、二位三通阀 WV 2（位于起始位置）和大气连接 3 降低。驱动轴气压弹簧套达到所需的空气悬架波纹管压力后，二位二通阀 WV 1 和 WV 3 不再通电并切换回锁止位置。能量传输 22 和 23 处的空气悬架波纹管压力保持不变。

1 气路连接（降压侧），换向阀的气动起步阀直接连接在水平高度控制系统（CLCS）控制单元 A26 上。

3 轴车水平高度控制阀门单元安装位置如图 3-13 所示。

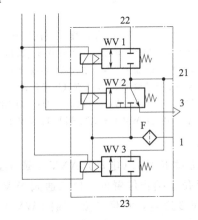

图 3-12　2 轴车辆水平高度控制阀气动部件连接
Y21—2 轴车辆水平高度控制阀单元；1—能量供给（储备压力-空气悬架）；
21—能量传输（不使用）；22—能力传输（空气悬架波纹管压力，右侧气压弹簧套）；
23—能力传输（空气悬架波纹管压力，左侧气压弹簧套）；3—大气连接；F—滤清器；
WV 1—二位二通阀；WV 2—二位三通阀；WV 3—二位二通阀

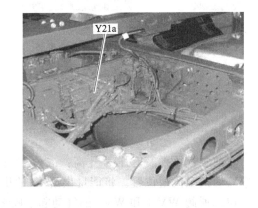

图 3-13　3 轴车水平高度控制阀门
单元安装位置（车型 963.0）
Y21a—3 轴车辆水平高度控制阀单元

3 轴车辆水平高度控制阀单元 Y21a 安装在驱动轴前方管式横梁支架的中央，安装位置可能随车型的不同而有所不同。

3 轴车辆水平高度控制阀单元 Y21a 将来自水平高度控制系统（CLCS）控制单元 A26 的控制信号转换为驱动轴和辅助轴空气悬架波纹管的升压和降压过程。

如果装配了升降轴，3 轴车辆水平高度控制阀单元 Y21a 还可转换来自水平高度控制系统（CLCS）控制单元 A26 控制信号，以控制升降波纹管的空气流量。

3 轴车水平高度控制阀气动连接如图 3-14 所示。

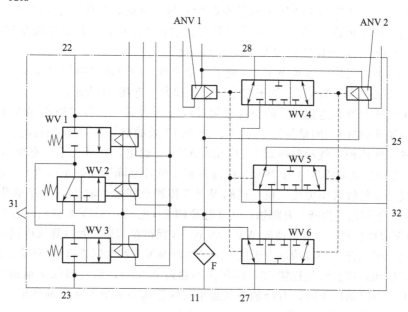

图 3-14　3 轴车水平高度控制阀气动连接

Y21a—3 轴车辆水平高度控制阀单元；11—能量供给（空气悬架储备压力）；22—能量传输（空气悬架波纹管压力，右侧驱动轴气压弹簧套）；
23—能量传输（空气悬挂波纹管压力，左侧驱动轴气压弹簧套）；25—能量传输（空气悬架波纹管压力，辅助轴升降波纹管）；
26—能量传输（空气悬架波纹管压力，右侧辅助轴气压弹簧套）；27—能量传输（空气悬架波纹管压力，左侧辅助轴气压弹簧套）；
31—大气连接（降压）；32—大气连接（降压至 0.5bar）；ANV 1—气动起步阀 1（电动）；ANV 2—气动起步阀 2（电动）；
F—滤清器；WV 1—二位二通阀；WV 2—二位三通阀；WV 3—二位二通阀；WV 4—三位三通阀；
WV 5—三位三通阀；WV 6—三位三通阀

（1）驱动轴气压弹簧套压力升高原理　气动起步阀 2（电动）ANV 2 通电，直至三位三通阀 WV 4、WV 5 和 WV 6 切换至锁止位置（中间位置）。然后，二位三通阀 WV 2 通电并切换至流通位置，将能量供给 11 的供给压力传递至位于锁止位置的二位二通阀 WV 1 和 WV 3。此时，二位二通阀 WV 1 和 WV 3 通电并切换至流通位置，将流入二位二通阀 WV 1 和 WV 3 的供给压力作为空气悬架波纹管压力传递至能量传输 22 和能量传输 23。驱动轴气压弹簧套达到所需的空气悬架波纹管压力后，二位二通阀 WV 1 和 WV 3 不再通电并切换回起始位置（锁止位置），能量传输 22 和 23 处的空气悬架波纹管压力保持不变。

（2）驱动轴气压弹簧套压力降低原理　为降低驱动轴气压弹簧套压力，二位三通阀 WV 2 不再通电并切换回起始位置（降压位置）。三位三通阀 WV 4、WV 5 和 WV 6 保持在锁止位置，二位二通阀 WV 1 和 WV 3 通电并切换至流通位置。然后，能量传输 22 和 23 处的空气悬架波纹管压力通过二位二通阀 WV 1 或二位二通阀 WV 3、二位三通阀 WV 2（位于起始位置）和大气连接 31 降低。驱动轴气压弹簧套达到所需的空气悬架波纹管压力后，二位二通阀 WV1 和 WV3 不再通电并切换回锁止位置，能量传输 22 和 23 处的空气悬架波纹管压力保持不变。

（3）驱动轴和辅助轴气压弹簧套压力升高原理　二位三通阀 WV 2 通电并切换至流通位置。三位三通阀 WV 4、WV 5 和 WV 6 保持在起始位置，或气动起步阀 1（电动）ANV 1 通电，直至三位三通阀 WV 4、

WV 5 和 WV 6 切换至起始位置。此时，将能量供给 11 的供给压力传递至位于锁止位置的二位二通阀 WV 1 和 WV 3。

此时，二位二通阀 WV 1 和 WV 3 通电并切换至流通位置，将流入二位二通阀 WV 1 和 WV 3 的供给压力作为空气悬架波纹管压力传递至能量传输 22 和 23，并且经三位三通阀 WV 4 和 WV 6 传递至能量传输 26 和 27。

驱动轴和辅助轴气压弹簧套达到所需的空气悬架波纹管压力后，二位二通阀 WV 1 和 WV 3 不再通电并切换回起始位置（锁止位置），能量传输 22、23、26 和 27 处的空气悬架波纹管压力保持不变。

（4）驱动轴和辅助轴气压弹簧套压力降低原理 二位三通阀 WV 2 不再通电并切换回起始位置（降压位置），三位三通阀 WV 4、WV 5 和 WV 6 保持在起始位置。此时，二位二通阀 WV 1 和 WV 3 通电并切换至流通位置。然后，能量传输 22 和 23 处的空气悬架波纹管压力通过二位二通阀 WV 1 和二位二通阀 WV 3、二位三通阀 WV 2（位于起始位置）和大气连接 31 降低。

能量传输 26 和 27 通过三位三通阀 WV 4（位于起始位置）或三位三通阀 WV 6、二位二通阀 WV 1 或二位二通阀 WV 3、二位三通阀 WV 2（位于起始位置）和大气连接 31 降压。

驱动轴和辅助轴气压弹簧套达到所需的空气悬架波纹管压力后，二位二通阀 WV 1 和 WV 3 不再通电并切换回起始位置（锁止位置），能量传输 22、23、26 和 27 处的空气悬架波纹管压力保持不变。

（5）升起升降轴工作原理 气动起步阀 2（电动）ANV 2 通电，直至三位三通阀 WV 4、WV 5 和 WV 6 切换至极限位置，二位二通阀 WV 1 和 WV 3 保持在起始位置（降压或锁止位置）。此时，将能量传输 11 的供给压力作为空气悬架波纹管压力经三位三通阀 WV 5 传递至能量传输 25，升降轴升起。

（6）降下升降轴工作原理 为降下升降轴，气动起步阀 2（电动）ANV 2 通电，直至三位三通阀 WV 4、WV 5 和 WV 6 切换至起始位置，二位二通阀 WV 1 和 WV 3 保持在起始位置（降压或锁止位置）。此时，能量传输 25 的供给压力作为空气悬架波纹管压力通过三位三通阀 WV 5 和大气连接 32 降低，升降轴降下。

带通气装置的限压阀连接至大气连接 32，降压至不超过 0.5bar，从而确保车轴偏移时，升降波纹管能够牢固固定在活塞上。升降轴降下时，升降轴空气悬架波纹管压力调节至驱动轴气压。

摆动控制系统组成部件如图 3-15 所示。

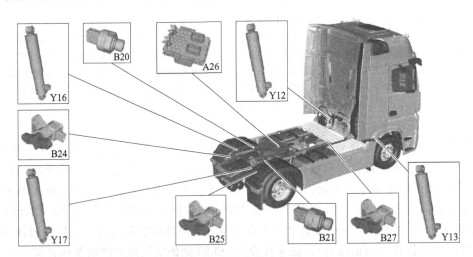

图 3-15 摆动控制系统部件（车型 963.403）

A26—水平高度控制（CLCS）控制单元；B20—左驱动轴压力传感器；B21—右驱动轴压力传感器；B24—左驱动轴行程传感器；B25—右驱动轴行程传感器；B27—前轴行程传感器；Y12—左侧第 1 前轴比例阀；Y13—右侧第 1 前轴比例阀；Y16—左侧第 1 后轴比例阀；Y17—右侧第 1 后轴比例阀

摆动控制功能示意图如图 3-16 所示。

此说明适用于装配前轴空气悬架（代码 A1A）的 2 轴车辆，车型 963.403（车轮配置 4×2）。所有的功能和控制情况/控制状态与其他车型相同，只有可调节减振器的数量不同，这主要因车型和设备而存在差异。

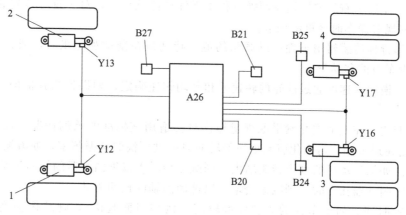

图 3-16　摆动控制功能（车型 963.403）

1—左前轴减振器；2—右前轴减振器；3—左后轴减振器；4—右后轴减振器；A26—水平高度控制（CLCS）控制单元；B20—左驱动轴
压力传感器；B21—右驱动轴压力传感器；B24—左驱动轴行程传感器；B25—右驱动轴行程传感器；B27—前轴行程传感器；
Y12—左侧第1前轴比例阀；Y13—右侧第1前轴比例阀；Y16—左侧第1后轴比例阀；Y17—右侧第1后轴比例阀

　　侧倾控制系统（WR）是一种电子减振器控制系统，用于根据相应负荷，当前驾驶条件和路面情况对减振特性进行具体调节。侧倾控制系统（WR）作为一项功能集成在水平高度控制系统控制单元（CLCS）A26 中，这使现有的传感器和来自水平高度控制系统（CLCS）的信息也可用于侧倾控制（WR）。

　　对于装配侧倾控制（WR）的车辆，都会安装水平高度控制系统控制单元（CLCS）A26 的全版本。侧倾控制（WR）的控制逻辑会检测当前驾驶模式出现的变量，随后计算最佳减振请求并利用此信息调节减振器特性。侧倾控制（WR）功能在各车轴上通过参数启用，最多可启用四个车轴。各车轴上一般安装两个减振器，每个减振器都安装了一个电子促动式比例阀。

　　倾斜控制系统（WR）会对车轴逐个进行无级促动。但是，对于装配侧倾控制系统但未装配前轴空气悬架（代码 A1A）的车辆，钢制悬架前轴减振器上也会安装带比例减振阀的减振器。

　　水平高度控制系统控制单元（CLCS）A26 接收以下信号。

　① 来自左侧驱动轴行程传感器（B24），通过左后弹簧行程。

　② 来自右侧驱动轴行程传感器（B25），通过左后弹簧行程。

　③ 来自前轴行程传感器（B27），通过左前和右前弹簧行程。

　④ 来自左侧驱动轴压力传感器（B20），通过左后波纹管压力。

　⑤ 来自左侧驱动轴压力传感器（B21），通过右后波纹管压力。

　⑥ 来自行驶记录仪（TCO）（P1），通过车速。

　⑦ 来自电子制动系统（EBS）控制单元（A10b、A10c），通过车速、减速度值、前轮速度和任意 ABS/ASR 干预。

　⑧ 来自电控车辆稳定行驶系统（ESP®）控制单元（A25、A25a），通过方向盘转角和任意 ESP 干预。

　⑨ 来自变速箱控制单元（TCM）（A5），通过离合器状态。

　　水平高度控制系统控制单元（CLCS）A26 利用这些信号在几毫秒内计算减振器的减振要求。促动相应减振器处的第 1 前轴比例阀 Y12、第 1 右前轴比例阀 Y13、第 1 左后轴比例阀 Y16 和第 1 右后轴比例阀 Y17 时会将驾驶特性、车辆状况、外部故障和车辆响应考虑在内。

　　根据相关的促动情况，在减振器回弹和压缩阶段，比例阀会持续改变机油流率。对于促动，比例阀必须首先以最大电流 2A 通电。不使用上游推电流通电会导致减振器操作情况不变。

　　控制状况/控制状态如下。

　① 负荷状态。负荷情况通过后轴上的波纹管压力进行检测。减振随负荷增加而增大。

　② 车速。减振随车速增加而增大。

　③ 水平高度控制。如果在车辆静止时进行水平高度控制，则减振器会调节至最低级，以减小升高和降低过程中产生的摩擦。

④ 侧倾角变化。左后和右后的压缩及回弹行程用于评估侧倾行为。对于重心位置较高的车辆，特别是在变换行车道或采取规避操作时会重新调节。

⑤ 纵倾角。后部行程传感器用于确定纵倾角的值，特别是在制动和起步时，或在起伏不平的道路上，通过增大减振来减少车身的移动量。

⑥ 横向加速度。横向加速度通过前轮的转速差和平均转速确定。如果检测到横向加速度，则减振的水平高度会稍稍提高。

⑦ 横向加速度变化。在变道或突然采取规避操作时会适用该标准的示例情况。加速度值的变化越大，减振要求越高，这会在通过侧倾角变化引起更快的转向时提供更快的减振频率，使减振变硬。

⑧ 纵向加速度。如果发动机的规定转矩增大，则减振会增大以抵消车辆的倾斜运动。

⑨ 减速度。行车制动器接合时，则减振会增大以抵消前轴的预期驱动。

⑩ 偏离倾斜内置时间。如果车辆的倾斜频率较高（例如路面起伏），则减振会增大以抵消任何车身振动。

⑪ 路面状况。行程传感器用于记录车轴运动的频率和行程。如果检测到"路面不良"，则减振会减小以提升驾乘舒适性。此时，会特别将高频率的车轴振动考虑在内。驾驶时通常会同时出现多个标准，计算的最高减振请求会作为减振规格传送至减振器。

⑫ 故障防护条件。如果比例阀未通电（车辆静止时或系统故障时），或如果低于最小电流700mA，则会执行标准特性级别的减振（故障防护条件）。如果减振器故障，故障防护条件下仅对相关车轴上的减振器进行调节。

3.1.2　悬架总成拆装

以解放 J6P 卡车为例，钢板弹簧前悬架部件分解如图 3-17 所示。

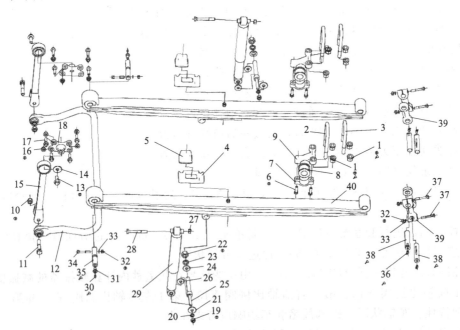

图 3-17　钢板弹簧前悬架部件分解

1—紧固 U 形螺栓用螺母；2—紧固前钢板弹簧用 U 形螺栓；3—紧固前钢板弹簧用 U 形螺栓；4—前钢板弹簧盖板；5—前钢板弹簧软垫；6,11,34,37—六角头螺栓；7—前横向稳定杆支架盖；8—横向稳定杆衬套；9—前横向稳定杆支架；10,19,22,27,32—六角螺母；12—前横向稳定杆总成；13,17—六角头凸缘螺栓；14—横向稳定杆吊臂用防松螺栓内垫圈；15—前横向稳定杆吊臂及衬套总成；16—六角法兰面螺母；18—前横向稳定杆吊臂支架；20,23,33—弹簧垫圈；21,26—垫圈；24—大垫圈；25—前减振器下连接销；28—六角头导颈螺栓；29—前减振器总成；30—直通式滑脂嘴；31—螺塞；35—前钢板弹簧后支架销；36—弯颈式滑脂嘴；38—前钢板弹簧后支架销；39—前钢板弹簧吊环；40—前钢板弹簧总成拆卸说明：拆前钢板弹簧后支架销 35、38 时，需要用铜棒敲击拆下。除非钢板弹簧前支架、后支架、减振器上支架损坏，否则无须拆下。

装配顺序：按照与分解的相反顺序。

部件检修参数见表 3-2。

表 3-2　部件检修参数

单位：mm

部位	检修项目	标准值	校正方法
35、38、40	钢板弹簧销与弹簧衬套及支架衬套之间的间隙	0.065～0.447	更换
35、38、39	钢板弹簧销与钢板弹簧支架及吊环之间的间隙	0～0.104	更换

紧固件扭紧力矩见表 3-3。

表 3-3　紧固件拧紧力矩

单位：N·m

部位	被扭紧的零件	扭紧力矩
1	紧固 U 形螺栓用螺母（螺栓螺纹涂齿轮油）	500±50
19	六角螺母（紧固减振器用）	220±30
22	六角螺母（紧固下连接销-前减振器用）	600±50
6	六角头螺栓（紧固前横向稳定杆支架盖用）	200±30
10	六角螺母（紧固前横向稳定杆用）	400±80
13	六角头凸缘螺栓（紧固前横向稳定杆吊臂用）	450±90
32	六角螺母（紧固钢板弹簧支架销与吊环销）	100±20
16	六角法兰面螺母（紧固横向稳定杆吊臂支架用）	200±30

润滑剂使用部位与规格见表 3-4。

表 3-4　润滑剂使用部位与规格

部位	涂覆位置	规定的润滑剂	数量
1	与螺母对应的螺栓	齿轮油（牌号 80W/90 GL-5）	视需要
30、36	滑脂嘴（直通式和弯颈式）	全天候汽车通用锂基润滑脂	视需要
35、38	销	全天候汽车通用锂基润滑脂	视需要

检修方法如下。

（1）U 形螺栓螺母 1 的拆卸和安装　前钢板弹簧 U 形螺栓螺母用套筒扳手拆卸；"30" 套筒头。

A：安装。B：拆卸。

安装时，螺栓螺纹涂齿轮油，如图 3-18 所示先用气动扳手预紧，如图 3-19 所示再用手动扳手复紧，拧紧力矩为（500±50）N·m。

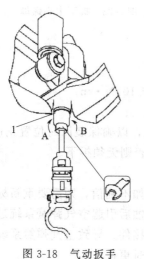

图 3-18　气动扳手

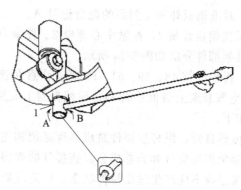

图 3-19　手动扳手

（2）前钢板弹簧前支架销 35 的拆卸　将拔销器连接在前支架钢板弹簧销的滑脂嘴端部螺纹上，用扳手 A 固定住拔销器螺栓，同时用扳手 B 转动螺母，拆下前支架钢板弹簧销 35，如图 3-20 所示。

（3）钢板弹簧总成的拆卸和安装　钢板弹簧总成分解如图 3-21 所示。

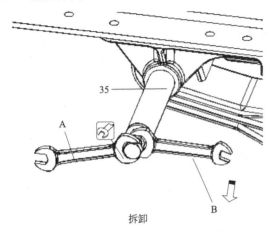

图 3-20　拆卸前钢板弹簧前支架销

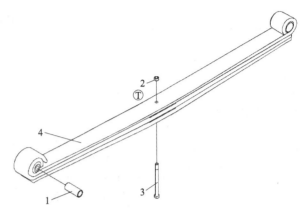

图 3-21　钢板弹簧总成分解

1—后钢板弹簧衬套；2—六角螺母；3—后钢板
弹簧中心螺栓；4—钢板弹簧

六角螺母 2 的拧紧力矩为 (110 ± 10)N·m。

装配顺序：按照与分解的相反顺序。

六角螺母 2 的拆卸与安装如下。

① 拆卸。

a. 在钢板弹簧 4 的侧面作配合记号 A，如图 3-22 所示。

b. 用压床压住钢板弹簧 4，拆下中心螺母 2，如图 3-23 所示。

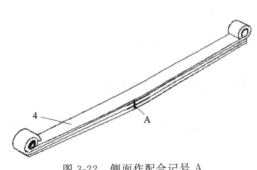

图 3-22　侧面作配合记号 A

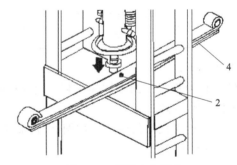

图 3-23　拆下中心螺母

② 安装

a. 装配前，对准钢板弹簧 4 侧面的配合记号 A。

b. 用压床压住钢板弹簧 4，拧紧中心螺母 2。拧紧力矩为 (110 ± 10)N·m。

空气弹簧悬架部件分解如图 3-24 所示。

拆卸说明：拆输气管 48、49、51、52 时，注意在管子上做标记，以确保装回时位置正确。除非反作用杆上支架 61 和空气悬架上盖板总成 74、后减振器上支架 78 损坏，否则无须拆下。

注意事项如下。

① 当更换传感器时，纵杆连接件总成高度必须和先前的一样，如不确信，则需要重新标定。

② 装配时避免损坏空气弹簧总成金属连接件的表面，以防被腐蚀后引起空气弹簧系统过早失效。

③ 空气弹簧总成不应产生过度拉伸状态，以防气囊脱离上下连接件，导致空气弹簧系统失效。

④ 查看气囊是否有擦伤、裂纹、污染或老化的迹象，如有请及时更换。

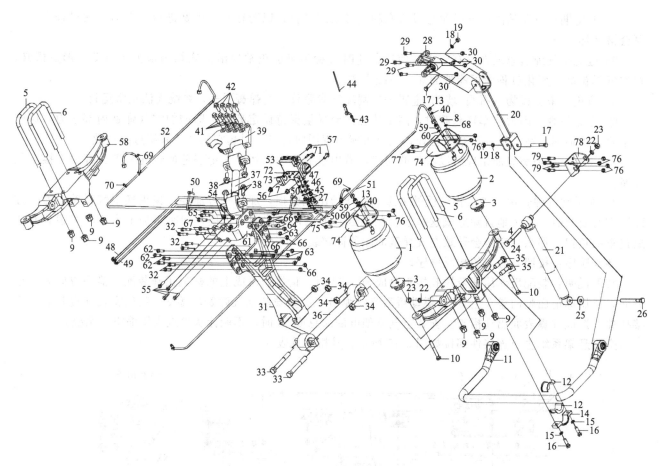

图 3-24 空气弹簧悬架部件分解

1—驱动桥前空气弹簧；2—驱动桥后空气弹簧；3—空气弹簧适配座；4—空气弹簧左托臂；5—后空气弹簧外侧 U 形螺栓；6—后空气弹簧内侧 U 形螺栓；7—紧固电磁阀用支架；8—空气弹簧堵盖；9—U 形螺栓螺母；10—螺栓；11—后横向稳定杆及衬套总成；12—横向稳定杆衬套；13—螺母；14—横向稳定杆盖；15,18,22,40,72—弹簧垫圈；16,17,33,35—六角头导颈螺栓；19,23,73—六角螺母；20—稳定杆吊臂总成；21—后减振器总成；24,71—六角头螺栓；25—大垫圈；26—六角头螺栓；27—螺套（M22）；28—横向稳定杆支架带衬套总成；29—紧固后钢板弹簧后支架螺栓；30,56—六角头凸缘锁紧螺母；31—空气弹簧大支架；32,38,41,42,55,57,62,64,65,67,79—六角头凸缘螺栓；34,54,63,66—SPL 六角小法兰面防松螺母；36—下反作用杆带橡胶接头总成；37—上反作用杆带橡胶接头总成；39—反作用杆上支架带定位销总成；43—下连接头总成；44—高度传感器撑杆；45,60,68—密封圈；46—卡环；47—异形密封圈；48—储气筒接电磁阀进气输气管总成；49—空气处理单元接储气筒输气管总成；50—塑料箱带；51—电磁阀接左空气弹簧输气管总成；52—电磁阀接右空气弹簧输气管总成；53—空气悬架电磁阀总成；58—空气弹簧右托臂；59—卡套式直螺纹直通接头体；61—反作用杆左上支架；69—回油管保护圈；70—插带支座；74—空气悬架上盖板总成；75—防松螺栓；76—六角头凸缘锁紧螺母；77—紧固后钢板弹簧前支架螺栓；78—后减振器上支架

⑤ 自然老化和动载荷会使气囊表面产生疲劳裂纹，气囊持续地沿活塞轮廓上下翻滚也会使气囊翻滚段产生疲劳裂纹，尽量在失效前更换气囊。

⑥ 查看气囊充气后，左右车身是否倾斜，请检查气路是否漏气。可使用肥皂水浇到气路各连接部位，观察是否有气泡产生，如有可更换零件或将接头扭紧；如没有气泡，则检修其他部位。

⑦ 在空载或装载货物情况下，不允许气囊无气压工作，到维修站查明原因进行处理。

⑧ 尽量避免在高温环境下工作，以防空气弹簧材料老化引起的疲劳裂纹显著加剧后空气弹簧系统失效。

⑨ 在换装气囊时，必须保证气囊是在没有充气的状态下操作，且气囊不能产生扭曲。

⑩ 在对气囊及其周围部件进行拆装维修时，避免将油污等溅到气囊上，以防气囊腐蚀，寿命缩短。

⑪ 空气弹簧总成在使用过程中避免气囊沾上各种溶剂、润滑油脂等，以防外层橡胶持续被浸湿腐蚀导致空气弹簧系统过早失效。

⑫ 在装配时一定要先检查带有内螺纹的零件，螺纹是否损坏或有杂质，如出现损坏情况，请更换新件。

⑬ 要定期检查及清除空气弹簧总成活塞和气囊上的异物，以防在空气弹簧进行上下运动的过程中，气囊会被磨坏。

⑭ 避免空气弹簧总成在没有压力时使用，此时气囊不可能正常地沿活塞均匀地上下运动，形成褶皱，在空气弹簧高度变化过程中可能被磨穿，系统失效。

⑮ 防止外来尖锐物（石头/玻璃/金属等）割坏气囊导致空气弹簧漏气，系统无法正常运行。

⑯ 避免超载。因为当车辆超载时，高度传感器会尽量保持设定高度，即增加空气弹簧内部压力，这样活塞容易被损坏。在环箍和活塞结合处，气囊可能出现周向切口，引起空气弹簧系统过早失效。

⑰ 如果空气弹簧表面出现可以看见的裂缝，露出里面的编织物，无论裂缝的长度和多少都要更换空气弹簧。

⑱ 如果空气弹簧由于外层橡胶受外力影响而开始出现磨损，那么一方面要迅速更换空气弹簧；另一方面则有必要及时、持久地排除造成这些磨损的原因。如果长期耽搁不更换，同时再加上由于汽车超载而造成过重的负担，那么会完全会导致空气弹簧的超负荷破裂。

装配顺序：按照与分解的相反顺序。

装配说明：装配反作用杆带橡胶接头总成36、37时，请按照总成上的标记正确装配（箭头方向为行车方向，所做标记面朝向整车上方）。驱动桥后空气弹簧2需要安装空气弹簧堵盖8。避免安装气囊时上下连接扭曲，造成气囊表面出现褶皱。安装空气悬架电磁阀总成53时，不能让灰尘进入压缩空气系统。

空气悬架系统主要连接件部位如图3-25所示，其扭矩见表3-5。

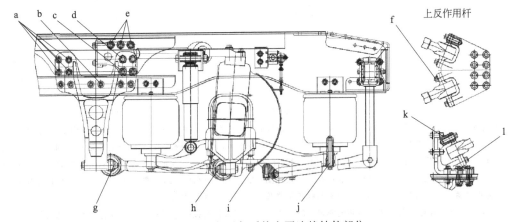

图3-25　空气悬架系统主要连接结件部位

表3-5　图3-25中关键部位连接螺栓的紧固扭矩　　　　　　单位：N·m

a	b	c	d	e	f
240～280	155～185	240～280	240～280	155～185	450～550
g	h	i	j	k	l
450～550	450～550	550～650	240～280	240～280	450～550

润滑剂使用：i、g、h、f、l对应的螺栓螺纹使用齿轮油（牌号80W/90 GL-5），数量视需要而定。

检修方法如下。

（1）U形螺栓螺母9的拆卸和安装　空气悬架U形螺栓螺母用套筒拆卸，采用"34"套筒头。

安装时，首先将螺纹内泥土、铁屑等杂质清理干净，然后给U形螺栓螺母涂齿轮油，如图3-26所示先用气动扳手预紧，如图3-27所示再用手动扳手复紧，力矩为（600±50）N·m。

（2）上反作用杆带橡胶接头总成37和下反作用杆带橡胶接头总成36的检查与更换

① 反作用杆如有金属开裂、胶套脱落等损坏形式，请更换反作用杆总成。

②"top"标记面朝向整车上方。"←"方向指向整车前进方向，如图3-28所示。

螺栓拧紧力矩见表3-6。

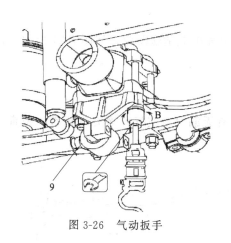

图 3-26　气动扳手

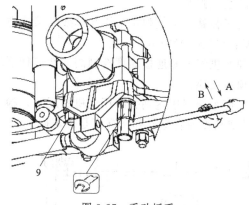

图 3-27　手动扳手
A—安装；B—拆卸

表 3-6　螺栓拧紧力矩

部位	力矩/N·m	备注
36 前、后端	500±50	螺栓螺纹涂齿轮油
37 前、后端	500±50	

（3）高度传感器撑杆 44 的安装

① 摆杆工作行程最大不超过 50mm 行程范围。

② 注意传感器相对车身垂直或者水平安装，如图 3-29 所示。横摆杆不可弯折，防止传感器进水。当更换传感器时，纵杆连接件总成高度必须和先前的一样。

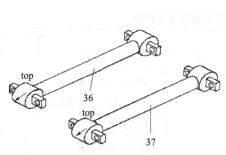

图 3-28　反作用杆带橡胶接头总成

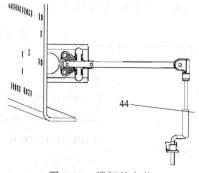

图 3-29　撑杆的安装

（4）空气弹簧的检查和更换

① 空气弹簧 1、2 的检查

a. 检查悬架高度或者空气弹簧高度是否正确，其误差不大于 1/4。

b. 在供气压力大于 6.1bar 时检查空气弹簧充气是否充足，同一桥两侧气囊的坚实程度是否一致，并检查空气弹簧有无磨损、损伤和不适当的鼓起。空气弹簧周围应留有一定的间隙。

c. 若停车后空气弹簧不能长时间保持其高度，甚至瘦陷，应检查自动空气控制系统的管路尤其是管接头，排除漏气处。空气弹簧安装位置如图 3-30 所示。

② 空气弹簧 1、2 的更换。

① 用千斤顶或支座把车架支撑在比正常悬架高度略高的位置。

② 空气弹簧放气。

a. 拆开高度阀的柔性连杆下端的接头（不要松开软管接头，以保持再装时柔性连杆长度不变）。将高度阀的控制臂向下转，放出空气弹簧内的空气。

b. 拆开空气弹簧上的进气管。

ⓐ 拆下损坏的空气弹簧。

ⓑ 安装新的空气弹簧。空气弹簧上缘与车架纵梁或空气弹簧上盖板应紧密贴合，如图 3-31 所示，拧紧紧固件至规定力矩：(35±5)N·m。

ⓒ 接通空气弹簧供气管和连接高度控制阀柔性连杆下端接头。

ⓓ 移去千斤顶或支座。

ⓔ 启动发动机使系统气压达到关闭压气机的压力，检查系统有无漏气，空气弹簧充气正常。检查空气弹簧周围间隙和悬架高度或者空气弹簧高度是否正确。

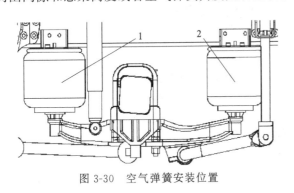

图 3-30　空气弹簧安装位置

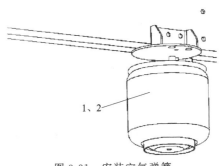

图 3-31　安装空气弹簧

3.1.3　悬架故障排除

3.1.3.1　钢板弹簧前悬架常见故障

钢板弹簧悬架常见故障分析与排除见表 3-7。

表 3-7　钢板弹簧悬架常见故障分析与排除

故障现象	原因分析	排除方法
车辆行驶时,底盘有异响	钢板弹簧断裂	更换钢板弹簧
	板簧卷耳衬套磨损或欠缺润滑脂	更换衬套或加润滑脂
	吊环销在轴向方向窜动	检查销轴螺栓是否松动或损坏
	减振器橡胶衬套磨损	更换衬套
	减振器安装松动	按规定力矩复紧
	钢板弹簧支架断裂或内挡磨损	更换支架
	减振器防尘罩歪斜,刮蹭工作缸体	更换减振器
	横向稳定杆断裂或衬套磨损	更换横向稳定杆或衬套
钢板弹簧在中心孔处断裂,U形螺栓侧面磨损	U形螺栓松动	更换钢板弹簧,并按规定力矩复紧 U 形螺栓
车辆承载遇较大冲击时,有金属撞击声	非金属缓冲软垫破坏	更换缓冲软垫
车身向一侧严重倾斜	钢板弹簧永久变形或断裂	更换钢板弹簧
行驶时出现连续不正常振动,且坏路行驶 10km 左右时手摸减振器外筒不热	减振器明显漏油造成阻尼力降低	更换减振器

3.1.3.2　空气弹簧后悬架常见故障

空气弹簧后悬架常见故障分析与排除见表 3-8。

重型卡车维修技术手册
底盘分册

表 3-8　空气弹簧后悬架常见故障分析与排除

故障现象	原因分析	排除方法
标定错误——高度传感器 (1)系统故障警报灯闪烁 (2)诊断仪读取故障,显示相应高度传感器标定故障	标定错误:高度传感器数值不合理,或者没有标定	进行重新标定。对高度传感器进行标定时,注意横摆杆的位置应大致水平
标定错误——遥控器 　不能用遥控器对高度进行调节,但是系统故障警报灯不亮	标定错误:标定时遥控器和控制单元没有连接好	连接好遥控器后,再进行重新标定。标定时,注意检查遥控器的连接
ECU 不能识别	(1)指示灯灯丝断裂故障 (2)遥控器故障 (3)高度传感器横摆杆弯曲,会导致正常高度不准确,车辆会倾斜 (4)压力传感器小故障,导致压力信号不精确	这些故障发生时 ECAS 故障灯不亮,必须通过近距离检查系统才能发现
系统无法识别——遥控器故障 (1)系统气压正常,可以通过诊断软件进行升降操作,但是遥控器的操作不能实现高度的连续变化或者无法调整至正常高度 (2)遥控器上的灯不亮或者亮度很弱,但系统故障警报灯不亮	遥控器和控制单元 ECU 的连接线束存在故障或者遥控器损坏	(1)检查遥控器和控制单元 ECU 的连接线束 (2)如果线束没有问题,通过诊断软件对遥控器进行测试
系统无法识别——系统气压不足 (1)遥控器的操作不起作用 (2)通过诊断软件进行升降操作无效 (3)故障警报灯无显示	系统气压不足,无法供气	(1)查看整车气压,并检查气路是否有漏气 (2)等气压充足后再进行操作
系统常无反应	气路压力不够,系统不能进行正常的调节	观察气压表,等待气压值上来后再进行操作,一般建议在 9bar 以提供足够的气压
	用诊断设备进行诊断或标定过程中,遥控器不起作用	操作完毕,诊断设备与控制单元断开连接后,再尝试使用遥控器进行操作
空气弹簧单侧进气量少	检查左侧气路是否漏气	利用肥皂水,适量抹在各个接头处,然后观察是否有气泡。有表明气泡,则表明气路有漏气
	管路有"死结"	理顺左侧管路
减振器泄漏液体	(1)减振器型号不对 (2)悬架高度不对:太高 (3)减振器周围间隙不够 (4)减振器安装不正确,如倒装,减振器上支架安装位置不对	更换。说明:减振器在高强度工作中会产生高温,从而将液压油中的少许油分子气化蒸发并渗透于油腔之外,形成减振器外表面有油灰状附着物,此现象属正常情况,切勿随意更换
减振器安装环被拉长拉开,或减振器被拉开	(1)悬架高度:太高 (2)减振器安装不正确:如减振器上支架安装位置过高 (3)减振器型号不对	更换
减振器衬套损坏	(1)工作高度太高,即整车形式状态不对 (2)减振器安装不正确,安装螺栓未拧紧或松动 (3)减振器型号不对 (4)正常磨损	更换
空气弹簧磨损:侧面磨损甚至磨穿出现孔洞	(1)桥上下焊接盖板错焊,以致空气弹簧下部底座倾斜,拉动气囊倾斜,与轮胎等相摩擦 (2)减振器损坏等造成与气囊干涉摩擦	如露出帘布层,则更换

故障现象	原因分析	排除方法
气囊上有气泡	(1)内层橡胶出现了很小的裂纹引起外层橡胶的气泡。只要气囊还不漏气,则仍可继续使用 (2)残留在气囊中的空气所致	只要气囊还不漏气,仍可继续使用
空气弹簧爆裂	(1)超载严重,以致空气弹簧内部缓冲块频繁撞击活塞上的支撑板,最后缓冲块损坏落入空气弹簧内部。缓冲块碎片不断地摩擦气囊的内层橡胶,最后导致布层向内露出,之后气囊被分层,进一步引起气囊外层起泡,气囊进而爆裂,失去气密性 (2)由于橡胶和布层会老化,所以空气弹簧属于易损件,因此空气弹簧被长期使用后失效是正常的	更换
空气弹簧上缘板有裂纹	空气弹簧上盖板与活塞偏心,空气弹簧受力不均,产生裂纹	更换
气囊褶皱	安装气囊时上下连接扭曲	松开下部活塞连接螺栓,重新调整
气囊卷过活塞区域磨损,有波瓣状凸起,甚至有孔洞	空气弹簧底座活塞外粘有砂石等尖锐物体	更换
气囊皲裂	(1)气囊上沾涂了油脂等,造成过早老化 (2)正常老化	更换
空气弹簧歪斜	与空气弹簧相连接的部件位置不正确,空气弹簧横纵向歪斜	调整相邻件位置,如无法调整而继续使用,空气弹簧寿命会缩短
弹性下降,越来越硬	储气筒中水汽没有及时放出,空气弹簧内积聚越来越多的水	及时将储气筒中的水汽放出
高度传感器撑杆被拉开,横摆杆向后翻转	(1)高度传感器安装不正确 (2)撑杆长度不对 (3)悬架高度或减振器初始安装位置不正确,导致桥动行程超出设计要求范围	检查上述几方面,如不对请校准
车辆倾斜	(1)左右高度传感器调整不当 (2)单个高度传感器内部截流口不通	重新校准或疏通
空气弹簧充气反应迟缓	(1)供气压力太低 (2)管路脏,变形 (3)储气筒中水汽未及时放出,在严寒天气时出现管路冻结 (4)管路或接头内径太小	对应不同现象进行检修

3.2
车轮与轮胎

3.2.1 轮毂减速器齿轮功能

本小节以斯堪尼亚卡车为例,介绍轮毂减速器齿轮的功能。轮毂减速器齿轮位置如图 3-32 所示。

如果最后的减速和相关转矩升在很靠近驱动轮的地方发生,那么变速箱内的其他部件上的负载将降低。

在一个装有轮毂减速器齿轮的轴内,主减速发生在轮毂齿轮自身内,然后驱动轮的旋转速度小于半轴。

常常行驶于恶劣路况的车辆可在驱动轮处配备轮毂减速器齿轮。轮毂减速器齿轮是一个由一个内齿圈、一个太阳轮、多个行星齿轮和一个行星齿轮架组成的行星齿轮。在新轮毂减速器齿轮中,行星齿轮架整合在轮毂盖中。其内部结构如图 3-33 和图 3-34 所示。

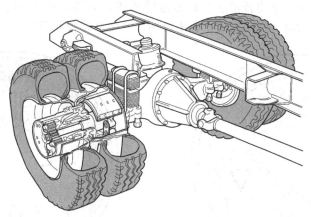

图 3-32　轮毂减速器齿轮位置

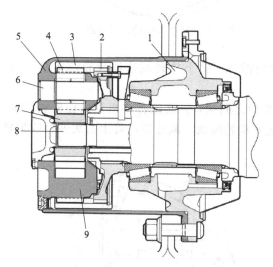

图 3-33　RH735/835 小齿轮轴架内部结构

1—轮毂；2—换挡拨叉销；3—内部环齿轮；4—行星齿轮；
5—轮毂盖；6—行星齿轮轴；7—太阳轮；8—半轴；9—小齿轮轴架

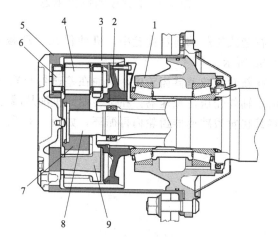

图 3-34　RH832 小齿轮轴架内部结构

1—轮毂；2—换挡拨叉销；3—内部环齿轮；4—行星齿轮；5—轮毂盖；
6—行星齿轮轴；7—太阳轮；8—半轴；9—小齿轮轴架

　　如图 3-35 所示为半轴驱动轮毂减速器齿轮的太阳轮。一个驱动器将内环齿轮锁入后轴外壳内，太阳轮驱动在固定环齿轮中滚动的行星齿轮上。行星齿轮使小齿轮轴架旋转，小齿轮轴架通过毂盖连接至轮毂，这就造成车轮速度的降低。

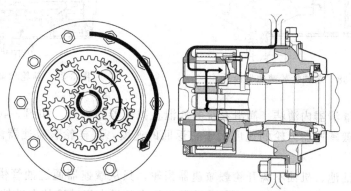

图 3-35　半轴驱动轮毂减速器齿轮的太阳轮

　　当车辆低速行驶时，机油进入轮毂减速器齿轮内，并形成油池，如图 3-36 所示。轮毂减速器齿轮在油池内旋转，润滑行星齿轮、太阳轮和轮毂轴承。

当车辆高速行驶时，机油由于旋转沿着轮毂盖边缘传递，如图 3-37 所示。行星齿轮仍然在油内旋转，太阳轮通过行星齿轮的油雾润滑。集油器用于收集机油，并将其带往轮毂轴承。

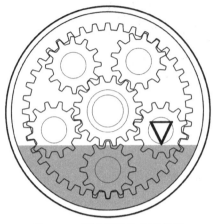

图 3-36　低速行驶的润滑状态　　　　　　图 3-37　高速行驶的润滑状态

在老式轮毂减速器齿轮中，机油仅在轮毂减速器齿轮内循环。每个轮毂减速器齿轮都单独放泄，如图 3-38 所示。

在新轮毂减速器齿轮中，机油在差速器与轮毂减速器齿轮之间循环。集油器将机油送往轮毂轴承，也经由后轴外壳送往减速器。在旋转期间机油从减速器内的冠状齿轮喷洒。减速器油管上的集油器收集机油，并将其在轮毂减速器齿轮内再循环，如图 3-39 所示。

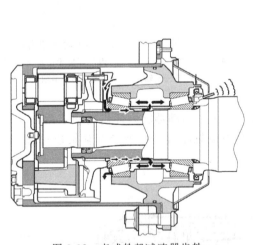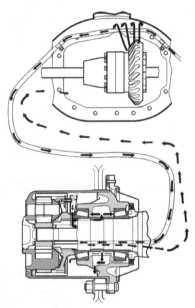

图 3-38　老式轮毂减速器齿轮　　　　　　图 3-39　新轮毂减速器齿轮

机油在减速器机油滤清器内清洁。润滑系统的放泄在减速器内进行。如图 3-40 所示，高速时机油沿轮毂盖传递，机油离开轮毂减速器齿轮的速度大于它返回的速度，这样轮毂减速器齿轮内的机油减少，从而降低温度。

低速时，再次生成油池，机油不离开轮毂减速器齿轮，只从减速器通过油管供应，如图 3-41 所示。当机油上升至后轴外壳内的弹簧扣圈处时，轮毂减速器齿轮内的最大机油液位自动控制，并流回至减速器。

由于共用润滑系统，机油液位在轮毂减速器齿轮和计数器内不同，这取决于检查机油液位时车辆是如何行驶的，也可以参照变速器的功能说明。

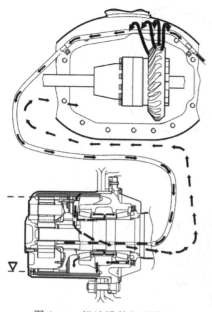

图 3-40　机油沿轮毂盖传递

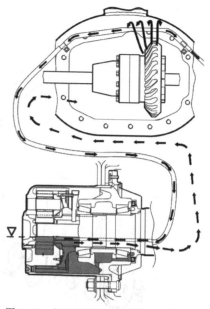

图 3-41　机油只从减速器通过油管供应

3.2.2　前轮毂与后轮毂

3.2.2.1　卡车轮毂结构

以斯堪尼亚卡车所配用的轮毂为例，整个前轮毂由轮毂 9、带卡环 8 的轴承装置 7、间隔垫圈 1、自锁轮毂螺母 2、轮盖 4、塞子 3 和卡环 5 组成。在装有 ABS 的车辆上，在轮毂的内侧还有一个脉冲环 6，内部结构如图 3-42 所示。

轮毂安装在带永久润滑轴承装置的转向节车轴上，轴承在出厂时已密封并预紧。轴承装置由两个锥形滚柱轴承组成，带一个共用外环和两个独立内环，由卡环固定在一起。

更换车轮轴承时，必须更换整个装置。拆卸轮毂时可以将车轮、刹车盘、轮毂和轴承装置作为一个总成一同拆卸。这样做是有优势的，例如在对刹车执行作业时。前轴鼓式刹车轮毂部件分解如图 3-43 所示。

后轮毂 H9SR 部件分解如图 3-44 所示。

3.2.2.2　轮毂拆装与检修

以解放 J6P 卡车为例，轮毂部件分解如图 3-45 所示。

拆卸说明：应使用具有足够强度和稳定性的安全支架，并且用挡块固定后轮。拆下车轮时应注意不要损坏车轮螺栓 15 的螺纹。增加制动蹄间隙有助于拆下轮毂制动鼓总成。油封 10 不可重复使用，重新装配时更换新油封 10，要注意保护好油封 10，防止唇口被磕碰损坏。

装配顺序：按照与分解的相反顺序。

紧固件拧紧力矩见表 3-9。

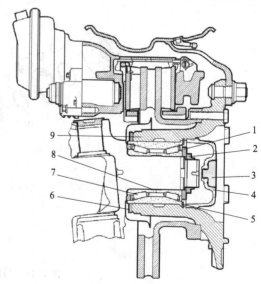

图 3-42　前轴盘式刹车轮毂内部结构

1—间隔垫圈；2—自锁轮毂螺母；3—塞子；4—轮盖；
5,8—卡环；6—脉冲环；7—轴承装置；9—轮毂

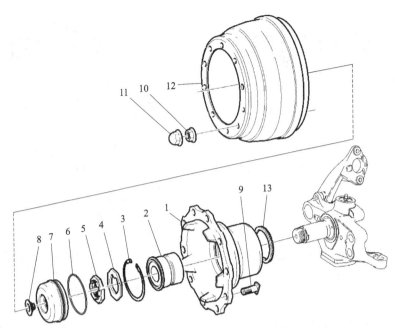

图 3-43 前轴鼓式刹车轮毂部件分解

1—轮毂；2—车轮轴承总成；3—卡环；4—垫圈；5—轮毂螺母；6—O 形环；7—轮盖；8—塞子；
9—车轮螺栓；10—车轮螺母；11—螺母盖；12—制动鼓；13—脉冲环

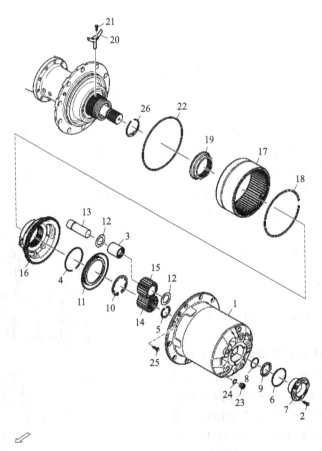

图 3-44 后轮毂 H9SR 部件分解

1—轮毂盖；2,25—螺钉；3—滚针轴承；4,5,8,10,18,26—卡环；6,22,24—O 形环；7—盖子；9—滚珠；
11—集油器；12—止推垫圈；13—行星齿轮轴；14—太阳轮；15—行星齿轮；16—驱动器；17—内部环齿轮；
19—轮毂螺母；20—集油器；21—凸缘螺钉；23—磁性塞

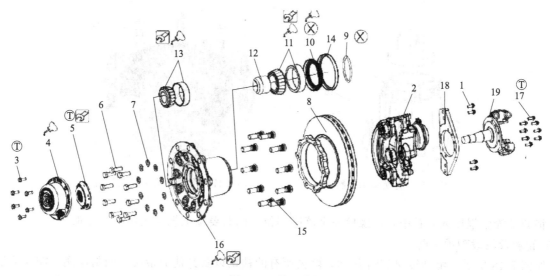

图 3-45　轮毂分解

1,17—螺栓；2—制动钳总成；3,6—螺钉；4—轮毂盖；5—轴头锁紧机构；7—平垫圈；8—制动盘；9—O 形环；
10—油封；11—内轴承；12—轴承隔套；13—外轴承；14—ABS 齿圈；15—车轮螺栓；16—轮毂；
18—制动底板；19—转向节轴头；⊗—不可重复使用零件

表 3-9　紧固件拧紧力矩

单位：N·m

部位	被拧紧的零件	拧紧力矩
3	螺钉	16～30
5	轴头锁紧机构	400
17	螺栓	260～280

润滑剂使用部位见表 3-10。

表 3-10　润滑脂使用部位

部位	被润滑的零件	润滑剂	数量
4	轮毂盖	车轮轴承润滑脂	见检修方法
11、13	内轴承和外轴承	车轮轴承润滑脂	按需
10	油封	车轮轴承润滑脂	按需
16	轮毂	车轮轴承润滑脂	按需

检修方法如下。

（1）更换轴承外圈

① 如图 3-46 所示，如果需要拆卸轴承外圈 11，请使用大锤或者是液压机。提前采取措施，避免损坏轮毂的轴承外圈孔和轴承安装轴肩。

② 检查轮毂上的轴承外座孔，确认外圈是否发生过转动，如果存在外圈转动，请更换轮毂 16。

③ 将新的轴承外圈压入轮毂中，确认一定要压装到位。

（2）更换车轮螺栓 15

① 如图 3-47 所示，更换所有发生损坏、螺纹变形、断裂、弯曲或者腐蚀等问题的车轮螺栓，同时也需要更换受损螺栓两边相邻的螺栓。如果有两个或者两个以上的螺栓受损，应将所有的螺栓同时进行更换。

② 将干净的轮毂 16 平放在压力机的支架上，使支撑点靠近要拆除的螺栓。

③ 将螺栓从轮毂上压出。

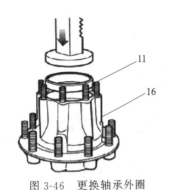

图 3-46　更换轴承外圈

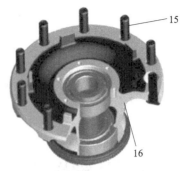

图 3-47　将螺栓从轮毂上压出

④ 将新螺栓整根压入轮毂中，使螺栓完全落座到位，同时要保证螺栓头不嵌入轮毂中。

（3）轮毂及轮毂轴承装配

① 如图 3-48 所示，清洁转向节轴头 19，除去所有的铁锈以及其他的杂质。油封座圈也需要清洁。

需要的话，可以使用溶剂或蹄片清洗剂，也可以使用纱布除去油封座圈上的污渍以及锈斑。

② 如图 3-49 所示，将新的 O 形圈 9 沿轴头向内滑动直至其完全进入油封座圈和轴头形成的凹槽内。

油封座圈本身没有必要更换，但是一旦油封座圈发生损坏，应将新的油封座圈加热到 160℃并保持 30min，然后将油封座圈安装在转向节轴头上，直至油封座圈完全到轴头底部位置，完全冷却并固定在轴头上。

图 3-48　清洁转向节轴头

图 3-49　安装 O 形圈

③ 如图 3-50 所示，使用与轮毂润滑相同的油或者 2 级油脂对转向节轴头 19 以及轴承座进行轻微润滑。

④ 用同样的润滑油对油封内端面进行轻微润滑。

⑤ 如图 3-51 所示，小心地将轮毂总成滑入轴管上。

注意确保外侧轴承入位，避免造成油封翘曲。一旦轮毂装在转向节轴头上，则不要拆下外侧轴承。拆下外侧轴承会造成油封偏斜，导致油封过早失效。

小心地推动轮毂到转向节轴头上。在安装时，如果油封与转向节轴头发生碰撞，则必须更换油封。

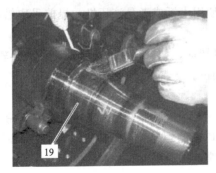

图 3-50　对转向节轴头以及轴承座进行润滑

图 3-51　将轮毂总成滑入轴管上

⑥ 安装锁紧螺母垫圈。使用对边距为 70mm 的套筒，以 400～440N·m 的力矩拧紧锁紧螺母。找到锁紧螺母和垫圈上的一组对齐的扁孔。将卡环上的突起部分插入该扁孔中，然后确保卡环卡在螺母侧面上的卡槽中，如图 3-52 所示。

⑦ 如图 3-53 所示，轮毂盖的垫片放在轮毂盖 4 和轮毂 16 之间。用 6 套螺钉和垫片固定轮毂盖 4。用 16～24N·m 的扭矩依次拧紧螺钉 3。

⑧ 如图 3-54 所示，通过轮毂盖上的加油孔加注齿轮油 500mL，油稳定下来后，通过轮毂盖上的刻度线来检查加油量。如果有必要的话，增加齿轮油，使油面达到轮毂盖上显示的刻度线区域内。

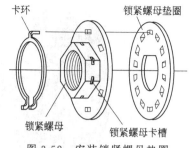

图 3-52 安装锁紧螺母垫圈

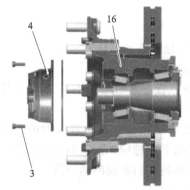

图 3-53 安装轮毂盖

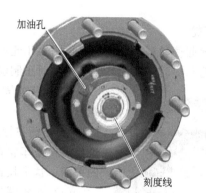

图 3-54 加注齿轮油

车轮轮胎拆解如图 3-55 所示。

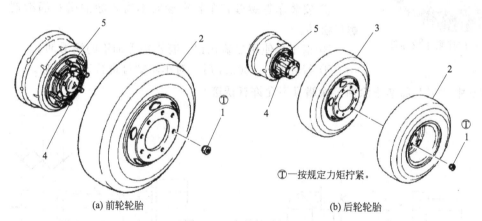

(a) 前轮轮胎　　　　　　　　　　(b) 后轮轮胎

图 3-55 车轮轮胎拆解

1—车轮螺母总成；2,3—轮胎总成；4—车轮螺栓；5—轮毂

装配顺序：按照与拆卸的相反顺序。

车轮螺母拧紧力矩为 590～630N·m。

检修方法如下。

（1）安装轮胎

① 清洁干燥外胎 1 内表面、内胎、垫带及轮毂 2 外轮廓面，如图 3-56 所示。

② 在外胎内表面涂抹滑石粉后装入垫带。

③ 在内胎微充气状态下，将其装入外胎。装配后应保证外胎、内胎及垫带有正确的相对位置，不允许有折叠、偏移及破损现象。

（2）将挡圈装入后为轮胎充气　充气标准值：前轮为（900±40）kPa；后轮为（900±40）kPa。注意充气时应将撬杠插入手孔压住弹性挡圈，以防止弹性挡圈弹出，如图 3-57 所示。

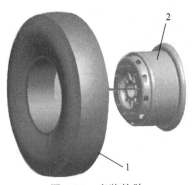

图 3-56　安装轮胎

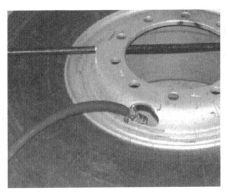

图 3-57　轮胎充气操作

（3）安装车轮

① 将前轴顶起使轮毂中心离地高度略大于轮胎的自由半径，装上车轮。

② 安装车轮总成时，应使轮胎气门嘴对正制动鼓上的斜面。

图 3-58　对称拧紧车轮螺母

③ 初步紧固后要检查位置，然后按照图 3-58 的顺序，对称拧紧车轮螺母。

④ 车辆在行驶中出现车轮抖动、方向盘振动的现象。为了消除这种现象，应使车轮在动态情况下通过增加配重的方法，校正车轮各边缘部分的平衡。这个校正的过程就是人们常说的动平衡。

（4）车轮螺母的安装

① 在轮毂和轮辐接触部位擦掉"××"部位的各种油脂和锈迹，如图 3-59 所示；在车轮的接触面上不要涂油和润滑剂。

② 安装车轮螺母和车轮螺栓时不需要涂油脂和润滑剂，以防止车轮螺母松动。

③ 请不要使用二硫化铝、有机铝等加铝的润滑剂。

④ 行驶 80～100km 后，对车轮螺母进行定期检查。

⑤ 图 3-60 中"×"部禁止涂油、涂脂且不允许有锈迹。

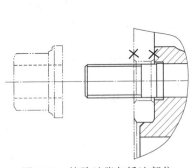

图 3-59　擦除油脂与锈迹部位

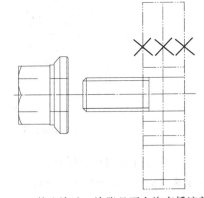

图 3-60　禁止涂油、涂脂且不允许有锈迹部位

3.2.3　汽车轮胎

3.2.3.1　轮胎基本知识

汽车轮胎是汽车的重要组成部件之一，它的作用是承受汽车的负荷，保证车轮与路面的附着力，并将

汽车的动力传递给路面，减轻和吸收汽车在行驶时的振动和冲击力，防止汽车零件受到剧烈振动和早期损坏，保证行驶的安全性和舒适性。因此根据不同的汽车及使用条件对轮胎提出了不同的结构和性能要求。汽车轮胎一般分为有内胎轮胎和无内胎轮胎。

汽车行驶性能的好坏与车轮和轮胎有密切的关系。

（1）车轮的结构　如图 3-61 和图 3-62 所示所示为前后车轮分解。

车轮由外胎、内胎、衬带、轮辋、轮辐、挡圈、气门嘴、气门嘴接管及平衡块组成。外胎的帘布线采用尼龙线，内胎是一个环形橡胶管，气门嘴装在内胎上起充放气作用。轮辋总成由轮辋和轮辐构成，轮辐焊接在轮辋上，而且用轮毂螺栓和螺母紧固在轮毂上。

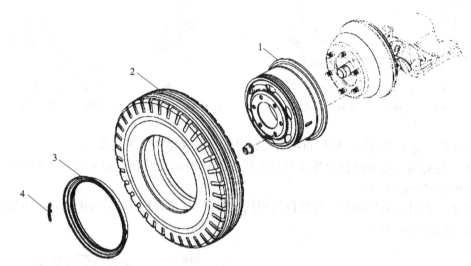

图 3-61　前车轮分解
1—轮辋带辐板总成；2—轮胎；3—弹性挡圈；4—平衡块

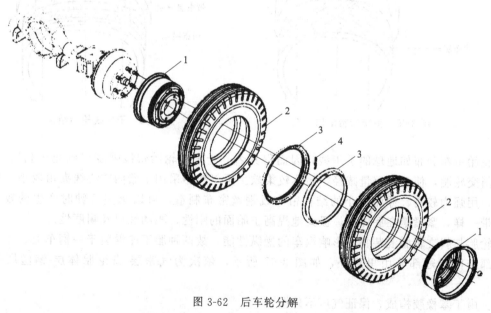

图 3-62　后车轮分解
1—轮辋带辐板总成；2—轮胎；3—弹性挡圈；4—平衡块

（2）汽车轮胎的分类

① 有内胎轮胎。有内胎轮胎是指轮胎外胎内腔中需要配有内胎的充气轮胎（内胎是指用于保持轮胎内压、带有轮胎气门嘴的圆环形弹性管）。有内胎轮胎由外胎、内胎和垫带组成，使用时安装在汽车轮辋上，其构造如图 3-63 所示。

② 无内胎轮胎。无内胎轮胎是由轮胎胎里气密层及胎圈与轮辋的密合作用保持轮胎内压，不需要配用

内胎的充气轮胎。无内胎轮胎内壁上有一层气密层，能起到密封的作用，它不需要内胎，一般安装在深槽轮辋上使用，因此不用垫带，其结构见图3-64。

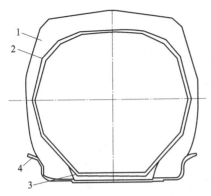

图3-63　有内胎轮胎的结构
1—外胎；2—内胎；3—垫带；4—轮辋

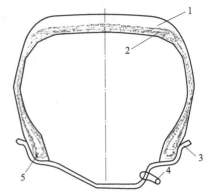

图3-64　无内胎轮胎的结构
1—外胎；2—气密层；3—轮辋；4—气门嘴；5—轮圈

（3）轮胎的分类　轮胎从结构、材料和使用用途可分为斜交胎和子午线轮胎。

① 斜交轮胎。胎体帘布层和缓冲层各相邻层帘线交叉排列，且与轮胎圆周切线方向呈小于90°排列的充气轮胎，其结构如图3-65所示。

② 子午线轮胎。胎体帘布层帘线与轮胎圆周切线方向呈90°角或接近90°角排列，以带束层箍紧胎体的充气轮胎，其结构如图3-66所示。

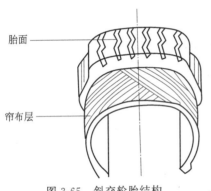

图3-65　斜交轮胎结构

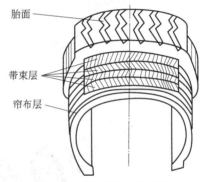

图3-66　子午线轮胎结构

子午线轮胎帘布分布如地球的子午线，因而得其名。子午线轮胎帘线强度得到充分利用，它的帘布层数小于普通斜交轮胎，使轮胎重量减轻，胎体较柔软。子午线胎采用了胎面中心线夹角较小（10°～20°）的多层带束层，用强力较高、伸张力小的结构帘布或钢丝帘布制造，可以承担行驶时产生的较大的切向力。带束层像钢带一样，紧紧镶在胎体上，极大地提高了胎面的刚性、驱动性以及耐磨性。

子午线轮胎与斜交轮胎混装将会影响汽车的操纵性能，故两种胎不能混装于一辆车上。

轮胎内部结构胎冠部分由里到外，如图3-67所示，依次为气密层-涤纶胎体层-钢丝层-覆盖层-胎面橡胶。

气密层：由丁基橡胶构成，保证气压不外漏。

涤纶胎体层：由涤纶帘子布组成，由于这一层做完后轮胎的样子就显现出来，所以也叫胎体层。把空气压缩在里面，在很大程度上决定了轮胎的强度。涤纶胎体层有1～2层，用Polyester表示。

钢丝层：也叫钢丝带束层，提供关于转向、倾角、纵向直行的刚性接地时稳定胎面部件，减少胎面变形，保护轮胎免受扎钉等侵袭。

覆盖层：由尼龙或聚酰胺组成。保护胎面钢丝，防止由于胎面扎钉或割伤导致水汽从伤口进入胎面钢丝，从而导致钢丝氧化生锈，以致胎面变形，影响轮胎的安全性能。

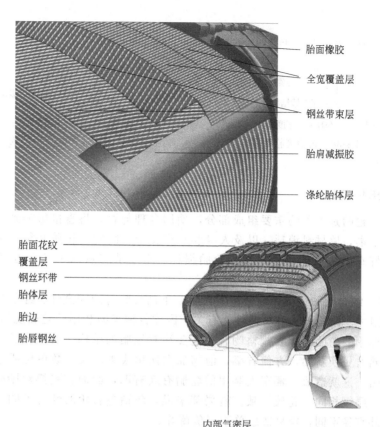

胎面花纹
覆盖层
钢丝环带
胎体层
胎边
胎唇钢丝

胎面橡胶
全宽覆盖层
钢丝带束层
胎肩减振胶
涤纶胎体层

内部气密层

图 3-67　子午线轮胎内部结构

胎面橡胶：由天然橡胶和合成橡胶组成，硅和炭黑也是在这一层。

（4）轮胎的规格　轮胎规格常用一组数字表示，前一个数字表示轮胎断面宽度，后一个数字表示轮辋直径，均以英寸为单位。中间的字母或符号有特殊含义："x"表示高压胎；"R"表示子午胎；"-"表示斜交胎。

层级：层级是指轮胎橡胶层内帘布的公称层数，与实际帘布层数不完全一致，是轮胎强度的重要指标。层级用中文标志，如 12 层级；用英文标志，如"14PR"即 14 层极，如图 3-68 所示。

帘线材料：有的轮胎单独标示，如"尼龙"（NYLON），一般标在层级之后；也有的轮胎厂家标注在规格之后，用汉语拼音的第一个字母表示，如 9.00-20N、7.50-20G 等，N 表示尼龙、G 表示钢丝、M 表示棉线、R 表示人造丝。

负荷及气压：一般标示最大负荷及相应气压，负荷以"千克"为单位，气压即轮胎胎压，单位为"千帕"。

轮辋规格：表示与轮胎相配用的轮辋规格。便于实际使用，如"标准轮辋 5.00F"。

平衡标志：用彩色橡胶制成标记形状，印在胎侧，表示轮胎此处最轻，组装时应正对气门嘴，以保证整个轮胎的平衡性

滚动方向：轮胎上的花纹对行驶中的排水防滑特别关键，所以花纹不对称的越野车轮胎常用箭头标志装配滚动方向，以保证设计的附着力、防滑等性能。如果装错，则适得其反。

磨损极限标志：轮胎一侧用橡胶条、块标示磨损极限，一旦轮胎磨损达到这一标志位置应及时更换，否则会因强度不够中途爆胎。

生产批号：用一组数字及字母标志，表示轮胎的制造年月及数量。如"05080081505"表示 2005 年 15周 5 月 8 日 008 号机台生产的轮胎。生产批号用于识别轮胎的新旧程度及存放时间。

ISO 国标轮胎都采用"负荷指数"代替层级来标明轮胎的负荷能力，如图 3-69 所示。"负荷指数"就是轮胎在标准规定的使用条件下，并按速度符号标明的速度行驶时，所能承受的最大负荷的代号，"负荷指数"是从 0～279 的一系列从小到大的 280 个等级，它被刻在模型上作为轮胎的标志之一。

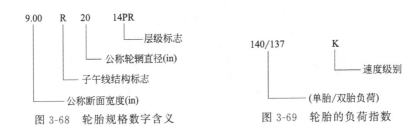

图 3-68 轮胎规格数字含义　　　　图 3-69 轮胎的负荷指数

3.2.3.2 轮胎的使用和保养

（1）轮胎的使用　轮胎是汽车的重要组成部分，使用合理与否，将直接影响到车辆性能和轮胎使用寿命，从而关系到运输成本，原材料消耗，以及人身和财产安全。因此对轮胎必须做到正确合理使用，妥善处理故障，力求维护好车辆应有的性能，减少轮胎损耗。本小节将从以下几个方面介绍轮胎使用的正确方法。

① 根据车辆性能，结合轮胎情况，合理装配轮胎。车辆行驶时的安全性、经济性和舒适性等，分别与轮胎的可靠性、滚动阻力、附着能力和缓冲性能有关。因此各种车型装用的轮胎规格，一般都有严格规定。在更换原车轮胎时，选用的轮胎不但要规格吻合，还要注意轮胎的结构、层级或负荷指数、速度级别、花纹类型等特点。整车同时更换新胎，方便省事，但却加大使用成本。大多数单位或个人都采用逐条更换轮胎的办法更换原车轮胎，这就造成一辆车上装用的轮胎有新有旧，因而在更换轮胎时更应注意匹配，要做到轮胎的外直径相同、层级相同、花纹一致。就局部来说，前轴左右轮的性能不同，容易引起方向和制动跑偏；后轴内外轮胎外直径不同，容易造成单胎超负荷等。

轮胎装配时，在汽车的同一轴上要做到"八个统一"即"八同"：规格相同；结构相同；材质相同；层级相同；花纹相同；品牌相同；气压相同；负荷相同。为什么要做到"八同"呢主要是从轮胎的属性与使用关系来考虑。属性不同，其性能有差别，使用效果必然不一样，现作如下介绍。

规格相同：规格不同的轮胎其充气外直径和断面宽不一样，装在同一轴上则负荷分布不一样，因此要求同一轴上必须同规格。另外，前后轴没有特别要求的车辆，其轮胎规格也应相同。

结构相同：子午线胎体帘线排列垂直于轮辋，径向变形大，缓冲性能好，带束层比较坚硬，如同坦克履带，故周向变形小，滚动一周接近轮胎外周长的长度。而斜交胎则不同，径向变形小，缓冲性能差，行驶时接触地面部位被压缩，故周向变形大，转一周的距离小于轮胎的外周长。两种轮胎混装在同一轴上，必然承受的负荷不一样，磨耗也不一致。因此，同一轴上必须装配同一结构的轮胎。

材质相同：主要是指胎体帘线的材料。例如：全钢丝子午线轮胎与纤维子午胎等，胎体的厚度、帘线的强度、散热性能等都有较大差异，混装在一起则影响使用效果。因此，同一轴上的轮胎胎体帘线材料（专业称为胎体骨架材料）必须相同。

层级相同：层级是轮胎的负荷级别，同时确定了相应的气压标准，负荷能力不同的轮胎混装在一起，充气压力不一致，轮胎的变形也不同。因此同一轴上必须做到同层级，以确保各胎位的负荷一致。

花纹相同：轮胎花纹不同，不仅磨耗有差别，而且与地面的附着力也不一样。汽车左右轮胎花纹不一致（如纵、横向花纹装同一轴），会影响汽车的平顺性，紧急刹车时会出现单边和甩尾现象。

品牌相同：生产厂家不同，轮胎的轮廓尺寸、胎面宽度、花纹形状、帘线材料都有一定的差别。不同品牌的轮胎混装在一起也会影响使用效果。因此，同一轴上必须做到同一品牌。只有这样，才能发挥车辆和轮胎应有的性能。

气压相同：气压由层级而定。层级相同应保持气压一致，保持同一性。因此，同一轴上必须气压相同。

负荷相同：负荷由层级与气压而定，应根据载荷等使用条件，配装同一种负荷能力的轮胎，使其负荷能力相同，可以延长轮胎的使用寿命。因此，同一轴上必须同负荷。以 10.00R2016PR 的全钢丝子午胎为例，国家标准明确规定，当气压是 850kPa 时，承载能力为 3150kg；而当气压是 770kPa 时，该轮胎的负荷能力为 2800kg，对以上规定就清楚地表明了层级与气压决定了轮胎的负荷能力

车辆在特定的条件下行驶，对轮胎有特定的要求。轮胎经过使用、修补、翻新后，性能有所下降，只

能适应一定的使用条件，因而相互间要进行选配。较好的轮胎应装配在车辆的前轴或运输距离长、经常连续行驶的车辆上，使其具有较高的安全性；使用过的轮胎，应装配在车辆后轴；经修补、翻新的轮胎或残次轮胎应装配在运输距离短、行驶速度较慢、承载较轻的车辆后轴；经常在松软泥泞道路行驶，应装配横向花纹及剩余花纹较深的轮胎以防打滑；经常在布满石块、硬物的道路行驶，后轴要装配使用过的或经修补、翻新的轮胎，以降低刺扎划伤所造成的损失；夏季气温高，轮胎升温大，车辆前、后轴应装配较好的轮胎，防止高温爆胎；冬季气温低，轮胎升温小，可装配稍差的轮胎。通过合理装配，可以很好地解决车辆行驶要求和轮胎特点之间的矛盾。

② 掌握车辆底盘的技术状况。车辆底盘技术的好坏与轮胎磨耗有密切的关系。如前轮定位不正确，特别是前束调校失误，可在短期内将两前轮花纹磨平，甚至将胎冠磨穿；钢板弹簧错位，挡泥板曲折变形或其螺栓、支撑件松脱移位，都可将轮胎刮破；轮毂轴承松旷，钢板弹簧定位销松蚀、轴距左右偏移、车架和后桥弯曲、轮辋摇摆偏心、制动单边（不同步）等故障的存在均可造成轮胎偏磨，加速损坏。因此，在车辆的维修保养时，必须认真检查校正上述各部件的技术状况。当发现有异常磨损现象时，应及时检查相应的部件，消除故障，保证轮胎的正常磨耗。还应注意在更换轮辋时，应检查规格是否相同，轮辐页瓣是否一致，防止后轴内装双胎间隙过窄，或轮辐页瓣不对称遮掩内胎的气门嘴，造成无法充气和检查气压。

③ 保持轮胎足够气压。轮胎的负荷能力与它的充气压力是相对应的。

④ 注意道路情况适当掌握行车速度。汽车高速行驶将使轮胎的动负荷加大，胎体屈挠变形增加，胎温升高快，强度有所下降。在不良道路上行驶，对轮胎的冲击加剧，容易引起爆胎。因此，即使在良好道路上行驶，也应适当控制车速；在不良道路上行驶，更要降低车速；在较差道路上行驶，要缓速通过，这是预防轮胎损伤的必要措施。此外在行驶中时刻遵守驾驶操作规程，如起步不可过猛、转弯不可过急，一般的减速或停车避免采用急刹车，避开道路上的障碍物。行驶中如感觉车身倾侧，操作困难，应立即停车检查。夏季长途行车，应增加中途停歇次数；停车场地应选择平整、清洁的位置等。高速公路行驶时一方面应在行驶道上行驶；另一方面应双手握方向盘，雨天行驶更应双手握方向盘以免方向突然失控。一旦发生爆胎时应冷静，紧握方向盘，不猛踩刹车踏板，以免发生侧滑。

⑤ 避免超载。汽车的总负荷通过轮胎传递到路面，这一负荷分为静负荷和动负荷。静负荷为车辆自重与载重量所给予轮胎的负荷；动负荷为车辆载重下行驶所产生的冲击力和惯性力的总和所给予轮胎的负荷。轮胎的负荷能力与轮胎类别、结构、断面宽、帘线材料、层级、气压、轮辋直径和使用条件等因素有关。轮胎是根据这些因素设计生产的，每一种轮胎都规定最大额定负荷和相应气压，使用时是不能随意改变的，因为轮胎的负荷由轮胎内腔的压缩空气承担，压缩空气作用于整个胎腔，使轮胎每一单位面积都保持着同充气压力一样的外张力。当负荷增加时，地面的反压力作用于轮胎，轮胎的着地面积增大。

轮胎如果超负荷使用，胎体帘线所受应力增加，轮胎弹性降低，动负荷却增大，胎体变形增大，加剧屈挠运动，导致产生热量大，加速橡胶等材料老化，帘线疲劳，帘布层脱层，严重时帘线甚至折断破裂。超载时轮胎的接地面积随之增大，使两胎肩部位磨耗剧增，造成早期损坏。轮胎超过规定负荷使用时，也会使轮胎的变形部位扩大，胎体材料分子间的摩擦和各部位之间的剪切应力显著增加，并转变成热量，胎温升高，最终促使轮胎寿命降低。所以在实际使用中应尽量避免超载。

⑥ 加强检查。行车前应检查轮胎气压，有无漏气现象。气压过低将使轮胎发热、油耗增加且使轮胎短期损坏，气压过高将加剧汽车振动，容易爆胎，对汽车的操纵稳定性也有不良影响。轮胎表面不可触及矿物油（如汽油、机油、齿轮油、润滑油）。每日行驶后，应检查有无钉子刺入，胎面花纹或两胎间有无石块卡入，并予清除。

日常使用中的轮胎，每天滚动几万到十几万圈，受到不断的变形和冲击，甚至受到意外的刺扎、割刮、挤压和拖拽等，随时可能造成损伤。因此必须加强检查，及时发现问题，加以解决处理。检查内容是：出车前检查轮胎气压是否正常，轮辋螺栓有否松动，靠近轮胎的弹簧片、挡泥板及其固定螺栓有无松脱，备胎和备胎架是否紧固，装拆轮胎的工具是否齐备。载货时应检查重量是否适当，放置是否均匀，如图3-70所示，捆扎是否牢固；中途停歇或收车后，应检查轮胎有无漏气，轮辋螺栓有无松动，胎体有无被碰刮刺伤痕迹，有无起鼓离层变形，胎面花纹块边角有无磨损成锋利的现象，发现问题应及时报修处理；除去夹在双胎之间的石块，剔除嵌在花纹沟中的小石子，拔除铁钉杂物。刺入较深的铁钉钳出后，即时检查钉眼处有无漏气等。通过检查，可以及早发现问题，采取措施，避免轮胎额外损坏。

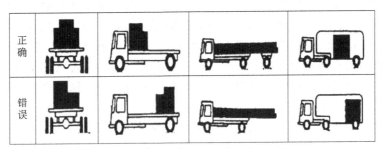

图 3-70　货物正确的装载方式

（2）轮胎的保养　轮胎的保养要定期进行，这是避免轮胎异常磨损，发现和排除隐患，保证车辆正常运转的方法之一。正常的轮胎保养制度分为例行保养、一级保养和二级保养，其保养期或间隔里程一般与车辆保养同时进行。严格遵守各级保养规定的作业项目和操作规程达到完善状态，则可取得预期效果。

① 一级保养。

a.轮胎的一级保养，最重要的是对气压的检查，使它保持正常。若发现气压过于偏低时，说明存在慢漏气现象，应即拆卸轮胎进行详细检查，及时排除造成轮胎慢漏气的隐患。在进行轮胎气压检查之前，最好先用肥皂水点试气门芯的密封性，以作为内胎有无漏气的保证；检查和补足气压后，还应进行密封性检查，防止漏气。

b.对轮胎外观、轮辋、螺栓等各部位进行认真细致的观察，检查有无质量问题（如轮胎肩裂、起鼓、轮辋变形和裂缝、螺栓松动等），有无机构损伤（如偏磨、倒角、畸形磨损、刮伤等），发现不正常现象，应及时采取措施处理或向保修部门反映解决。

c.要剔除胎面和花纹沟的钉刺、石子等硬质杂物，并细心观察胎体各部位有无影响安全和会导致爆胎的伤痕及伤口，如发现应立即处理，绝不能带病继续使用，以保证安全性。

d.对随车备胎和支承、紧固备胎的部件也要检查，以保证备胎足气，安装牢固。

② 二级保养

a.进行轮胎解体前，应清除轮胎和轮辋上的尘土、污物，并把工作现场的砂石、玻璃、金属等硬质碎片、颗粒等杂物及油污扫除干净。

b.对备胎进行气压检查，如有气压过于偏低者，则在拆检时对各部位加以详细审视，排除缺气原因。

c.在轮胎放气解体前，应有次序地按车上装配位，在胎身和轮辋上做好标记（用粉笔或木材蜡笔），并顺次平铺摆放在工作场地上。一般习惯的摆放位置如下。

　　右前　　　右内挡　　　右外挡
　　左前　　　左内挡　　　左外挡

d.拆卸轮辋时，其压环、锁环应与原轮辋摆放在靠近处，不应混放。因为有时同在使用的轮辋，新旧程度不一，尺寸标准和磨损程度有差异，若混乱配装，对安全或许会有影响。

e.内外胎及垫带应按原装配关系分套摆放，不应混放，因为一旦发现有损伤痕迹，则易于对原有套件进行检查。

f.清除内胎气门嘴垫、螺母等各部件上的泥沙积垢，检查内胎有无漏气或打摺，垫带有无啮伤或裂开。场地条件允许时，最好能把清洁过的内胎、垫带分套挂放。

g.检查外胎胎面、胎肩、胎侧及胎里有无被刺穿、顶裂、起鼓脱层、变形或老化，以及剩余花纹深度。对前轮更应详细检查，因为前轮对行车安全影响甚大，尤其是客车，万万不能掉以轻心。根据轮胎质量，胎体损伤程度，剩余花纹深浅等情况，做出继续使用、更换、拆修、拆翻或定轮位配装等正确的鉴定。

h.内外胎、垫带在装配成套时，三者之间都应均匀撒上滑石粉。滑石粉的作用是使轮胎滚动时，减少相互之间蠕动摩擦，预防轮胎升温过高而导致互相粘连、以后拆卸难以分离现象。

i.轮辋除锈（包括压环、锁环），也是二保作业中一项必要的工作。除锈后的轮辋表面平整，可以减轻轮胎胎圈、内胎及垫带等接触部位的蠕动摩擦损伤；更主要的是在除锈过程中，往往在除去泥沙、铁锈等积垢后可能会发现裂纹，以便及时修理或更换，对安全行车有好处。如果轮胎在解体前已发现有偏磨倒角等不正常磨损现象，应检查轮辋的偏摆度及不同心度。

j. 根据外胎胎体的实际情况进行调位（即调换配装位置、滚动方向），这是减少甚至消除轮胎偏磨倒角和胎肩单边疲劳过度的措施，也是一项延长轮胎使用寿命和提高翻新率的必要工序，轮胎调位的方法有多种，须区别具体情况进行。如果是整车换胎的，可采用"交叉循环调位法"；属于新旧胎混装的，一般是新胎或较好的轮胎固定装前轴，稍旧或翻修胎固定装后轴，只采用左右调位、内外挡调位等办法，同时注意改变其滚动方向。

k. 外胎的小刺伤疤修补，用胶料填塞是延长轮胎使用寿命和减少驾驶员在行车途中因轮胎存在隐患而引起损坏抛锚换胎的一项行之有效的保养措施。二保作业时，应坚持做好轮胎小修小补工作。

l. 二保车辆的备胎及其装置机件的保养，也是一项很重要的作业，不能忽视。因为这是保证驾驶员行车途中能顺利完成任务的必备部件，所以要对它进行有效的检查保养，防止丢失或失效。

③ 注意事项。

a. 轮胎在保养作业中，应按所规定的气压充气，不能因气候、路面、装载等经常有变化的因素，随意增减轮胎气压。

b. 装拆轮胎不能用大锤敲击和硬撬等野蛮操作，以免损坏胎圈部位。

c. 轮胎配装成套时，胎里、内胎、垫带必须涂上滑石粉。充气前认真检查轮辋锁环是否安装吻合。为了人身安全必须在轮辋辐页孔穿入保险铁棒，有条件的可将轮胎放入防护罩内，然后充入少量压缩空气，让内胎充分舒展，胎圈与轮辋凸缘贴紧，视一切正常后，再二次充气至标准范围；充气时人员不得在轮胎与轮辋组合体的侧面，最好离开轮胎一段距离，绝对不能麻痹大意，以免发生伤亡事故。充好气的轮胎，可以用肥皂水涂抹在气门嘴和从轮辋伸出的缺口处查看是否漏气，如果发现有漏气，应及时返工。

d. 轮胎配装上车时，为使轮辐面紧贴轮毂凸缘，拧紧螺栓切记用力均匀，而且按 1-5，2-6，3-7，4-8 或相隔的顺序对称拧上，逐步紧固，以免造成轮辐平面受力不均，导致轮辋变形偏摆而造成轮胎不正常磨损，影响行车安全。

e. 当车辆进厂（场）报修轮胎时，应注意所报修轮胎的操作部位，对行车安全是否有影响，重新考虑配装轮位，绝不能迁就使用。如需更换周转胎或新胎，要搭配得当（即要考虑到用胎的"八同"关系）。如果报修轮胎属不正常损坏，应进一步查找原因，若经鉴定为车辆机件造成的，应即知会车辆保修部门及时排除机件故障，才可发胎装车，以免继续造成轮胎损伤。

f. 轮胎各级保养和小修情况，都应做好必要的现场记录，作为轮胎使用和质量参考依据，必要时能真实地提供轮胎的管、用、养、修全过程的确切资料，进行研究分析，这对于轮胎管理工作是很有必要的，而且是有利的。

g. 轮胎使用过程中被刺扎漏气后修补时，尽量采用热补方法。采用"胶条"补漏方法一方面会使带束层更严重损坏；另一方面在该位置进水、泥沙等会造成带束层钢丝生锈出现脱层爆破。

（3）轮胎保养中应注意的问题　为了延长轮胎的使用寿命，对轮胎的保养应注意以下八点。

① 在轮胎使用过程中，应尽量避免与类似烃类化合物的润滑剂接触，因为它们会渗透到轮胎表面的组成物中，改变其物理、化学性质，使之老化。

② 轮胎不能与酒精有任何接触。

③ 应经常用普通肥皂水清洗轮胎。

④ 嵌到花纹槽内的石头要及时、小心取出，以防石头深入轮胎而造成硬伤，致使伤处氧化，殃及轮胎内部。

⑤ 不能让轮胎沾上冷冻液和电解液。

⑥ 停车时应避开有汽油、润滑油的路面。

⑦ 尽量不要使用二手轮胎，因为对它以前使用的情况未知。

⑧ 更换轮胎或充气时，千万不要站在气门嘴跟前，以免气门芯喷出。

（4）轮胎充气

① 行驶车辆停驶后要等轮胎散热后再充气，因车辆行驶时胎温会上升，对气压有影响。

② 要检查气门嘴。气门嘴和气门芯如果配合不平整，有凸出凹进的现象及其他缺陷，都不便于充气和量气压。

③ 充气要注意清洁。充入的空气不能含有水分和油液，以防内胎橡胶变质损坏。

④ 充气不应超过标准过多，也不可因长期在外出差不能充气而过多地充气。因超标准过多会促使帘线过分伸张，引起其强力降低，影响轮胎的寿命。

⑤ 充气操作要仔细。充气前应将气门嘴上的灰尘擦净，不要松动气门芯。充气完毕后应用肥皂沫抹在气门嘴上，检查是否漏气。如果漏气会产生连续小气泡。而后将气门帽拧紧，防止泥沙进入气门嘴内部。

（5）轮胎的更换　更换轮胎时，应在内外胎之间加滑石粉以保护内胎。同一车型应装用同规格、型号一致的轮胎，且与车型要求的型号相符合。为使轮胎磨损均匀，应定期按规定实施轮胎（包括备用轮胎）换位，轮胎的换位方法如图3-71。

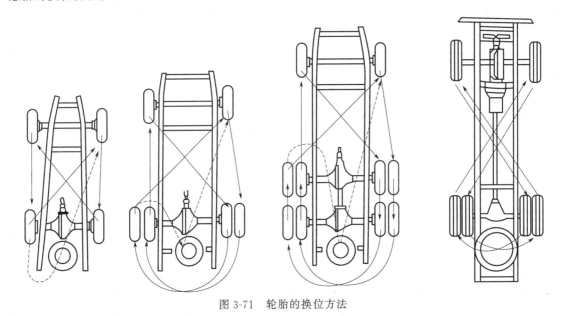

图 3-71　轮胎的换位方法

3.2.4　车轮与车桥定位

3.2.4.1　转向轮的定位方法

为了保持汽车直线行驶的稳定性、转向的轻便性和减小轮胎与机件间的磨损，转向轮、转向节和前轴三者之间与车架必须保持一定的相对位置，这种具有一定相对位置的安装称为转向轮定位，也称前轮定位。正确的前轮定位应做到：可使汽车直线行驶稳定而不摆动；转向时转向盘上的作用力不大；转向后转向盘具有自动回正作用；轮胎与地面间不打滑以减少油耗；延长轮胎使用寿命。前轮定位包括主销后倾、主销内倾、前轮外倾及前轮前束。

（1）主销后倾　主销装在前轴上后，在纵向平面内，其上端略向后倾斜，这种现象称为主销后倾。在纵向垂直平面内，主销轴线与垂线之间的夹角 γ 称为主销后倾角，如图3-72所示。

主销后倾后，它的轴线与路面的交点口位于车轮与路面接触点 b 之前，这样 b 点到 a 点之间就有一段垂直距离 l。若汽车转弯时（图3-72中所示向右转弯），则汽车产生的离心力将引起路面对车轮的侧向

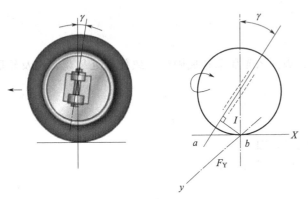

图 3-72　主销后倾

反作用力 F，F 通过 b 点作用于轮胎上，形成了绕主销的稳定力矩 $M = Fl$，其作用方向正好与车轮偏转方向相反，使车轮有恢复到原来中间位置的趋势。即使在汽车直线行驶偶尔遇到阻力使车轮偏转时，也有此种作用。由此可见，主销后倾的作用是保持汽车直线行驶的稳定性，并力图使转弯后的前轮自动回正。后倾角越大，车速越快，前轮的稳定性越强，但后倾角过大会造成转向盘沉重，一般采用 $\gamma < 3°$。有些轿车和客车的轮胎气压较低，弹性较大，行驶时由于轮胎与地面的接触面中心向后移动，引起稳定力矩增加，故后倾角可以减小到接近于零，甚至为负值（即主销前倾）。

主销后倾角的获得一般是由前轴、钢板弹簧和车架三者装配在一起时，使前轴断面向后倾斜而形成的。

（2）主销内倾　主销安装到前轴上后，在横向平面内，其上端略向内倾斜，这种现象称为主销内倾。在横向垂直平面内，主销轴线与垂线之间的夹角 β 称为主销内倾角，如图 3-73 所示。

主销内倾后，主销轴线的延长线与地面交点到车轮中心平面与地面交线的距离 c 减小，从而可减小转向时驾驶员加在转向盘上的力，使转向操纵轻便，也可减少从转向轮传到转向盘上的冲击力；与此同时，当车轮转向或偏转时，车轮有向下陷入地平面的倾向，但事实上这是不可能的，而只能使转向轮连同整个汽车前部向上抬起一个相应的高度，这样在汽车本身重力的作用下，迫使车轮自动回到原来的中间位置。

由此可见，主销内倾的作用是使前轮自动回正，转向轻便。主销内倾角越大或前轮转角越大，则汽车前部抬起就越高，前轮的自动回正作用就越明显，但转向时转动转向盘费力，转向轮的轮胎磨损增加，一般主销内倾角控制在 $5° \sim 8°$ 之间为宜。

主销内倾角是由前轴制造时使主销孔轴线的上端向内倾斜而获得的。

主销后倾和主销内倾都有使汽车转向自动回正，保持直线行驶位置的作用。但主销后倾的回正作用与车速有关，而主销内倾的回正作用几乎与车速无关。因此，高速时主销后倾的回正作用起主导地位，而低速时则主要靠主销内倾起回正作用。此外，直行时前轮偶尔遇到冲击而偏转，也主要依靠主销内倾起回正作用。

（3）前轮外倾　前轮安装在车轮上，其旋转平面上方略向外倾斜，这种现象称为前轮外倾。前轮旋转平面与纵向垂直平面之间的夹角 α 称为前轮外倾角，如图 3-73 所示。

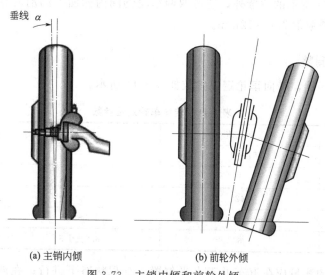

(a) 主销内倾　　　　(b) 前轮外倾

图 3-73　主销内倾和前轮外倾

前轮外倾的作用在于提高了前轮工作的安全性和操纵轻便性。由于主销与衬套之间，轮毂与轴承等处都存在间隙，若空车时车轮垂直地面，则满载后，车桥将因承载变形，可能会出现车轮内倾，这样将会加速汽车轮胎的磨损。另外，路面对车轮的垂直反作用力沿轮毂的轴向分力将使轮毂压向轮毂外端的小轴承，加重了外端小轴承及轮毂紧固螺母的负荷，严重时使车轮脱出。因此，为了使轮胎磨损均匀和减轻轮毂外轴承的负荷，安装车轮时预先使车轮有一定的外倾角，以防止车轮出现内倾。前轮外倾角大虽然对安全和操纵有利，但是过大的外倾角将使轮胎横向偏磨增加，油耗增多，一般前轮外倾角为 $1°$ 左右。

前轮外倾角是由转向节的结构确定的。当转向节安装到前轴上后，其转向节轴颈相对于水平面向下倾斜，从而使前轮安装后出现前轮外倾。

（4）前轮前束　汽车两个前轮安装后，在通过车轮轴线而与地面平行的平面内，两车轮前端略向内束，这种现象称为前轮前束。左右两车轮间后方距离 A 与前方距离 B 之差（$A-B$）称为前轮前束值，如图 3-74 所示。

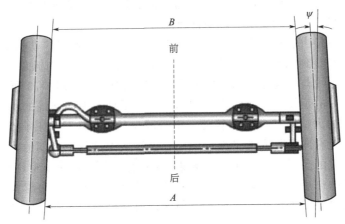

图 3-74　前轮前束

前轮前束的作用是消除汽车行驶过程中因前轮外倾而使两前轮前端向外张开的不利影响。由于前轮外倾，当车轮在地面纯滚动时，车轮将向外侧方向运动，实际上装在汽车上的两个前轮只能向正前方滚动，当两车轮具有前束时，两车轮在向前滚动时会产生向内侧的滑动。这样，由外倾和前束使两前轮产生的滑动方向相反，可以互相抵消，从而使两前轮基本上是纯滚动而无滑动地向前运动。此外，前轮前束还可以抵消滚动阻力造成的使两前轮前部向外张开的作用，使两前轮基本上是平行地向前滚动。前轮前束可通过改变横拉杆的长度来调整。调整时，根据各厂家规定的测量位置，使两轮前后距离差（$A-B$）符合规定的前束值。测量位置除图 3-74 所示的位置外，还可取两车轮钢圈内侧面处的前后差值，也可以取两轮胎中心平面处的前后差值。一般前束值为 0~12mm。

3.2.4.2　转向车轮定位调整

以一汽解放 J6P 车型为例，转向车轮定位参数如表 3-11 所示。

表 3-11　转向车轮定位参数

维修项目	标准值	极限值	校正方法
前轮前束/mm	0~2	—	调整
外倾角/(°)	1	—	—
内车轮最大转角/(°)	42	—	调整
主销后倾角/(°)	2.5	—	—
主销内倾角/(°)	6	6.0±0.5	—

注意事项：车轮定位的测量应在汽车处于水平位置、空载状态下进行；在调整车轮定位之前，前桥的各个零件应已经过正确检修。在调整车轮定位之前，对下列可能存在的问题应再次检查：

① 前轮轮毂的游隙，主销的游隙或松动；

② 转向横拉杆与转向节臂之间接头的游隙和松动；

③ 紧固件的松动；

④ 钢板弹簧是否疲劳或断裂；

⑤ 轮胎充气压力是否符合规定；

⑥ 动力转向器的齿隙是否调整得当。

（1）测量和调整前轮前束　前轮定位和前束的调整应由专业技师利用四轮定位仪进行操作。在不具备条件情况下，介绍一种简单的调整前束的方法做粗略的测量。转动方向盘，使前轮处于汽车直线行驶状态。分别在前轮左右轮胎胎顶中心线上画标记，如图3-75所示。

转动车轮使左右轮上标记位于轮胎前方，其高度与轮毂中心的高度相等。如图3-76所示，将一段带有铅锤的线用针头固定在胎顶的标记处，测量两个铅锤端点的距离 A。将车轮转动180°，使标记位于轮胎后方，按同一高度再测量两铅锤间的距离 B。

图 3-75 轮胎胎顶中心线上画标记

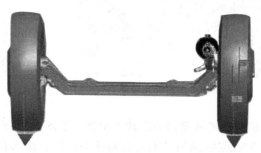

图 3-76 测量两铅锤间的距离

B 与 A 的差值即为前轮前束值，如图3-77所示。如果实测的前轮前束值不在规定的范围之内，则应拧松转向横拉杆接头上的夹紧螺栓，并转动转向横拉杆，直到获得正确的前轮前束值为止。标准值为0～2mm。

注意调整前束值时，观察转向横拉杆是否平直，有无弯曲变形，如有变形应校正或更换。将前轮前束调整好后，按照规定拧紧力矩拧紧夹紧螺栓。

（2）横拉杆球头角度检测　调整结束后，将方向盘向左转到止柱顶死，用手将转向横拉杆朝汽车前方或者后方摇动，检查转向横拉杆能否活动。然后把方向盘向右转到极限做上述同样的检查。

如果横拉杆不能活动，这表明转向横拉杆球销卡死。

如果转向横拉杆卡死，如图3-78所示，应该松开卡椎拧紧螺母B，调整球销接头角度，使车轮在转到最大转角的时候横拉杆球头能够转动。

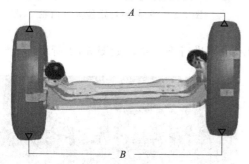

图 3-77 调整前束值

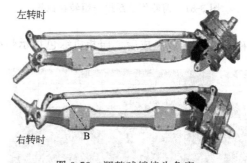

图 3-78 调整球销接头角度

注意在调整横拉杆球头角度时，要保证两球销中心距离不变，否则会影响前轮前束值。

（3）测量和调整最大转向角　在完成车轮定位后调整最大转向角。将左右前车轮置于装有转角测试仪的转盘中心上，并将车轮调到直线行驶状态。

左前轮左转和右前轮右转至规定的最大转角42°即调整转向节止柱，使其刚好顶到前轴限位凸台上，然后按规定拧紧力矩拧紧锁紧螺母，如图3-79所示。拧紧力矩为145～210N·m。

3.2.4.3 重汽车桥定位方法

（1）TRUCKCAM 车桥定位

① 将车辆沿地沟两侧实线行驶入检测工位，要求轮胎内侧不与地沟护栏干涉，轮胎外侧不压实线，如图3-80所示。

图 3-79　调整最大转向角

图 3-80　车辆驶入检测工位

②将车辆前轮停放至第一组转盘位置，如图 3-81 所示。

③启动 TRUCKCAM 直行定位检测系统后，录入相关车架号，在车桥车轮位置处安装磁性定位夹具，如图 3-82 和图 3-83 所示。

图 3-81　前轮停放至第一组转盘位置

图 3-82　安装磁性定位夹（前轮）

④磁性夹具安装完成后，照相机绿色指示灯亮起，指示可以进行下一步，如图 3-84 所示。

图 3-83　安装磁性定位夹（后轮）

图 3-84　照相机绿色指示灯亮起

⑤将照相机对准照射前侧标靶，按"OK"键，照射成功后，点亮外侧红灯，如图 3-85 所示。

⑥转动照相机 180°，对准照射后侧标靶，再次按"OK"键，照射成功后，内外两侧红灯均点亮，如图 3-86 所示，要求照相机照射顺序，首先操作第一轴。

⑦所有车轮上照相机标靶照射成功后，屏幕提示向前翻滚 180°，按提示保持方向盘不动，向前移动车辆，如图 3-87 所示，继续重复进行⑤、⑥步骤操作。

图 3-85　照射前侧标靶

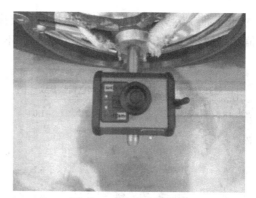

图 3-86　照射后侧标靶

⑧ 操作完成后，将在屏幕显示检测数据，在标准合格范围内，显示绿色柱状条，点击确认保存，如图 3-88 所示。如出现数据不合格，显示红色柱状条，需要对车辆进行调整，调整顺序如下：主驱动桥车桥偏斜、副驱动桥车轮平行度、主转向桥总前束、主转向桥车桥平行度、副转向桥总前束、副转向桥相对主转向桥平行度差值。

图 3-87　向前移动车辆

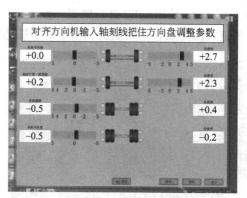

图 3-88　显示检测数据

⑨ 打印检测单。

⑩ 将磁性夹具取下，整齐摆放到固定支架上，如图 3-89 所示。

⑪ 装配前轮螺栓防护帽车型，使用橡胶槌，装配车轮螺栓防护帽。如图 3-90 所示。

图 3-89　将磁性夹具取下

图 3-90　装配车轮螺栓防护帽

（2）TRUCKCAM 车桥偏斜调整（适用车型 C7H、C5H、D7B、M5G、DM5G）

① 进行定位后，屏幕显示测量结果，主驱动桥车桥偏斜合格值为 ±3mm/m，副驱动桥车桥平行度合格值为 ±1mm/m。不合格情况下，如图 3-91 所示，需要对主副驱动桥下推力杆与支座之间进行增加垫片调整，调整顺序为先调整主驱动桥，后调整副驱动桥。

② 松开下推螺栓，在下推力杆与下推力杆支座之间增加垫片进行调整，如图 3-92 所示。当主驱动桥车桥偏斜值和副驱动桥车桥平行度＞8mm/m 时，不允许增加垫片调整。

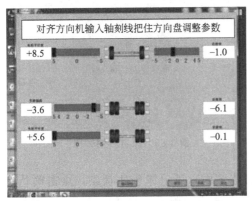

图 3-91　副驱动桥车桥平行度不合格值

图 3-92　松开下推螺栓

③ 装配下推力杆用六角法兰面螺母 ZQ32318T13F6 和 2 型六角螺母 ZQ361B20T13F6，控制力矩为 (440±44)N·m，使用 LTP 进行紧固，如图 3-93 所示。

④ 调整紧固完成，车桥偏斜和车桥平衡度达到合格值后，屏幕显示绿色柱形条，如图 3-94 所示。

图 3-93　装配下推力杆六角螺母

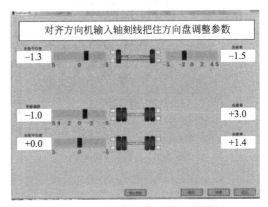

图 3-94　达到合格值后的显示界面

（3）TRUCKCAM C7 单前轴前桥平行度调整（适用车型 C7H/6×4、4×2）

① 车辆定位完成后，屏幕显示测量结果，其中前桥车桥平行度合格值为±1mm/m，如不合格，显示红色柱形条，如图 3-95 所示，不合格情况下，需要对前桥直拉杆长度进行调整。

② 转动方向盘，前轮转动，使屏幕显示前桥平行度合格，方向盘偏斜，如图 3-96 所示。

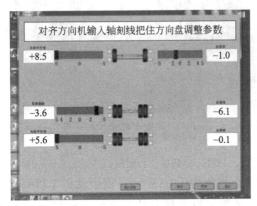

图 3-95　前桥车桥平行度不合格值显示

图 3-96　转动方向盘，前轮转动

③ 松开转向直拉杆卡箍，使用开口扳手调整直拉杆长度，如图 3-97 所示，同时观察方向盘的转动情况，方向盘摆正后，停止调整直拉杆长度。

④ 调整完成后，使用定值 LTP 拧紧工具紧固直拉杆卡箍，如图 3-98 所示，用螺母 AZ9003888458 装配转向直拉杆卡箍，力矩为（190±10)N·m。

⑤ 进行直拉杆调整，按要求更换螺栓和螺母，即标准件一次性使用，调整过程中检查管夹，如出现变形，需要一并更换。

图 3-97　调整直拉杆长度

图 3-98　紧固直拉杆卡箍

3.2.5　轮胎胎压监测系统

以奔驰重卡为例，胎压监测系统部件分布如图 3-99 所示。

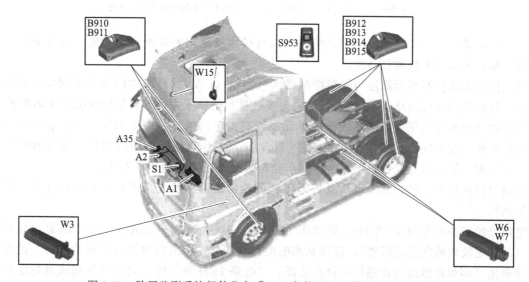

图 3-99　胎压监测系统部件分布［4×2 车轮配置（代码 I4A）的车辆］

A1—仪表盘（ICUC）控制单元；A2—中央网关（CGW）控制单元；A35—轮胎压力监控（定速控制 TPM）控制单元；
B910～B915—轮胎压力传感器；S1—电子点火开关（EIS）；S953—遥控钥匙；W3—天线；W6—左侧第 1 从动后轴天线；
W7—右侧第 1 从动后轴天线；W15—多功能天线；S953—遥控钥匙

轮胎压力传感器记录轮胎压力、轮胎内空气温度、车轮的转动方向和已安装电池的充电量，还会存储识别号。轮胎压力传感器以数据电码的形式收集这些信息，并以无线电信号的形式周期性地传送至天线。

轮胎压力传感器包括组合传感器元件、电池和无线电发射器。零部件铸造在外壳中，因此出现故障或电池电量不足时无法分解，必须全部更换。电池的使用寿命可持续五年。

根据其用途，分为以下轮胎压力传感器：左侧第 1 车轴轮胎压力传感器（B910）；右侧第 1 车轴轮胎压力传感器（B911）；左侧第 2 车轴轮胎压力传感器（外）（B912）；左侧 2 车轴轮胎压力传感器（内）（B913）；右侧第 2 车轴轮胎压力传感器（内）（B914）；右侧第 2 车轴轮胎压力传感器（外）（B915）；左侧第 3 车轴轮胎压力传感器（外）（B916）；左侧第 3 车轴轮胎压力传感器（内）（B917）；右侧第 3 车轴轮胎压力传感器（内）（B918）；右侧第 3 车轴轮胎压力传感器（外）（B919）；左侧第 4 车轴轮胎压力传感器（外）（B920）；左侧第 4 车轴轮胎压力传感器（内）（B921）；右侧第 4 车轴轮胎压力传感器（内）（B922）；右侧第 4 车轴轮胎压力传感器（外）（B923）；左侧第 5 车轴轮胎压力传感器（外）（B924）；左侧第 5 车轴轮胎压力传感器（内）（B925）；右侧第 5 车轴轮胎压力传感器（内）（B926）；右侧第 5 车轴轮胎压力传感器（外）（B927）；备用轮胎压力传感器（B934）。

轮胎压力传感器和加注阀 2 一起连接到轮辋 1 上。可通过加注阀 2 上的红色卡环 3 识别车轮和轮胎压力传感器，如图 3-100 所示。

图 3-100　轮胎压力传感器位置（左侧第 1 车轴轮胎压力传感器）
1—轮辋；2—加注阀；3—卡环；B910—左侧第 1 车轴轮胎压力传感器

轮胎压力监测系统是一个独立的电子系统，通过直接测量法记录轮胎压力和轮胎空气温度。符合正确的轮胎压力，从而提高安全性和经济性。

轮胎压力监测系统控制单元通过与车架控制器区域网络（CAN）与车内的其他控制单元相连。连接至轮胎压力监测器控制器区域网络（TPMCAN）的天线数量和轮胎压力传感器数量取决于车轴配置。

所有安装的天线在轮胎压力监测系统控制单元中均有指定的插口。如果混插，则轮胎压力传感器就会分配至错误的车轮。轮胎压力的规定值仅由 XENTRYDiagnosis 确定。可通过测试装置 MB3000 读取轮胎压力传感器的数据。轮胎压力监控系统不会检测车轮是否抱死（例如制动器冻结）。

该系统通过操作信息，警告和故障信息告知驾驶员轮胎的工作状态。该系统不提供任何补救措施，必须由驾驶员执行。

无线电信号的载波频率为 433MHz。轮胎压力传感器发送数据的频率取决于以下因素，如实际生产配置的变化（例如更换轮胎压力传感器）、操作状态的变化（例如轮胎内的空气温度或轮胎压力的变化）以及操作条件的变化（例如轮胎压力传感器中存在故障）。"电路 15 断开"时，启用睡眠模式且轮胎压力传感器不再发送数据电码。

天线将无线电信号转换为 CAN 信息，然后将其通过轮胎压力监测器控制器区域网络（TPMCAN）传送至轮胎压力监测系统控制单元进行评估。在相反方向，由轮胎压力监测系统控制单元发送的请求传送至轮胎压力传感器。通过评估接收信号的强度以及关于车轮转动方向的信息，轮胎压力监测系统控制单元将轮胎压力传感器分配至车轮。

通过多功能显示屏输出操作信息以及警告和故障信息。为读取操作信息，必须打开点火开关以启用轮胎压力监测系统控制单元。此时，驾驶员可通过进入多功能显示屏中主菜单"轮胎"请求操作信息。通过多功能方向盘左侧按钮组在主菜单"轮胎"中进行浏览。轮胎压力监测系统控制单元将相应控制器区域网络（CAN）信息通过车架控制区域网络（CAN）传送至仪表盘控制单元，后者生成显示信息。

装配多功能遥控钥匙（代码 F8C）（A）的车辆：可使用"多功能"版本的遥控钥匙从车外调用操作信息。多功能天线接收无线电信号并通过电子点火开关集成在总体网络中，与轮胎压力监测系统控制单元交换数据，可在遥控钥匙的显示屏上看到操作信息。操作信息为：规定的轮胎压力，各车轴的规定轮胎压力相同，基于 20℃ 的轮胎内空气温度；轮胎压力；轮胎空气温度；轮胎压力传感器的电池容量。系统估算电池的剩余使用寿命少于 6 个月时，就会显示状态"电量不足"。

影响轮胎压力监测系统的警告信息分为黄色警告和红色警告。如果故障为中优先级，则出现黄色警告。举例：轮胎压力比规定的轮胎压力低 10%时；轮胎压力超过 13.5bar 时；轮胎压力传感器的剩余电池电量少于 6 个月时。

如果故障为高优先级，则出现红色警告。举例：轮胎压力比规定的轮胎压力低 20%时；快速轮胎压力损失超过 400mbar/min 时；轮胎内空气温度升高超过 100℃ 时；轮胎压力传感器故障时；车轮卡滞时。

警告和故障信息自动显示在信息窗中。此外，状态区中的指示灯以相应的"黄色"或"红色"亮起。信息窗和状态区出现在多功能显示屏中。胎压监测系统功能网络如图 3-101 所示。

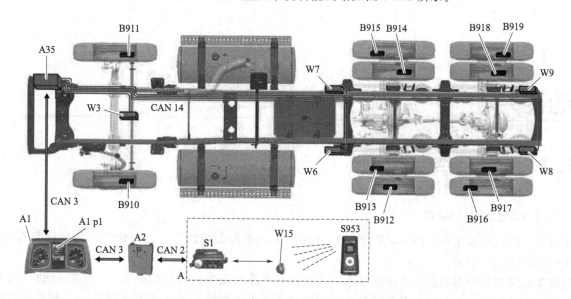

图 3-101　胎压监测系统功能网络 ［装配 6×4 车轮配置（代码 I4I）的车辆］
A1—仪表盘（ICUC）控制单元；A1 p1—多功能显示屏；A2—中央网关（CGW）控制单元；A35—轮胎压力监控系统（TPM）控制单元；B910—左侧第 1 车轴轮胎压力传感器；B911—右侧第 1 车轴轮胎压力传感器；B912—左侧第 2 车轴轮胎压力传感器（外侧）；B913—左侧第 2 车轴轮胎压力传感器（内侧）；B914—右侧第 2 车轴轮胎压力传感器（内侧）；B915—右侧第 2 车轴轮胎压力传感器（外侧）；B916—左侧第 3 车轴轮胎压力传感器（外侧）；B917—左侧第 3 车轴轮胎压力传感器（内侧）；B918—右侧第 3 车轴轮胎压力传感器（内侧）；B919—右侧第 3 车轴轮胎压力传感器（外侧）；CAN 2—车内控制器区域网络（CAN）；CAN 3—车架控制器区域网络（CAN）；CAN 14—轮胎压力监测器控制器区域网络（TPM-CAN）；S1—电子点火开关（EIS）；S953—遥控钥匙；W3—第 1 前轴天线；W6—左侧第 1 从动后轴天线；W7—右侧第 1 从动后轴天线；W8—左侧第 2 从动后轴/从动轴天线；W9—右侧第 2 从动后轴/从动轴天线；W15—多功能天线；
A—装配多功能遥控钥匙（代码 F8C）的车辆

第4章

制动系统

4.1
制动器

4.1.1 制动器结构与原理

4.1.1.1 制动器类型与特点

使行驶中的汽车减速甚至停车，使下坡行驶的汽车的速度保持稳定，以及使已停驶的汽车保持不动，这些作用统称为汽车制动。

对汽车起到制动作用的是作用在汽车上，其方向与汽车行驶方向相反的外力。作用在行驶的汽车上的滚动阻力、上坡阻力、空气阻力都能对汽车起制动作用，但这些外力的大小都是随机的、不可控制的。因此，汽车上必须装设一系列专门装置，以便驾驶员能根据道路和交通情况，借以使外界（主要是路面）在汽车某些部分（主要是车轮）施加一定的力，对汽车进行一定程度的强制制动。这种可控制的对汽车进行制动的外力，称为制动力。这样的一系列专门装置即称为制动系统。

制动器是安装在车桥上的制动系统的重要组成部分，是制动系统中，用以产生阻碍车辆的运动或运动趋势的力的部件，是汽车制动的主要执行机构。除了竞赛汽车上才装设的、通过张开活动翼板以增加空气阻力的空气动力缓速装置以外，一般制动器都是通过其中的固定元件对旋转元件施加制动力矩，使后者的旋转角速度降低，同时依靠车轮与路面的附着作用，产生路面对车轮的制动力以使汽车减速。

凡利用固定元件与旋转元件工作表面的摩擦而产生制动力矩的制动器，都称为摩擦制动器。除发动机缓速、牵引电动机缓速、液力缓速、电磁缓速、空气动力缓速等缓速装置以外，行车、驻车及第二（或应急）制动系统所用的制动器，几乎都属于摩擦制动器。

目前各类汽车所用的摩擦制动器可分为鼓式和盘式两大类。以重汽卡车为例，所有驱动桥（俗称后桥）使用的都是鼓式制动器，而在转向桥（俗称前桥）上，鼓式制动器和盘式制动器都有应用，2009年款车型的转向桥的标配为盘式制动器。

旋转元件固装在车轮或半轴上，即制动力矩直接分别作用于两侧车轮上的制动器，称为车轮制动器。车轮制动器的旋转元件固装在传动系统的传动轴上，其制动力矩须经过驱动桥再分配到两侧车轮上。车轮制动器一般用于行车制动，也有兼用于第二制动（或应急制动）和驻车制动的。

中央制动器一般只用于驻车制动和缓速制动。

（1）鼓式制动器　鼓式制动器有内张型和外束型两种。前者的制动鼓以内圆柱面为工作表面，在汽车上应用广泛；后者制动鼓的工作表面是外圆柱面，目前只有少数汽车用作驻车制动器。

内张型鼓式制动器都采用带摩擦片的制动蹄作为固定元件。位于制动鼓内部的制动蹄在一端承受促动力时，可绕其另一端的支点向外旋转，压靠到制动鼓内圆面上，产生摩擦力矩（制动力矩）。凡对蹄端加力使蹄转动的装置，都统称为制动蹄促动装置。

鼓式制动器的促动装置有液压制动轮缸、凸轮、楔等形式，这些制动器分别叫做轮缸式制动器、凸轮式制动器、楔式制动器等。

按鼓式制动器的领从蹄形式可分为领从蹄式制动器、双领蹄和双向双领蹄式制动器、双从蹄式制动器、单向和双向自增力式制动器等。

重汽公司所用的鼓式制动器全是凸轮领从蹄式制动器。如图 4-1 所示的鼓式制动器中，作为旋转元件的制动鼓固装在车轮轮毂的凸缘上。作为固定元件的制动蹄可绕各自的固定支点（固定在制动底板上的制动蹄支承销）旋转。

设汽车前进时，制动鼓旋转方向如图 4-1 中箭头所示（这称为制动鼓正向旋转）。制动时，随着制动凸轮轴的旋转，分别给两侧制动蹄的活动端一个向外的推力 F_s，使得两个制动蹄分别绕各自的支点向外旋转张开，并压靠到制动鼓上。显然，前制动蹄张开时的旋转方向与制动鼓的旋转方向相同，具有这种属性的制动蹄称为领蹄。与此相反，后制动蹄张开时的旋转方向与制动鼓的旋转方向相反，具有这种属性的制动蹄称为从蹄。当逐渐张开的制动蹄压靠到制动鼓上时，旋转着的制动鼓即对两制动蹄分别作用两个法向反力 N_1 和 N_2（微元法向反力的等效合力，

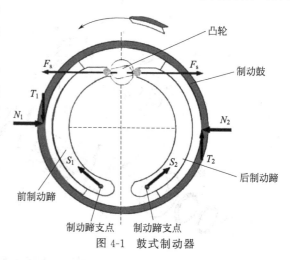

图 4-1 鼓式制动器

以下简称法向反力），以及相应的切向反力（即微元摩擦力的等效合力，以下简称切向反力）T_1 和 T_2。两蹄上的这些反力分别为各自的支点反力 S_1 和 S_2 所平衡。由图 4-1 可见，领蹄上的切向合力 T_1 所造成的绕支点的力矩与促动力 F_s 造成的绕同一支点的力矩是同向的。所以作用结果的是使 N_1 变得更大，从而力 T_1 也更大。这表明领蹄具有"增势"作用，领蹄在制动鼓上压得更紧，即力这种"增势"称为"摩擦助势"。与此相反，从蹄具有"减势"作用。倒车制动时，由于制动鼓的旋向相反，领蹄和从蹄将相互转换，但整个制动器的制动效能还是同前进制动时一样。

凸轮式制动器的促动装置为一根绕固定轴线旋转的凸轮轴，其工作表面是两个相同的圆弧面或渐开面。由于凸轮轮廓的中心对称性，以及两蹄结构和安装的轴对称性，凸轮转动所引起的两蹄上相应点的位移必然相等。这种领从蹄式制动器是一种等位移式制动器，其两制动蹄摩擦片的相应点的制动间隙调整到完全一致后，制动时两蹄对鼓的压紧程度以及所产生的制动力矩必然相等。但是领蹄的"摩擦助势"作用使得领蹄端部力图离开制动凸轮，同时从蹄的减势作用又使从蹄端部更加靠紧制动凸轮。因此，虽然领蹄有助势作用，从蹄有减势作用，但就等位移制动器而言，正是这一差别造成了制动效能高的领蹄的促动力小于制动效能低的从蹄的促动力，从而使得两蹄的制动力矩相等。

应当指出，并非所有领从蹄式制动器的领蹄和从蹄制动力矩都相等。对于轮缸式领从蹄制动器来说，由于轮缸作用于两个制动蹄的促动力始终相等，在"摩擦助势"作用下，领蹄的制动力矩为从蹄制动力矩的 2～2.5 倍。

① STR（斯太尔）系列驱动桥的鼓式制动器。STR 系列车桥所用的鼓式制动器结构如图 4-2 所示。作为旋转元件的制动鼓固装在车轮轮毂的凸缘上。制动底板 7 通过 16 个螺栓与桥壳上的固定盘相连，为制动器固定部分零件装配基体。制动蹄支撑销 13 在穿入制动底板 7 的相应孔中后，通过两个弹性圆柱销 12 与制动底板 7 固定。两个制动蹄 10 以其一端的半圆形开口靠在制动蹄支承销 13 上，并用两个保持弹簧 14 将两个制动蹄 10 拉住，使其始终保持紧贴制动蹄支承销 13 的状态。两制动蹄 10 的另一端也有半圆形开口，分别卡住一个滚轮 9。回位弹簧销 15 穿入制动蹄 10 腹板的对应孔中，固定回位弹簧 11 的两端。在回位弹簧 11 的拉力下，使得两个制动蹄 10 在制动张开后能回到初始位置，并保证两个滚轮 9 始终与制动凸轮轴 4

相贴合。两个滚轮 9 之间正对着制动凸轮轴 4 的凸轮部分，制动凸轮轴 4 在穿过制动底板 7 的对应孔之后，另一端穿过凸轮轴支架 3，露出花键。凸轮轴支架 3 通过两个螺栓固定在桥壳的凸轮轴支架座上。制动间隙调整臂 2 的内花键套过制动凸轮轴 4 端部的花键后，用轴用弹性当圈 1 将其固定在制动凸轮轴 4 上。防尘罩 6 通过六角螺栓 5 固定在制动底板上。

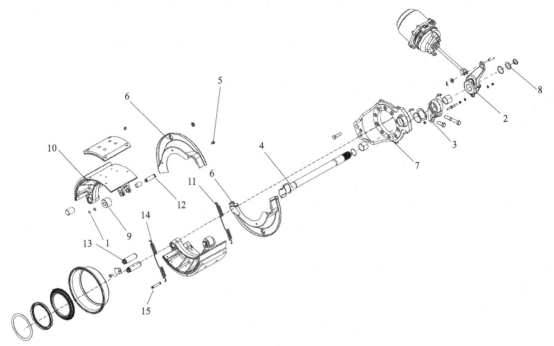

图 4-2　STR 系列车桥所用的鼓式制动器结构

1—轴用弹性挡圈；2—制动间隙调整臂；3—凸轮轴支架；4—制动凸轮轴；5—六角头螺栓；6—防尘罩；
7—制动底板；8—调整垫片；9—滚轮；10—制动蹄（带摩擦片总成）；11—回位弹簧；
12—弹性圆柱销；13—制动蹄支承销；14—保持弹簧；15—回位弹簧销

制动时，制动气室推动制动间隙调整臂的柄部，带动制动凸轮轴旋转。制动凸轮轴由相对固定的凸轮轴支架和制动底板的支承，在制动间隙调整臂的带动下，绕其轴线转动。凸轮轴头部的凸轮轮廓为渐开面，在凸轮转动时，滚轮紧贴在凸轮轮廓上滚动。滚轮与凸轮轮廓的接触线距离凸轮轴的中心线随着凸轮的转动越来越远，将两个制动蹄向外撑开。制动蹄外面正对着制动鼓的工作面。与车轮一起旋转的制动鼓与张开的制动蹄相摩擦，产生制动力矩。

为节约成本，降低自重，原 STR 的铸造制动蹄设计被改为钢板冲压焊接结构，并在滚轮上增加保持架，以改善较薄的钢板与滚轮贴合情况；为适应不同用户的需求，重汽公司开发了加宽制动器的 STR 系列驱动桥，由原来的 185mm 加宽为 220mm，大大改善了制动性能；此外，还有自动间隙调整臂的桥型，免去了普通手动间隙调整臂需要定期检查并调整制动间隙的烦恼，适应了高端用户的需要。

② HW（豪沃）系列驱动桥的鼓式制动器。HW 系列车桥可分为 HW12 和 HW16 两个系列。HW 系列驱动桥的鼓式制动器与 STR 系列的鼓式制动器的结构和工作原理大体相同，但又有明显的区别。HW 系列驱动桥的制动蹄全部采用钢板冲压焊接结构；制动器（制动蹄）宽度较原 STR 结构的宽，其中，HW16 系列驱动桥的制动器又比 HW12 系列的宽；摩擦片采用不等厚度的设计，提高了摩擦片材料的利用率，延长了摩擦片的使用寿命；HW 系列驱动桥的制动器凸轮轴在与气室支架焊接成一体的套管中定位，而 STR 系列驱动桥的凸轮轴是通过凸轮轴支架固定的；HW 系列车桥的气室支架与制动底板相连，而 STR 系列车桥的气室支架装在桥壳中央的连接板上，如图 4-3 所示。

③ 转向桥的鼓式制动器。

a.转向桥的鼓式制动器构造及工作原理与 STR 系列驱动桥的鼓式制动器大体相同。不同的是转向桥的制动凸轮轴较短，通过气室支架中的支撑，制动器的宽度也有所不同；整个制动器可随转向节的转向一起

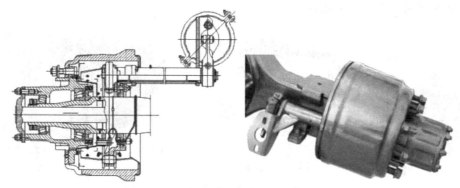

图 4-3 HW 系列驱动桥鼓式制动器的构造

绕主销转动；制动蹄支承销固定在转向节的两个孔中，同时贯穿并连接制动蹄、转向节、横拉杆臂。

b. 兼用于驻车制动时，需要加装的驻车制动传动装置较鼓式制动器复杂。

盘式制动器主要有钳盘式和全盘式两种，其中前者更常用。钳盘式制动器的旋转元件是制动盘，固定元件是制动钳。

（2）全盘式制动器　摩擦副的固定元件和旋转元件都是圆盘形的，分别称为固定盘和旋转盘，其工作原理与摩擦离合器相似。

（3）钳盘式制动器

① 定钳盘式制动器。特点是制动钳固定不动，制动盘两侧的制动块用两个液压缸单独促动。

② 浮钳盘式制动器。特点是制动钳可以相对制动盘作轴向滑动；只在制动盘的内侧设置促动油缸或气室，而外侧的制动块则随钳体移动。如图 4-4 所示为重汽公司生产的浮钳盘式制动器。

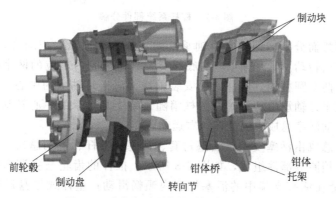

图 4-4 重汽公司生产的浮钳盘式制动器

4.1.1.2　盘式制动器结构与原理

（1）盘式制动器的组成　如图 4-5 所示，盘式制动器主要由气室、制动块、钳体、推杆、杠杆、调节机构、托架等部分组成。其中，制动盘与前轮毂用螺栓连成一体，为摩擦副的转动部分。制动块在托架的限位作用下，位于制动盘的两侧，为摩擦副的固定部分。制动气室为制动器的促动力发出部件。

（2）承载系统　承载系统主要由转向节、前轮毂、制动盘、托架等组成，其中托架通过螺栓与转向节固定在一起。如图 4-6 所示，托架两端面上各装有两个滑销，在钳体、钳体桥的对应位置各有两个圆孔，通过该孔，可以将钳体及钳体桥套到滑销上，用螺栓连接钳体和钳体桥后，钳体及钳体桥

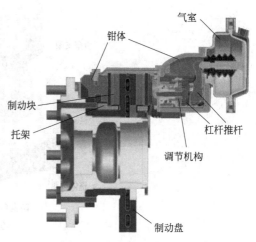

图 4-5 盘式制动器的组成

可以通过托架上的滑销在托架上左右滑动。

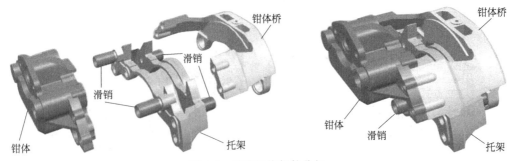

图 4-6　承载系统部件分解

（3）杠杆系统　杠杆系统由杠杆总成、半月轴承、半月轴承座、圆柱销组成，其中杠杆总成由杠杆、驱动头、衬垫、弹性圆柱销等部件组成，如图 4-7 所示。

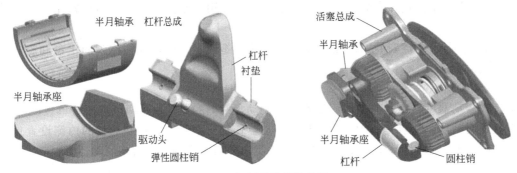

图 4-7　杠杆系统部件分解

杠杆两端较大的外圆弧面分别与两个半月轴承（即半个滚针轴承）相配合，装到两个半月轴承座内。使得杠杆能在半月轴承座内转动。半月轴承座的底部安装到钳体腔内对应的两个孔中定位。杠杆两侧较小的内圆弧面通过衬垫装有两个圆柱销，圆柱销的安装轴线偏离半月轴承的中心一段距离（约 4mm），形成一个偏心机构。当杠杆在半月轴承内转动时，圆柱销随之绕半月轴承的中心转动，使圆柱销的中心便偏离原来的位置向右运动，推动活塞总成中的推杆向右运动。

（4）活塞总成　活塞总成由活塞支架、活塞衬套、活塞、推杆、主调总成、油封、防尘套、防尘套压环、整体推盘、轴用弹性挡圈等部件组成，如图 4-8 所示。推杆的齿轮与主调齿轮相啮合，活塞通过螺纹（右旋）与推杆连接，并能在活塞支架中的活塞衬套内顺畅滑动；整体式推盘通过卡簧固定在两个活塞头

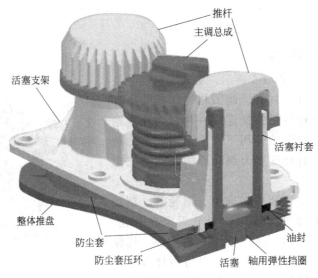

图 4-8　活塞总成组成部件

部，其端部平面正对着制动块。其余部件如防尘套、防尘套压环、油封等为密封辅助件。

上述机构中，在圆柱销随杠杆转动并向右移动的过程中，经过推杆、活塞、整体推盘的传递作用，推动整体推盘侧的制动块向制动盘方向移动。

主调总成结构如图4-9所示。当推杆在圆柱销的推力作用下运动时，带动主调总成中的主调压板随之运动，使主调压板下的弹簧压缩。

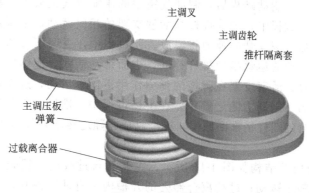

图4-9　主调总成

（5）盘式制动器总成

① 盘式制动器的构造。盘式制动器总成主要由活塞总成、杠杆总成、半月轴承、半月轴承座、钳体、钳体桥、滑销、托架、制动块总成、手调总成及滑销保护套、滑销盖、螺栓、油封等辅助件组成，如图4-10所示。在钳体内腔中依次装有半月轴承座、半月轴承、杠杆总成、活塞总成，活塞总成中活塞支架通过螺栓连接到钳体上，安装完成后，主调总成的弹簧即被压缩一定距离，在其弹力作用下，推杆端面、圆柱销表面、杠杆、半月轴承、半月轴承座、钳体依次紧贴；钳体与钳体桥分别套到对应侧的滑销上后，用螺栓将它们连接起来，使得钳体与钳体桥能一起在滑销上相对托架滑动；整体推盘与钳体桥内侧平面分别对着两个制动块，两个制动块分置于制动盘两侧，在托架与压板的限位作用下，只允许有沿制动器轴向的运动（即靠近或远离制动盘的方向）；托架用螺栓固定在转向节上，为制动器的固定元件。

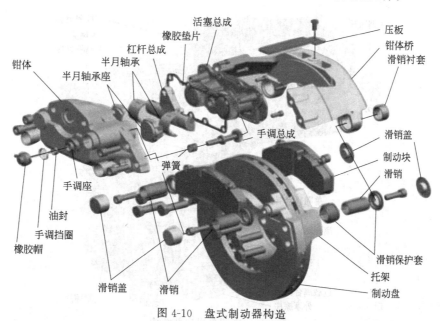

图4-10　盘式制动器构造

② 盘式制动器的工作原理。

a. 启用制动。当驾驶员踩下制动踏板后，制动气室开始进入压缩空气，将气室推杆推出。气室推杆头部在杠杆头部的凹坑内，推动杠杆在半月轴承内转动，带动圆柱销向活塞总成方向摆动，将推杆推出，并带动活塞总成中的活塞、整体推盘运动，从而推动钳体侧的制动块向制动盘靠近。同时，圆柱销也受到推杆的反作用力，该力是半月轴承、半月轴承座向左运动，进而带动钳体、活塞支架、钳体桥一起移动（钳体与钳体桥能在滑销上相对托架滑动），使得钳体桥侧的制动块在钳体桥的推动下靠近钳体桥侧的制动块。在上述两个运动共同作用下，使得两个制动块同时靠近并压紧随轮毂高速旋转的制动盘，通过制动块与制动盘之间的摩擦力产生制动力矩。

b. 解除制动。当驾驶员松开制动踏板后，制动气室中的压缩空气被放掉，制动器中产生制动力矩的一系列力随之消失。在前述制动过程中，随着推杆与活塞支架的相向运动，主调总成中的弹簧被压缩。而在气室推杆回位，其推力消失后，该弹簧的弹力将释放。此过程中，主调压板和活塞支架在弹簧的弹力作用下，向相反方向运动。主调压板的运动推动推杆移动，进而带动活塞、整体推盘移动，松开整体推盘侧的制动块上的压力，制动力解除；活塞支架在弹簧的弹力作用下向右运动，进而带动钳体、钳体桥移动，松开钳体桥侧的制动块上的压力，制动力随之解除。在上述过程中，推杆与半月轴承（随钳体运动）相对运动，从而将偏离制动初始位置的圆柱销推回原位，杠杆总成亦随之转动到制动初始位置。

（6）自调机构

① 主调总成。主调总成内部结构如图 4-11 所示。主调叉与过载离合器壳为过盈配合，当主调叉转动时，主调总成过载离合器壳随之转动；过载离合器壳的开槽内卡有外摩擦片，内摩擦片与外摩擦片交替排列，它们与轴承垫板、推力轴承、支承座一起被弹簧压紧；内摩擦片内孔有齿，与过载离合器轴相咬合，过载离合器轴外是单向离合器，它只允许过载离合器轴相对与主调齿轮逆时针转动。于是，当主调叉受外力作用而顺时针转动时，该力便经过载离合器壳、外摩擦片、内摩擦片、过载离合器轴、单向离合器传递到主调齿轮，带动主调齿轮转动；当主调齿轮受外力逆时针转动时，该力经上述路线传递到单向离合器时就会打滑，因而主调齿轮不随主调叉转动，即主调齿轮相对于主调叉的转动具有单向性。在上述结构中，单向离合器所能传递的扭矩值很有限，且其价格较高，如果使主调齿轮转动所需的力大于单向离合器所能承受的最大力矩（此时，齿轮可能被卡住或是出现自调机构的润滑故障等问题），而过载离合器轴又在顺时针转动时，单向离合器即会损坏，造成较大的损失。然而，过载离合器轴的转动力矩是经过载离合器（内、外摩擦片组件）传递过来的，内、外摩擦片之间能传递的摩擦力是小于单向离合器的额定载荷的。因此，过载离合器能起到保护单向离合器不被破坏的作用。

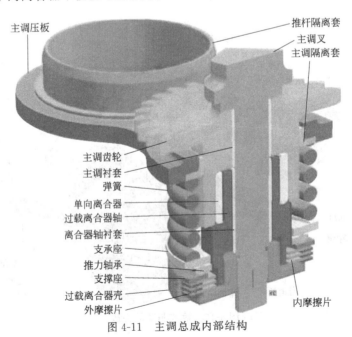

图 4-11　主调总成内部结构

② 自调间隙。在杠杆总成上压装了一个驱动头，在杠杆转动时，驱动头亦随之绕半月轴承的中心转动。在制动器装配时，驱动头置于主调叉的开口中。制动时，随着杠杆的转动，驱动头的球头可以带动主调叉顺时针转动。前文中提到：当主调叉顺时针转时，主调齿轮随之转动。而主调齿轮与两个推杆相啮合，使

得两个推杆逆时针转动。而推杆通过螺纹（右旋）与活塞配合，推杆的逆时针转动使该螺纹副被选出一定距离。因推杆侧的相关零部件（圆柱销、杠杆、半月轴承、半月轴承座、钳体）之间是彼此没有间隙的，所以只能使活塞相对于活塞支架被推出一定距离，从而带动整体推盘及制动块向制动盘靠近，使制动间隙减小。当制动回位时，随着杠杆的回位，驱动头亦随之回位，带动主调叉逆时针转动，此时主调齿轮不随主调叉转动，因而主调齿轮与推杆无相对啮合运动，推杆不转动，制动间隙保持不变。

综上所述：在自调机构的作用下，制动过程中，制动间隙减小了，而制动回位时，间隙保持不变，即在上述制动过程中，制动间隙被调整小了。那么，依此原理，岂不是每次制动都将制动间隙调小？长此下去，不就没有制动间隙了吗？其实不然。在上述自调机构中，主调叉的开口大小比驱动头的球头直径大。假设在未制动的初始状态下，驱动头的球头与主调叉的开口上表面相贴，制动时，随着杠杆总成的转动，驱动头开始向主调叉的下表面靠近，当驱动头的球头与主调叉的开口下表面贴合时，对应的制动行程（整体推盘与钳体桥移动的距离之和）为 0.8~1.0mm（设定间隙）。此时，若实际制动间隙大于设定间隙，将继续制动，驱动头开始带动主调叉顺时针转动，将制动间隙调小一定值。制动回位时，与上述过程相反：驱动头在主调叉内先走一段空行程（自主调叉开口下表面向上表面靠近，不带动主调叉转动），然后再带动主调叉逆时针转动，此时制动间隙保持不变。制动结束后，驱动头仍与主调叉开口的上表面贴合，即回到了前述制动初始状态。

由前述可知，当制动间隙大于设定值（0.8~1.0mm）时，经过数次制动，即可将间隙调整至设定值，此后制动间隙不再变化。

在初次装配或时进行更换制动块等维修或安装操作之后，制动间隙会远大于设定值，也可能大于最大的制动行程（即此时没有制动），若采用前文所述的自动调整的方式调整间隙则太慢，而且还有安全隐患。

（7）手调机构　手调机构由手调齿轮、手调轴、弹簧、橡胶帽等部件组成，如图4-12所示。手调轴与手调齿轮过盈配合，壳带动手调齿轮转动，手调齿轮与一个推杆相啮合。手调轴另一端的橡胶帽取下后，即可用工具拧动手调轴，使手调齿轮带动活塞总成的轮系转动。顺时针转动手调轴使制动间隙减小，逆时针转动手调轴使制动间隙变大。

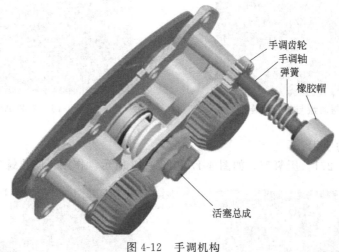

图4-12　手调机构

4.1.2　制动器拆装

4.1.2.1　重汽前桥盘式制动器安装

以重汽豪沃系列盘式制动器前桥总成为例，介绍盘式制动器前桥总成的装调过程以及技术要求。

（1）分装工序　在盘式制动器前桥进行整桥装配前，首先进行分装工序以及准备工作是必须的。

① 装转向节轴承内环。

a. 将轴承内环及转向节擦拭干净，卸下转向节上的螺母。

b. 如图 4-13 所示，使用冲子将轴承装在转向节上，使轴承与转向节端面贴紧，不得有间隙。

② 分装轮毂与制动盘总成。

a. 将前轮毂总成与制动盘（图 4-14）用螺栓对称拧紧，如图 4-15 所示，拧紧力矩为 $247\sim290N\cdot m$。装前螺纹时涂螺纹锁固胶。

图 4-13　盘式制动器转向节装轮毂轴承

图 4-14　盘式制动器制动盘实体

b. 将油封用冲子装到轮毂上。

c. 如图 4-16 所示，将 ABS 齿圈用冲子装到轮毂上，装到底，测量端面跳动，保证 $\leqslant0.2mm$。

图 4-15　将制动盘与前轮毂连接

图 4-16　安装 ABS 齿圈

③ 装配时各种胶类的使用。

a. 螺纹锁固胶：242、271，厌氧型，如图 4-17 和图 4-18 所示。作用：防止螺纹松动。

图 4-17　螺纹锁固胶 242

图 4-18　螺纹锁固胶 271

b. 平面密封胶：5699，如图 4-19 所示。作用：保证金属无间隙连接，防止渗漏油。

c. 防卡滞剂及优质润滑剂。防卡滞剂：767，如图 4-20 所示。优质润滑剂：OMEGA99。作用：防止金属粘接、粘联，保证高温、低温时金属间润滑。

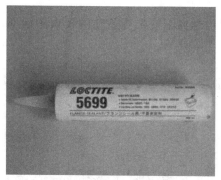

图 4-19　耐油平面密封胶

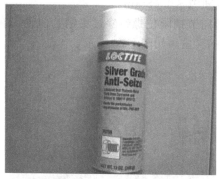

图 4-20　防卡滞剂

（2）桥装配工序　将零件及分装好的小总成装配至前梁上。

① 前轴总成定位，装转向节总成。

a. 前轴分总成平衡杆端面朝前，将前轴分总成在夹具上定位，钢板面朝下，如图 4-21 所示。

b. 将推力轴承套在转向节销大端（轴承紧圈紧贴前轴安装），如图 4-22 所示。

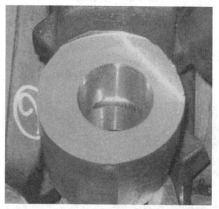

图 4-21　盘式前桥前梁

图 4-22　装分装好的转向节

c. 在转向节内开挡处塞入调整垫片，如图 4-23 所示。

d. 如图 4-24 所示，在主销孔中插入主销，保证推力轴承转向节、调整垫片之间无较大移动。

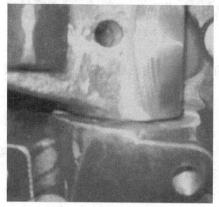

图 4-23　加入调整垫片

图 4-24　插入主销

② 安装锁销。

a. 如图 4-25 所示，将主销装入前轴、转向节相应孔中，同时用转向节销限位螺钉穿过主销、前轴。

b. 用铜锤敲击转向节，消除转向节、前轴、推力轴承之间的间隙。

c. 检查间隙≤0.08mm。

d. 用转向节销限位螺钉穿过主销、前轴，在转向节销限位螺钉上安装弹簧垫圈及六角螺母，拧紧力矩是 90～110N·m，如图 4-26 所示。

图 4-25　调节转向节间隙

图 4-26　安装锁销

③ 调整转向角。

a. 如图 4-27 所示，装入主销盖，用挡圈钳将孔用弹性挡圈装在卡槽中。

b. 如图 4-28 所示，将盖装入转向节孔中，用冲子冲入，将孔用弹性挡圈装在卡槽中。

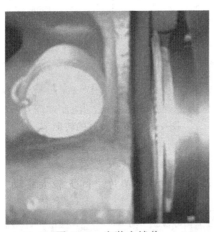

图 4-27　安装主销盖

图 4-28　装另侧主销盖

c. 如图 4-29 所示，装调整螺钉及六角薄螺母时在螺钉的螺纹表面均涂螺纹锁固胶。调整转向角度后，将六角薄螺母紧固，内转向角为 43°～45°。

④ 安装连接板和横拉杆臂。

a. 如图 4-30 所示，将连接板固定在转向节总成上，注意连接板方向。

b. 如图 4-31 所示，安装横拉杆臂连接螺栓，将横拉杆臂装到转向节上，横拉杆臂弯曲方向朝前轴内侧且锥孔大端朝下（装配方向），拧上六角螺母，拧紧力矩为 930～1000N·m。

c. 用 M20 的螺栓紧固连接板，螺栓涂螺纹锁固胶，螺栓拧紧力矩为 486～548N·m。

⑤ 安装轮毂与制动盘总成。

a. 装轮毂与制动盘总成，在前轮毂合件内轴承外环及油封刃口处涂润滑脂。

b. 在圆锥滚子轴承外环上涂少许润滑脂，用冲子冲入圆锥滚子内环。

c. 在转向节轴头上套上垫片，拧紧槽形螺母，见图4-32，槽形螺母拧紧至280N·m后，再将螺母后退少许，震出间隙，调整轮毂轴承力矩，确保预紧力矩为5～6N·m后，安装开口销锁止。

（3）安装边盖，如图4-33所示。

图4-29　调转向角

图4-30　安装连接板

图4-31　安装横拉杆臂

图4-32　装转向节螺母

① 安装盘式制动器总成。

a. 将盘式制动器吊装到位，如图4-34所示，安装六角头螺栓，拧紧力矩为486～548N·m。

图4-33　装边盖

图4-34　将盘式制动器吊装到位

b. 确保上下对称拧紧，保证手可以推动制动盘转动，如图4-35所示。

② 安装横拉杆总成、转向节臂。

a. 将横拉杆总成两端锥销表面擦拭干净后，检查横拉杆总成两端球销处不应有卡滞和松旷现象，球销应转动灵活，然后将其装在横拉杆臂上，如图 4-36 所示。槽形螺母拧紧力矩≥210N·m，然后装上开口销，锁止。

图 4-35　装盘式制动器总成

图 4-36　安装横拉杆

b. 如图 4-37 所示，安装转向节臂，在螺栓上涂螺纹锁固胶，螺母拧紧力矩为 380～437N·m。锥孔大端朝上（装配线装配时）。

③ 安装制动气室及调节制动器间隙。

a. 调节制动器手调机构，打开制动器，塞入制动块总成（图 4-38）并到位，摩擦面一侧靠近制动盘。

图 4-37　装转向节臂

图 4-38　制动块总成

b. 如图 4-39 所示，安装左右气室，将气室最下方的堵塞去除，螺栓拧紧力矩为 180～210N·m。

c. 如图 4-40 所示，调节手调机构，消除制动块和制动盘之间的间隙，再将手调机构反向拧 1/3～1/2圈，保证制动块初调间隙为 0.8～1mm。

图 4-39　安装左右气室

图 4-40　调节手调机构

④ 调整前束及注润滑脂。

a. 调整前束值：(0±1)mm（子午胎）；(3±1)mm（斜交胎）。

b. 前束调整后，拧紧横拉杆锁紧螺母，拧紧力矩为70～90N•m，夹箍与钢管端面的距离为（9±1）mm，如图4-41所示。

c. 将ABS衬套装到转向节ABS孔内，装传感器装到衬套内并推到底。ABS传感器信号测量：用手均匀转动轮子达到30r/min时，传感电压必须大于0.2V。

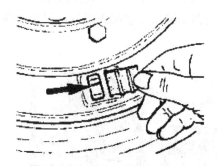

图4-41 调整前束

4.1.2.2 鼓式制动器的拆装与检修

鼓式制动器主要技术参数见表4-1。

(1) 磨损检测

① 打开观察孔上的橡胶塞，检测制动摩擦片的厚度。如果制动摩擦片的厚度处在正确的安装状态，就可以通过盖中的观察孔来检测。如图4-42所示箭头所指的地方是摩擦片磨损的极限位置。

表4-1 鼓式制动器技术参数　　　　单位：mm

项目	参数
制动蹄与制动鼓在中间位置的间隙	0.7～1.5
制动摩擦片厚度，根据维修等级	16.7～19.5
制动摩擦片的最小厚度	5.0～5.5
制动鼓内径	410

图4-42 摩擦片磨损的极限位置

② 如果间隙调节臂正在正常工作，制动器冷却时，间隙应≥0.7mm，如图4-43所示。如果不能达到该值，那么就是制动蹄支架太紧或回位弹簧断了。

③ 当在间隙调整装置上的指示器1指向制动臂上的控制臂的标记2时，如图4-44所示，必须更换制动摩擦片。

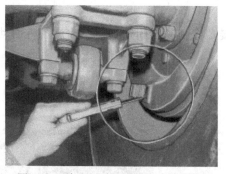

图4-43 检查间隙调节臂冷却却间隙

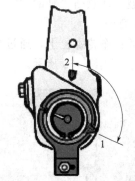

图4-44 更换制动摩擦片指示

④ 如图4-45所示检查间隙调整装置的功能：用一个扳手逆时针转动螺钉，把扳手保留在六角头上。操作制动踏板几次，扳手必须始终要返回到起始位置。

(2) 放松制动器　注意确保车辆不移动。在重新设置自动间隙调整装置之前，通过拧松紧急释放装置，放松制动气室的弹簧加载部分。此时，停车制动不起作用。

如图4-46所示拧出放松螺栓。维修后对制动系统充气直至达到关闭压力。随着停车制动器的解除将放松螺栓拧紧。

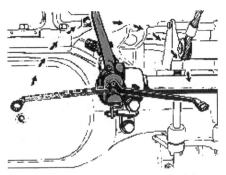

图 4-45　检查间隙调整装置的功能

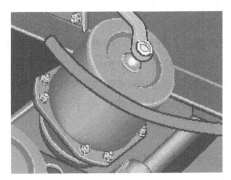

图 4-46　拧出放松螺栓

（3）制动鼓拆装与检修

① 拧出车轮螺母，拆下车轮及轮辋，车轮螺母拧紧力矩 M22×1.5：550～600N·m，逆时针转动制动间隙调整臂的调整螺母（图 4-47 中箭头所示）

② 拧出固定制动鼓的十字沉头螺钉，用紧固螺钉将制动鼓顶出，如图 4-48 所示。

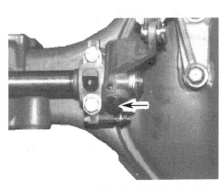

图 4-47　转动调整螺母

图 4-48　将制动鼓顶出

③ 安装制动鼓。注意凸轮轴的"零"位置，如图 4-49 所示。如果需要，检查凸轮轴的运行方向。清洁轮毂与制动鼓的接合面。

④ 将制动鼓放在车轮螺栓上，通过与轮毂连接，将制动鼓固定到位。注意：将制动气室的紧急释放装置放回在制动位置，如图 4-50 所示。

图 4-49　凸轮轴的"零"位置

图 4-50　紧急释放装置放在制动位置

⑤ 维修制动鼓：车削制动鼓。为了车削操作，将夹持板拧到制动鼓上。将制动鼓装夹在车床上，通过车削重新修整。

如图 4-57 所示，记下最大车削尺寸 1 或维修等级和磨损极限。制动鼓维修参数见表 4-2。

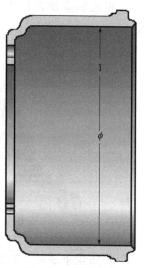

图 4-51 车削尺寸

表 4-2 制动鼓维修参数　　　　　　　　　单位：mm

项目	参数
制动鼓内径	410
新（正常）	410.0～410.2
维修等级 1	411.5～411.7
维修等级 2	413.0～413.2
磨损尺寸	414

对于所有制动鼓表面最大粗糙度：长度 100mm 内的最大允许圆柱度 0.05mm。

（4）制动蹄拆装与检修

① 如图 4-52 所示用轮胎撬棒取下回位弹簧。在轮毂装或没装之前制动蹄均可被拆开及重装。注意：别让弹簧夹住手。如有必要应戴上保护手套。防尘罩可以拆下来，这样看得更清楚。

② 如图 4-53 所示松开并拧下制动蹄上的固定螺栓，把护板从制动蹄销中拉出。

图 4-52 用轮胎撬棒取下回位弹簧

图 4-53 拧下制动蹄上的固定螺栓

③ 取下制动蹄。制动蹄总成的拆卸可在不分拆轮边减速器总成和轮毂总成的情况下进行。

④ 在安装制动蹄之前，在衬套上涂上锂基润滑脂。

⑤ 将制动蹄放置在制动底板中，然后装上制动蹄销。安装衬套如图 4-54 所示。对准凹槽（图 4-55 中箭头所示），这样才能放入护板。

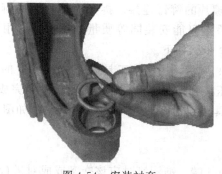

图 4-54 安装衬套

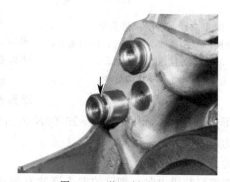

图 4-55 装上制动蹄销

⑥ 如图 4-56 所示，放入护板，拧紧螺栓，确保位置正确。

⑦ 用轮胎撬棒把回位弹簧钩到位，如图 4-57 所示。注意：别让弹簧夹住手。如有必要应戴上保护手套。

图 4-56　安装护板

图 4-57　把回位弹簧钩到位

⑧ 将防尘罩装好。安装说明：只有同等质量的制动摩擦片才能装在同一根桥上。制动蹄和制动鼓在中部的间隙≥0.7mm

当为新的制动器时，制动力的允许误差如下。

a. 在一个车轮上：1500N。

b. 在一个桥的左右轮间：按 a 条作为测量车轮制动力的平均值，左右车轮制动力相差不大于 20％。

⑨ 维修制动蹄。制动蹄部件分解如图 4-58 所示。制动蹄部件检修参数见表 4-3。车削制动摩擦片直径应比制动鼓内直径小 1mm。零测量的制动摩擦片不用车削。打开观察孔上的橡胶塞，检测制动摩擦片的厚度。达到磨损极限需更换摩擦片。

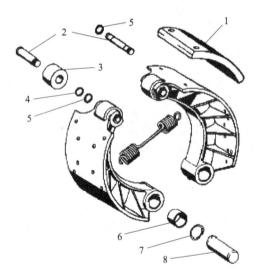

图 4-58　制动蹄部件分解

1—制动摩擦片；2—销轴；3—滚轮；4—O 形环；
5—轴用弹性挡圈；6—衬套；
7—密封圈；8—制动蹄销

表 4-3　制动蹄部件检修参数

项目		参数
制动摩擦片的厚度/mm	正常	18.0±0.5
	维修（零测量）	16.7±0.5
	维修等级 1	18.8±0.5
	维修等级 2	19.5±0.5
磨损边的高度/mm	正常	5.0±0.5
	维修（零测量）	5.0±0.5
	维修等级 1	5.0±0.5
	维修等级 2	5.0±0.5
制动蹄的铆接力/N	预紧力	200～400
	铆接力	2200～2600

⑩ 拆开摩擦片的铆钉连接。拆开摩擦片上的铆钉，清理制动蹄。任一根桥上只能安装同等质量的摩擦片。用铆钉连接制动摩擦片的具体步骤如下。

a. 如图 4-59 所示，用铆接工具以 200～400N 的力将铆钉制动蹄和摩擦片压接到一起。保持压力，直到 b 步完成。

b. 为形成铆压头 3，用 22000～26000N 的力将铆接模具压到铆钉头上（铆压头一侧），如图 4-60 所示。压入力：铆压头 2。

压出力：面 1。

c. 当把铆钉装进去时，铆钉的帽应该冲着制动摩擦片的外端。铆铆钉时应该交叉或成对进行，如图 4-61 所示。比如 1 和 4，2 和 3。建议先用两个铆钉对制动蹄和摩擦片定位。比如：5 和 8。

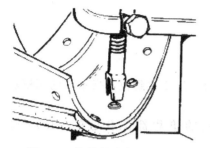

图4-59 铆接制动蹄和摩擦片

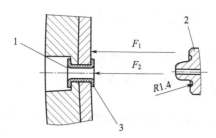

图4-60 压入铆压头

F_1—预紧力；F_2—铆接力

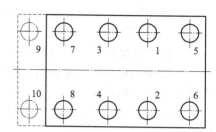

图4-61 铆铆钉操作顺序

⑪ 车削制动摩擦片。一旦当制动蹄已被铆接到位，就将制动蹄夹紧到专用装置中，如图4-62所示，并将制动摩擦片车削到正确的测量值。用压缩空气清洁制动蹄。

制动蹄厚度是不同的，它们与适当的车削值（标准，维修等级1和2）相匹配。车削制动摩擦片直径应比制动鼓内直径小1mm。零测量的制动摩擦片不用车削。

⑫ 拆制动间隙自动调臂（图4-63）。

a.取下制动气室3的开口销和销钉。逆时针转动螺钉1直到制动臂从气室叉中推出。

b.取下控制臂的固定螺栓2。

图4-62 将制动蹄夹紧到专用装置中

图4-63 拆自动间隙调臂

c.如图4-64所示，取下轴用弹性挡圈、垫片、调整垫片、指示片。

d.拆下制动臂。

⑬ 制动凸轮轴拆装。

a.清洁制动凸轮轴的外露部分，如图4-65所示。

图4-64 取下轴用弹性挡圈等

图4-65 清洁制动凸轮轴的外露部分

b.将制动凸轮轴1从轴承座3和制动底板2中拉出来，部件位置见图4-66。

c.给轴承座和制动底板内衬套涂抹润滑脂。穿过制动底板和轴承座放入制动凸轮轴，并且检查是否转动灵活。

注意不要将制动凸轮轴左右混装，确保旋转方向正确。

⑭ 安装调整臂。

a. 弹簧缸允许进气压力到 6bar，检查制动气室活塞连杆的位置。

b. 将制动臂放在凸轮轴的花键上，制动臂在气室连杆叉的前方。将指示片 2 放到位，指示片的凹槽和凸轮轴刻线 1 相对应。

c. 通过选择合适的调整垫片 3。将轴向间隙调整为 1mm。下列的垫片都是合适的：1.5mm/2.0mm/2.5mm。

d. 将后垫片 4 放到位，并放入轴用弹性挡圈 5。调整臂部件分解如图 4-67 所示。

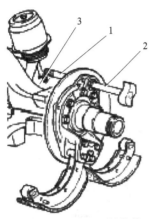

图 4-66　制动凸轮轴结构

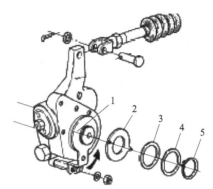

图 4-67　调整臂部件分解

e. 如图 4-68 所示，顺时针旋转调整螺钉 9，直到销子 12 轻易装入叉孔和调整臂的孔中。

f. 将控制臂 8 沿操纵方向旋转（制动臂上的箭头方向）直到限位点。用 20～25N·m 的力矩拧紧控制臂上的螺母 6。7 是固定控制臂的螺栓。10 和 11 是用于连接叉形销的垫圈和开口销。

注意：如果控制臂调整不正确，调整臂将不能正常工作（制动器磨损增加或发生故障）。

⑮ 基本调整。

a. 给制动管路系统充气直至达到关闭压力，然后松开停车制动器。

b. 如图 4-69 所示，用一个环形扳手顺时针旋转螺钉（箭头所示），直至制动摩擦片与制动鼓接触。

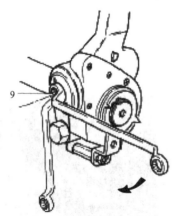

图 4-68　顺时针旋转调整螺钉

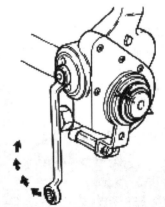

图 4-69　顺时针旋转螺钉

c. 向回旋转螺钉 270°。当螺钉返回时，将听到一声棘轮的声音。

d. 操作几次制动踏板来检查调整。在此操作期间，螺钉在返回运动中，应逐步移动直至达到间隙点（用仍连接在一起的环形扳手很容易识别）。制动蹄间隙≥0.7mm。

一旦制动摩擦片达到它们的磨损极限，指示片上的指示器 1 将指向调整臂的标记凸台 2，如图 4-70

所示。

注意：磨损等级只能通过检测孔准确地检查出来。

e.将叉头销取下，同时制动臂压向制动气室。制动臂不允许顺势转动，如果顺势转动，需重新调整。放入叉头销，用开口销固定。

f.检查功能：松开停车制动器，用一个扭矩扳手测试蜗杆螺钉拧松力矩。将扭矩扳手放在蜗杆螺钉的上面。

g.按逆时针方向对螺钉施加 18N·m 的扭矩，螺钉必须不能转动。重复测试 3 次。如果施加 18N·m 的扭矩，螺钉连续按逆时针方向转动，则要更换调整臂。

⑯ 拆装端盖。

a.如图 4-71 所示，将放油孔转至正下方，用扳手取下放油堵塞 1，取出密封垫圈，使减速器壳内的润滑油经油槽流入专用器皿中，防止污染环境。

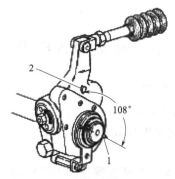

图 4-70　制动摩擦片磨损指示

图 4-71　取下放油堵塞
注：取下加油堵可使润滑油顺畅流出。

b.待润滑油收集完毕，用扳手拧下加油堵 1，并取出垫圈 2；用扳手取下端盖螺栓 3〔此处拧紧力矩为 (90±20)N·m，注意选择适当的工具〕，并清洗螺纹中残留密封胶，如发现螺纹有损伤，应更换新的螺栓；拆下端盖 4 和密封垫圈 5，如图 4-72 所示。

c.安装端盖时取密封垫圈和端盖各一件，用螺栓拧紧。要求涂螺纹锁固剂，螺栓拧紧力矩为 (90±20) N·m。

d.取密封垫圈及放油螺塞各一件安装到端盖边沿放油孔上。

e.向轮边各加注润滑油 1.5L。

f.取密封垫圈及密封堵各一件安装到端盖中心加油孔上。

⑰ 半轴拆装。

a.用卡簧钳取下孔用弹性挡圈 1，取出调整垫片 2，如图 4-73 所示。

图 4-72　拆下端盖

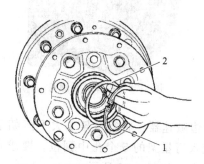

图 4-73　取下孔用弹性挡圈与垫片

b.如图 4-74 所示，取出止推盘 1，用卡簧钳取下轴用弹性挡圈，2，取出顶销、垫圈和太阳轮；对于带差速锁的桥，拧下压力开关。

c.放入压力螺钉，通过转动螺钉接通差速锁，同时转动轮毂几次，使差速器壳和滑动啮合套啮合。

d.取出半轴（图 4-75），拆下轴用弹性挡圈。

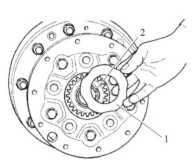

图 4-74　取出止推盘与弹性挡圈

图 4-75　取出半轴

e.取半轴，把花键部位用毛刷清理，并在半轴外端开槽中装一个轴用弹性挡圈，然后将半轴平稳缓慢地通过桥壳插入差速器花键内。

f.将轮边行星减速器总成套装在轮毂上，对正孔后平稳安装到位。

g.在行星齿轮上涂刷齿轮油，并转动行星齿轮使机油在齿面涂抹到位。

h.在半轴外露花键部位依次装上干净的太阳轮、止推垫圈和轴用弹性挡圈。注意：轴用弹性挡圈必须入槽。

i.在止推垫圈外装上适量的调整垫片，并卡入孔用弹性挡圈，保证止推垫圈不得窜动。挡圈必须入槽。

⑱ 轮边减速器拆装。

a.如图 4-76 所示，拧出连接轮边减速器和轮毂的沉头螺钉，拆下轮边减速器总成和 O 形密封圈。

b.将拆下的轮边减速器总成大面朝下，将螺栓依次拆下［此处拧紧力矩为（200±20）N·m，注意选择适当的工具］，用铜棒砸下 5 个行星轮轴，取出行星架。

c.取下垫圈 1、行星齿轮 2、滚针轴承 3、垫圈 1 和止推垫圈 4；将齿圈支架翻转 180°，用铜棒砸下齿轮轴。注：保证接合面无损伤。

图 4-76　拆卸沉头螺钉

图 4-77　分解行星架

d.安装轮边减速器：将行星架 1 大平面朝下放置。分解行星架如图 4-77 所示。取 5 个行星轮轴 2，用铜棒分别敲入行星架的 5 个孔中到位，要求行星轮轴出油孔中心对准行星架中心，取止一个推垫圈 3 放入行星架底座，如图 4-78 所示。

e.再取 5 个垫圈分别套装在行星轮轴上，取若干个滚针涂满润滑脂后贴在行星轮轴下半部上，滚针轴心与行星轮轴轴心要平行；下半部一圈摆满后在行星轮轴上套装一个垫圈，然后在行星轮轴上半部排满一圈滚针，取一个行星轮沿着滚针方向套装在行星轮轴上。再取 5 个垫圈分别套装在行星轮轴上。

图 4-78　安装行星齿轮

f.取轮边减速器壳对准行星架号后安装到位，用涂过螺纹锁固剂的螺栓紧固，螺栓拧紧力矩为（200±20)N·m。要求行星轮转动灵活。

注：如果需要更换行星架（轮边减速器壳），应取对应配套行星架（轮边减速器壳）一并更换。

⑲ 拆装齿圈支架。

a.如图 4-79 所示，将防松锁片 2 撬起，并拆下开槽螺母 1（此处拧紧力矩为 550N·m，注意选择适当的工具）和防松锁片。

b.拆下齿圈 1 及齿圈支架 2，并取下孔用挡圈 3，如图 4-80 所示。

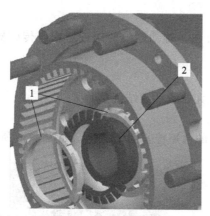

图 4-79　下开槽螺母

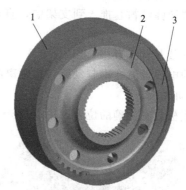

图 4-80　拆下齿圈及齿圈支架

c.安装齿圈支架：取内齿圈和齿圈支架各一件，把齿圈支架装到内齿圈，到位后用孔用弹性挡圈卡住。
注：挡圈要入槽。然后将齿圈合件安装到轴头并到位。

d.将齿圈总成 1 安装到转向节上，如图 4-81 所示。

e.取一个开槽螺母 2，坡面朝外拧到轴头上，拧紧到 550N·m，同时转动轮毂 2~3 圈。然后松退 60°，取一件防松锁片 3，外翘朝外装到轴头上并到位，内锁舌要沿着轴头槽推进。再取一个开槽螺母 4，坡面朝内拧在轴头上，拧紧力矩为 550N·m。然后将防松锁片的一个锁舌锁入外面的开槽螺母槽内。要求轮毂转动灵活。

⑳ 轮毂总成拆装。

a.用专用工具拆下轮毂外轴承，取下轮毂总成，并拆下轮毂内轴承，取下隔圈。

b.检查轴承的使用状况，根据需要更换轴承。

c.安装轮毂总成：轮毂小端向上，用专用工具将外轴承外圈压装到位，如图 4-82 所示。翻转轮毂，使大端向上，用专用工具将内轴承外圈压装到位。

d.取一个挡板，用卡簧钳子将其卡入轮毂的开槽中，安装到位。先给密封圈涂润滑脂，再用专用工具压入轴密封圈。注意：先压单刃油封，后压双刃油封。最后在油封刃口涂抹一圈润滑脂。

图 4-81　安装齿圈总成

图 4-82　将外轴承外圈压装到位

e. 压入车轮螺栓。

f. 用专用工具将挡油盘压入轮毂相应部位。

g. 取一个隔环，在桥壳装配隔环处涂一圈机油，并用压头将其安装到位，压入轮毂内轴承内圈，装上分装好的轮毂总成，压入外轴承内圈。注：轴承要求配对安装。

㉑ 装配 ABS。

a. 如图 4-83 所示，将 ABS 托架总成 2 安装到桥壳 1 上。

b. 给传感器和弹性衬套涂润滑脂。

c. 将传感器和弹性衬套推入到支架中，直至与轮毂接触，转动轮毂两次或三次，传感器和齿圈的间隙自动调整。

d. 传感器的线从固定环中穿出。

e. 传感器的电线放置在离制动蹄一定距离的地方，应无拉紧和绞结现象。

㉒ 安装制动底板。

a. 将制动底板放在正确的位置，用 (185±15)N・m 的力矩拧紧固定螺栓，如图 4-84 所示。

图 4-83　安装 ABS 托架总成

图 4-84　拧紧固定螺栓

b. 如图 4-85 所示，将传感器支架 1 放置在轴头合适的位置，确保传感器与轮毂齿圈相匹配。

c. 对传感器和夹紧套涂抹高温润滑脂，并安装到位，如图 4-86 所示。

确保正确地安装电线，无绞结现象。

㉓ 维修制动底板和凸轮轴轴承座。

注意：制动底板也可以不拆下来维修。

检查制动底板中复合成套的磨损状况，根据需要更换新的衬套，并涂抹润滑脂

㉔ 维修凸轮轴轴承座。

a. 如图 4-87 所示，拧松固定螺栓 1，并取下支座和调整垫片。

b. 检查凸轮轴支座复合成套的磨损状况，根据需要更换新的衬套，并涂抹润滑脂。

c.安装凸轮轴支座：将凸轮轴轴承座放在桥壳上，把涂过防松胶的固定螺栓用（190±15)N·m的力矩拧紧，并加装调整垫片。

d.检查制动凸轮轴，应转动灵活，无卡滞现象，制动蹄回位自如，如图4-88所示。

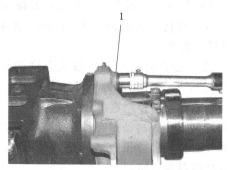

图4-85　安装传感器支架

图4-86　安装传感器

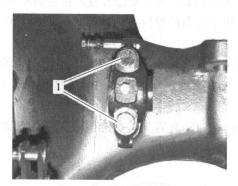

图4-87　拧松固定螺栓

图4-88　检查制动凸轮轴转动灵活

4.1.3　制动器故障排除

4.1.3.1　前桥盘式制动器保养与维护

（1）定期检查项目　至少应3个月定期检查以下项目一次。推荐的检查周期是最低要求，根据车辆的不同使用情况，制动系统可能需要更频繁的检查。

摩擦片的磨损必须定期目测检查，例如每次检查轮胎气压时同时检查摩擦片或每三个月检查一次制动盘和摩擦片的磨损限度，其项目见表4-4。

表4-4　前桥盘式定期检查项目

检查对象	检测参数	规定要求
摩擦片（磨损限度）	最小摩擦片厚度	3mm 带底板 11mm
	磨损最大不均匀量	1mm
制动盘（磨损限度）	最小厚度	37mm
	每边最大磨损厚度	4mm
制动钳相对托架的水平滑动	最大阻力	100N

当制动盘和摩擦片磨损到指定的最小厚度时制动效能降低，必须立即更换；摩擦片烧焦或被油污染必须立即更换。

摩擦片必须以轴为单位更换，不能单片更换。必须使用重汽指定厂家的摩擦片。如不遵守，重汽将终止车辆的保修。

（2）摩擦片检查　开始检查前，请确认行车（脚）制动、驻车（手）制动及客车用的临时停车制动没有应用，并且将车辆固定好，车轮不能移动。

拆下密封帽，用棘轮扳手逆时针旋转调整螺栓，使摩擦片松开即可。拆下摩擦片后，如图 4-89 所示进行测量，从制动块底面（含底板）至摩擦面的距离，最小允许的厚度（含底板）为 11mm。要求使用游标卡尺选取周向均匀分布 4 个不同点进行测量，应避开毛边磨损严重处。

同时检查摩擦片是否磨损均匀，最大允许的不均匀量为 1mm（测量 8 个点），要求使用游标卡尺选取周向均匀分布的 8 个不同点进行测量，避开磨损严重部分。

如磨损不均匀，则检查制动钳在滑销上的滑动功能是否正常，并检查摩擦片底板和整体推盘之间是否有灰尘，以及自调机构的间隙调节功能是否正常。

更换摩擦片时同一车桥的两制动器的所有摩擦片必须同时更换，而且更换的新摩擦片要选择重汽指定的原装配件。

注意：由于轻刹的原因，内摩擦片的磨损量可能比外摩擦片多！

图 4-89　制动块总成摩擦片检查

（3）制动盘尺寸检查　如 $A \leqslant 39$mm，建议更新摩擦片及制动盘。制动盘厚度小于 37mm 时，必须更换制动盘。如图 4-90 所示测量制动盘最薄处的厚度，由于会有毛边，应避免在制动盘边缘测量厚度。

（4）制动盘表面裂纹检查　每次更换摩擦片时都需检查制动盘有无沟槽和裂纹。制动盘表面裂纹分类如图 4-91 所示。

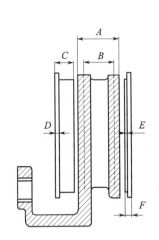

图 4-90　制动盘厚度检测

A—制动盘厚度，$A = 45$mm（新盘）；B—尺寸为 37mm 磨损后必须更换；C—摩擦片总厚度（新片）30mm；D—底板 8mm；E—摩擦材料的最小厚度 3mm；F—摩擦材料及底板总厚度的最小允许值，对于 8mm 底板，$F = 11$mm

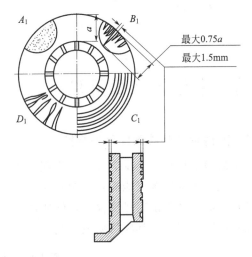

图 4-91　制动盘表面裂纹分类

a—摩擦片接触面积；A_1—分布于表面的小斑点，允许使用；B_1—裂纹深度及宽度小于 1.5mm 且呈辐射状，长度小于摩擦片接触区域宽度 3/4，允许使用；C_1—环行沟槽且深度小于 1.5mm，允许使用；D_1—裂纹深入盘的通风冷却通道或从摩擦片接触区域（a）的内侧贯穿到外侧（径向）是不允许的，此时制动盘必须更换

如果发生 A_1、B_1、C_1 的情况，制动盘仍可使用，直至达到磨损的极限厚度 37mm。

制动盘是免维护的，并且在更换摩擦片的时候不需要对表面抛光，但抛光会更好些。例如制动盘的摩擦表面出现严重沟槽后，抛光可增大摩擦片与制动盘的接触面积。为满足安全需要，抛光后的制动盘最小厚度必须大于 39mm。

（5）制动钳滑动功能的检查　如图 4-92 所示，检查制动钳的最大滑动阻力超过 100N，检查是否存在灰尘、杂物等妨碍了制动钳的滑动。

（6）间隙调整　将制动钳沿导向销推向内侧。使用适当的工具将整体推盘与内制动块分离，测量推盘与内制动块背板的间隙，此数值为 0.7～1.0mm。如果间隙过大或者过小，自调机构不能正常工作，需进行以下检查。

打开橡胶帽，用扳手逆时针拧转手调轴的六角头，使制动块与制动盘之间产生间隙。将扳手放在手调轴的六角头上，施加 5 次制动（大约 2bar），如果自调机构正常工作，扳手应该顺时针转动一段小的距离（随制动次数增加，转动距离递减）。自调机构在几次制动后会将间隙调整到正常值。

注意事项：如果扳手上施加 16N 仍无法转动手调轴的六角头，则必须更换制动钳，因为制动钳内部存在故障。制动时，如果扳手不动，或只在第一次制动时转动，或随着每次制动前后转动，表明该自调机构已失效，必须更换制动钳。

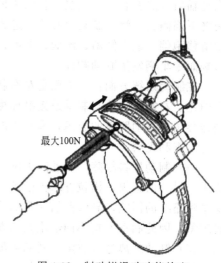

最大100N

图 4-92　制动钳滑动功能检查

前桥盘式制动器常见故障分析及排除方法见表 4-5。

表 4-5　前桥盘式制动器常见故障分析与排除方法

出现故障	原因分析	排除方法
制动跑偏	摩擦片是否一侧磨光	更换摩擦片
	摩擦片和制动盘的间隙不正常	初始间隙调整和自调功能检查
	摩擦片不能在支架上自由滑动	清洁摩擦片、滑销和托架
	车桥两侧气室的气压不一致(用气压表测量两侧的气压)	检修制动气室、阀类
制动力不足	摩擦片是否一侧磨光	更换摩擦片
	摩擦片和制动盘的间隙不正常	初始间隙调整和自调功能检查
	制动盘失效	更换制动盘
	制动气室的气压不正常(用气压表测量气室的气压)	检查气路、阀类是否存在漏气、失效等情况
不能完全解除制动	摩擦片和制动盘的间隙不正常	初始间隙调整和自调功能检查
	摩擦片不能在支架上自由滑动	清洁摩擦片、滑销和托架
	制动解除时，制动气室内存有压缩空气	维修制动气室、阀类
	制动钳的滑动功能是否正常	更换新滑销和新轴套

4.1.3.2　前桥鼓式制动器故障分析与排除

（1）制动鼓发烫故障　因 MAN 前轴使用制动间隙调整臂，其制动间隙由调整臂制动调整，且始终保持一定的制动间隙。如果起始时间隙调整过小，在使用的过程中，使热量的散发受到影响。另外应检查回位弹簧的回位是否正常，制动系统的气路、制动气室的密封性及回位情况；在解除制动的情况下，制动凸轮轴的回位是否灵活无卡滞。如果伴有硼轴头轮毂温度都偏高的情况，应检查轮毂轴承的预紧力和油脂的情况以及轴承的磨损情况。

（2）行驶中方向摆动故障　车辆在行驶中方向盘摆动，无法控制。出现这种故障首先检查转向系统连接件有无松动现象；其次检查轮毂轴承的预紧间隙是否正常，前束值是否在公差范围内，转向节衬套有没有磨损，以及转向横拉杆球头有没有磨损和松旷现象。

（3）制动跑偏故障　车辆在制动时造成汽车发生制动跑偏现象有多种因素，如路面条件和环境变化的影响，以及由于制动系统故障因素所引起的，或者汽车几何结构变化而造成的影响。沥青路面，由于受太阳光辐射吸热变软，长期受车轮压力的影响，较容易产生凹凸不平；水泥路面，使用时间长了，容易产生裂缝下陷倾斜，汽车制动时必然会造成各个车轮与地面之间的摩擦力不同，或产生侧向力，令车辆发生制动滑移跑偏。或在倾斜、湿润、上坡、下坡、弯道的路面上行驶，也极易受重心偏移的侧向力和离心力的影响而令车辆发生制动跑偏。

在制动系统方面：一方面是左右制动蹄片间隙不同，使开始进入制动时制动力矩不同步造成的；另一方面左、右制动蹄片与制动鼓接触面由于油污，会造成接触摩擦力不相同，从而产生不同的制动力矩，也同样会出现制动跑偏的故障，因此当汽车制动跑偏而调整制动蹄片间隙不能解决问题时，就应拆卸制动鼓进行检查和光磨。

（4）制动发抖故障 制动鼓失圆，使摩擦片与鼓之间不能连续摩擦，造成制动力矩下降；转向节间隙增大，衬套的磨损，横拉杆球头松旷，前束值异常，制动鼓止口的同轴度积累误差较大，车辆在重载时所受恶劣路况的影响，导致前轴受到的冲击力造成前轴几何角度的变化都影响到制动状况，导致前轴产生发抖现象。因此制动发抖不同于跑偏和方向发摆，影响因素较多，应综合考虑，各方面检查。

（5）制动距离过长故障 制动不灵，使制动距离变长，增加不安全因素。产生此类故障，大多由以下几方面造成：一是由于制动蹄与制动鼓的接触面积少于70%，在制动时不能提供足够的制动力矩，此时应对制动鼓和制动蹄摩擦片进行光削，光削制动蹄摩擦片最好以轮毂轴承为定位基准，增加其同轴度；二是制动系统故障，应着重检查制动系统各阀件工作是否正常。

4.2
气压制动系统

4.2.1 气压制动系统组成

（1）空气处理单元 空气中含有水分，这些水汽进入制动系统，会引起系统内的一些元器件锈蚀等，造成气路故障，为了防止空气中的水分进入制动系统，在高压气体进入制动气路之前，利用空气处理单元对高压气进行干燥处理，消除高压气中的水分。

空气处理单元由带回流阀的干燥器和四回路保护阀组合而成，其功能完全可以代替原来的"干燥器总成、反冲气罐、四回路保护阀"。

① 干燥器总成的结构与原理。干燥器总成主要由上部的空气干燥系统和下部的调压、反冲系统组成，如图4-93所示。

来自空压机的压缩空气经1口进入A腔，因温度降低产生的冷凝水在排气口B聚集，空气经过滤网C、环道D到达干燥器的上部。在这个过程中，空气将进一步冷却，水蒸气进一步凝结，当通过颗粒状的干燥剂（分子筛）E时，水分被吸附于干燥剂表面及颗粒缝隙间，从而使流经的空气得到干燥。

干燥后的空气经F腔、斜孔G到达A—A视图中的H腔，此时一部分气体经单向阀I后由22口输出到四回路保护阀；另一部分气体经节流孔J作用于膜片K上，使膜片K向下供起，气体经回流孔L到达22口，同时一部分气体通过滤网M，打开阀门N，进入O腔。

在进气过程中，22口有一部分气体经过小孔P（虚线表示）到达调压阀膜片腔Q，作用于膜片R上。当出气口22的气压达到干燥器的开启压力时，气压克服弹簧S的力，打开阀门T，气体经小孔U、小孔V进入排气活塞W的上方，推动排气活塞W打开排气门X。A腔的气体和B处冷凝水经排气口3排出。

在排气的瞬间，由于H腔的气压降低，单向阀I关闭，22口的气压就会返回来，通过回流孔L、节流孔J来回冲干燥筒，附在干燥剂表面的水分和杂质就会随同压缩空气从3口排出。当膜片K上面的压力降到它的关闭压力时，回流结束。在此过程中，干燥剂得到再生。

排气活塞W有压力释放阀的作用，在任何压力过高的情况下，排气活塞W都将自动打开阀门X。

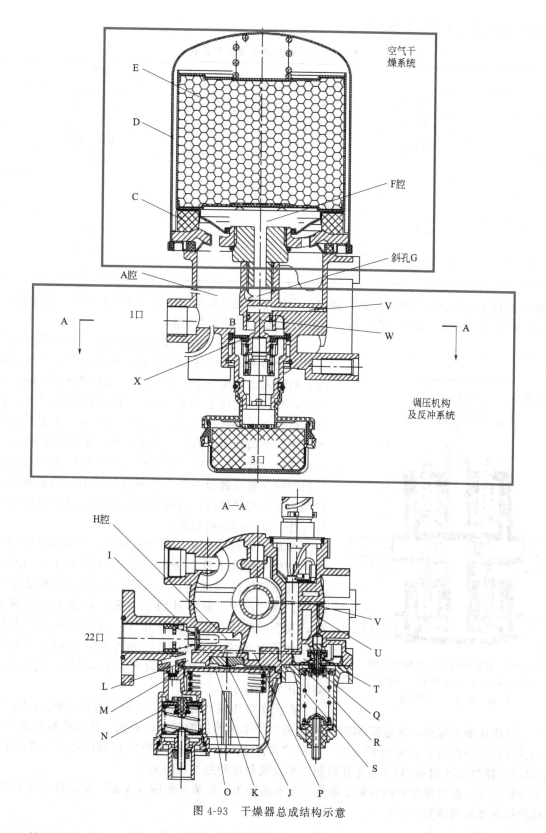

图 4-93　干燥器总成结构示意

当输出口 22 的压力降到它的关闭压力时，阀门 T 关闭，排气阀门 X 关闭。干燥器将再次开始向四回路保护阀供气。

为保证在寒冷地区排气阀门 X 和阀门 T 的正常工作，在干燥器壳体上安装了一个电加热器，在温度低于 7℃ 时，电加热器电路接通，开始加热，当温度到达 29℃ 时，电加热气断电，加热结束。

干燥器总成主要技术参数见表 4-6。

表 4-6　干燥器总成主要技术参数

项目		参数
工作压力		最大 1.5MPa
工作介质		空气
工作温度		-40~80℃
加热器	工作电压	24V
	自动开启温度	(7±6)℃
	自动关闭温度	(29±3)℃
	回流阀	30~50kPa
调压阀	开启压力	(1000±20)kPa
	压力降	100~150kPa

② 四回路保护阀的结构与原理。四回路保护阀的作用是将全车气路分成四个既相联系又相独立的回路，当任何一个回路发生故障（如断、漏）时，不影响其他回路的正常工作。

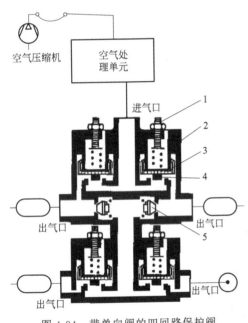

图 4-94　带单向阀的四回路保护阀
1—调整螺钉；2—调整弹簧；3—膜片；
4—进气阀门；5—单向阀

如图 4-94 所示，在全车气路没有高压空气的情况下，四个保护阀全部关闭，空气压缩机来的压缩空气由进气口进入保护阀，当输入端气压达 1000kPa 时，四个阀分别开始向各自回路充气，当回路气压上升到 450kPa 的时阀全部打开，直至全车气压达到调压阀所设定的 1000kPa 气压值。需要说明的是实际工作中四个阀并不是同时打开的，因为四个阀弹簧设定的压力不会完全一致，同时四个回路充气压力上升的速度也不尽相同，开启的顺序要视弹簧预紧力和回路气压上升的差异而定，这在使用中是无关紧要的，这也正是在充气过程中双针气压表两指针往往指示不同步的原因。

当某一回路发生断、漏气故障时，例如前制动回路断裂，该回路气压急剧下降，全车气路仍然保留有 450kPa 的气压，而漏气回路继续漏气直至气压下降为零。此刻随着气泵继续供气，供气压力一旦回升到 450kPa，除故障回位阀继续关闭外，其余回路阀又重新打开充气，直到回路气压上升到故障回路阀所设定的开启压力 1000kPa 时，该阀打开放空，从而将其余三个回路的最高气压限定在 1000kPa，确保了无故障回路的正常工作。

在全车气压较低的情况下，为了首先向前、（中）后制动储气筒充气，以确保制动可靠，德龙新 M3000 重卡采用带单向阀的四回路保护阀。该阀的驻车制动和辅助用气回路的供气口是分别接在前制动和（中）后制动回路上的，且用两个单向阀加以隔离。这样只有当前、（中）后制动回路气压达到 650kPa 时才开始向驻车制动和辅助用气回路充气。

在正常情况下，四回路保护阀实际上就是一个五通接头，在某一回路发生断、漏故障时才起保护作用。四回路保护阀的基本特性见表 4-7。

表 4-7　四回路保护阀的基本特性　　　　　　　　　　　　　　　　单位：kPa

回路	21 口	22 口	23 口	24 口
开启压力	660~690	660~690	670~700	660~690
动态关闭压力	≥550			

回路	21 口	22 口	23 口	24 口
静态关闭压力	0	≥550	≥550	≥550
	≥550	0	≥550	≥550
	≥550	≥550	0	≥550
	≥550	≥550	≥550	0

（2）主制动阀　主制动阀用来控制主制动系统工作，以陕汽新 M3000 重卡装用双回路双腔主制动阀为例。如图 4-95 所示，主制动阀分上、下两腔室。由（中）制动储气筒来气接 11 接口，由前制动储气筒来气接 12 接口。上腔出气口 21 向主制动继动阀提供制动信号气压，22 口通向前制动气室。

制动时，制动踏板通过一套连接杠杆使主制动阀顶杆 a 向下移动，通过橡胶弹簧 b 迫使活塞 c 克服回位弹簧力向下移动，当活塞 c 与阀杆 e 接触时关闭排气口 d。继续下移将迫使阀杆 e 随之下移打开进气口 i，由储气筒来的气体通过 21 接口输出到继动阀，从而实现（中）后桥制动。在进气口打开向制动回路充气时，回路气压同时作用在活塞 c 上，当气压向上顶活塞的力与橡胶弹簧预压力相等时活塞开始向上回升到进气口 i 关闭的平衡状态。制动踏板行程越大，弹簧预压紧力越大，从而输出到制动回路的气压越大，这种制动气压随着踏板行程成一定比例关系变化的特性也称为随动性。

当上腔动作的同时，回路气压小孔 D 通向 C 腔作用在活塞 f 上，迫使活塞下移，首先关闭排气口 h，进而打开进气口 8，来自前制动储气筒的气体经 12 和进气口 8 通过出气口 22 向前制动回路充气产生前制动。这样，回路气压又作用在活塞 f 下面，当前制动回路气压上升到与 B 腔气压相等时，活塞 f 回升，关闭进气口使制动回路气压不再升高，产生一个与（中）后桥制动同步的气压。下腔输出气压与上腔输出气压有一定的比例关系，同步增减。只是在同一时刻上腔输出气压总比下腔输出气压高出一个超前量 Δp。

换句话说：在相同输出气压时（中）后桥制动总比前桥要早。

双回路主制动阀必须保证某一回路失效时不影响另一回路正常工作。如图 4-95 所示，由于主制动阀下腔是由上腔来控制的，因而下腔工作失效不影响上腔第一回路的工作。如果第一回路失效，例如 21 出口断、漏，当顶杆下移打开进气口 j 时，21 接口建立不起气压，从而 B 腔也没有气压信号，但顶杆推动活塞 c 以及阀杆 e 继续下行使阀杆与活塞 f 间隙消除之后，顶杆的下移会直接推动活塞 f 下移，从而打开下腔进气口实现第二路制动。此时的平衡关系将由第二回路制动气压作用在活塞 f 向上的力与橡胶弹簧力产生。

制动解除时，作用在顶杆上的力消除，橡胶弹簧压力消失，活塞 c 在回位弹簧和回路气压的作用之下上行，首先关闭进气口 j，进而打开排气口 d，载荷调节阀的输入气压经 21 口和排气口 3 放空，继动阀的控制气压经载荷调节阀放空，制动气室的气压经继动阀放空，（中）后桥制动解除。与此同时，主制动阀下腔在回路气压作用下使活塞 f 上行，关闭进气口 e，打开排气口 h，前制动气室气压经排气阀 X 口和排气口 3 放空，前制动解除。

（3）主制动继动阀　主制动继动阀的作用是缩短制动反应时间，对主制动气室而言起一个"快充"和"快放"的作用。

由于（中）后桥制动气室总容量较大，距主制动阀的距离又远，因此当制动踩下踏板时到最远的那个气室气压达到相应数值的制动反映时间过长。为此在距（中）后桥制动气室最近的位置安装一个继动阀，如图 4-96 所示，它由储气筒用一根较粗的主管路直接供气，再用一根较细的管路由主制动阀来控制。

当主制动阀工作时，由主制动阀上腔输出一个与制动踏板行程相应的气压信号，进入继动阀的控制口，该气压使活塞 1 下行，首先封闭排气口，进而将阀压下打开进气门，早已等候在主气路进口的压缩空气迅

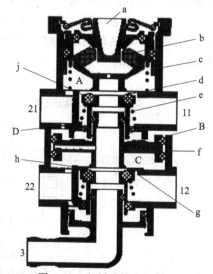

图 4-95　主制动阀内部构造
a—顶杆；b—橡胶弹簧；c—活塞；
d,h,3—排气口；e—阀杆；f—活塞；
j,g—进气口；B—腔；D—小孔；
11,12—接口；
21,22—接口

速通过排气口向制动气室充气从而达到快充的目的。当制动气室气压上升与控制气压相等时，该气压作用在继动活塞 1 下面的力与控制气压作用在活塞上面的力平衡，继动活塞 1 回升，重新关闭进气口，使输出气压不再上升，达到与制动踏板行程同步随动目的。

当主制动阀解除制动时，制动气室的输出气压经主制动继动阀放空，继动阀的控制气压经主制动阀放空，制动气室回路气压迫使活塞迅速上升，重新打开排气口，气室气压经由继动阀排气口放空，从而达到"快放"的目的。继动阀仅起一个小气量控制大气量的作用而不改变制动的任何性能。

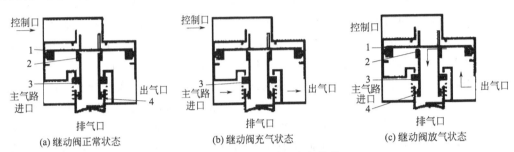

图 4-96　主制动继动阀内部结构
1—继动活塞；2—排气阀；3—进气阀；4—弹簧

（4）手制动继动阀　以陕汽新 M3000 重卡装用双回路双腔差动式制动继动阀为例。手制动继动阀用来控制手制动系统的工作，起到"快冲"和"快放"作用。

手制动继动阀的气路连接如图 4-97 所示。手制动继动阀同主制动继动阀结构不同，手制动继动阀有两个控制口 41 和 42，分别受主制动继动阀的 2 口和手制动阀控制。这种布置的优点是，当同时使用手制动和主制动时，主制动起作用，当主制动失效时，手制动起作用。

（5）差动式继动阀　差动式继动阀用于缩短驻车制动在实施过程中的排气时间；同时避免在紧急制动时，行车制动和驻车制动同时起作用，导致制动气室损坏，制动负荷过重，过早磨损等。差动式继动阀结构如图 4-98 所示。

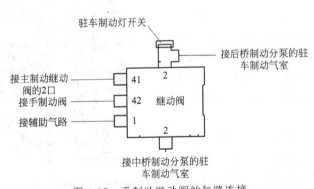

图 4-97　手制动继动阀的气路连接

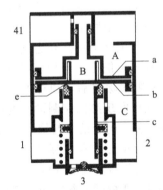

图 4-98　差动式继动阀结构

差动式继动阀的工作原理：当驻车制动单独起作用时：B 腔无压缩空气，A 腔压缩空气部分或全部放空，活塞 a 在 C 腔气压作用下上移，排气阀门 e 打开，同时阀门座 c 上移关闭进气阀门，弹簧制动室的压缩空气经排气口 3 排出，弹簧压缩得以释放，从而实现驻车制动。

当行车制动和驻车制动同时起作用时：弹簧制动室的压缩空气排出，如果这时行车制动也在工作，压缩空气经 41 口进入 B 腔，作用在活塞 b 上，由于 C 腔空气排空，活塞 b 下移关闭排气阀门，通过阀门座 c 打开进气阀门，来自 1 口的压缩空气经 C 腔到达 2 口并进入弹簧制动室。弹簧压缩按行车制动压力上升程度解除，从而避免了两种制动力的叠加。

（6）驻车制动与应急制动阀（手制动阀）　应急制动是主制动失效时，用以代替主制动的备用制动系统。应急制动系统与驻车制动共用一套控制系统，如图 4-99 所示。

当手柄处于 0°～10° 范围内时，汽车的驻车制动全部解除，处于行车状态；当手柄处于 73° 锁止位置时，汽车处于完全制动状态；当手柄处于82°检查位置时，牵引车处于驻车制动状态，但挂车处于完全解除制动状态。

当手柄从73°向0°位置运动时，手柄凸轮向下推动大活塞h，压下平衡弹簧后，推动平衡活塞b下移，排气阀门d关闭，进气阀门全开，附加阀门的进气阀门c打开，腔f内压缩空气进入腔a，而后分成两路，一路经21口进入弹簧制动气室，解除牵引车驻车制动，一路经22口进入挂车制动阀，解除挂车驻车制动，当手柄处于0°~10°范围内时，汽车驻车制动处于完全解除状态。

当手柄从0°向55°和73°运动时，大活塞h、平衡弹簧g、平衡活塞b向上运动，排气阀门d打开、进气阀门e关闭；附加阀门的进气阀门c关闭。输出气压p_{21}、p_{22}随手柄转角的增加而呈线性下降为零，当手柄处于55°~73°范围时，整个汽车处于全制动状态。当手柄处73°时，手柄被锁死。当手柄从73°到达82°检查位置时，附加阀门的进气阀门c打开，解除了挂车的制动作用，这时可检查汽车是否可以只在牵引车的驻车制动作用下具有停坡能力。放松手柄时，手柄又自动回到停车制动锁止位置。

（7）双管路挂车制动阀　双管路是指主车与拖车连接的充气管路与制动控制这两根管路。牵引车和挂车制动系统主要由安装于主车上的挂车制动控制系统和安装于挂车上的挂车制动系统组成。

挂车制动阀是安装在拖车上的主要阀件，其主要作用是主车通过它为挂车储气筒充气，根据主车的制动信号使挂车同步产生同等强度的制动，以及当连接管路断漏（如主车与挂车脱钩）时能使挂车自动产生制动。

如图4-100所示，由主车来的充气管路连接于进气口1，主车来的制动控制管路连接于控制口4。当主车正常行驶时，充气管路经进气口1和单向V形皮碗通过接口I向拖车储气筒充气。当进气口1和接口I气压相等时充气结束。

当主车制动时，安装于主车上的拖车制动控制阀通过制动控制管路给出一个制动气压信号，该气压通过控制口4作用在活塞7上，使活塞下行，首先封闭排气口14，进而顶开进气门13，此时拖车储气筒的气体经打开的进气门和出气口2给拖车制动气室充气产生制动。与此同时回路气压又作用在活塞7的下面，当气室回路气压与控制气压相等时，活塞7回升重新关闭进气门，使制动气室回路气压不再上升，从而使拖车产生与主车同步强度的制动。

与此同时，如若拖车储气筒接口I气压低于充气进气口1气压值，主车仍然持续为拖车储气筒充气，以确保拖车制动气压的需要。

当主车制动解除时，控制口4的气压控制管路由拖车制动控制阀（安装在主车上的）放空。拖车气室回路气压迫使活塞7上行打开排气口14，气室气压经该口和放气口3放空，拖车制动解除。

行驶中如若充气管路突然断、漏，此时，充气接口1气压下降，拖车储气筒接口I压力高于充气压力，此时活塞体9将在该压差作用下上行，上行的结果同样被活塞7关闭排气口。打开进气门13，从而使储气筒向制动气室充气，使拖车自动产生制动，其制动强度取决于充气回路漏气的程度。如果充气管路完全断裂，进气口1气压下降为零，则会产生全负荷紧急制动。

（8）双管路拖车制动控制阀　双管路拖车制动控制阀安装在主车上，其主要作用是主车通过它持续不断地向拖车充气。无论是主车前制动、（中）后制动还是驻车制动，只要其中一个或全部动作，拖车制动控制阀都向拖车制动阀输出一个制动信号，使拖车产生相应强度的制动。当制动控制管路断、漏时，它同样

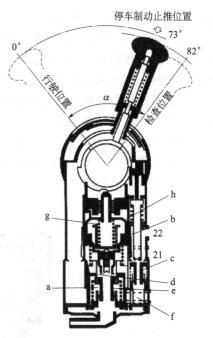

图 4-99　驻车制动阀结构

a，f—腔；b—平衡活塞；c—附加阀门的进气阀门；d—排气阀门；e—进气阀门；g—平衡弹簧；h—大活塞

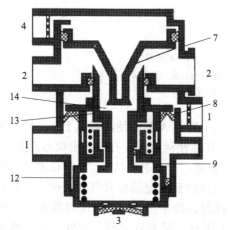

图 4-100　挂车制动阀内部结构

1—进气口；2—出气口；3—放气口；4—控制口；7—活塞；8—膜片；9—活塞体；12—弹簧；13—进气门；14—排气门；I—接口

能使拖车与主车同步产生制动。

如图 4-101 所示，由驻车制动储气筒通向进气口 11。进气口 12 接拖车充气管路，出气口 22 接挂车制动控制管路，控制口 41 接主制动阀上腔即（中）后桥制动回路来的控制信号气压，控制口 42 接主制动阀下腔即前制动回路来的控制信号气压，控制口 43 接驻车制动来的控制信号气压。

无论是在正常行驶，还是在制动状态，驻车制动储气筒总经由进气口 11 输入 C 腔，再由进气口 12 和充气管路向挂车储气筒充气。

在汽车正常行驶时，来自（中）后制动回路的气压信号经控制口 42 进入 D 腔，该气压作用在膜片 i 上，与充气气压在 C 腔作用在活塞 h 上的力平衡（活塞有效面积与膜片有效面积相同），活塞体 h 保持在图 4-101 所示位置上。

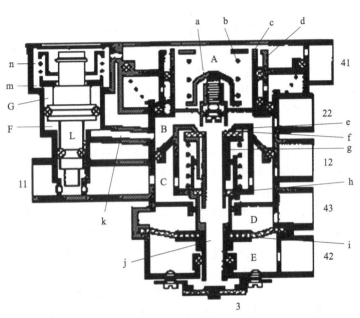

图 4-101　挂车控制阀内部构造

a—平衡活塞；b—调整弹簧；c—进气口；d—活塞；e,3—排气口；f—两用阀门；
g—阀杆；h—活塞体；i—膜片；j—排气口；k—旁通阀出气口；L—旁通阀；m—旁通阀出气口；
n—调整弹簧；11,12—进气口；22—出气口；41~43—控制口

当主制动阀动作时，来自（中）后制动回路的气压信号经控制口 41 通向 A 腔，使活塞 d 下行，同时来自前制动回路的气压信号经控制口 42 通向 E 腔作用在膜片 i 的下面，从而使活塞体 h 打破平衡状态而上行。活塞 d 下行和活塞体 h 上行的结果，首先将排气口 e 封闭；将阀杆 g 顶开，打开进气口 c，如此 C 腔的气体经进气口通向 B 腔，经出气口 22 输出，当这一输出的制动控制信号气压达到主制动信号气压值时，B 腔的气压对活塞 d 的作用力与 A 腔制动信号气压对活塞 d 的作用力以及弹簧力相平衡，B 腔气压对活塞体 h 的作用力与 E 腔制动信号气压对膜片 i 的作用力相平衡，此时活塞体 h 下行、活塞 d 上行，进气口 c 重新关闭。使输出给拖车的制动信号气压不再增加，从而使挂车产生与主车同等强度的制动。

主制动阀解除制动时，A 腔与 E 腔制动信号气压经主制动阀放空，活塞 d 在 B 腔气压与回位弹簧作用下上行，活塞体 h 在 B 腔气压作用下下行，从而迅速打开排气口 e，挂车制动控制管路气从排气口 e 与排气口 3 放空，拖车制动解除。

主制动阀任何一回路失效时，同样可以产生制动控制信号气压输出。因此对于主制动系统而言，该阀既是双回路又是双管路控制阀。

当驻车制动手柄置于"驻车"位置时，D 腔气压经控制口 43 由驻车制动阀放空，活塞体 h 在 C 腔充气气压作用下迅速上行，从而关闭排气口 e、打开进气口 c，通过出气口 22 输出气压制动信号，使挂车产生制动。在应急制动时，驻车制动手柄置于某一需要位置，D 腔气压则相应降至某一数值，此时活塞体 h 在 C 腔和 D 腔气压差作用下上行，关闭排气口、打开进气口，当 B 腔气压上升到某一数值时，作用在活塞体 h

上的力与 C 腔、D 腔压差作用力相平衡，输出控制信号气压由于进气口重新关闭而不再增大，从而使挂车产生一个与主车相应强度的应急制动。

当驻车制动阀置于"行驶"位置时，控制 43 输入 D 腔的气压，使活塞体 h 下行，关闭进气口、打开排气口，使拖车控制信号气压放空，拖车制动解除。

汽车在行驶中制动控制管路断、漏，而当主车制动时，该阀动作使进气口 c 打开，由于出气口 22 输出管路断、漏，因此 B 腔不能建立气压，此时断气阀杆的活塞下腔 F 同样不能建立气压，而活塞上腔 G 即由 A 腔输入主制动气压，从而使阀杆 S 迅速下行关闭进气口 11，使充气管路被切断。充气管路断气，通过拖车制动阀会使拖车自动产生制动，确保拖车制动的可靠。

由于断气阀杆的上腔 G 仅与（中）后制动信号作用 A 腔相通。因此，当主车（中）后制动失效时，则上述这种拖车自动与主车同步制动作用将不会产生。

（9）制动气室　以陕汽新 M3000 系列重卡为例，前桥装用的是膜片式气室，气室的作用是随制动踏板的不同行程，通过制动凸轮轴对前桥实行不同程度的制动，制动气压与制动踏板的行程成正比，也就是制动力与制动踏板成正比，其推杆行程最大 60mm。

中后桥采用的是复合式制动气室。前部是膜片式制动气室，后部是弹簧储能式制动气室。复合式制动气室的作用是既对（中）后桥主制动产生制动作用，又可实施驻车与应急制动。

如图 4-102 所示，主制动气室与驻车制动气室成为一个整体。主制动气室采用常规式膜片制动结构，驻车制动气室采用典型弹簧储能放气制动装置。驻车制动气室充气压力由 II 进入气室时作用在活塞 e 上，与弹簧 f 的推力成相反作用。当充气压力大于 650kPa 时，活塞压缩弹簧向左行至极限位置，从而解除制动。如果气室空气经 II 完全放空，则活塞被弹簧 f 推向右行，并通过中空的推杆推动主制动气室推杆伸出产生制动力，最大制动强度取决于弹簧预紧力。当 II 输入气压低于 650kPa 时，活塞连同推杆也要伸出产生制动，但制动强度随输入气压值成反比关系。输入不同气压可产生不同强度的制动效果，因此驻车制动气室又是应急制动气室。

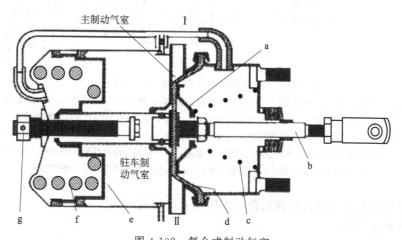

图 4-102　复合式制动气室
a,e—活塞；b—推杆；c—弹簧；d—膜片；f—弹簧；g—螺栓

在驻车制动气室中空的推杆中设置有一个细牙螺栓，当螺栓全部旋出时，就将活塞克服弹簧力拉向左极限位置，从而可以在没有压缩空气的情况下驻车制动。

复合制动气室在解体时应特别注意，因为驻车制动气室弹簧预紧力很大，因此拆装时必须在压床上进行。拆卸时首先用压床压紧，拆卸气室固定螺栓，待全部拆卸完之后，慢慢将压床松开，弹簧完全处于自由状态时再行分解，否则易发生事故。

4.2.2　气压制动系统原理

以陕汽德龙系列汽车制动系统采用双回路气制动系统为例，该系统是目前重型卡车较为先进的典型结构系统。

全车气路由气源部分、前桥制动回路、（中）后桥制动回路、驻车制动回路以及辅助用气回路五部分组成。其中驻车制动回路又分为主车和挂车两个驻车制动回路，全车气路如图4-103所示，整车气路原理如图4-104所示。

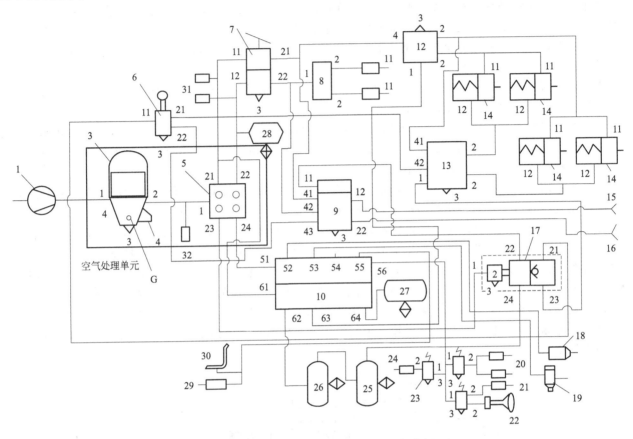

图4-103　德龙F3000全车气路（6×4牵引车）

1—空压机；2—排气口；3—干燥器；4—调压阀；5—四回路保护阀；6—手制动阀；7—制动总阀；8—匹配阀；9—挂车制动控制阀；

10—多回路分气接头；11—前轴制动气室；12—行车继动阀；13—驻车继动阀；14—中/后桥制动气室；15—充气接头（红）；

16—制动接头（黄）；17—带单向阀的五通分气接头；18—离合器助力分泵；19—变速器减压阀；20—轮间差速锁气缸；

21—排气制动气缸；22—电/气喇叭；23—电磁阀；24—桥间差速器气缸；25～28—储气罐；

29—驾驶室悬置气缸；30—座椅气缸；31—气压报警传感器；32—测试接头

制动系统气路元件的各个气路接口都用数字表明了它的用途，其标号含义：

"1"——该阀件的进气口；

"2"——该阀件的出气口；

"3"——该阀件的排气口；

"4"——该阀件的控制口。

凡标有两位数字的表示某一接口的顺序。例如"11"表示该阀件的第一进气口、"12"表示该阀件的第二进气口、"21"表示该阀件的第一出气口、"22"表示该阀件的第二出气口等。

（1）气源部分。空压机1在发动机的驱动下将空气进行压缩，高压气体沿着气路管线由干燥器3的1口进入（空气处理单元），经干燥和调压阀4调压后，高压气体由2口输出到四回路保护阀5的1口，四回路保护阀将整车气路分为既相互独立又相互联系的四个回路，并分别由21、22口、23口和24口输出。

当整车气压达到额定值后，调压阀将通往四回路保护阀气路关闭，此时干燥器的排气口3打开。由于干燥器排气口3的打开，来自空压机的压缩空气直接排入大气；同时，干燥器总成（空气处理单元中的一部分）中的反冲气腔，将一部分干燥过的气体反向通过干燥剂，将干燥剂中的水分带走，经排气口3排入

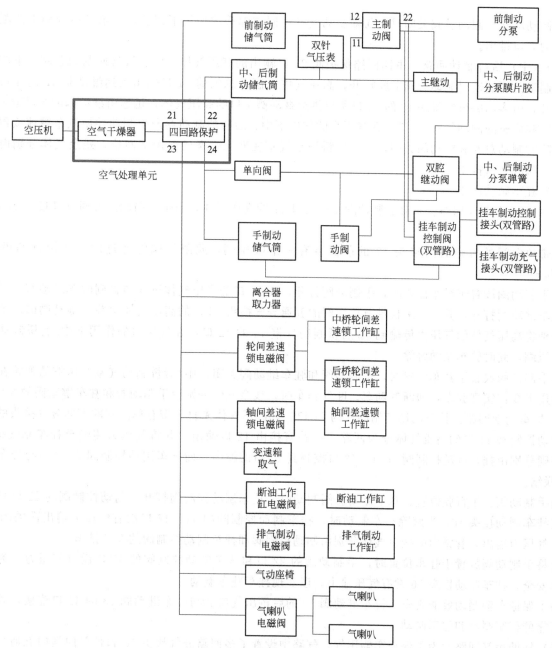

图 4-104 整车气路原理

大气，从而使空气处理单元中的干燥剂干燥，起到再生作用，使得干燥剂可重复利用。

当整车气压低于额定值时，调压阀将通往四回路保护阀气路打开，此时干燥器的排气口 3 关闭，空压机在发动机的驱动下，给全车进行充气。

干燥器上的 G 为电子加热装置，在寒冷季节可防止干燥器排气口因水分的存在而结冻，影响干燥器排气口的正常开启与关闭。

（2）前桥制动回路　由四回路保护阀 22 口输出的高压气体，沿管线传输到制动总阀 7 下腔 12 口的同时，也将高压气体的气压力储存于储气罐 28 中。当踩下制动总阀制动时，制动总阀下腔打开，高压气体由制动总阀的 22 口输出并进入匹配阀 8，经匹配阀的特定条件下的调压后，高压气进入前制动气室 11 从而产生制动。

匹配阀的作用是，在轻踩制动踏板时（制动气压小于 4.1bar），匹配阀的输出气压比匹配阀的输入气压低，防止在轻踩制动踏板时，车辆"点头"。当制动气压大于 4.1bar 时，匹配阀的输出气压与输入气压一致。

当制动解除、制动总阀关闭时，前轴制动气室在回位弹簧的作用下回位，残余气体分别由匹配阀和制动总阀的 3 口排出。

(3)（中）后桥制动回路　由四回路保护阀 21 口输出的高压气体，沿管线流向制动总阀 7 下腔 11 口，当踩下制动总阀制动时制动总阀上腔打开，高压气体由制动总阀的 21 口输出到达继动阀 12 的 4 口并将继动阀打开，由多回路分气接头 10 的 63 口所提供给继动阀 1 口的高压气体，迅速由继动阀的 2 口输出并分别进入中桥和后桥的制动气室 11 口，在气压力的作用下中、后桥的制动器产生制动并使汽车减速或停车。当制动解除时制动总阀和继动阀关闭，中、后桥制动气室在回位弹簧的作用下回位，残余气体分别由继动阀和制动总阀的 3 口排出。

(4) 驻车制动回路

① 主车驻车制动回路。来自手制动阀 6 进气口 11 的高压气体，由带单向阀的五通分气接头 17 的 21 口提供。

在带单向阀的五通分气接头 17 的前面装有一个限压阀，此限压阀将通过的气压限制到最大不超过 8.5bar。

当手制动阀放置于行车位置时，手制动阀打开，其 21 口的高压气体迅速传输到驻车继动阀 13 的 42 口并使驻车继动阀打开，其 1 口来自带有单向阀的五通分气接头 23 口的高压气体由驻车继动阀的两个 2 口输出，分别将高压气体的气压力传输到中/后桥制动气室 14 的 12 口，在气压力的作用下中/后桥制动气室的弹簧被压缩，此时驻车制动解除。

当手制动阀放置于驻车位置时，手制动阀和驻车继动阀关闭，中/后桥制动气室被压缩的弹簧在弹簧张力的作用下复位实现驻车，即断气刹车。断气刹车时，残余气体分别由手制动阀和驻车继动阀的 3 口排出。

② 挂车制动回路。挂车制动控制阀 9 的 11 口，其高压气体来自于带有单向阀的五通分气接头的 22 口。挂车制动控制阀 11 口的高压气体分为两路：一路直接由 12 口输出，并将气压力传输至挂车充气接头 15；另一路则分别由挂车制动控制阀的 41～43 口控制其 22 口的输出，而挂车制动控制阀的 22 口与挂车制动接头 16 联结。

当手制动阀置于行驶位置、踩下制动总阀制动时，挂车制动控制阀打开，制动控制阀的 22 口将气压力传输至挂车制动接头 16；当解除行车制动时，挂车制动控制阀的 41、42 口没有气压力输出而关闭，其 22 口也无气压力输出，管路内的残余气体分别由制动控制阀和挂车制动控制阀的 3 口排出。

若将手制动阀放置于驻车位置时，手制动阀的 22 口和挂车制动控制阀的 43 口没有气压力，为保证挂车驻车安全，挂车制动接头 16 常有气压输出，以实现挂车驻车制动。

为了保证车辆制动效能安全，行车继动阀 12 的后桥出气口 2 与驻车继动阀 13 的 41 口连接，以使车辆具有可靠的行车制动和驻车制动。

(5) 辅助用气回路　为了保证车辆用气，气路中设置了多回路分气接头 10 和带单向阀的五通分气接头 17。带单向阀的五通分气接头除了保证车辆用气之外，还具有缩短空压机 1 为车辆充气时间的作用，具体辅助用气回路如下。

多回路分气接头有上、下两个腔，在气压低于 6.5bar 时，两腔不通，是为了保证制动气路用气安全；在气压高于 6.5bar 时，两腔互通。

多回路分气接头上、下两个腔的进气口 51 和 61，分别与四回路保护阀的 24、21 口相连接。

上腔的 52、53、55 和 56 口依次向离合器助力分泵、变速器减压阀、空气座椅/驾驶室悬置气囊、轮间/桥间差速锁气缸电磁阀、辅助排气制动电磁阀和电/气喇叭电磁阀提供高压气体。

下腔的 62 口向储气罐 26、25 提供高压气体，63 口向行车继动阀 12 的 1 口提供高压气体，64 口向储气罐 27 提供高压气体。

四回路保护阀的 23 口与带单向阀的五通分气接头的 1 口相连接以提供高压气体。其出气口 21 口向手制动阀的 1 口提供高压气体、22 口向挂车制动控制阀的 11 口提供高压气体、23 口向驻车继动阀的 1 口提供高压气体、24 口与储气罐 25、26 相连以缩短车辆的充气时间。

4.2.3 系统常见故障排除

4.2.3.1 制动系统常用的故障诊断方法——"截断法"

制动系统的故障诊断时，可采用"截断法"对制动系统气路进行故障判断，利用各个阀件的特性，能够快速判断出故障部位。

截断法的核心是首先将故障发生的系统以及该系统有关的关联部件找出，然后将系统中的中间部位"拦腰砍断"，用简单试验的方法判断故障在哪一半边。然后在故障那半边系统内中间部位再"拦腰砍断"，通过试验判断故障又在哪一边。这样每次可排除50%的部件，通过几次检查可迅速准确地将故障部位查到。查到故障部位之后再解体故障部件，分析故障原因，继而进行拆检修理，如此可达到事半功倍的效果。

下面就以中、后桥制动分泵不动作为例，对"截断法"进行进一步的说明。首先，检查储气罐是否有气，如有气，则按下列方法检查。

① 从整车气路图中找出与中、后桥制动有关的气路和阀件，如图4-105所示。

② 从主制动阀的21口（A处）松开管接头，踩下制动踏板。

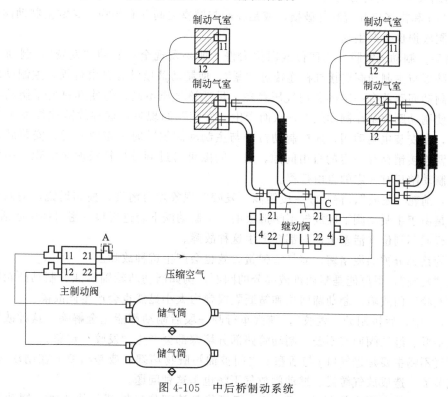

图4-105 中后桥制动系统

a. 如踩下制动踏板，从松开处21口无气体排出，则故障在主制动阀及其前段的气路中。再松开主制动阀的11口，如有气体急速排出，则表明主制动阀出现故障。如无气，则检查连接主制动阀与储气罐之间的管路是否堵塞。

b. 如踩下制动踏板，从松开处21口如有气体急速排出，则故障在主制动阀后段的气路中，连接好管接头。再从主制动继动阀21口（C处）松开管接头，踩下制动踏板，如21口有气急速排出，则故障部位在继动阀后面的气路；如踩下制动踏板，21口无气体急速排出，则故障在继动阀21口与主制动阀之间的部位。如此利用"截断法"检查，可以快速找到故障部位。

4.2.3.2 制动系统常见故障诊断与排除

下面对制动系统以及全车气路故障的原因及排除作一简单的介绍。

（1）气源部分

① 制动系统充气速度慢或完全不充气。这一故障主要是空气压缩机进、排气阀封闭不严或烧损所致，拆检更换进、排气阀即可排除。

② 干燥器不能反冲排气。干燥器不能反冲排气的故障一般在调压阀，应对调压阀进行拆检。干燥器排气阀常出现漏气的故障是由于排气阀密封件损坏，或是在阀与阀座之间存有异物，使其封闭不严。

③ 四回路某一回路不充气。欧曼汽车四回路保护阀把全车分成前桥制动回路、（中）后桥制动回路、驻车制动回路和辅助用气回路。在实际运行中，往往发生某一回路不充气，遇有这种故障应对四回路阀进行拆检，如果阀卡死则清理后重新装配即可排除；如果阀损坏，则应用修理包更换损坏的部件。

（2）主制动回路

① 踩下制动踏板时，主制动阀从排气口处漏气。此故障主要在主制动阀本身。见图 4-95，应首先检查上腔与下腔进气口 j 和 e 与活塞 c 和 f 的接触面上有无异物，密封件有无破损。如果活塞与进气阀接触封闭不严，就会产生制动时漏气的现象。其次应检查进气阀杆 e 与中腔活塞 f 之间的密封圈是否磨损和破损、下腔进气口 g 的阀杆与壳体之间密封圈是否磨损和损坏，因为这些密封圈损坏都会造成漏气故障。另外应检查主制动阀中腔活塞 f 的两个 O 形密封圈是否磨损和损坏，因为这两个密封圈破损同样会造成漏气故障。

② 不踩制动踏板时，主制动阀漏气。如果在制动解除之后，主制动阀从排气口 3 处向外漏气，一般是上腔或下腔进气口 j 和排气口 h 密封件破损，或是在阀与阀座之间存有异物，导致主制动阀漏气。进气阀杆与壳体之间密封圈破损也会产生漏气。

③ 解除制动后，制动气室膜片不回位或回位太慢。如果发现全车制动"发咬"，制动气室膜片都不回位，显然是制动踏板与主制动阀连接杠杆连接过"紧"，使制动踏板没有自由行程，主制动阀总处于打开的位置，因此全车制动回路总有一定的制动气压存在。虽然该气压不高，但使其总处于制动状态，气室推杆总以一定的力迫使制动蹄片贴在制动鼓上，从而产生"发咬"的现象，这种故障往往发生在更换或安装主制动阀时。因此，在安装主制动阀，连接制动拉杆与主制动阀拐臂时一定应注意，安装后，连接拉杆后端应与主制动阀拐臂连接销存有一定的自由间隙，这一间隙可通过调整拉杆长度来实现。换句话说，安装主制动阀后应保证制动踏板有一定的自由行程。

制动解除后，前轮"发咬"，待行驶一段距离"发咬"现象才会消失。换句话说，前制动气室膜片回位太缓慢，这一般是由于主制动阀下腔放气不畅造成的。主制动阀下腔进气口 e 密封件中腔活塞 f 之间有油污和脏物堵塞，上行回不到位（活塞卡住）都会产生这种故障。

前制动回路管路部分被油泥堵塞、前气室弹簧失效也会产生这种故障。

如果是单边"发咬"，很可能是制动机械部分的问题。例如制动凸轮轴锈蚀、制动凸轮轴弯曲变形等都会产生制动后"发咬"的故障。制动蹄回位弹簧断裂或弹力太小显然也会产生此故障。

制动解除后，（中）后桥制动"发咬"，随汽车行驶一段后制动都能完全解除。这种故障原因较多，主制动阀上腔回气不畅、继动阀回气不畅、制动管路部分堵塞都会产生"发咬"现象。

主制动阀回气不畅主要是进气口 j 与活塞 c 之间被油污脏物堵塞，或是活塞 c 在制动解除后回不到位，使排气口 d 形成节流，造成放气缓慢。继动阀放气不畅也是这种问题。

如果（中）后桥仅是个别车轮制动"发咬"，很可能是该部位机械部分的故障。制动蹄片回位弹簧折断，制动凸轮轴与衬套锈蚀，凸轮轴弯曲变形，桥壳变形，制动气室回位簧失效都会产生制动后"发咬"故障。如果是某个车轮突然"发咬"，很可能是制动蹄片脱落或者是破碎。

如果（中）后桥车轮持续"发咬"，显然问题出在驻车制动系统上。驻车制动阀漏气或者是（中）后桥某一弹簧储能制动气室漏气，都会造成（中）后桥全部车轮持续"发咬"的故障。应急制动继动阀漏气也会产生上述故障。

④ 前轮制动效果差，经检查前轮制动气室制动气压偏低。这一般是由于主制动阀上腔与中腔的控制气孔 D 被油泥或脏物堵塞而使压缩空气节流，使前轮制动的活塞 f 上腔 B 气压降低所致。此时应对主制动阀拆检清洗。

（3）驻车制动与应急制动回路故障

① 驻车制动阀漏气。当驻车制动阀置于"驻车制动"位置时，驻车制动阀从排气口 3 持续漏气，一般

是阀的进气阀与阀座封闭不严，或是阀与阀座之间存在异物，或是进气阀密封件损坏所致。

在驻车制动时，驻车制动阀漏气不会产生其他故障。然而当把驻车制动阀手柄置于"行驶"位置时，驻车制动阀漏气，将会产生汽车行驶时（中）后桥车轮"发咬"的故障，这是由于驻车制动阀的阀杆与气阀的接触封闭不严所致。造成该排气口封闭不严的原因，可能是密封件的损坏，或是由于阀杆与气阀之间有异物或油污的隔开而造成排气口封闭不严。拆检清洗或更换进气阀密封件，故障即可排除。

② 弹簧储能气室漏气。弹簧储能气室活塞密封圈损坏、拉伤，气室气缸拉伤等，都会造成气室漏气。因（中）后桥车轮的各弹簧储能制动气室都是气路联通的，因此只要有一个气室漏气，就会造成各个气室气压的降低，因此导致行驶时（中）后桥车轮"发咬"的结果。遇有这种故障，则需将漏气的制动气室拆检修理。拆卸和安装弹簧储能制动气室时，必须在压床上进行，以确保安全。

③ 驻车制动继动阀漏气。当汽车在驻车制动工况时，继动阀漏气，对汽车不会造成故障，这是由于继动阀的进气阀密封件损伤或阀座之间有异物或杂质，使阀门封闭不严造成的。

当汽车处于行驶状态时，继动阀从排气口持续漏气，原因是排气阀与活塞封闭不严，此时会使弹簧储能制动气室的气压不足，导致行车制动"发咬"的故障。

（4）制动不灵　制动不灵除上述气路控制系统的问题外，主要的问题就出在制动蹄片与制动鼓上。制动蹄片与制动鼓接触面积应大于整个面积的70%，同时要求制动蹄片干净无油污，干燥不潮湿。为保证制动蹄片和制动鼓的接触面，在制动鼓圆度超差、拉伤以及制动蹄片磨损时，或换用新制动蹄片时，必须将制动蹄片和制动鼓内表面用专用机具光削，而且光削的胎具必须保证制动鼓与轴头同轴，制动蹄片同样与轴头同轴。在没有专用机具的情况下可用锉刀和砂纸对制动蹄片进行修磨以确保接触面积大于70%。实践告诉我们，制动蹄片的两端"咬合"制动效果要比中间"咬合"效果好得多。因此，在光磨制动蹄片时，其光磨的直径应比制动鼓内径大0.2mm。一般制动鼓的最大光削量为1mm。

（5）制动跑偏　造成制动跑偏的因素有很多，诸如同轴左、右轮胎气压差别较大，左、右轮胎磨损程度不同。但主要原因只有两个：一是左、右制动蹄片间隙相差较大，造成制动的不同步；二是左、右车轮的制动力不同。造成制动力不同的原因也较多，左、右气室制动气压不同，左、右制动蹄片与制动鼓接触面积不同，某侧制动蹄片上有油污等都会使制动跑偏。一般来讲，在反复调整制动蹄片间隙仍不能排除跑偏故障时，就应对制动鼓和制动蹄片进行拆检和光磨。

（6）轻踩制动踏板时前轮发摆　这种故障大多数是由于前轮制动鼓圆度超差所造成的制动不同步，导致轻踩制动踏板时前轮发摆。一般来讲将制动鼓光磨后即可排除。

（7）挂车制动系统的故障

① 挂车储气筒不充气。遇有挂车储气筒不充气的故障，首先应检查主车至挂车的充气管路有没有气。如果充气管路没有气（可用按下充气管接头的单向阀来检查），说明故障在挂车制动控制阀（安装在主车上）上；如果充气管路有气、主车与挂车连接接头也没有问题，说明故障在挂车制动阀（安装在挂车上）上。需分别对其进行拆检。

② 挂车没有制动。当踩主车制动踏板时，挂车没有制动。遇到这种故障应检查：当踩主车制动踏板时，挂车制动控制管路有没有气压（可以用手按下挂车制动控制管路接头的单向阀，然后踩制动踏板，观察是否出气），如果没有气压输出，则说明故障在主车安装的挂车制动控制阀上；如果有气压输出，则说明问题在挂车上安装的制动阀上。应分别对其进行拆检修理。

③ 挂车制动"发咬"。在正常行驶时，挂车车轮"发咬"、制动鼓发热，一般是由于充气管路或接头漏气，挂车制动阀自动产生制动造成的，应对充气管路与接头进行检查。

④ 主车制动阀或挂车制动阀漏气。与上述阀件相同，这类故障都是由于阀内的进气、排气口的密封件损坏，或是由于阀与阀座之间有异物或污物造成封闭不严所致。

制动系统是较为复杂的系统，因此一个故障往往并不是由一个原因引起的，而是由几种原因产生的"综合征"。因此在分析判断时可能要远比我们上述分析的复杂得多，但只要我们了解系统的结构与工作原理，掌握了科学的分析方法，再加上一定的实际经验，故障会被迅速查清并排除。

陕汽F3000（6×4车型）气路原理如图4-106所示。

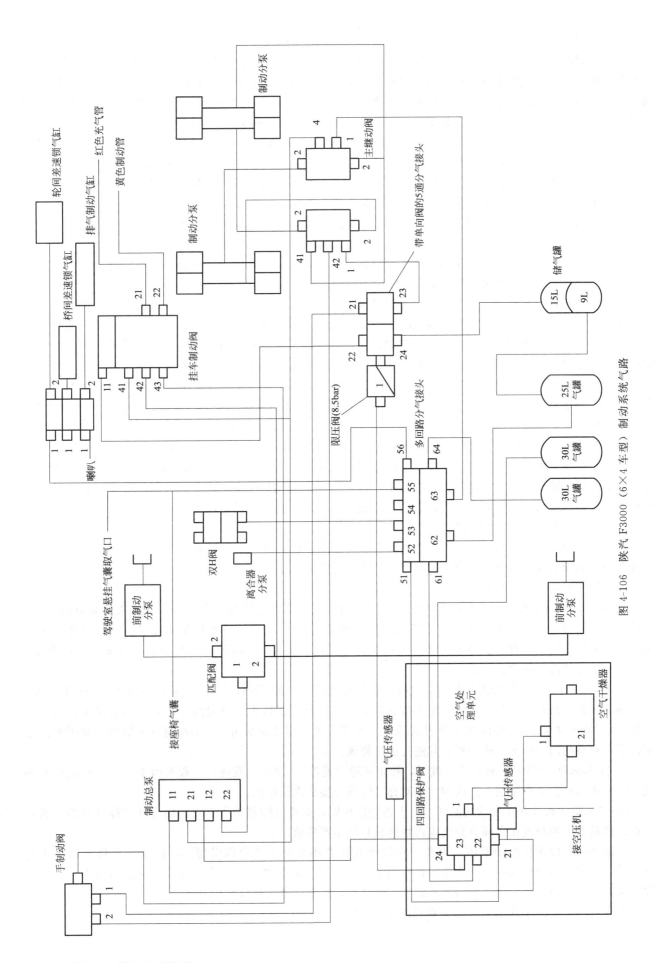

图 4-106 陕汽 F3000 (6×4 车型) 制动系统气路

4.2.4　部件故障检测与排除

4.2.4.1　制动间隙自动调整臂的维修

制动间隙自动调整臂（以下简称自调臂）使用及维修更换等注意事项如下。

① 装配自调臂的制动器，制动间隙设定范围为 0.6～1.1mm（不同供应商的自调臂设定间隙略有差异），整桥左右两侧制动器的制动间隙差不得大于 0.2mm；制动间隙由自调臂自动调整，在正常使用过程中，严禁人为调整制动间隙。

② 非公路用车每 1.5 万千米或者 6 个月（先到为准）应对自调臂加注 2 号锂基润滑脂一次；公路用车每 3 万千米或者 6 个月（先到为准）应对自调臂加注 2 号锂基润滑脂一次。

③ 每行驶 8000～10000km，检查制动间隙是否符合要求；检查自调臂上塑料套和锁止销的配合情况。若出现松动，必须更换塑料套。

④ 如感觉制动疲软时，在排除其他原因后，建议检测自调臂蜗杆六角头的逆时针力矩。旋转一周，若所测最小力矩小于 18N·m，则表明自调臂已损坏，应及时更换自调臂总成。

⑤ 维修更换时，每轴左右两侧自调臂必须装配同一厂家，若只有一侧自调臂失效且无替换的同一厂家的自调臂时，需将整桥左右两个自调臂同时更换。自调臂安装示意如图 4-107 所示。

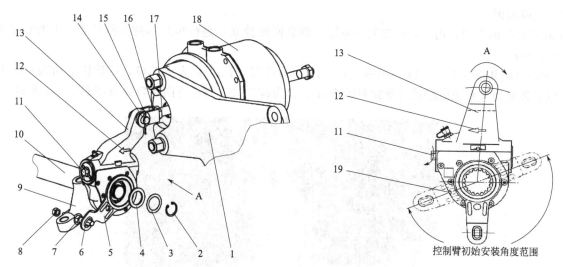

图 4-107　自调臂安装示意（以 AC16 后桥自调臂为例）

1—气室支架；2—卡簧；3—调整垫片；4—垫片；5—控制臂；6—塑料套；7—锁止销；8—锁止螺母；
9—凸轮轴支架；10—凸轮轴；11—蜗杆六角头；12—箭头；13—柄部；14—圆柱销；
15—开口销；16—U 形叉；17—气室推杆；18—气室；19—盖板缺口

（1）装配至桥总成的安装规范

① 先将锁止销 7 插入凸轮轴支架 9 侧面上的孔，把自调臂装到凸轮轴 10 上，同时调整控制臂 5，使锁止销 7 的扁段插入控制臂 5 上的孔。用卡簧 2、调整垫片 3、垫片 4 将自调臂固定在凸轮轴 10 上，选择合适的调整垫片 3，保证自调臂的轴向间隙满足 0.5～1.0mm。

注意安装自调臂时，箭头 12 的方向应与气室推杆 17 推出方向一致，自调臂的柄部 13 应尽量远离气室支架 1，以防止后续安装气室 18 时发生干涉。

② 用锁止螺母 8 将锁止销 7 固定在凸轮轴支架 9 上，使控制臂 5 定位紧固可靠，要求塑料套 6 不得脱落，并确保控制臂 5 的中心线不超过盖板缺口 19，以防止制动过程中出现干涉。

（2）桥总成装配至整车时的调整规范

① 确认气室 18 处于解除制动状态，用扳手顺时针手动旋转蜗杆六角头 11（禁止使用电动扳手和风动

扳手），自调臂的柄部13以凸轮轴10为中心沿箭头方向转动，使柄部13上的孔与气室的U形叉16上的孔自然对正。

② 在圆柱销14上涂上润滑脂，用圆柱销14将U形叉16和自调臂的柄部13上的孔连接固定，并锁上开口销15。

③ 用M12定力矩扳手（定力矩扳手力矩12～18N·m）顺时针方向手动调整蜗杆六角头11，直到制动摩擦片和制动鼓恰好接触（间隙为0），再反向旋转蜗杆六角头11约270°。

④ 确保整车制动气压符合的情况下（大于或等于0.6MPa），原地施加多次最大踏板行程制动，直到制动间隙调整到正常范围（0.6～1.1mm）。

（3）注意事项

① 制动过程中控制臂与壳体不允许干涉。

② 根据不同桥型结构，控制臂的固定附件及固定方式不同。安装完成后，保证锁止销号控制臂上的孔之间无间隙，且锁止销处于自然状态，与控制臂之间无相互作用力。

③ 在整车原地施加多次最大踏板行程制动，自调臂进行间隙调整时，自调臂蜗杆六角头会顺时针旋转，可据此判断新装自调臂功能是否正常。

4.2.4.2 制动总阀故障判断与维修

（1）故障特征　漏气；失效。

（2）故障原因

① 制动总阀的作用：用于双回路制动系统，前后回路独立，是行车制动的控制装置。上腔比下腔优先(0.5±0.1)bar。

② 制动总阀共用5个口：11口为进气口；12口为进气口；21口为出气口，接后桥继动阀；22口为出气口，接前桥制动气室或适配阀（盘式制动器）；3口为排气口。制动总阀接口分布如图4-108所示。

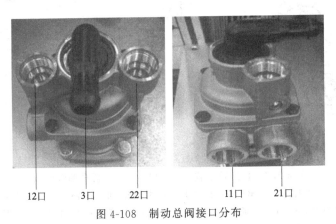

图4-108　制动总阀接口分布

③ 漏气

a. 制动总阀3口漏气，阀体内进异物或失效。

b. 制动总阀1口、2口漏气，接头未拧紧或VOSS组件故障。

（3）故障判断

① 漏气：听或涂肥皂水。

② 失效的检测方法：使用气路检测仪检测制动总阀是否存在故障，确切判断故障部位及故障阀件的好坏。气路检测仪接头如图4-109所示。

制动总阀是一个双回路的制动阀，它分别控制前制动回路和后制动回路，分别对两个制动回路进行检测。

检测管线"A"连接到前制动回路储气筒的检测接头上。启动发动机，待该检测气压表读数上升至0.8MPa为止。

① 前制动回路的检测。

a. 将制动总阀的"22"接口上的回路接头拆下，把检测管线"B"或"C"（以方便连接）的 VOSS 接头与该口连接并旋紧。

b. 缓慢踩下制动踏板，观察检测气压表的读数是否随制动踏板行程的增加而增大，至制动踏板踩到底时，气压表指示大于 8bar，踩住踏板不动，气压表无明显压降。

c. 将制动踏板迅速完全放松，观察制动总阀在明显排气的同时，气压表读数是否迅速完全归"零"。

故障判断：如果完全符合上述标准，则该阀前制动回路完全是合格的，若有一项或多项结果与上述标准不符，例如最终制动气压达不到最高值或制动踏板回位时，制动气压不能完全归"零"，则说明该阀前制动回路是有故障的。

② 后制动回路检测。

a. 将制动总阀上的"21"接口上的回路接头拆下，把检测管"B"或"C"的 VOSS 接头与该口连接并旋紧。

b. 按照前制动回路的检测过程进行，观察气压表读数随制动踏板行程的增加而增大，最终制动踏板踩到底时，气压表读数是否大于 8bar，如图 4-110 所示。踩住踏板不动，气压表无明显压降。

图 4-109　气路检测仪接头

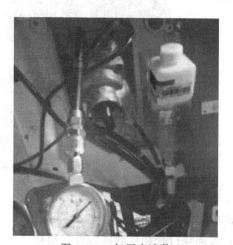

图 4-110　气压表读数

c. 将制动踏板迅速完全放松，观察制动总阀在明显排气的同时，气压表读数是否迅速完全归"零"。

故障判断：检测的结果与上述相符，说明该阀的后制动回路是完全正常的，否则后制动回路是有故障的。

（4）故障排除

① 漏气。

a. 制动总阀 3 口漏气：更换新件。

b. 制动总阀 1 口、2 口漏气：重新安装 VOSS 组件。VOSS 组件由快插接头（竹节内芯）、橡胶垫圈、锁位卡簧、螺母座 4 个组件组成，如图 4-111 所示。依次按橡胶垫圈、锁位卡簧、螺母座顺序分装阀口，然后用扭力扳手按规定的力矩将螺母座拧紧，拧紧力矩见表 4-8。

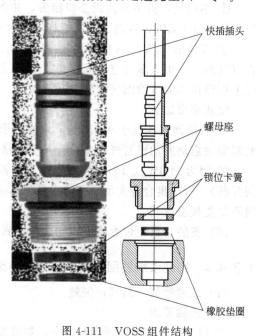

图 4-111　VOSS 组件结构

表 4-8　螺母座拧紧力矩

螺母座	名义尺寸 NG	扳手型号 SW/AF	扭紧力矩/N·m
M10×1	6	12	5～6
M16×1.5	8	19	10～17
M22×1.5	12	24	10～17

② 若失效则直接更换新件

（5）安装　按原位置装配至组合踏板上。

4.2.4.3　制动系统溢流阀故障判断与维修

（1）故障类型　不过气；阀体漏气；VOSS 接头漏气。

（2）溢流阀用途　溢流阀装配在辅助气路的一条支路上，当溢流阀 1 口（进气口）压力达到 0.6～0.63MPa 时，溢流阀门开启，压缩空气从 2 口（出气口）流出。溢流阀接口分布如图 4-112 所示。

① HOWO：除了离合器、变速箱、换挡手柄、排气制动用气外，其他辅助用气（气喇叭、空气座椅、驾驶室气囊、取力器、轴差等）均从溢流阀取气。

② T7H：只有气喇叭、空气座椅、驾驶室气囊从溢流阀取气。

③ T5G：只有气喇叭、空气座椅、驾驶室气囊、转向气操纵从溢流阀取气。

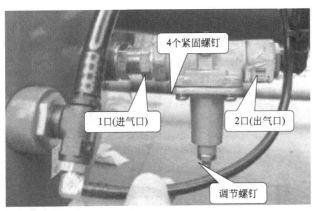

图 4-112　溢流阀接口分布

（3）故障原因

① 不过气：阀门损坏或进入异物堵塞。

② 阀体漏气：紧固螺钉松动或阀体内膜片损坏。

③ VOSS 接头漏气：接头松动、VOSS 组件故障。

（4）故障判定及排除方法

① 不过气：拆下溢流阀 2 口接头，并在 2 口安装上放水阀（WG9000361402），启动发动机，保证整车气压达到 0.8MPa，推动放水阀推杆，若放水阀口没有气流冲出，则说明溢流阀不过气，需要更换溢流阀。

② 阀体漏气/VOSS 接头漏气：用肥皂水涂抹溢流阀 VOSS 接头部位、阀体连接处及调节螺钉处，看是否有气泡，若接头漏气应紧固接头或更换接头；若阀体连接处及调节螺钉处漏气应紧固四个连接螺钉；若以上措施均不能排除漏气需更换溢流阀。

注意事项如下。

① 若辅助气压低于 0.6MPa，溢流阀未达到开启压力，经溢流阀的辅助气路没有气，属于正常现象，此时需要启动发动机打气，并检查其他气路是否漏气。

② 因为 HOWO/T7H/T5G 车型离合器、变速箱、换挡手柄、排气制动用气均不经过溢流阀（与溢流阀并联），所以离合器无反应、离合器重、换挡困难、高低挡无法转换等故障均与溢流阀不过气无关，此时请不要更换溢流阀。

（5）安装　按原位置将溢流阀装配至底盘上。

4.2.4.4　制动系统四回路阀故障判断与维修

（1）故障特征　漏气；失效。

（2）故障原因

① 用途：在四回路制动系统中，如果发生 1 个回路或多个回路失效，使其余管路仍能维持制动时所需

要的最低制动气压。

② 四回路阀共用 5 个口：1 为进气口；21 为出气口，接制动总阀上腔；22 为出气口，接制动总阀下腔；23 为出气口，接手制动阀；24 为出气口，接辅助用气。四回路阀接口分布如图 4-113 所示。

③ 漏气。四回路阀 1 口、2 口漏气，接头未拧紧或 VOSS 组件故障。

④ 失效。弹簧疲劳或膜片缺陷。

（3）故障判断

① 漏气：听或涂肥皂水。

② 失效检测方法。使用气路检测仪检测制动系统阀类是否存在故障，确切判断故障部位及故障阀件的好坏。

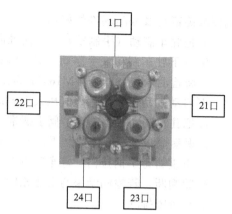

图 4-113　四回路阀接口分布

a. 用储气筒放水阀将连接于四回路保护阀接口的储气筒气压降低。

b. 拆下"21"接口的接头，将检测管线"B"或"C"（视接口）的 VOS 端接头与其相连旋紧。

c. 启动发动机为气路充气至 8bar 以上。

d. 观察"21"接口检测气压是否达到 8bar 以上。

e. 将任一刹车回路储气筒放气，直到完全排空空气。

f. 观察"21"接口检测气压是否下降至 6bar 后不再降低。

g. 启动发动机继续向回路充气，观察连接在"21"接口的气压表读数是否继续上升直到气压表数值大于 8bar 为止。

h. 按以上程序分别对"22"、"23"和"24"接口进行测量。

故障判断：若检测结果均与上述结果相同，则表明四回路保护阀工作完全正常。若检测结果有一项或多项与上述结果不符，则表明四回路保护阀是故障阀。

（4）故障排除

① 四回路阀 1 口、2 口漏气：重新安装 VOSS 组件。VOSS 组件由快插接头（竹节内芯）、橡胶垫圈、锁位卡簧、螺母座 4 个组件组成。依次按橡胶垫圈、锁位卡簧、螺母座顺序分装阀口，然后用扭力扳手按规定的扭紧力矩将螺母座拧紧。

② 若失效则直接更换。

（5）安装　按原位置装配至车架或支架上。

4.2.4.5　制动系统手制动阀故障判断与维修

（1）故障特征　漏气；失效。

（2）故障原因

① 手制动阀的作用：用来操纵弹簧储能制动时，使驻车制动安全可靠。具有随动功能，可控制弹簧储能双腔制动室的弹簧腔逐渐放气，起应急制动的作用。

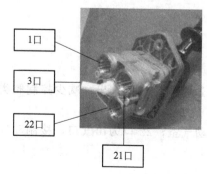

图 4-114　手制动阀接口分布

② 手制动阀共用 4 个口：1 口为进气口；21 口为出气口，接驻车继动阀；22 口为出气口，接挂车手阀进气口；3 口为排气口。手制动阀接口分布如图 4-114 所示。

③ 漏气。

a. 手制动阀 3 口漏气，阀体内进异物。

b. 手制动阀 1 口、2 口漏气，接头未拧紧或 VOSS 组件故障。

④ 失效。弹簧疲劳或驻车状态 21 口有气压输出。

（3）故障判断

① 漏气：听或涂肥皂水。

② 失效。使用气路检测仪检测制动系统阀类是否存在故障，确切

判断故障部位及故障阀件的好坏。

a.把驻车制动（手制动）阀手柄推向"停车"位置。

b.拆下驻车制动（手制动）继动阀控制口"4"上的回路管线接头。

c.将检测管线"D"的 M16×1.5 接头与驻车制动（手制动）控制管线的 VOSS 接头连接并旋紧。

d.启动发动机，使系统气压大于 8bar。

e.把驻车制动（手制动）阀手柄推向"行驶"位置。

f.观察检测气压表读数是否大于 8bar。

g.再重新将手柄拉向"停车"位置，观察气压表读数是否迅速归"零"。

故障判断：若检测结果与上述相同，则说明驻车制动（手制动）阀是正常的，否则该阀为故障阀。

（4）故障排除

① 漏气。

a.手制动阀 3 口漏气：更换新件。

b.手制动阀 1 口、2 口漏气：重新安装 VOSS 组件。VOSS 组件由快插接头（竹节内芯）、橡胶垫圈、锁位卡簧、螺母座 4 个组件组成。依次按橡胶垫圈、锁位卡簧、螺母座顺序分装阀口，然后用扭力扳手按规定的扭紧力矩将螺母座拧紧。

② 若失效则直接更换新件。

（5）安装

① HOWO 车型（图 4-115）。

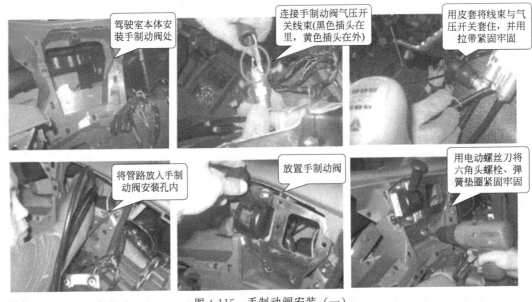

图 4-115　手制动阀安装（一）

② T 系列车型（图 4-116）。

4.2.4.6　制动系统继动阀故障判断与维修

（1）故障特征　漏气；失效。

（2）故障原因

① 继动阀作用：可以缩短制动时气室压力建立时间；解除制动时迅速将气室气压排出；减少控制阀类（总阀，手阀）的气体流量；提高阀的可靠性。

② 继动阀接口共有 5 个接口：1 口为进气口；21 口为出气口，接制动气室；22 口为出气口，接制动气室；3 口为排气口；4 口为控制口。继动阀接口分布如图 4-117 所示。

（3）漏气。

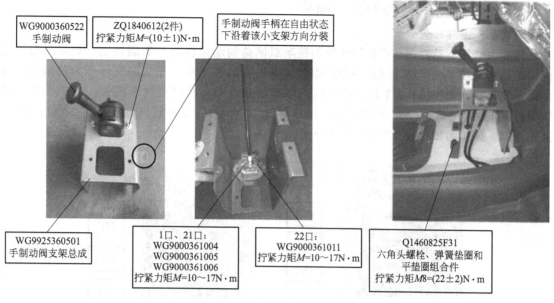

图 4-116　手制动阀安装（二）

① 继动阀 3 口漏气，阀体内进异物。

② 继动阀 1 口、2 口、4 口漏气，VOSS 组件故障。

③ 失效。内部活塞卡滞或活塞制造缺陷。

（4）故障判断

① 漏气：听或涂肥皂水

② 失效。使用气路检测仪检测制动系统阀类是否存在故障，确切判断故障部位及故障阀件的好坏。

a. 将检测管线"A"的接头分别连接至驻车继动阀和行车继动阀 21 口上检测。

b. 启动发动机，保持气源气压值大于 0.8MPa 后松开手制动阀，观察检测气压表的读数是否随手制动阀手柄行程的增加而增大，直到手柄完全松开，气压表的读数上升至大于 0.8MPa。

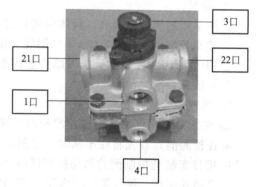

图 4-117　继动阀接口分布

c. 踩下制动踏板，观察行车继动阀 21 口检测气压表的读数是否随踏板行程的增加而增大，直到制动踏板踩到底时，气压表的读数上升至大于 0.8MPa。

d. 完全拉上手制动阀及放松制动踏板，分别观察气压表读数是否迅速归"零"。

故障判断：若检测的结果完全符合上述标准，则该继动阀是完全合格的。若有一项或多项检测结果与上述标准不符，则说明该阀为故障阀。在检测继动阀之前，必须保证制动总阀及手制动阀是无故障的，正常压力输出。

注意不允许拆检旧件；有故障直接更换。

（5）故障排除

① 漏气。

a. 继动阀 3 口漏气：更换新件。

b. 继动阀 1 口、2 口漏气：重新安装 VOSS 组件。VOSS 组件由快插接头（竹节内芯）、橡胶垫圈、锁位卡簧、螺母座 4 个组件组成。依次按橡胶垫圈、锁位卡簧、螺母座顺序分装阀口，然后用扭力扳手按规定的扭紧力矩将螺母座拧紧。

② 若继动阀失效则直接更换继动阀。

（6）安装　按原位置装配至车架或支架上。

4.2.4.7 制动系统挂车控制阀故障判断与维修

（1）故障特征　漏气；失效。

（2）故障原因　用制动总阀和手制动阀控制挂车双回路制动系统的弹簧制动室。如果一条回路断裂或挂车控制回路还未连接，汽车制动阀的动作将引起气体供应的减少和挂车气路气体压力的减少，挂车此时会自动制动；挂车阀共七个接口：1 口为进气口；21 口为出气口，接红色挂车接头；22 口为出气口，接黄色挂车接头；3 口为排气口；41 口为控制口，接总阀 21 口；42 口为控制口，接总阀 22 口；43 口为控制口，接挂车手阀。挂车阀接口分布如图 4-118 所示。

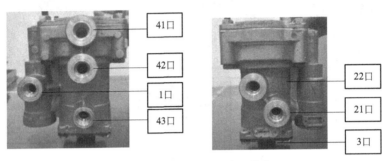

图 4-118　挂车控制阀接口分布

① 漏气。

a.挂车控制阀 3 口漏气，阀体内进异物。

b.挂车控制阀 1 口、2 口、4 口漏气，接头未拧紧或 VOSS 组件故障。

② 失效原因。弹簧疲劳或内部活塞制造缺陷。

（3）故障判断

① 漏气：听或涂肥皂水。

② 失效。使用气路检测仪检测制动系统阀类是否存在故障，确切判断故障部位及故障阀件的好坏。

a.在检测前，首先将驻车制动（手制动）阀柄置于"行驶"位置。

b.把挂车制动控制阀的制动控制接口"21"上的回路接头拆下，将检测管"B"连接并将接头旋紧。

c.启动发动机，使气源气压大于 0.8MPa。踩下主制动阀踏板，观察检测气压表读数是否随踏板行程的增加而增大，至踏板踏到底时，气压表指示大于 0.8MPa。

d.将制动踏板完全松开后，气压表读数是否迅速归"零"。

e.将驻车制动（手制动）手柄向"停车"位置推动，观察检测气压表读数是否随手柄行程的增大而增大，手柄完全推至"停车"位置时，气压表读数是否大于 0.8MPa。

f.将驻车制动（手制动）手柄拉回到"行驶"位置，观察气压表读数是否迅速下降至"零"。

故障判断：若检测结果与上述相同，说明挂车制动控制阀制动控制部分是正常的，若检测结果有一项或多项不符合上述结果，则说明该阀的制动控制回路存在故障。

（4）故障排除

① 漏气。

a.挂车控制阀 3 口漏气：更换新件。

b.挂车控制阀 1 口、2 口、4 口漏气：重新安装 VOSS 组件。VOSS 组件由快插接头（竹节内芯）、橡胶垫圈、锁位卡簧、螺母座 4 个组件组成。依次按橡胶垫圈、锁位卡簧、螺母座顺序分装阀口，然后用扭力扳手按规定的扭紧力矩将螺母座拧紧。

② 若失效则直接更换。

（5）安装　按原位置装配至车架或支架上。

4.2.4.8 制动系统 ABS 电磁阀故障判断与维修

（1）ABS 电磁阀用途及结构

① 用途：ABS制动系统是在车辆制动时控制和监视车辆速度的电子系统，可提高车辆的主动安全性。车辆紧急刹车时，在车轮接近抱死的情况下，ABS ECU会给电磁阀发出指令，相应车轮的制动压力将被释放并在要求或测得车轮重新加速期间保持恒定，在重新加速之后逐步增加制动压力。相当于对每个车轮单独的"点刹"。

② ABS电磁阀共有3个气口和1个电路控制口，如图4-119所示。1口为进气口，接继动阀出气口；2口为出气口，接制动气室；3口为排气口；电控接口，用以接收ABS ECU发出的指令。

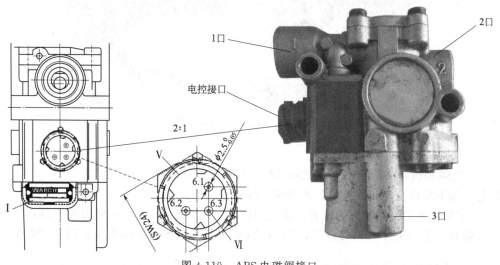

图4-119　ABS电磁阀接口

（2）主要售后问题　漏气；ABS报警。

（3）故障检测判断

① 漏气。气路故障判断：保持车辆制动系统气压大于8bar，对制动踏板实施制动，用肥皂水涂抹所怀疑故障ABS电磁阀的进气口接头、出气口接头和排气口，看有无气泡产生。如接头漏气需紧固或更换接头组件，若排气口漏气则更换ABS电磁阀。

② ABS报警。

a.观察ABS指示灯。打开点火开关，ABS灯瞬时亮（约3s），然后灭，系统正常；ABS灯一直亮，如果车速大于7km/h，灯灭，说明系统正常；反之说明ABS系统有故障，需进行下一步"六合一"检测。行车中，在平坦路面上，车速大于40km/h时紧急制动，观察拖印情况，清晰滚轮印或断续拖痕说明ABS起作用。否则ABS指示灯亮，同时相应轮有拖痕，需用"六合一"进行检测。

注意：第一次启动车辆或者系统经过诊断后，如已无故障，ABS灯要等到车速大于7km/h才会熄灭。

b.用"六合一"工具接上诊断接口，读取系统故障码，根据读取到的故障提示，对ABS电磁阀、ABS传感器、齿圈以及相关线束进行检查。

ⓐ 保持车辆制动系统气压大于8bar，对制动踏板实施全制动，打开点火开关。这时ABS系统会进行自检，ABS电磁阀依次排气，顺序为右前-左后-左前-右后共四声。如果排气声音正常，说明电磁阀接收指令的电路控制部分和气路均为正常。如果排气声音少于四声，则测量ABS电磁阀电阻。将ABS电磁阀电路接头拧下，如图4-120所示测量电磁阀6.1和6.2间、6.2和6.3针脚之间电阻，若在14～15.5Ω之间则正常，否则更换ABS电磁阀。

ⓑ 检查传感器和齿圈之间是否有异物导致两者支架间隙偏大，正常间隙小于0.7mm，传感器电阻在1100～1250Ω之间。用手匀速转动轮子，当转速大于30r/min时，传感器电压必须大于0.20V，最大电压与最小电压的比值应≤2.0。如间隙偏大，则调整间隙；如传感器电阻或输出电压不符合，则更换传感器。

ⓒ 检查ABS电磁阀、传感器等电线束有无磨损导致的短路断路等问题。

（4）故障排除

① 若1、2口漏气则更换漏气接头组件或按规定拧紧力矩重新紧固接头。

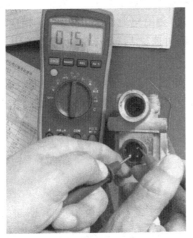

图 4-120　测量电气接口电阻

② 若 3 口漏气则直接更换 ABS 电磁阀。

③ 若为电路故障则按作业指导书上述故障判断内容确定排除故障点。

④ ABS 电磁阀不允许用户和服务站拆解维修，故障件直接更换。

（5）安装　车架上靠近制动气室的位置，排气口朝下，倾斜不超过 30°，电磁阀到制动气室的管路长度不超过 1.5m，管径大于 9mm；1 口接进气，2 口接制动气室。ABS 电磁阀安装如图 4-121 所示。

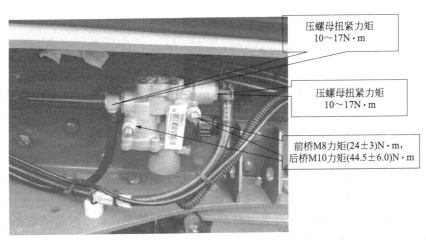

压螺母扭紧力矩
10~17N·m

压螺母扭紧力矩
10~17N·m

前桥M8力矩(24±3)N·m，
后桥M10力矩(44.5±6.0)N·m

图 4-121　ABS 电磁阀安装

4.3
ABS 防抱死制动系统

4.3.1　系统组成与原理

4.3.1.1　ABS 系统概述

ABS（Anti-lock Braking System）是一个在制动期间监视和控制车辆速度的电子控制系统。它的主要作用是防止由于制动力过大造成的车轮抱死（尤其是在低附着系数的路面上），从而使车辆在全制动下侧向附着力也能得到有效利用，保证了驾驶的稳定性和车辆的转向控制性以及主挂车制动调节的最佳效果。同时保证了可利用的轮胎和地面之间的制动摩擦力以及车辆减速度和制动距离的最优化。ABS通过常规制动系统起作用，可提高车辆的主动安全性。

ABS系统具有以下优点。

① 在紧急制动时保持了车辆方向的可操纵性。

② 缩短和优化了制动距离。在低附着系数的路面上，制动距离缩短20%；在正常路面上，保持了最优的路面附着系数利用率即最佳制动距离。

③ 减少了交通事故。

④ 减轻了司机精神负担。

⑤ 减少了轮胎磨损和维修费用。

ABS的基本配置如下。

二通道：2S/2M（2个传感器和2个电磁阀）。

二通道：4S/2M（4个传感器和2个电磁阀）。

四通道：4S/4M（4个传感器和4个电磁阀）。

六通道：6S/6M（6个传感器和6个电磁阀）。

八通道：8S/8M（8个传感器和8个电磁阀）。

ABS组成：ECU控制盒、电磁阀、传感器、齿圈、支架、钢衬套、弹性衬套、ABS报警灯、线束及连接插件。

控制盒（ECU）是整个ABS系统的控制核心。它运算处理车轮的转动状态，并发出控制指令。因此，它工作是否可靠性对ABS系统性能有直接影响。

电磁阀是ABS系统的执行机构，接收电子控制单元（ECU）的控制指令，控制制动压力的增加、保持和减少。电磁阀有三个接口，1口接制动阀出气口，2口接制动气室进气口，3口通大气，该口向下或与垂直方向偏角小于30°。

在条件允许的情况下，越靠近动制动气室越好，管接头用得越少越好，弯度不可过小，电磁阀和制动气室间的直接距离应小于1.5m，气管内径大于9mm；弹簧垫圈不宜放在电磁阀一侧，应放在大梁或支架一侧，其螺栓的扭紧力矩不大于40N·m。

传感器在ABS系统中是非常重要的部件，它测出制动车轮在任一时刻的转速，并把车轮速度信号发送到电子控制单元（ECU）的轮速信号处理模块中。所有控制程序均由传感器的输出信号为基准进行运算。传感器的设计保证它具有国际标准和国家标准所标定的兼容性能。

前轮传感器安装：将弹性衬套、传感器依次顺畅装入钢衬套内，调整好引线方向并捆扎牢固。

后轮传感器安装：在支架安装固定前，先将弹性衬套、传感器依次顺畅装入支架，再将支架固定。调整好引线方向后，再将引线捆扎牢固。

用手推入或用榔头轻轻敲入，如有发卡现象，及时拔出传感器，取出衬套，检查支架或衬套内孔是否有杂物或其他原因造成的安装障碍；保证传感器前端中心与齿圈齿面中径对正，否则调正支架位置，并将传感器推到底。传感器与齿圈的间隙必须小于0.7mm，如图4-122所示；传感器插入支架或衬套孔位中，插拔力值$F > 50N$。

如图4-123所示，齿圈应稳固地安装在各车轮的轮毂上，推荐使用基孔制H7/S6和H8/S7过盈配合。

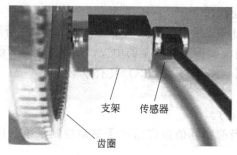

图4-122　ABS传感器安装位置

图4-123　传感器齿圈安装

齿圈的高温安装：在把齿圈加热至 150～200℃，保温 5～10min 后，再压入轮毂的加工面上。

常温安装如下。

① 用压力机安装：必须使用相应工装平稳均匀地压入轮毂的配合端面。

② 用手工安装：必须垫相应工装，用工具（木槌、橡胶槌或铜棒）沿齿圈周边均匀敲击，但用力不可过大；严禁安装时用硬物敲打齿圈，以免造成齿的表面和形状被破坏。

③ 应为一次性安装，禁止反复安装。

④ 安装后检测：用千分表测量齿面的跳动不大于 0.06mm 为合格，如图 4-124 所示。

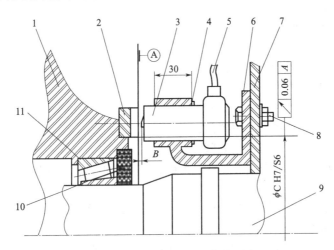

图 4-124　传感器齿圈安装剖面图

1—轮毂；2—齿圈；3—传感器；4—弹性衬套；5—引线；6—托架；7—制动底板；8—固定
螺栓；9—轴；10—油封；11—轴承；B—小于 0.75mm；A—测量面或检测点

安装后的检测如下。

① 用传感器手持检测仪对信号进行测量。

② 在轮毂以 30r/min 转动时，信号灯必须均匀闪烁，不应有间断现象，亮度清晰、可辨。

③ 操作方法可按手持检测仪使用说明书进行。

④ 在没有手持检测仪的情况下，可用万用表测传感器输出电压，当转速大于 30r/min 时，U 输出应大于 0.30V。

安装注意事项如下。

① 在齿圈安装前先将轮毂轴向定位面清理干净，防止杂物嵌入表面造成齿圈偏摆。

② 检查锐角倒钝时其 R 值。

③ 保证安装时定位面的贴合率大于 75%。

④ 用千分表测量齿圈齿面的跳动量应小于 0.06mm。

ABS 的 ECU 针脚定义如图 4-125 和图 4-126 所示。

4.3.1.2　奔驰卡车电子制动系统

奔驰 Arocs 第 5 代车型电子制动系统部件如图 4-127 所示。

前轴车轴调节器（Knorr）（A20a）安装在燃油箱旁边框架横梁上支架的中央，如图 4-128 所示。

前轴车轴调节器（Wabco）（A20）安装在燃油箱旁边框架横梁上支架的中央，如图 4-129 所示。

前轴车轴调节器（Wabco）（A20）或前轴车轴调节器（Knorr）（A20a）具有以下任务。

① 控制前轴处的制动压力。

② 在电子制动控制完好的情况下保持双重传输制动压力。

③ 在施加电子控制制动期间将所施加的制动压力的当前实际值报告给电子制动控制系统（EBS）控制单元（A10b 或 A10c）。

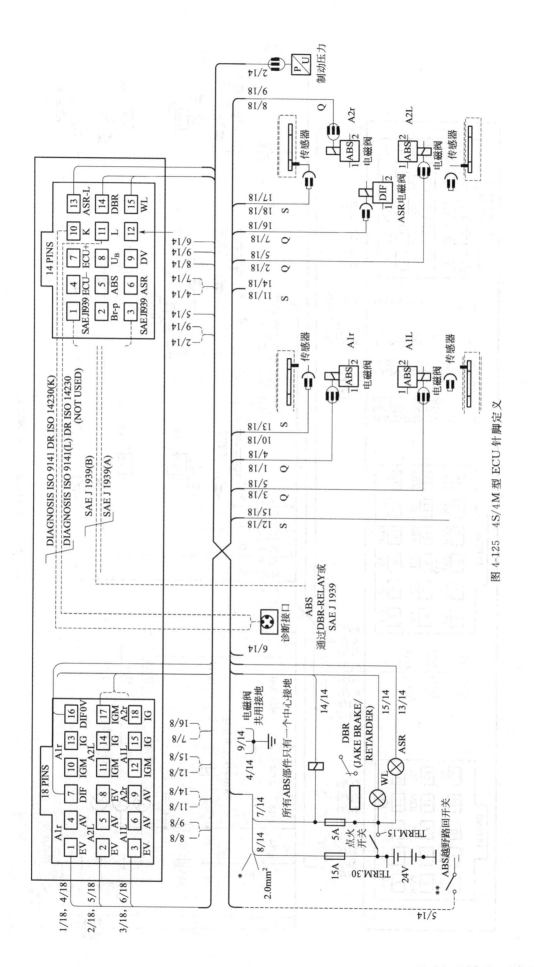

图 4-125 4S/4M 型 ECU 针脚定义

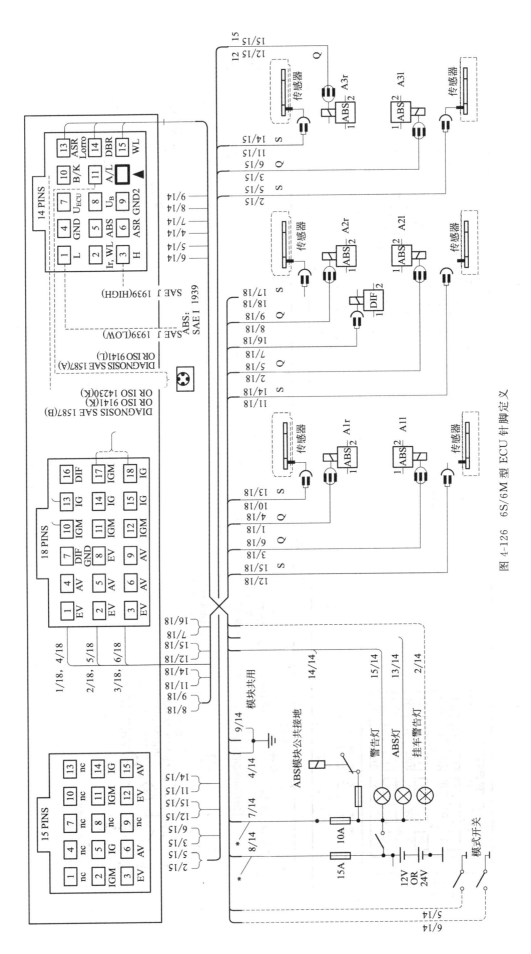

图 4-126 6S/6M 型 ECU 针脚定义

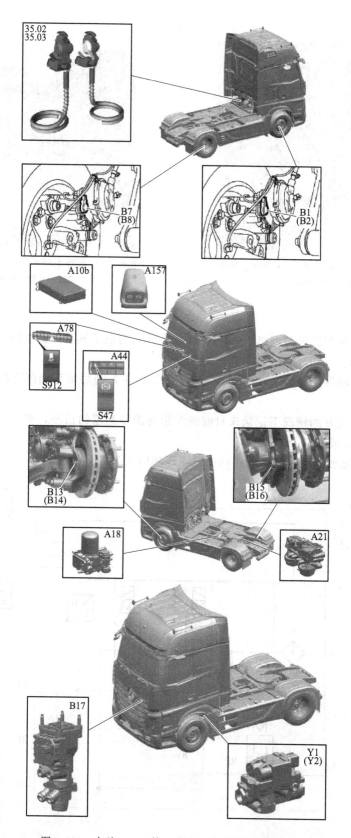

图 4-127　奔驰 Arocs 第 5 代车型电子制动系统部件

A10b—电子制动系统控制单元；A18—电子空气处理器（EAPU）；A20—前轴调节器；A21—后轴调节器；A44—仪表板开关模块，仅适用于装配经典型驾驶舱（代码 J6A）的车辆；A78—危险警告灯开关模块；A157—驻车制动杆控制单元；B1，B2，B7，B8—制动摩擦片磨损传感器；B13，B14，B15，B16—转速传感器；B17—制动值传感器；Y1，Y2—防抱死制动系统（ABS）电磁阀；Y6—挂车控制阀；S47—滚动锁止开关；S912—防抱死制动系统（ABS）/电控车辆稳定行驶系统（ESP®）按钮

图 4-128　前轴车轴调节器（车型 963.4，Knorr 版本）

A20a—前轴车轴调节器（Knorr）

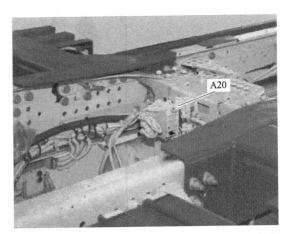

图 4-129　前轴车轴调节器（车型 963.0，Wabco 版本）

A20—前轴车轴调节器（Wabco）

④ 执行系统诊断。

⑤ 通过前轴制动器控制器区域网络（CAN）（CAN 6b）与电子制动控制系统（EBS）控制单元（A10b 或 A10c）之间进行通信。

⑥ 通过双重传输制动器控制器区域网络（CAN）（CAN 6c）与后轴车轴调节器（A21 或 A21a）之间进行通信。

⑦ 在电子制动控制完好的情况下记录来自前轴车轮转速传感器的信号，然后传送至电子制动控制系统（EBS）控制单元（A10b 或 A10c）。

（1）通过电子控制施加制动　制动电磁阀控制原理如图 4-130 所示。

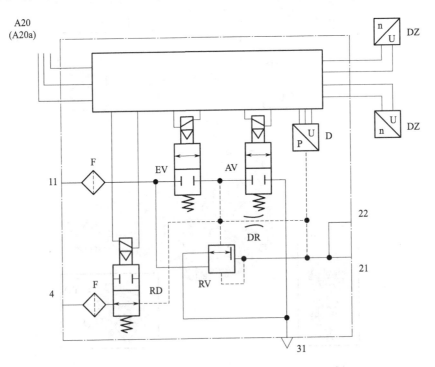

图 4-130　制动电磁阀控制原理

A20—前轴车轴调节器（Wabco）；A20a—前轴车轴调节器（Knorr）；AV—排气阀；D—压力传感器；DR—节气门；
DZ—转速传感器；EV—进气阀；F—滤清器；RD—双重传输路径切换阀；RV—继动阀；4—控制连接（双重传输制动
压力）；11—能量供给（储备压力，前轴行车制动器系统）；21—能量流出（传递至辅助制动两位三通阀的制动压力）；
22—能量流出［传递至防抱死制动系统（ABS）电磁阀的制动压力］；31—大气连接（排气）

① 制动器操作（施加压力）。进气阀 EV 通电并切换至流通位置（脉冲）。排气阀 AV 保持关闭（锁止位置）。连接 11 处的储备压力作为控制压力传递至继动阀 RV。双重传输路径切换阀 RD 也通电，并切换至锁止位置，以防止控制连接 4 处的双重传输制动压力还作用于继动阀 RV。继动阀 RV 由于控制压力而开启，然后继动阀 RV 处的储备压力作为制动压力传递至连接 21 和 22 处。压力传感器 D 记录所施加的制动压力，然后将其报告给电子制动控制系统（EBS）控制单元（A10b 或 A10c）。

阀的脉冲促动会产生吱吱作响的噪声，这些噪声并不说明前轴车轴调节器（A20 或 A20a）有故障。

② 制动器操作（保持压力）。进气阀 EV 关闭，使继动阀 RV 处的控制压力不再增大。排气阀 AV 保持在锁止位置。仅双重传输路径切换阀（RD）保持通电。

③ 制动器操作（降低压力；不完全松开）。进气阀 AV 和双重传输路径切换阀 RD 保持在锁止位置。此时，排气阀 EV 通电（脉冲），并切换至流通位置。继动阀 RV 处的控制压力经大气连接 31 释放，从而降低。如果达到所需的制动压力，则排气阀 AV 再次关闭（锁止位置），此时保持住继动阀 RV 处的控制压力。

④ 完全松开制动器。进气阀 EV 和双重传输路径切换阀 RD 不再通电，并且切换回相应的起始位置。排气阀 AV 保持通电，直至继动阀 RV 处的控制压力经排气阀 AV 和大气连接 31 通气。此时由于没有控制压力，继动阀 RV 切换回至其起始位置，连接 21 和 22 处的制动压力也经继动阀 RV 和连接 31 通气。

（2）不通过电子控制施加制动　如果发生电气故障（双重传输情况），则所有电磁阀均保持在其起始位置。控制连接 4 与 11 处的双重传输制动压力经双重传输路径切换阀 RD 作为控制压力传递至继动阀 RV。继动阀 RV 由于控制压力而开启，然后继动阀 RV 进气口处的储备压力作为制动压力传递至 21 或 22 处。松开制动器之后，继动阀由于控制连接 4 处缺少双重传输制动压力而返回至起始位置。然后 21 和 22 处的制动压力通过继动阀 RV 和大气连接 31 通气。

后轴车轴调节器（Knorr）（A21a）安装在牵引车鞍式牵引架挂钩下面管式横梁上支架的中央，如图 4-131 所示。

后轴车轴调节器（Wabco）（A21）安装在驱动轴上面管式横梁上支架的中央，如图 4-132 所示

图 4-131　后轴调节器（车型 963.4，Knorr 版本）

A21a—后轴车轴调节器（Knorr）

图 4-132　后轴承车轴调节器（车型 963.0，Wabco 版本）

A21—后轴车轴调节器（Wabco）

后轴车轴调节器（Wabco）（A21）或后轴车轴调节器（Knorr）（A21a）具有以下任务。

① 控制后轴处的制动压力。

② 在电子制动控制完好的情况下保持双重传输制动压力。

③ 在施加电子控制制动期间将所施加的制动压力的当前实际值报告给电子制动控制系统（EBS）控制单元（A10b 或 A10c）。

④ 执行系统诊断。

⑤ 通过后轴制动器控制器区域网络（CAN）（CAN 6b）与电子制动控制系统（EBS）控制单元（A10b 或 A10c）之间进行通信。

⑥ 通过双重传输制动器控制器区域网络（CAN）（CAN 6c）与前轴车轴调节器（A20 或 A20a）之间进行通信。

⑦ 在电子制动控制完好的情况下记录来自后轴车轮转速传感器的信号，然后传送至电子制动控制系统（EBS）控制单元（A10b 或 A10c）。

基本上，后轴车轴调节器设计为一个双重前轴车轴调节器。因此，后轴两端分别由电子制动系统（EBS）和防抱死制动系统（ABS）控制。

（1）通过电子控制施加制动　后轴制动系统控制原理如图 4-133 所示。

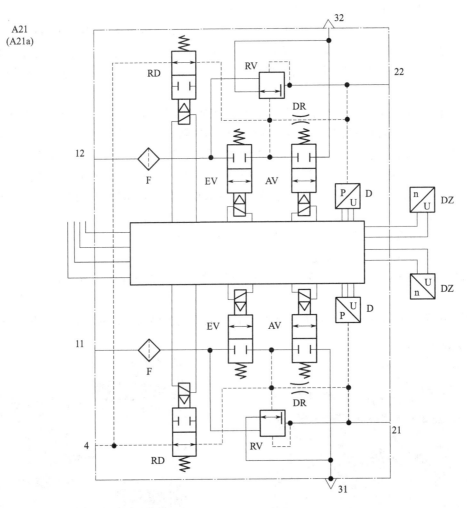

图 4-133　后轴制动系统控制原理

A21—后轴车轴调节器（Wabco）；A21a—后轴车轴调节器（Knorr）；AV—排气阀；D—压力传感器；DR—节气门；DZ—转速传感器；EV—进气阀；F—滤清器；RD—双重传输路径切换阀；RV—继动阀；4—控制连接（双重传输制动压力）；11—能量供给（储备压力，后轴行车制动器系统）；12—能量供给（储备压力，后轴行车制动器系统）；21—能量流出（传递至组合缸的制动压力）；22—能量流出（传递至组合缸的制动压力）；31，32—大气连接（排气）

① 制动器操作（施加压力）。进气阀 EV 通电并切换至流通位置（脉冲）。排气阀 AV 保持关闭（锁止位置）。11 或 12 处的储备压力作为控制压力传递至继动阀 RV。双重传输路径切换阀 RD 也通电，并切换至锁止位置，以防止控制连接 4 处的双重传输制动压力还作用于继动阀 RV。继动阀 RV 由于控制压力而开启，然后继动阀 RV 进气口处的储备压力作为制动压力传递至大气连接 21 或 22 处。压力传感器 D 记录所施加的制动压力，然后将其报告给电子制动控制系统（EBS）控制单元（A10b 或 2A10c）。

阀的脉冲促动会产生吱吱作响的噪声，这些噪声并不说明后轴车轴调节器（A21 或 A21a）有故障。

② 制动器操作（保持压力）。进气阀 EV 关闭，使继动阀 RV 处的控制压力不再增大。排气阀 AV 保持在锁止位置。仅双重传输路径切换阀 RD 保持通电。

③ 制动器操作（降低压力；不完全松开）。进气阀 AV 和双重传输路径切换阀 RD 保持在锁止位置。此时，排气阀 EV 通电（脉冲）并切换至流通位置。继动阀 RV 处的控制压力经 31 或 32 释放，从而降低。如果达到所需的制动压力，则排气阀 AV 再次关闭（锁止位置），此时保持住继动阀 RV 处的控制压力。

④ 完全松开制动器。进气阀 EV 和双重传输路径切换阀 RD 不再通电，并且切换回相应的起始位置。排气阀保持通电，直至继动阀 RV 处的控制压力经排气阀 AV 和大气连接 31 或 32 通气。此时由于没有控制压力，继动阀 RV 切换回至其起始位置，21 和 22 处的制动压力也经继动阀 RV 和大气连接 31 或 32 通气。

（2）不通过电子控制施加制动　如果发生电气故障（双重传输情况），则所有电磁阀均保持在其起始位置。控制连接 4 与 11 处的双重传输制动压力经双重传输路径切换阀 RD 作为控制压力传递至继动阀 RV，继动阀 RV 由于控制压力而开启，然后继动阀 RV 进气口处的储备压力作为制动压力传递至 21 和 22 处。松开制动器之后，继动阀 RV 由于控制连接 4 处缺少双重传输制动压力而返回至其起始位置。21 处出现制动压力或者 22 通过继动阀 RV 和大气连接 31 或 32 通气。

挂车控制和电子制动系统功能应用的前提条件如下。

① 车辆必须处于运转状态。

② 制动系统无故障。

电子制动系统功能如图 4-134 所示。制动功能运行流程如下所述。

踩下制动踏板时，制动值传感器中的传感器为电子制动控制系统控制单元记录驾驶员的制动请求。制动值传感器的气动部分经 22 将对应于踏板行程的冗余制动压力 b 传递至挂车控制阀的 42 处。集成在挂车控制阀中的冗余路径切换阀中断来自制动值传感器的冗余制动压力 b。电子制动控制系统控制单元的电子装置利用制动值传感器的电信号计算前轴、后轴和挂车的规定减速度。

电子制动控制系统控制单元利用集成在挂车控制阀中的进气门，将 11 处施加的供给压力作为控制压力传输至挂车控制阀的继动阀。11 处的储备压力 a 根据挂车控制阀的继动阀处的控制压力 d 作为制动压力 c 传递至制动连接器接头。集成在挂车制动阀中的压力传感器将挂车控制阀所调节的制动压力传递至电子制动控制系统控制单元。

如果实际减速度与规定减速度之间存在偏差，则电子制动控制系统控制单元利用集成在继动阀中的气门重新调节制动压力。

电动驻车制动器是新的控制电子系统，代替了驾驶室中的气动驻车制动阀，取代了之前的手动操作驻车制动器。

通过驻车制动杆控制单元启动电动驻车制动器。驻车制动杆控制单元通过电子空气处理器局域互联网（LIN）与电子空气处理单元控制单元通信。电磁阀集成在 EAPU 中，对驻车制动器回路进行加压或减压。

与传统的驻车制动阀相比，电动驻车制动器具有以下优势。

① 杆/按钮组合操作更简单。

② 驾驶室中不再需要附加压缩空气管路。

③ 整合了新功能（自动启动和松开驻车制动器）。

通过驻车制动杆控制单元启用以下功能。

① 手动松开和拉紧驻车制动器。

② 自动松开和施加驻车制动器。

③ 挂车制动器［装配电子独立式挂车制动器（代码 B5E）的车辆］。

④ 拖车稳定辅助系统（TSA）［装配拖车稳定控制辅助系统（TSA）（代码 B5D）的车辆］。

⑤ 检查位置（装配挂车或牵引座连接器的车辆）。

⑥ 辅助制动器。

⑦ 服务中心模式。

（1）手动松开和拉紧驻车制动器　先踩下制动踏板，然后按下驻车制动杆控制单元上的"P"按钮可手动松开驻车制动器。如果"P"按钮中的 LED 熄灭，则驻车制动器完全松开。将驻车制动杆控制单元上的杆拉至止动位置或按下驻车制动杆控制单元上的"P"按钮可手动施加驻车制动。"P"按钮中的 LED 亮起后施加驻车制动。仅在车速低于 5km/h 时施加驻车制动。

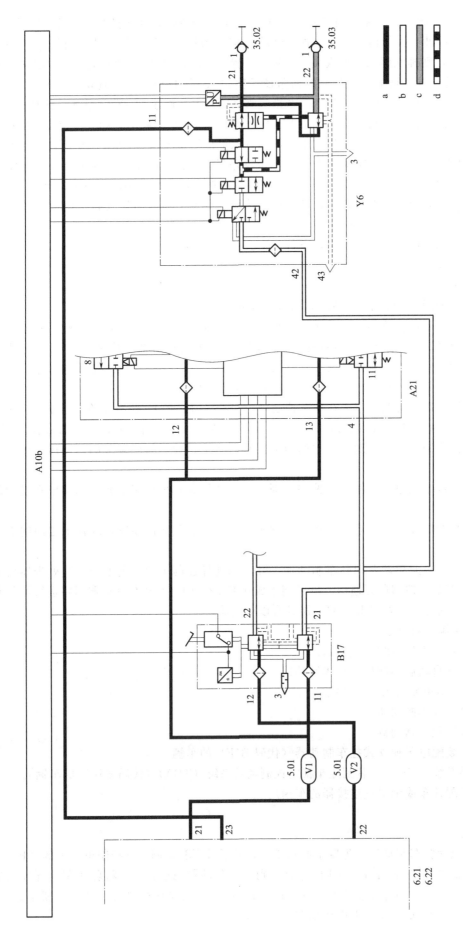

图 4-134　电子制动系统功能

5.01—压缩空气罐；6.21—电子空气处理器（EAPU）；6.22—电子空气处理器（EAPU）；35.02—压缩空气供给的连接器接头；35.03—制动器连接器接头；A10b—电子制动控制系统（EBS）控制单元；A21—后轴车轴调制器；B17—制动值传感器；Y6—挂车控制阀（WABCO）；V1—后轴行车制动器储备压力；V2—前轴行车制动器储备压力；a—储备压力；b—冗余制动压力；c—制动压力；d—控制压力

（2）自动解除驻车制动　如果驶离时满足以下条件，通过操作油门踏板可自动松开驻车制动器。

① 点火接通。

② 发动机运转。

③ 换挡杆开关置于"D"或"R"挡。

④ 显示屏中无故障信息（例如，驻车制动器供给压力过低）。

（3）自动施加驻车制动　车辆静止且满足以下任一条件时自动施加驻车制动。

① 点火开关关闭。

② 发动机关闭。

③ 驾驶员车门打开（始自生产日期2019年12月）。

④ 驾驶室蓄电池断开开关（S30）（选装）启用。

挂车电动驻车制动器［装配电子独立式挂车制动器（代码B5E）的车辆］的作用是利用驻车制动杆控制单元的杆对整个卡车/挂车组合进行制动，由此可防止卡车/挂车组合相撞并使卡车/挂车组合恢复稳定。

如果轻拉驻车制动杆控制单元的杆，则仅制动挂车。越用力拉动驻车制动杆控制单元的杆，对牵引车的制动力越大。拖车稳定辅助系统（TSA）［装配拖车稳定控制辅助系统（TSA）（代码B5D）的车辆］要求挂车/半挂车装配防抱死制动系统（ABS）或电子制动控制系统（EBS）。

拖车稳定辅助系统（TSA）的任务是即将发生打滑风险时稳定车辆和挂车组合。拖车稳定辅助系统（TSA）仅在驾驶员使用"TSA"按钮后启用。"TSA"按钮中的LED亮起表示拖车稳定辅助系统（TSA）已启用。拖车稳定辅助系统（TSA）在挂车中施加制动压力以稳定牵引车/挂车组合后，仪表盘控制单元或仪表盘控制单元屏幕中的黄色"TSA"指示灯闪烁。

EC验证功能用于确定牵引车的驻车制动器是否足以使满载的牵引车/拖车组合停驻在陡坡上而不会溜车，由于制动压力泄漏而停车时挂车制动效果会减弱。如需启用EC控制功能，车辆必须静止且必须施加驻车制动。驾驶员必须将驻车制动杆控制单元的杆拉过驻车制动器的压力点。仪表盘控制单元或仪表盘控制单元屏幕中的驻车指示灯以及驻车制动杆控制单元上"P"按钮中的LED亮起。松开挂车驻车制动器，驻车制动杆控制单元的拉杆从极限位置松开时EC控制功能结束。

该系统可切换至专用服务中心模式，在该模式下所有自动系统都停用，自动系统在该模式下无法启用。保养或修理作业期间使用服务中心模式：按下驻车制动杆控制单元上的"P"按钮并同时关闭点火开关时，服务中心模式启用。下次点火开关打开时，在仪表盘控制单元或仪表盘控制单元屏幕中以信息显示。服务中心模式可通过XENTRY Diagnosis停用或以高于30km/h的车速驾驶车辆时自动停用。

辅助制动功能的要求是驻车制动器松开且车速低于5km/h。根据所需辅助制动的程度，驻车制动杆控制单元的杆拉至最大止动位置时，辅助制动启用。根据杆的位置施加驻车制动。如果弹簧储能器中的压力为>6.5bar，则仪表盘控制单元或仪表盘控制单元屏幕中的驻车指示灯亮起。

驻车制动系统功能网络如图4-135所示。

电子制动系统功能网络如图4-136所示。

装配制动系统管路断裂保护（代码B0A）的车辆具有管路断裂保护功能，可防止驻车制动缸压力损失。管路断裂保护在以下情况下启用。

① 行驶过程中，驻车制动器回路在无明显原因的情况下出现压降时。

② 静止时应松开驻车制动器，但不会产生压力。

操作驻车制动器并反复请求松开后，管路断裂保护电磁阀被促动，集成在EAPU中的压力传感器监测驻车制动器回路中的压力。出现压力损失时，电子空气处理单元控制单元促动管路断裂保护电磁阀。组合制动缸通过梭阀施加来自辅助用电设备压缩空气回路的压力。驻车制动器仍松开且车辆仍处于驾驶就绪状态。

如果已启用管路断裂保护电磁阀，则EAPU不再使用集成式压力传感器检测驻车制动器的开关位置。

然后，驻车制动器压力开关用于确定是否施加驻车制动，信号发送至高级信号采集及促动控制模组控

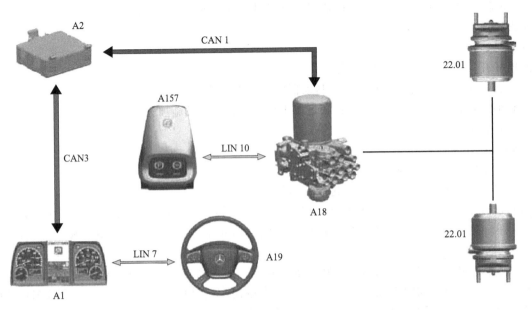

图 4-135　驻车制动系统功能网络（装配经典型驾驶舱/代码（J6A）的车辆）

22.01—组合制动缸；A1—仪表盘控制单元（ICUC）；A2—中央网关（CGW）控制单元；A18—电子空气处理器（EAPU）控制单元；A19—多功能方向盘控制单元；A157—驻车制动杆控制单元；CAN 1—车外控制器区域网络（CAN）；CAN 3—车架控制器区域网络（CAN）；LIN 7—按钮组局域互联网（LIN）；LIN 10—电子空气处理器局域互联网（LIN）

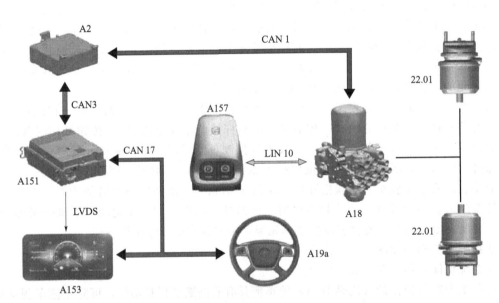

图 4-136　电子制动系统功能网络［装配多媒体驾驶舱（代码 J6B）或交互式多媒体驾驶舱（代码 J6C）的车辆］

22.01—组合制动缸；A2—中央网关（CGW）控制单元；A18—电子空气处理器（EAPU）控制单元；A19a—手指导航垫（FNPD）；A151—仪表盘（IC）控制单元；A153—仪表盘屏幕（ICS）控制单元；A157—驻车制动杆控制单元；CAN 1—车外控制器区域网络（CAN）；CAN 3—车架控制器区域网络（CAN）；CAN 17—用户界面控制器区域网络（CAN）；LIN 10—电子空气处理器局域互联网（LIN）；LVDS—低电压差动信号

制单元。高级信号采集及促动控制模组控制单元通过外部控制器区域网络（CAN）与电子空气处理单元控制单元通信。管路破裂保护功能网络如图 4-137 和图 4-138 所示。

电子空气处理器（EAPU）控制单元故障码见表 4-9。

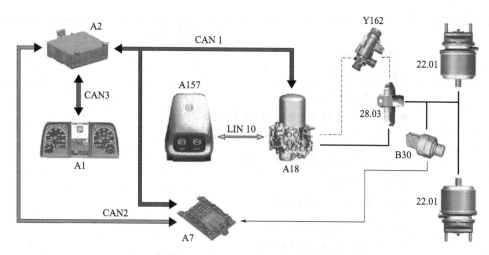

图 4-137　管路破裂保护功能网络 [装配经典型驾驶舱 （代码 J6A），
制动系统的管道破裂保护装置 （代码 B0A） 的车辆]

22.01—组合制动缸；28.03—预加载梭阀；A1—仪表盘 （ICUC） 控制单元；A2—中央网关 （CGW） 控制单元；A7—高级信号采集及促动控制模组 （ASAM） 控制单元；A18—电子空气处理器 （EAPU） 控制单元；A157—驻车制动杆控制单元；B30—驻车制动器压力开关；CAN 1—车外控制器区域网络 （CAN）；CAN 2—车内控制器区域网络 （CAN）；CAN 3—车架控制器区域网络 （CAN）；LIN 10—电子空气处理器局域互联网 （LIN）；Y162—管道破裂保护装置电磁阀

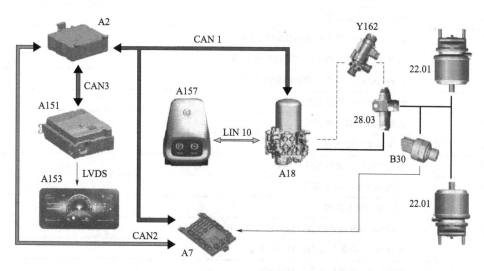

图 4-138　管路破裂保护功能网络 [装配多媒体驾驶舱 （代码 J6B） 或交互式多媒体驾驶舱
（代码 J6C） 和制动系统的管路断裂保护 （代码 B0A） 的车辆]

22.01—组合制动缸；28.03—预加载梭阀；A2—中央网关 （CGW） 控制单元；A7—高级信号采集及促动控制模组 B（ASAM） 控制单元；A18—电子空气处理器 （EAPU） 控制单元；A151—仪表盘 （IC） 控制单元；A153—仪表盘屏幕 （ICS） 控制单元；A157—驻车制动杆控制单元；B30—驻车制动器压力开关；CAN 1—车外控制器区域网络 （CAN）；CAN 2—车内控制器区域网络 （CAN）；CAN 3—车架控制器区域网络 （CAN）；LIN 10—电子空气处理器局域互联网 （LIN）；Y162—管道破裂保护装置电磁阀；LVDS—低电压差动信号

表 4-9　EAPU 控制单元故障码

故障码	故障记忆/故障文本
22F320	控制单元内部故障
22F322	控制单元内部故障
22F323	控制单元内部故障

故障码	故障记忆/故障文本
28F3E3	控制单元内部故障
28F3E5	控制单元内部故障
28F3E7	控制单元参数设置错误
29F3E4	部件"A18 y1(先导控制电磁阀)"的促动有故障
29F3E5	部件"A18 y1(先导控制电磁阀)"的电线开路
29F3E6	部件"A18 y1(先导控制电磁阀)"短路
29F3E8	控制单元内部故障
29F3EA	部件"A18 y1(先导控制电磁阀)"阻塞
2AF3E4	部件"A18 y2(再生电磁阀)"的促动有故障
2AF3E5	部件"A18 y2(再生电磁阀)"的电线开路
2AF3E6	部件"A18 y2(再生电磁阀)"短路
2AF3E8	控制单元内部故障
2AF3EA	部件"A18 y2(再生电磁阀)"阻塞
2BF3E4	部件"A18 y3(挂车控制电磁阀)"的促动有故障
2BF3E5	部件"A18 y3(挂车控制电磁阀)"的电线开路
2BF3E6	部件"A18 y3(挂车控制电磁阀)"短路
2BF3E8	控制单元内部故障
2BF3EA	部件"A18 y3(挂车控制电磁阀)"阻塞
2DF3E4	部件"A18 r1(加热元件)"的促动有故障
2DF3E5	部件"A18 r1(加热元件)"的电线开路
2DF3E6	部件"A18 r1(加热元件)"短路
2DF3E7	控制单元参数设置错误
2DF3E8	控制单元内部故障
2DF3EA	部件"A18 r1(加热元件)"阻塞
2DF3EB	控制单元参数设置错误
2E0002	控制单元内部故障
2EF3E2	部件"B26(冷凝传感器)"的信号电压不正常
28EF3E3	部件"B26(冷凝传感器)"对正极短路
2EF3E4	部件"B26(冷凝传感器)"对地短路
28EF3E7	部件"B26(冷凝传感器)"已经进行电气连接,但未进行参数设置
2EF3E8	部件"B26(冷凝传感器)"的电源对地短路
2EF3E9	部件"B26(冷凝传感器)"的电源对正极短路
2FF3E5	端子30的电源开路
30F3E7	控制单元内部故障
30F3EC	控制单元内部故障
31F3E2	控制单元内部故障
31F3ED	控制单元内部故障
32F3E9	控制单元内部故障
33F3E2	控制单元内部故障
33F3E7	控制单元内部故障

故障码	故障记忆/故障文本
33F3ED	控制单元参数设置错误
34F3E1	控制单元内部故障
34F3E9	控制器区域网络(CAN)故障
35F3E0	控制单元内部故障
36F3E0	控制单元内部故障
37F3ED	控制单元内部故障
3AF3E3	电路15对正极短路
3AF3E4	电路15开路
3CF3E3	部件"B97[温度传感器(EAPU)]"的信号电压过高
3CF3E4	部件"B97[温度传感器(EAPU)]"的信号电压过低
3DF3E3	部件"B97[温度传感器(EAPU)]"的参考电压不可信
3DF3E4	部件"B97[温度传感器(EAPU)]"的参考电压不可信
3E0400	控制单元内部故障
3E0402	控制单元内部故障
3E0403	部件"A18 b3(挂车控制压力传感器)"对正极短路
3E0404	部件"A18 b3(挂车控制压力传感器)"对地短路
3E0410	控制单元内部故障
3F0400	控制单元内部故障
3F0402	控制单元内部故障
3F0403	部件"A18 b1(后轴制动回路压力传感器)"对正极短路
3F0404	部件"A18 b1(后轴制动回路压力传感器)"对地短路
400400	控制单元内部故障
400403	部件"A18 b2(前轴制动回路压力传感器)"对正极短路
400404	部件"A18 b2(前轴制动回路压力传感器)"对地短路
410403	部件"A18 b6(变速箱控制压力传感器,自动离合器操作)"对正极短路
410404	部件"A18 b6(变速箱控制压力传感器,自动离合器操作)"对地短路
41F3ED	控制单元参数设置错误
420400	控制单元内部故障
42040C	控制单元参数设置错误
51F3E0	检测到后轴制动回路泄漏
52F3E0	检测到前轴制动回路泄漏
53F3E0	检测到挂车控制制动回路泄漏
54F3E0	检测到变速箱控制和自动离合器操作制动回路泄漏
55F3E0	检测到空气悬架制动回路泄漏
56F3E0	检测到挂车或半挂车制动回路泄漏
57F3E0	检测到牵引车制动回路泄漏
58F3E0	检测到制动回路严重泄漏
59F3E0	部件"压缩机"数值有故障
5AF3E0	控制单元内部故障
5BF3E0	控制单元内部故障

故障码	故障记忆/故障文本
5DF3E0	控制单元内部故障
5EF3E2	控制单元内部故障
C7FBE0	控制单元"A18[电子空气处理器(EAPU)控制单元]"检测到过电压
C7FBE1	控制单元"A18[电子空气处理器(EAPU)控制单元]"检测到低电压
C7FBE2	控制单元"A18[电子空气处理器(EAPU)控制单元]"检测到低电压

4.3.1.3　斯堪尼亚卡车 ABS 控制单元数据

ABS 控制器安装位置见图 4-139，控制单元在制动时控制车轮旋转，在加速时控制从动轮的旋转。控制单元也按照车辆负载匹配后回路内的制动器压力。

控制单元具有中央功能，系统中的所有电气部件都与其相连。

控制单元具有以下功能。

① 通过车轮速度传感器记录车轮转速。

② 通过激活 ABS 控制阀，控制单元可以调节到车轮的制动压力并防止刹车时车轮卡死。

③ 通过激活 TC 阀，控制单元可以激活刹车并防止加速时车轮滑转。对于同一情况，控制单元还可以与发动机控制单元通信，降低发动机转速。

④ 控制单元监视后刹车回路中的压力，使制动压力适应车辆载荷。ABS 控制器端子分布如图 4-140 所示，其端子定义见表 4-10。

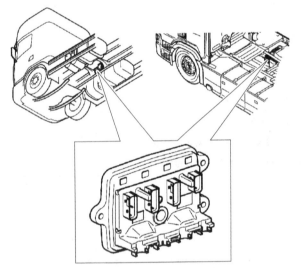

图 4-139　ABS 控制器安装位置

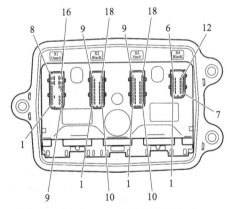

图 4-140　ABS 控制器端子分布

表 4-10　ABS 控制器端子定义

端子	定义	端子	定义
X1-3	挂车有故障,ABS	X1-16	24V 电源,常电 B(20A)
X1-7	地 A	X2-1	后部轮速传感器,左侧驾驶,低
X1-8	地 B	X2-2	后部轮速传感器,左侧驾驶,高
X1-9	SAE J 1939 CAN-low	X2-3	后部 ABS 阀,左侧驾驶,进气口
X1-11	SAE J 1939 CAN-high	X2-4	后部 ABS 阀,左侧驾驶,地
X1-14	24V 电源,钥匙电	X2-5	后部 ABS 阀,左侧驾驶,出气口
X1-15	24V 电源,常电 A(20A)	X2-6	刹车压力传感器,地

端子	定义	端子	定义
X2-7	刹车压力传感器,电源	X3-10	前部轮速传感器,右侧驾驶,低
X2-8	刹车压力传感器,信号	X3-11	前部轮速传感器,右侧驾驶,高
X2-10	后部轮速传感器,右侧驾驶,低	X3-12	前部 ABS 阀,右侧驾驶,进气口
X2-11	后部轮速传感器,右侧驾驶,高	X3-13	前部 ABS 阀,右侧驾驶,地
X2-12	后部 ABS 阀,右侧驾驶,进气口	X3-14	前部 ABS 阀,右侧驾驶,出气口
X2-13	后部 ABS 阀,右侧驾驶,地	X3-15	坡道控制功能的阀,地
X2-14	后部 ABS 阀,右侧驾驶,出气口	X3-16	坡道控制功能的阀,信号
X2-15	TC 控制/坡道控制功能电磁阀,地	X4-1	额外轮速传感器,左侧驾驶,低
X2-16	TC 控制/坡道控制功能电磁阀,信号	X4-2	额外轮速传感器,左侧驾驶,高
X3-1	前部轮速传感器,左侧驾驶,低	X4-3	额外 ABS 阀,左侧驾驶,进气口
X3-2	前部轮速传感器,左侧驾驶,高	X4-4	额外 ABS 阀,左侧驾驶,地
X3-3	前部 ABS 阀,左侧驾驶,进气口	X4-5	额外 ABS 阀,左侧驾驶,出气口
X3-4	前部 ABS 阀,左侧驾驶,地	X4-7	额外轮速传感器,右侧驾驶,低
X3-5	前部 ABS 阀,左侧驾驶,出气口	X4-8	额外轮速传感器,右侧驾驶,高
X3-6	挂车阀,进气口	X4-9	额外 ABS 阀,右侧驾驶,进气口
X3-7	挂车阀,地	X4-10	额外 ABS 阀,右侧驾驶,地
X3-8	挂车阀,出气口	X4-11	额外 ABS 阀,右侧驾驶,出气口

EBS 控制单元以电子方式对刹车系统进行控制和监视,并且包含 EBS 系统功能的逻辑。EBS 控制单元位于大梁右侧的内侧、第二和第三横梁之间,如图 4-141 所示。

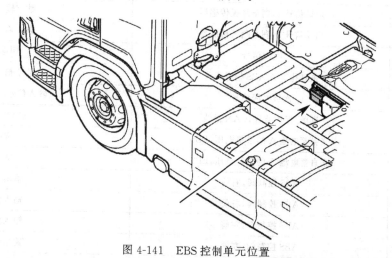

图 4-141　EBS 控制单元位置

EBC 控制单元通过红色 CAN 总线与车辆上的其他控制单元通信。在 EBS 系统内,控制单元通过 CAN 制动器与(电动气动)控制模块内部通信。EBS 控制器端子分布如图 4-142 所示,其端子定义见表 4-11。

在大部分车辆配置中,控制单元配有一个用于 ESP 功能的集成式偏航速率传感器。在配备外部偏航速率传感器的车辆上,需通过 CAN-ESP 与此进行通信。

注意:当改变轮胎尺寸或改进车辆时,必须更改控制单元参数。

如果挂车装有 EBS,车辆控制单元通过 CAN 挂车与挂车控制单元通信。

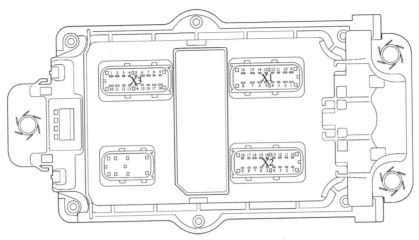

图 4-142　EBS 控制器端子分布

表 4-11　EBS 控制器端子定义

端子	定义	信号类型
X1-1	CAN 通信,挂车	CAN high
X1-2	CAN 通信,挂车	CAN low
X1-3	电源,刹车踏板传感器	电源,24V
X1-4	刹车踏板传感器	接地
X1-5	CAN 通信 J1939	CAN low
X1-6	CAN 通信 J1939	CAN high
X1-7	系统地 A,EBS	接地
X1-8	系统地 B,EBS	接地
X1-9	启动信号 1,刹车踏板传感器	数字输入信号
X1-10	启动信号 2,刹车踏板传感器	数字输入信号
X1-11	唤醒信号	钥匙电
X1-12	来自挂车的 ABS 信号丢失	数字输入信号
X1-13	次级唤醒信号	输入信号/输出信号
X1-14	屏蔽/保护装置,CAN 总线	CAN 屏蔽
X1-15	来自蓄电池 A 的系统电压,EBS	常电
X1-16	来自蓄电池 A 的系统电压,EBS	常电
X2-1	ABS 控制阀,右前	输出信号
X2-2	ABS 控制阀,右前	输入信号
X2-3	ABS 控制阀,左前	输入信号
X2-4	ABS 控制阀,左前	输出信号
X2-5	电源,轴控制模块,前轴右侧	电源,24V
X2-6	电源,挂车控制模块压力传感器	电源,24V
X2-8	ABS 控制阀,右前	接地
X2-9	轴控制模块,前轴右侧	接地
X2-10	电源,挂车控制模块	电源,24V
X2-11	备用阀,挂车控制模块	附加
X2-12	挂车控制模块,进气门	输入信号

端子	定义	信号类型
X2-13	挂车控制模块,排气阀	输出信号
X2-14	挂车控制模块,压力传感器	信号
X2-15	CAN 通信,前挂车刹车	CAN high
X2-16	CAN 通信,前挂车刹车	CAN low
X2-17	ABS 控制阀,左前	接地
X2-18	挂车控制模块压力传感器	接地
X3-1	CAN 通信,附加刹车模块 2	CAN low
X3-2	CAN 通信,附加刹车模块 2	CAN high
X3-3	刹车模块,附加后轴 2	接地
X3-4	刹车模块,附加后轴 2	电源,24V
X3-6	CAN 通信,传感器	CAN high
X3-7	CAN 通信,传感器	CAN low
X3-8	附加刹车模块 1	接地
X3-9	电源,附加刹车模块 1	电源,24V
X3-10	CAN 通信,后刹车模块	CAN low
X3-11	CAN 通信,后刹车模块	CAN high
X3-12	轴控制模块,后部	接地
X3-13	电源,轴控制模块	电源,24V
X3-15	ESP 控制	接地
X3-16	电源,ESP 控制	电源,24V
X3-17	CAN 通信,附加刹车模块 1	CAN high
X3-18	CAN 通信,附加刹车模块 1	CAN low

4.3.2 系统部件检测

系统安装完后,打开点火开关,首先看到仪表盘 ABS 灯点亮,随后可相应听到电磁阀有序响声(以四通道为例):右前、左前、右后、左后共 8 声,如果踩下制动踏板就会听到最后检测的 4 次放气声。完毕后灯灭,说明静态正常。在宽阔平坦的道路上车速大于 40km/h 情况下实施紧急制动然后观察制动痕迹,地面应无明显拖痕,即 ABS 工作正常。

(1) 闪码操作 打开点火开关,ABS 故障灯会依照先后次序闪示故障码,系统将所有故障码闪示完毕后故障灯长亮。根据闪码表确定 ABS 故障类型。

(2) 闪码说明(附闪码故障详细说明) 当 ECU 检测出故障时就会以故障灯闪亮的方式来报警。由灯闪亮的次数代表故障,一种故障由两组代码表示,第一组为故障类型,第二组为故障位置。

第一组闪码含义:2 电磁阀故障;3 传感器间隙;4 传感器开/断路;5 传感器信号不均匀;7 系统故障;8ECU 故障[注:当闪出 ECU 故障时不能用位置来判断。其中只有 8-1 和 8-2 为外部电源电压低($U<$18V)和外部电源电压高($U>$30V),其余均为 ECU 内部故障]。

第二组闪码含义:1 右前轮;2 左前轮;3 右后轮;4 左后轮;5 右中轮;6 左中轮;7 车辆超速;8 电磁阀地线。

4S/4M 故障灯闪码说明如图 4-143 所示;

图 4-143 就显示出两种故障,为 4-2 和 3-2。

打开点火开关,故障灯长亮 2s 后灯灭,过 2.5s 后开始灯闪,灯每闪一次为 0.35s。距离下一次灯闪为

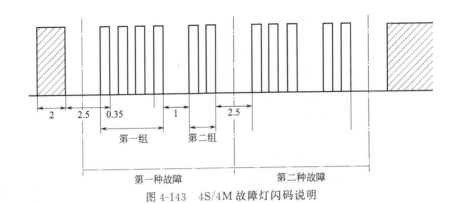

图 4-143　4S/4M 故障灯闪码说明

0.35s。灯闪完 4 次后熄灭，1s 以后继续以 0.35s 间隔闪 2 次。此时灯闪完一种故障为 4-2，闪完 4-2 后灯灭，过 2.5s 后开始闪 3-2，时间间隔同上。

当系统故障灯闪示完所有故障码后，故障灯长亮，ABS 退出工作。

当系统故障排除，连续上电 8 次，指示灯在自检后应熄灭，系统恢复正常。

特殊情况：若 ABS 警示灯长亮但故障码不能读出，表明系统中的 CPU 出现故障或 ECU 内部出现故障。若每次上电，ABS 警示灯一直不亮，则应检查灯泡或电源线路。

如发现报警灯出现异常（故障灯亮但无闪码）：断开电源，拔下 ECU 插头，用万用表先对 ABS 系统外部线路进行检测。然后检查各个部件的连接是否正常，有无短/断路现象，且不可盲目更换 ECU。

4.3.3　系统故障诊断

（1）传感器间隙大　传感器间隙大是最常见的故障，常见形成原因：

① 用户保养车轮时不注意造成的；

② 桥厂加工传感器支架孔偏大；

③ 摩擦片的碎屑挤在传感器及齿圈之间，使传感器后退。

处理方法：调整传感器与齿圈的间隙，调整时注意传感器夹持体的松紧，同时观察传感器端部是否能露出支架超过 3mm。

传感器间隙大的故障在车钥匙关闭的情况下即变为存储故障，闪码诊断时，故障码只出现一次，容易漏判，检修此类故障时应注意：

① 车辆行驶停车后不关钥匙，此时闪码传感器间隙大故障表现为当前方式；

② 修完车后，一定要关闭钥匙，重新行车，车速大于 7km/h 后，报警灯应熄灭，否则重复上述过程。

注意：ECU 不会主动检测传感器与齿圈的间隙，检修 ABS 系统后，必须重新打开点火开关，启动车辆，使车速大于 7km/h。

（2）电路接线错误　如传感器左右或前后接错，电磁阀左右或前后接错等。故障现象为 ABS 报警灯不亮，而制动异常，断开 ABS 后制动正常。处理方式为进行电路系统检查。

（3）气路接法错误　如电磁阀进出口接反，或后桥电磁阀接到驻车制动回路上。故障现象为 ABS 报警灯不亮，带 ABS 后制动表现异常。处理方式为进行气路系统检查。

ABS ECU 故障码及闪码表见表 4-12。

表 4-12　ABS ECU 故障码及闪码

SPN	SID	FMI	闪码	故障	原因分析	解决方法
789	1	1	3+2	传感器间隙	间隙太大，传感器的输出电压太小，车速 30km/h 时输出电压低于 0.5V	检查轴承上的齿圈，把传感器往齿圈方向推近一点

SPN	SID	FMI	闪码	故障	原因分析	解决方法
789	1	2	5+2	轮胎不合适	轮胎齿圈比例不满足 WABCO 公司的要求	检查轮胎周长和齿圈的齿数
789	1	3	4+2	对电池电源短路	检查到直流电源,对电池电源短路或者存在电阻	检查传感器的接线
789	1	4	4+2	对地短路	对地短路	检查传感器的接线,如有必要,更换传感器
789	1	5	4+2	断路	检查到存在断路	检查传感器的接线,如有必要,更换传感器
789	1	6	4+2	短路	传感器输入和输出两端短路	检查传感器的接线,如有必要,更换传感器
789	1	7	6+2	不正确的齿圈	当轮速高于 10km/h 时,检查到车轮信号丢失	检查齿圈是否损坏或者丢齿,采用 WABCO 公司的齿圈检测仪,如果同时出现间隙过大的错误,那么调节传感器和齿圈的间隙
789	1	8	3+2	松脱	检查到 16s 内无信号,传感器松脱	调整传感器间隙,其他可能的原因:电磁阀工作不正常或者在光滑路面上齿圈在工作
789	1	9	5+2	线束配错	传感器的输入和输出错配,或者和其他线束错配	检查传感器的接线
789	1	10	3+2	速度中断	短暂丢失传感器的速度信号,传感器间隙过大,车速 30km/h 时输出电压低于 0.5V	调整传感器间隙,检查传感器线束,防止断路,转动车轮,检测传感器的输出信号,是否满足 WABCO 公司的要求
789	1	11	5+2	不正常的速度(振动)	制动时车架振动不稳定	检查传感器的安装,检查齿圈是否损坏,检测传感器的输出信号
789	1	12	5+2	频率太高	检测到的传感器信号不正常	检查传感器的线束和连接,检查制动时传感器是否振动,如果制动时不振动,而此错误重复出现,那么更换电子器件,如传感器或者 ECU
790	2	1	3+1	传感器间隙	间隙太大,传感器的输出电压太小,车速 30km/h 时输出电压低于 0.5V	检查轴承上的齿圈,把传感器往齿圈方向推近一点
790	2	2	5+1	轮胎不合适	轮胎齿圈比例不满足 WABCO 公司的要求	检查轮胎周长和齿圈的齿数
790	2	3	4+1	对电池电源短路	检查到直流电源,对电池电源短路或者存在电阻	检查传感器的接线
790	2	4	4+1	对地短路	对地短路	检查传感器的接线,如有必要,更换传感器
790	2	5	4+1	断路	检查到存在断路	检查传感器的接线,如有必要,更换传感器
790	2	6	4+1	短路	传感器输入和输出两端短路	检查传感器的接线,如有必要,更换传感器
790	2	7	6+1	不正确的齿圈	当轮速高于 10km/h 时,检查到车轮信号丢失	检查齿圈是否损坏或者丢齿,采用 WABCO 公司的齿圈检测仪,如果同时出现间隙过大的错误,那么调节传感器和齿圈的间隙
790	2	8	3+1	松脱	检查到 16s 内无信号,传感器松脱	调整传感器间隙,其他可能的原因:电磁阀工作不正常或者在光滑路面上齿圈在工作
790	2	9	5+1	线束配错	传感器的输入和输出错配,或者和其他线束错配	检查传感器的接线
790	2	10	3+1	速度中断	短暂丢失传感器的速度信号,传感器间隙过大,车速 30km/h 时输出电压低于 0.5V	调整传感器间隙,检查传感器线束,防止断路,转动车轮,检测传感器的输出信号,是否满足 WABCO 公司的要求

SPN	SID	FMI	闪码	故障	原因分析	解决方法
790	2	11	5+1	不正常的速度（振动）	制动时车架振动不稳定	检查传感器的安装,检查齿圈是否损坏,检测传感器的输出信号
790	2	12	5+1	频率太高	检测到的传感器信号不正常	检查传感器的线束和连接,检查制动时传感器是否振动,如果制动时不振动,而此错误重复出现,那么更换电子器件,如传感器或者ECU
791	3	1	3+4	传感器间隙	间隙太大,传感器的输出电压太小,车速30km/h时输出电压低于0.5V	检查轴承上的齿圈,把传感器往齿圈方向推近一点
791	3	2	5+4	轮胎不合适	轮胎齿圈比例不满足WABCO公司的要求	检查轮胎周长和齿圈的齿数
791	3	3	4+4	对电池电源短路	检查到直流电源,对电池电源短路或者存在电阻	检查传感器的接线
791	3	4	4+4	对地短路	对地短路	检查传感器的接线,如有必要,更换传感器
791	3	5	4+4	断路	检查到存在断路	检查传感器的接线,如有必要,更换传感器
791	3	6	4+4	短路	传感器输入和输出两端短路	检查传感器的接线,如有必要,更换传感器
791	3	7	6+4	不正确的齿圈	当轮速高于10km/h时,检查到车轮信号丢失	检查齿圈是否损坏或者丢齿,采用WABCO公司的齿圈检测仪,如果同时出现间隙过大的错误,那么调节传感器和齿圈的间隙
791	3	8	3+4	松脱	检查到16s内无信号,传感器松脱	调整传感器间隙,其他可能的原因:电磁阀工作不正常或者在光滑路面上齿圈在工作
791	3	9	5+4	线束配错	传感器的输入和输出错配,或者和其他线束错配	检查传感器的接线
791	3	10	3+4	速度中断	短暂丢失传感器的速度信号,传感器间隙过大,车速30km/h时输出电压低于0.5V	调整传感器间隙,检查传感器线束,防止断接,转动车轮,检测传感器的输出信号,是否满足WABCO公司的要求
791	3	11	5+4	不正常的速度（振动）	制动时车架振动不稳定	检查传感器的安装,检查齿圈是否损坏,检测传感器的输出信号
791	3	12	5+5	频率太高	检测到的传感器信号不正常	检查传感器的线束和连接,检查制动时传感器是否振动,如果制动时不振动,而此错误重复出现,那么更换电子器件,如传感器或者ECU
792	4	1	3+3	传感器间隙	间隙太大,传感器的输出电压太小,车速30km/h时输出电压低于0.5V	检查轴承上的齿圈,把传感器往齿圈方向推近一点
792	4	2	5+3	轮胎不合适	轮胎齿圈比例不满足WABCO公司的要求	检查轮胎周长和齿圈的齿数
792	4	3	4+3	对电池电源短路	检查到直流电源,对电池电源短路或者存在电阻	检查传感器的接线
792	4	4	4+3	对地短路	对地短路	检查传感器的接线,如有必要,更换传感器
792	4	5	4+3	断路	检查到存在断路	检查传感器的接线,如有必要,更换传感器
792	4	6	4+3	短路	传感器输入和输出两端短路	检查传感器的接线,如有必要,更换传感器
792	4	7	6+3	不正确的齿圈	当轮速高于10km/h时,检查到车轮信号丢失	检查齿圈是否损坏或者丢齿,采用WABCO公司的齿圈检测仪,如果同时出现间隙过大的错误,那么调节传感器和齿圈的间隙

SPN	SID	FMI	闪码	故障	原因分析	解决方法
792	4	8	3+3	松脱	检查到16s内无信号,传感器松脱	调整传感器间隙,其他可能的原因:电磁阀工作不正常或者在光滑路面上齿圈在工作
792	4	9	5+3	线束配错	传感器的输入和输出错配,或者和其他线束错配	检查传感器的接线
792	4	10	3+3	速度中断	短暂丢失传感器的速度信号,传感器间隙过大,车速30km/h时输出电压低于0.5V	调整传感器间隙,检查传感器线束,防止断路,转动车轮,检测传感器的输出信号,是否满足WABCO公司的要求
792	4	11	5+3	不正常的速度(振动)	制动时车架振动不稳定	检查传感器的安装,检查齿圈是否损坏,检测传感器的输出信号
792	4	12	5+3	频率太高	检测到的传感器信号不正常	检查传感器的线束和连接,检查制动时传感器是否振动,如果制动时不振动,而此错误重复出现,那么更换电子器件,如传感器或者ECU
793	5	1	3+6	传感器间隙	间隙太大,传感器的输出电压太小,但是超过了触发值	检查轴承上的齿圈,把传感器往齿圈方向推近一点
793	5	2	5+6	轮胎不合适	轮胎齿圈比例不满足WABCO公司的要求	检查轮胎周长和齿圈的齿数
793	5	3	4+6	对电池电源短路	检查到直流电源,对电池电源短路或者存在电阻	检查传感器的接线
793	5	4	4+6	对地短路	对地短路	检查传感器的接线,如有必要,更换传感器
793	5	5	4+6	断路	检查到存在断路	检查传感器的接线,如有必要,更换传感器
793	5	6	4+6	短路	传感器输入和输出两端短路	检查传感器的接线,如有必要,更换传感器
793	5	7	6+6	不正确的齿圈	当轮速高于10km/h时,检查到车轮信号丢失	检查齿圈是否损坏或者丢齿,采用WABCO公司的齿圈检测仪,如果同时出现间隙过大的错误,那么调节传感器和齿圈的间隙
793	5	8	3+6	松脱	检查到16s内无信号,传感器松脱	调整传感器间隙,其他可能的原因:电磁阀工作不正常或在光滑路面上齿圈在工作
793	5	9	5+6	线束配错	传感器的输入和输出错配,或者和其他线束错配	检查传感器的接线
793	5	10	3+6	速度中断	短暂丢失传感器的速度信号,传感器间隙过大,车速30km/h时输出电压低于0.5V	调整传感器间隙,检查传感器线束,防止断路,转动车轮,检测传感器的输出信号,是否满足WABCO公司的要求
793	5	11	5+6	不正常的速度(振动)	制动时车架振动不稳定	检查传感器的安装,检查齿圈是否损坏,检测传感器的输出信号
793	5	12	5+6	频率太高	检测到的传感器信号不正常	检查传感器的线束和连接,检查制动时传感器是否振动,如果制动时不振动,而此错误重复出现,那么更换电子器件,如传感器或者ECU
794	6	1	3+5	传感器间隙	间隙太大,传感器的输出电压太小,车速30km/h时输出电压低于0.5V	检查轴承上的齿圈,把传感器往齿圈方向推近一点
794	6	2	5+5	轮胎不合适	轮胎齿圈比例不满足WABCO公司的要求	检查轮胎周长和齿圈的齿数
794	6	3	4+5	对电池电源短路	检查到直流电源,对电池电源短路或者存在电阻	检查传感器的接线

SPN	SID	FMI	闪码	故障	原因分析	解决方法
794	6	4	4+5	对地短路	对地短路	检查传感器的接线,如有必要,更换传感器
794	6	5	4+5	断路	检查到存在断路	检查传感器的接线,如有必要,更换传感器
794	6	6	4+5	短路	传感器输入和输出两端短路	检查传感器的接线,如有必要,更换传感器
794	6	7	6+5	不正确的齿圈	当轮速高于10km/h时,检查到车轮信号丢失	检查齿圈是否损坏或者丢齿,采用WABCO公司的齿圈检测仪,如果同时出现间隙过大的错误,那么调节传感器和齿圈的间隙
794	6	8	3+5	松脱	检查到16s内无信号,传感器松脱	调整传感器间隙,其他可能的原因:电磁阀工作不正常或者在光滑路面上齿圈在工作
794	6	9	5+5	线束配错	传感器的输入和输出错配,或者和其他线束错配	检查传感器的接线
794	6	10	3+5	速度中断	短暂丢失传感器的速度信号,传感器间隙过大,车速30km/h时输出电压低于0.5V	调整传感器间隙,检查传感器线束,防止断路,转动车轮,检测传感器的输出信号,是否满足WABCO公司的要求
794	6	11	5+5	不正常的速度(振动)	制动时车架振动不稳定	检查传感器的安装,检查齿圈是否损坏,检测传感器的输出信号
794	6	12	5+5	频率太高	检测到的传感器信号不正常	检查传感器的线束和连接,检查制动时传感器是否振动,如果制动时不振动,而此错误重复出现,那么更换电子器件,如传感器或者ECU
795	7	3	2+2	对电池电源短路	电磁阀进排气阀门对电源或者其他电磁阀线束短路	检查电磁阀的接线
795	7	5	2+2	开路	电磁阀进排气阀门线束损坏	检查电磁阀的接线
795	7	6	2+2	对地短路	电磁阀进排气阀门对地短路	检查电磁阀的接线
796	8	3	2+1	对电池电源短路	电磁阀进排气阀门对电源或者其他电磁阀线束短路	检查电磁阀的接线
796	8	5	2+1	开路	电磁阀的进排气阀门线束损坏	检查电磁阀的接线
796	8	6	2+1	对地短路	电磁阀的进排气阀门对地短路	检查电磁阀的接线
797	9	3	2+4	对电池电源短路	电磁阀的进排气阀门对电源或者其他电磁阀线束短路	检查电磁阀的接线
797	9	5	2+4	开路	电磁阀的进排气阀门线束损坏	检查电磁阀的接线
797	9	6	2+4	对地短路	电磁阀的进排气阀门对地短接	检查电磁阀的接线
798	10	3	2+3	对电池电源短路	电磁阀的进排气阀门对电源或者其他电磁阀线束短路	检查电磁阀的接线
798	10	5	2+3	开路	电磁阀的进排气阀门线束损坏	检查电磁阀的接线
798	10	6	2+3	对地短路	电磁阀的进排气阀门对地短路	检查电磁阀的接线
801	13	3	7+3	缓速器对电池电源短路	输出对电池电源短路	检查线束连接
801	13	5	7+3	断路	DBR的输出端并没有连接到负载上	检查线束,如果负载不是永久的连接,那么检查参数设置

SPN	SID	FMI	闪码	故障	原因分析	解决方法
801	13	6	7+3	对地短路	DBR 的输出端对地短路	检查线束连接
802	14	4	8+1	轴一、轴二和差速阀上的供电电压偏低或者断路	供电电压短暂性的偏低,当偏低时,警告灯亮,发出报警信号	检查电源线的连接和熔丝
802	14	5	8+5	对地断路	和公共接地之间断路,或者存在很大的电阻	检查线束连接
802	14	7	8+3	内部继电器没有打开	内部继电器没有打开,阀类没有供电	如果这个故障重复出现,则更换 ECU
803	15	3	8+5	对电源短路	输出对电源短路	检查线束连接
803	15	4	8+1	电源对阀类的供电偏低或者断路	供给的电压短暂性地偏低,警告灯常亮	检查供给电源连接和熔丝
803	15	5	8+5	高电阻	无法工作	如果这个故障重复出现,则更换 ECU
803	15	6	8+5	对地短路	输出对地短路	检查线束连接
803	15	7	8+3	内部故障,内部继电器无法打开	内部继电器没有打开,阀类没有供电	如果这个故障重复出现,则更换 ECU
806	18	3	7+2	差速阀对电源短路	输出和电源短路	检查线束连接
806	18	5	7+2	差速阀断路	输出线断路	检查线束
806	18	6	7+2	差速阀对地短路	输出对地短路	检查线束
807	19	3	7+6	比例阀对电源短路	输出对电源短路	检查线束
807	19	5	7+6	比例阀断路	输出信号线断路	检查线束
807	19	6	7+6	比例阀对地短路	输出对地短路	检查线束
811	23	5	7+4	警告灯	警告灯输出无负载或者对地短路	检查线束和灯泡
639	231	2	7+1	SAE J1939 VSC1 速度不合理	接收速度与 ABS 车辆速度之间的不合理性。超级版本通常不会激活	检查轮胎型号,设置相应的参数
639	231	5	7+1	SAE J1939 短路或者断路	SAE J1939 无法进行通信。SAE J1939 高电平与正极或接地短路或 SAE J1939 低电平或低电平/失配不匹配	检查线束
639	231	6	7+1	SAE J1939 无法访问	SAE J1939 无法进行通信。SAE J1939 高电平与正极或接地短路或 SAE J1939 低电平或低电平/失配不匹配	检查线束

SPN	SID	FMI	闪码	故障	原因分析	解决方法
639	231	7	7+1	SAE J1939 ERC_DR 报文超时	动力传动系统集成式缓速器发送错误消息。如果激活,则为超时监控故障	检查传动系统上的缓速器和其相应的线束
639	231	8	7+1	SAE J1939 ERC_ER 报文超时	发动机集成的缓速器发送错误消息。如果激活,超时监控会检测到故障。标准是没有超时监控	检查发动机 ECU 或相应的线束
639	231	9	7+1	SAE J1939 ETC 报文超时	变速箱发送错误消息。如果激活,超时监控会检测到故障。标准是没有超时监控	检查发动机 ECU 或相应的线束
639	231	9	7+1	SAE J1939 报文超时 EEC1	发动机电子装置错误地发送了扭矩消息。超时监督检测到故障。	检查发动机 ECU 或相应的线束
639	231	10	7+1	SAE J1939 ERC_EXR 报文超时	排气集成式缓速器发送错误消息。如果激活,超时监控会检测到故障。标准是没有超时监督	检查发动机 ECU 或相应的线束
639	231	12	8+3	内部故障		如果这个故障重复出现,则更换 ECU
627	251	3	8+2	供电电压过大(超过 5s)		检查发电机和电池
630	253	2	8+2	EBL 错误的被禁止		检查参数设置
630	253	2	8+4	参数错误		如果这个故障重复出现,则更换 ECU
630	253	12	8+4	车型参数不正确		检查参数设置
629	254	5		没有电磁阀连接		检查传感器和电磁阀线束连接盒
629	254	8	7+1	过度滑移		检查传感器间隙
629	254	9	2+1	电磁阀作用时间太长		
629	254	12	8+3	内部故障		如果这个故障重复出现,则更换 ECU

4.4
液压辅助制动系统

4.4.1 系统部件

以奔驰卡车为例,液压缓速器系统部件如图 4-144 和图 4-145 所示。

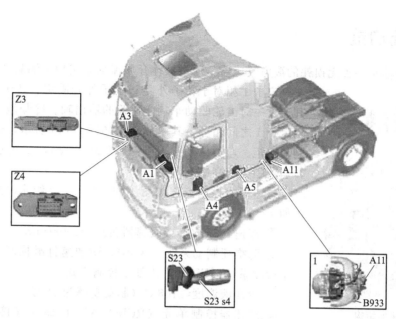

图 4-144　液压缓速器系统部件（车型 963，第 4 代车型）

1—二级水冷式缓速器；A1—仪表盘（ICUC）控制单元；A3—行驶控制系统（CPC）控制单元；A4—发动机
管理系统（MCM）控制单元；A5—变速箱控制系统（TCM）控制单元；A11—缓速器控制单元（RCM）；
B933—冷却液温度传感器；S23—右侧多功能操纵杆；S23 s4—持续制动器开关；Z3—车架控制器区域网络
（CAN）总线星形节点；Z4—传动系统控制器区域网络（CAN）总线星形节点

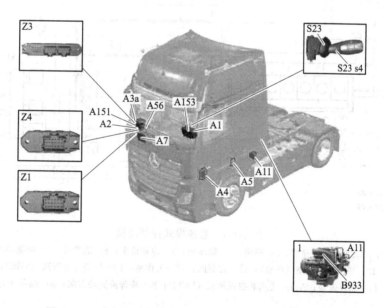

图 4-145　液压缓速器系统部件（车型 963，第 5 代车型）

1—二级水冷式缓速器；A1—仪表盘控制单元（ICUC）[仅适用于装配经典型驾驶舱（代码 J6A）的车辆]；A2—中
央网关（CGW）控制单元；A3a—行驶控制系统（CPC）控制单元；A4—发动机管理系统（MCM）控制单元；
A5—变速箱控制系统（TCM）控制单元；A7—高级信号采集及促动控制模组（ASAM）控制单元；A11—缓速器
控制单元（RCM）；A56—动力总成预测控制系统（PPC）控制单元[仅适用于装配动力总成预测控制系统（代码
G0T）的车辆]；A151—仪表盘（IC）控制单元[仅适用于装配多媒体驾驶舱（代码 J6B）或交互式多媒体驾驶舱
（代码 J6C）的车辆]；A153—仪表盘屏幕（ICS）控制单元[仅适用于装配多媒体驾驶舱（代码 J6B）或交互式多媒
体驾驶舱（代码 J6C）的车辆]；B933—冷却液温度传感器；S23—右侧多功能操纵杆；S23 s4—持续制动器开关；
Z1—驾驶室仪表板控制器区域网络（CAN）总线星形节点；Z3—车架控制器区域网络（CAN）总线星形节点；Z4—
传动系统控制器区域网络（CAN）总线星形节点

4.4.2 系统功能

二级水冷式缓速器是一种无损耗的液力缓速器，通过液体介质流动来实现车辆制动。

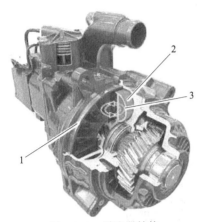

图 4-146 缓速器结构
1—定子；2—转子；3—冷却液

定子 1 相对于转子外壳和定子外壳固定。转子 2 连接至传动系统，其通过一对齿轮驱动车辆变速箱的输出轴。冷却液 3 在旋转转子 2 和固定定子 1 之间循环，其内部结构如图 4-146 所示，这将在转子 2 中产生制动扭矩。通过传动比（$i=1.68$ 或 2.13），二级水冷式缓速器可在低转速范围实现高制动扭矩。

怠速模式控制流程如图 4-147 所示。二级水冷式缓速器 4 的功能要求如下。

① 车速＞8km/h 或缓速器转速＞200r/min

② 防抱死制动系统（ABS）、防加速打滑控制（ASR）或电控车辆稳定行驶系统（ESP®）未处于控制模式。

③ 冷却液温度≤108℃（制动功率为100%）。

④ 缓速器控制单元（RCM）A11 压缩空气接口的储备压力（p）≥9bar。

二级水冷式缓速器 4 可由驾驶员通过持续制动器开关（S23s4）以及下列驾驶员辅助系统促动。

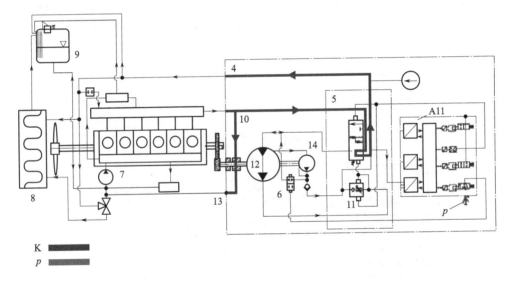

图 4-147 怠速模式控制流程

4—二级水冷式缓速器；5—阀座；6—除压阀；7—冷却液泵；8—散热器；9—膨胀容器；
10—切断压力管路（供给）；11—控制阀；12—工作室；13—切断压力管路（回流）；
14—侧通道泵；A11—缓速器控制单元（RCM）；K—冷却液流动方向；p—储备压力

① 定速巡航控制。其功能原理与缓速器 VR115HV 相同。但是，二级水冷式缓速器 4 使用的制动介质是发动机冷却液 3，而不是缓速器油。

② 接近控制辅助［仅适用于装配接近控制辅助（代码（S1I）的车辆］。

③ 自适应驾驶计算［仅适用于装配动力总成预测控制（代码G0T）的车辆］。

此外，二级水冷式缓速器 4 可在踩下制动踏板时自动启用。驾驶员可使用持续制动器开关（S23s4）预先选择二级水冷式缓速器 4 的制动干预强度。驾驶员和系统的制动扭矩请求经过行驶控制系统（CPC）控制单元（A3a，A3）评估。

由此进入相应的二级水冷式缓速器 4 工作状态：

① 怠速模式；

② 制动模式。

处于怠速模式时，缓速器控制单元（RCM）A11 的压缩空气接口存在储备压力 p，阀座 5 处于休息位置。冷却液 3 流经阀座 5，并通过旁通回路回流到发动机冷却液回路，然后流入散热器 8 或冷却液泵 7。同时，冷却液 3 通过切断压力管路（供给）10（润滑并密封滑环密封件）和切断压力管路（回流）13 流回冷却液泵 7。在此期间，控制阀 11 起到止回阀功能。这可防止冷却液 3 通过回流管流入工作室 12。

处于怠速模式的二级水冷式缓速器的剖面图如图 4-148 所示。

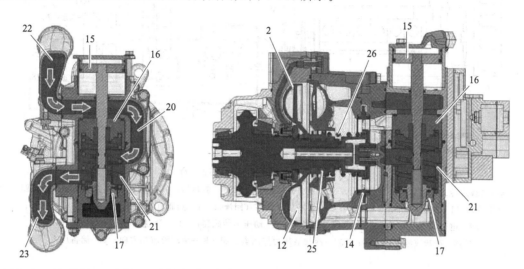

图 4-148　处于怠速模式的二级水冷式缓速器的剖面图

2—转子；12—工作室；14—侧通道泵；15—促动器；16—切换阀；17—控制阀；20—旁通回路；21—控制阀压缩弹簧；22—冷却液供给歧管；23—冷却液回流歧管；25—绞齿；26—滑动转子压缩弹簧

处于怠速模式时，促动器 15 的气缸通过大气压力加压，切换阀 16 和控制阀 17 处于怠速位置。旁通回路 20 打开。控制阀 17 起到止回阀功能，并通过控制阀压缩弹簧 21 的弹簧作用力密封连接至工作室 12 的旁通回路 20。冷却液 3 通过冷却液供给歧管 22 流经旁通回路 20 并绕过工作室 12。然后通过冷却液回流歧管 23 供回至发动机冷却系统。转子 2 持续在怠速模式下转动。工作室 12 中，无法由侧通道泵 14 输送的剩余冷却液 3 会减少摩擦并使转子 2 减速。为抵消该作用力，怠速期间，绞齿 25 使用滑动转子压缩弹簧 26 将转子 2 压入怠速位置。发动机关闭时，工作室 12 充满冷却液 3。此时即为参考的最低冷却液液位。要启用该功能，发动机关闭前的车速必须至少为 3km/h。

制动模式控制原理示意如图 4-149 所示。如果驾驶员或系统发出制动扭矩请求，行驶控制系统（CPC）控制单元（A3，A3a）在考虑到发动机制动功率的情况下，计算所需的二级水冷式缓速器 4 制动干预强度。然后，行驶控制系统（CPC）控制单元（A3，A3a）通过传动系统控制器区域网络（CAN）（CAN 4）将相应请求发送至缓速器控制单元（RCM）（A11）。

缓速器控制单元（RCM）A11 还评估以下信息：车速，发动机转速，冷却液温度，变速箱输出速率，发动机转速。

缓速器控制单元（RCM）A11 将这些信息与存储的特征曲线图比较，从而得出气动控制变量，用于促动集成在缓速器控制单元（RCM）A11 中的下列零部件进行压力控制：电磁阀 1（进气门）28，电磁阀 229，电磁阀 3（排气门）30，气动压力传感器 31。

根据特征曲线图，气动压力通过电磁阀 1（进气门）28 和电磁阀 229 被供至阀座 5。根据施加的气动压力强度，驱动阀座 5 中的促动器置于制动位置，从而使冷却液 3 发生偏转，并通过加注端口进入二级水冷式缓速器 4 的工作室 12，仅适用于装配后部膨胀容器 9 的车辆。同时，缓速器控制单元（RCM）A11 通过冷却液压力控制电磁阀 Y53 将气动压力（储备压力 p）供至冷却液回路。从而在加注二级水冷式缓速器 4 时，补偿冷却液回路的压降。

冷却液 3 进入二级水冷式缓速器 4 的工作室 12 后，通过定子 1 的加注槽接触到旋转转子 2，转子 2 带

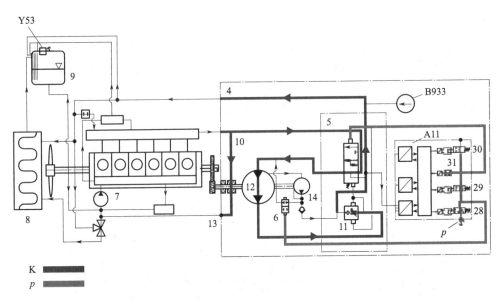

图 4-149　制动模式控制原理示意

4—二级水冷式缓速器；5—阀座；6—除压阀；7—冷却液泵；8—散热器；9—膨胀容器；10—切断压力管路
（供给）；11—控制阀；12—工作室；13—切断压力管路（回流）；14—侧通道泵；28—电磁阀1（进气门）；
29—电磁阀2；30—电磁阀3（排气门）；31—气动压力传感器；A11—缓速器控制单元（RCM）；
B933—冷却液温度传感器；Y53—冷却液压力控制电磁阀；K—冷却液流动方向；p—储备压力

动冷却液3进行旋转运动并加速。同时，转子2和定子1之间的液压压力增加，使转子2通过绞齿25从
"怠速模式"位置移动至"制动模式"。制动液3在工作室12的内径处重新供至定子1，然后再次供回转子
2，动压增加产生制动扭矩。

　　如果驾驶员或驾驶员辅助系统的制动扭矩请求停止，阀座5通过电磁阀3（排气门）30进行通风。此
时，冷却液3不再流入工作室12，而是回到散热器8或冷却液泵7。同时，缓速器控制单元（RCM）A11
将气动压力施加到除压阀6数秒。从而启用侧通道泵14以排空工作室12，直至预先确定的冷却液3剩
余量。

　　处于制动模式的二级水冷式缓速器的剖面图如图4-150所示。如果出现制动扭矩请求，缓速器控制单元
（RCM）A11将气动压力施加到促动器15的气缸。根据气动压力强度，促动器15将控制阀压缩弹簧21的

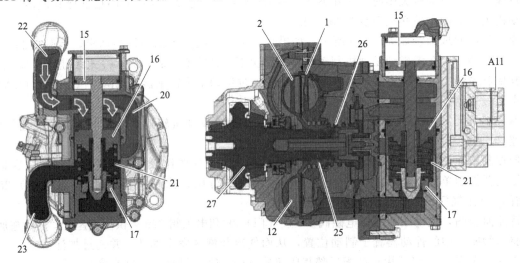

图 4-150　处于制动模式的二级水冷式缓速器的剖面图

1—定子；2—转子；12—工作室；15—促动器；16—切换阀；17—控制阀；20—旁通回路；
21—控制阀压缩弹簧；22—冷却液供给歧管；23—冷却液回流歧管；25—绞齿；
26—滑动转子压缩弹簧；27—驱动轴；A11—缓速器控制单元（RCM）

弹簧作用力向下推（回缩）。促动器 15 的反作用力使切换阀 16 移动，并关闭连接至冷却液回流歧管 23 的旁通回路 20。如果制动请求较低，旁通回路 20 不会完全关闭并减少制动功率。不需要的冷却液 3 通过冷却液回流歧管 23 回流到冷却液回路。冷却液 3 通过定子 1 的加注槽流入工作室 12 并接触到旋转转子 2。转子 2 将冷却液 3 传输至定子 1。旋转转子 2 带动冷却液 3 加速，并对定子 1 施加作用力，从而产生制动扭矩，使转子 2 能够抵消绞齿 25 通过滑动转子压缩弹簧 26 产生的压力。这将增加二级水冷式缓速器 4 的制动功率，并增加工作室 12 的液压压力，从而使转子 2 和驱动轴 27 制动。

（1）急速模式下的高温过载保护　长时间处于急速模式且未启用制动模式时，例如长途驾驶时，少量冷却液 3 可从滑环密封件的密封表面漏出。如果工作室 12 中的冷却液 3 过少，则摩擦热量会产生极度高温，从而对二级水冷式缓速器 4 的零部件造成损坏。因此，二级水冷式缓速器 4 工作室 12 中的冷却液 3 必须确保一定剩余量。必须在二级水冷式缓速器 4 工作室 12 中滑环密封件的密封表面上连续润滑，从而将摩擦热量降至最低。

冷却液温度传感器 B933 直接监测二级水冷式缓速器 4 工作室 12 中的冷却液 3 温度。如果温度过高，冷却液 3 将被加注到二级水冷式缓速器 4 工作室 12 中。温度阈值存储在缓速器控制单元（RCM）A11 中。通过数次快速促动阀座 5 中的促动器 15（压力脉冲冷却），将冷却液 3 加注到工作室 12 中。

如果无法降低工作室 12 中的冷却液温度，故障码将存储在缓速器控制单元（RCM）A11 中，并为驾驶员显示故障信息，其在仪表盘（ICUC）控制单元 A1 或仪表盘屏幕（ICS）控制单元 A153 中显示。

（2）制动模式下的高温过载保护　制动模式期间，转子 2 和定子 1 之间的冷却液 3 液压摩擦产生热能，这需要监测冷却液 3 的温度。冷却液温度传感器 B933 直接记录二级水冷式缓速器 4 工作室 12 中的冷却液 3 温度。缓速器控制单元（RCM）A11 评估冷却液温度传感器 B933 的信号，并将冷却液温度值与阈值 128℃ 比较。基于该阈值，施加最大制动扭矩进行补偿，并根据产生的制动能量与通过发动机冷却系统排出的热量之间的比例进行补偿。如果冷却液温度高于 108℃，则缓速器控制单元（RCM）A11 降低阀座 5 的气动压力。也就是减少流入工作室 12 的冷却液。同时，冷却液 3 通过旁通回路 20 回流到发动机冷却系统。如果热量无法通过该方法补偿，阀座 5 通过电磁阀 3（排气门）30 进行完全通风。

此时，二级水冷式缓速器 4 重新进入急速模式。冷却液 3 绕过工作室 12，流回到散热器 8 或冷却泵 7 中。在这种情况下，缓速器控制单元（RCM）A11 将输出信息请求发送至仪表盘（ICUC）控制单元 A1 或仪表盘屏幕（ICS）控制单元 A153。

液力缓速器信号流如图 4-151 和图 4-152 所示。

车型 963、964 带代码 B3H（次级液力缓速器）缓速器控制单元（RCM）A11 位于二级水冷式缓速器的后部，如图 4-153 所示。

缓速器控制单元（RCM）A11 处理行驶控制系统（CPC）控制单元 A3（适用于第 1 代型号车辆）或行驶控制系统（CPC）控制单元 A3a（适用于第 5 代型号车辆）的制动扭矩要求。基于这些制动扭矩要求，缓速器控制单元（RCM）A11 计算相应气动控制变量，用于促动集成式电磁阀。缓速器控制单元（RCM）A11 直接读取冷却液温度传感器（B933）的信号。

促动部件：电磁阀 1（进气门），电磁阀 2，电磁阀 3（排气门）。

缓速器控制单元（RCM）A11 通过传动系统控制器区域网络（CAN）CAN 4 与行驶控制系统（CPC）控制单元 A3、A3a 进行通信。

缓速器控制单元（RCM）A11 是机电模块，由以下部件组成：电子控制装置，电磁阀 1（进气门），电磁阀 2，电磁阀 3（排气门），气动压力传感器。

缓速器控制单元（RCM）A11 中的电磁阀 1（进气门）5 由辅助用电设备回路供给压力。根据当前制动转矩要求，压缩空气通过电磁阀 2 施加到二级水冷式缓速器的阀组中。

降低制动转矩要求期间，通过电磁阀 3（排气门）3 相应地对二级水冷式缓速器 1 的阀组进行排气。如果忽略制动转矩要求，用于促动侧通道泵的压缩空气通过电磁阀 2 进行控制。缓速器控制单元（RCM）A11 通过气动压力传感器监测电磁阀 2 控制的气动压力。缓速器控制单元（RCM）A11 评估冷却液温度传感器 B933 的信号，以根据温度降低制动转矩并启用压力脉冲冷却。

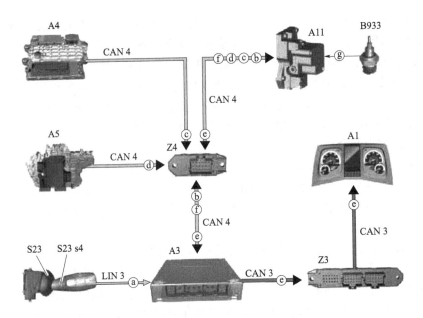

图 4-151 液力缓速器信号流（第 1 代车型）

A1—仪表盘（ICUC）控制单元；A3—行驶控制系统（CPC）控制单元；A4—发动机管理系统（MCM）控制单元；A5—变速箱控制系统（TCM）控制单元；A11—缓速器控制单元（RCM）；B933—冷却液温度传感器；CAN 3—车架控制器区域网络（CAN）；CAN 4—传动系统控制器区域网络（CAN）；LIN 3—右侧多功能操纵杆局域互联网（LIN）；S23—右侧多功能操纵杆；S23 s4—持续制动器开关；Z3—车架控制器区域网络（CAN）总线星形节点；Z4—传动系统控制器区域网络（CAN）总线星形节点；a—右侧多功能调节杆（S23），信号；b—车速，信号；c—发动机转速，信号；d—变速箱输出速率，信号；e—系统信息显示，请求；f—缓速器制动扭矩，请求；g—冷却液温度，信号

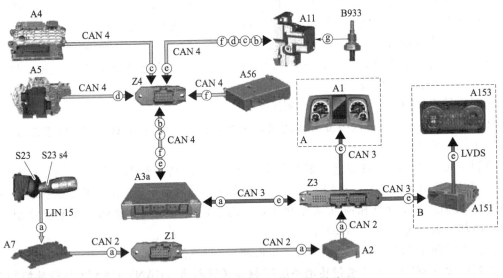

图 4-152 液力缓速器信号流（第 5 代车型）

A1—仪表盘（ICUC）控制单元；A2—中央网关（CGW）控制单元；A3a—行驶控制系统（CPC）控制单元；A4—发动机管理系统（MCM）控制单元；A5—变速箱控制系统（TCM）控制单元；A7—高级信号采集及促动控制模组（ASAM）控制单元；A11—缓速器控制单元（RCM）；A56—动力总成预测控制系统（PPC）控制单元 L［仅适用于装配动力总成预测控制系统（代码 G0T）的车辆］；A151—仪表盘（IC）控制单元；A153—仪表盘屏幕（ICS）控制单元；B933—冷却液温度传感器；CAN 2—车内控制器区域网络（CAN）；CAN 3—车架控制器区域网络（CAN）；CAN 4—传动系统控制器区域网络（CAN）；LIN 15—高级信号采集及促动控制模组（ASAM）局域互联网（LIN）1；S23—右侧多功能操纵杆；S23 s4—持续制动器开关；Z1—驾驶室仪表板控制器区域网络（CAN）总线星形节点；Z3—车架控制器区域网络（CAN）总线星形节点；Z4—传动系统控制器区域网络（CAN）总线星形节点；A—装配经典型驾驶舱（代码 J6A）的车辆；B—装配多媒体驾驶舱（代码 J6B）或交互式多媒体驾驶舱（代码 J6C）的车辆；LVDS—低电压差动信号；a—右侧多功能调节杆（S23），信号；b—车速，信号；c—发动机转速，信号；d—变速箱输出速率，信号；e—系统信息显示，请求；f—缓速器制动扭矩，请求；g—冷却液温度，信号

4.4.3　液压缓速器

车型963、964带代码B3H（次级液力缓速器）二级水冷式缓速器位于左侧（沿行驶方向观察），变速箱输出凸缘的旁边，如图4-154所示。

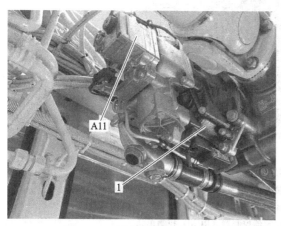

图 4-153　缓速器控制单元位置
1—二级水冷式缓速器；A11—缓速器控制器（RCM）控制单元

图 4-154　水冷式缓速器安装位置（车型963）
1—二级水冷式缓速器

二级水冷式缓速器1的任务是在驾驶员或驾驶辅助系统发出请求时，将冷却液的流动能转化为机械制动能量。

二级水冷式缓速器的外部视图如图4-155所示。

二级水冷式缓速器根据流体动力转矩转换原理设计而成，其剖面图如图4-156所示。

通过缓速器控制单元（RCM）（A11）的请求，如图4-157所示的除压阀4促动侧通道泵11。

阀座5包括促动器6、切换阀7、控制阀10以及切换阀压缩弹簧8和控制阀压缩弹簧9。收到制动转矩请求时，切换阀7会将冷却液导入工作室。阀座内部结构如图4-158所示。

如果不存在制动转矩请求，则切换阀7将工作室与冷却液回路分开。控制阀10根据所承受的气动压力控制流入工作室的冷却液，进而控制制动效果的强度。在怠速模式下，控制阀10发挥止回阀的作用，并密封通向工作室的旁路。

促动器6通过活塞杆控制切换阀7和控制阀10。在此过程中，通过缓速器控制单元（RCM）A11以气动方式促动促动器6。然后，促动器6将气动压力转化为机械运动。

图 4-155　二级水冷式缓速器的外部视
2—冷却液供给歧管；3—冷却液回流歧管；4—除压阀；A11—缓速器控制器（RCM）控制单元；B933—冷却液温度传感器

缓速器功能切断时，如图4-159所示的侧通道泵11将工作室中的冷却液泵回至冷却液回路。侧通道泵11与驱动轴15直接连接，并通过除压阀4被促动，另见图4-155，图4-156。

如图4-160所示，绞齿13与滑动转子压缩弹簧12一起使转子移动，从而调节转子17与定子18之间的距离，另见图4-156。

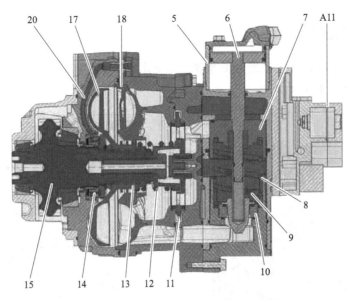

图 4-156　处于怠速模式的二级水冷式缓速器的剖面图

5—阀座；6—促动器；7—换挡阀；8—切换阀的压缩弹簧；9—控制阀的压缩弹簧；10—控制阀；
11—侧通道泵；12—滑动转子的压缩弹簧；13—绞齿；14—滑环密封件；15—驱动轴；17—转子；
18—定子；20—切断压力管路（回流）；A11—缓速器控制器（RCM）控制单元

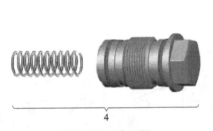

图 4-157　除压阀

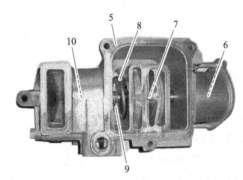

图 4-158　阀座内部结构

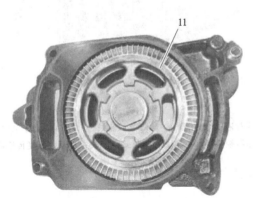

图 4-159　侧通道泵整体结构

图 4-160　绞齿安装位置

如图 4-161 所示，滑环密封件 14 密封变速箱侧的工作室。滑环密封件 14 包括两个密封表面，冷却液会流经这两个表面。流动的冷却液会在密封件与工作室之间进行压力补偿，从而实现阻塞效果。同时，冷却液会降低密封表面之间产生的摩擦热量。

为将摩擦热量降至最低，必须在滑环密封件14的密封表面上连续涂抹冷却液。因此，无法排除少量冷却液通过密封表面流出到外部的可能性。如图4-162所示，蒸发盘21固定在二级水冷式缓速器1的外壳上，用于收集流出的少量冷却液并使其蒸发。

图4-161　滑环密封件安装位置

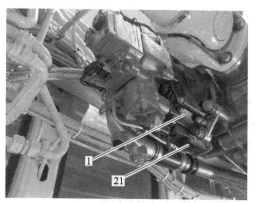

图4-162　蒸发盘安装位置

如图4-163所示，磁铁22安装在二级水冷式缓速器1的冷却液连接（回流）23上，这些磁铁能够去除缓速器工作过程中和冷却液流动时产生的杂质（黑色颗粒）。

如图4-164所示，驱动轴15通过绞齿13将转子以机械方式连接到车辆变速箱上。驱动轴15由车辆变速箱的变速箱输出轴通过一对齿轮驱动。

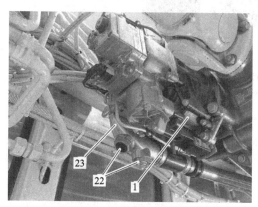

图4-163　磁铁安装位置

图4-164　驱动轴安装位置

如图4-165所示，锁止压力管路（供给）16不断为滑环密封件提供冷却液。冷却液通过锁止压力管路（回流）20的连接回流到发动机的冷却回路中。转子由驱动轴通过绞齿驱动，并通过其叶片的转动将工作室中的冷却液输送至定子18处。

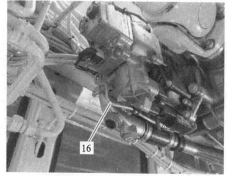

图4-165　压力管路分布

转子安装位置如图 4-166 所示。如图 4-167 所示，定子 18 固定在缓速器外壳上，通过加注槽 19 利用其叶片吸收转动的冷却液，并将其导回至转子 17 处，由此产生的摩擦力对转子 17 进行制动。

图 4-166　转子安装位置

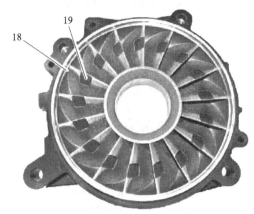

图 4-167　定子与加注槽

如图 4-168 所示，冷却液温度传感器 B933 记录二级水冷式缓速器工作室中的温度。缓速器控制单元（RCM）A11 评估冷却液温度传感器 B933 的信号，以根据温度减少制动转矩和启用压力脉冲冷却。

图 4-168　冷却液温度传感器实体

第5章

转向系统

5.1
转向柱与转向器

5.1.1 系统组成

5.1.1.1 斯堪尼亚卡车转向器

转向柱由两部分组成：上段和下段，两者之间用铰接接头连接在一起。上段包括一个铸造轴承壳体，作用是通过方向盘将方向盘的动作传递给动力转向器。下段有一个外部钢制壳体，与仪表板和驾驶室相连。在壳体内有一个由摩擦元件和锁止机构组成的铸造体，起到调节方向盘位置的作用。

转向柱的上段可以与下段成相对角度，从而实现不同的驾驶位置。下段还有可变滑动功能，用于方向盘位置的纵向调节。所选位置的固定是使用一种盘式摩擦元件实现的，该元件由一根强力弹簧通过杠杆固定到位。需要脱离时，使用压缩空气松脱上述杠杆，从而释放摩擦元件上的压力。

（1）THP 90 动力转向器　如果出现故障，则导致动力转向失效，动力转向器的工作方式将与机械式转向器相同。车辆可以转向，但转向要沉重得多。转动方向盘时，扭力传递到动力转向器输入轴。一条扭力杆分别固定到输入轴和蜗杆螺钉。扭力杆转动大约 7° 时，爪形离合器接合，以机械方式将扭力传递到蜗杆螺钉。

蜗杆螺钉和活塞之间的滚珠组加强了扭力并将扭力传递到活塞，此时活塞移位到转向器壳体作用缸中。滚珠螺杆螺距决定了动力转向器传动比和方向盘的圈数。

活塞底部有一部分呈齿条状，与扇形齿轮轴齿相啮合。扇形齿轮轴通过转向摇臂、直拉杆、导臂和横拉杆将扭力传递到转向车轮。

如果没有扭力作用于扭力杆，控制阀则处于中位，动力转向器的入口和回流通道相互连通。如果发动机正在运转，机油从液压泵流过控制阀，再通过回流管路返回到储油罐，如此循环。空挡位置的转向器状态如图 5-1 所示。

有了伺服助力，只有一小部分转向工作是以机械方式执行的。转动方向盘时，蜗杆螺钉尝试使活塞移位，活塞因与扇形齿轮轴啮合而形成阻力。此时，输入轴和蜗杆螺钉之间的扭力杆相对于输入轴和蜗杆螺钉转动。

输入轴和蜗杆螺钉之间的转动角度差别启动了控制阀。控制阀部分关闭入口和回流通道之间的机油流量，并完全打开流向活塞一侧的作用缸分泵的机油流量。

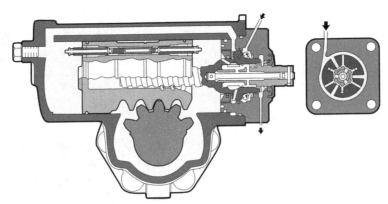

图 5-1　空挡位置的转向器状态

　　作用缸分泵中急剧上升的机油压力使活塞移位，并通过与扇形齿轮轴的啮合使其转动。活塞另一侧分泵中的机油和不用于转向的机油通过控制阀经由回流通道流出到储油罐，如图 5-2 和图 5-3 所示。驾驶员停止转动方向盘时，转向器只提供将车轮保持在所处位置所需的机油压力。

　　如果驾驶员释放方向盘，扭力杆使控制阀返回到中位，车轮返回到正前行驶位置。

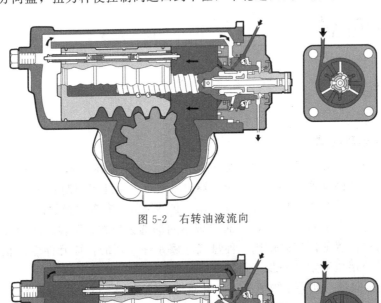

图 5-2　右转油液流向

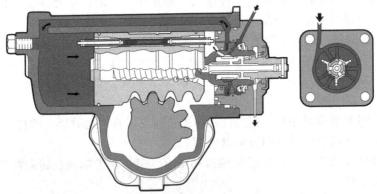

图 5-3　左转油液流向

　　高机油压力提供转向力，可实现快速的转向反应。流入作用缸分泵的机油量由方向盘的转动速度决定。产生的机油压力由转向车轮产生的阻力（取决于轴重以及轮胎和路面之间的摩擦力）决定。

　　控制阀控制输入轴和蜗杆螺钉之间的转动差，从而在每一种转向情况下取得最佳的压力和流量。方向盘上的转向阻力变化允许驾驶员了解并控制转向过程。

　　如果转向车轮突然承受突加荷载，此力量将被传递到蜗杆螺钉，使其快速转动。

　　蜗杆螺钉转动时，控制阀也转动（相对于输入轴）。此时控制阀控制机油流量，使机油完全流通到活塞的低压侧，这一侧的机油压力急剧上升。机油压力产生反作用力，在突加荷载传递到方向盘之前进行缓冲。

动力转向器 THP 90、TAS85、TAS86 和 TAS87 有一个液压轮端锁，其作用在于当车轮靠近其端部位置时降低方向机内的油压，从而降低其扭矩。如果没有这一功能，当以强力将车轮保持在终端锁止位置时，系统中的压力和温度将显著升高，这还会向转向部件施加重负荷。

如图 5-4 所示，轮端锁由两个阀组成，这两个阀集成在活塞中的纵向通道中。阀由放置在阀之间的压缩弹簧保持关闭状态，通过两个活塞销打开。活塞销的端部穿过阀套管伸入活塞的端部，轻微按压一次后，阀套管已就装到伺服活塞中。阀套管的插入深度适合车辆的车轮最大转向角度。活塞高压侧的机油压力高于阀之间的机油压力时，允许通过压力侧的阀流入机油。活塞接近终端锁止位置时，对应的活塞销被压入阀套管，打开了低压侧的阀。压力侧的机油压力将降低，这是因为机油经由阀和活塞流到低压侧，再通过回流通道回流到储油罐。

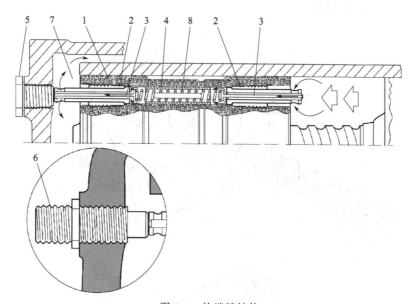

图 5-4　轮端锁结构
1—活塞；2—阀套管；3—活塞销；4—间隔套筒；5—六角螺钉；6—调节螺钉；7—作用缸分泵；8—压缩弹簧

活塞越接近终端位置，机油压力下降幅度越大，造成伺服效应不断变小。因此，驾驶员无法在终端锁止位置让方向机满负荷。

轮端锁在某些方面是自调节的，此功能由工厂设定，设定时动力转向器在车辆中并且车轮最大转向角度为预设值。如果后来增大了标称的车轮最大转向角度，轮端锁将自动设定。如果车轮最大转向角度减小，必须手动设定轮端锁。在以下情况下也需要手动设定轮端锁。

如果之前执行了手动设定，则车轮最大转向角度每次都会更改。手动设定轮端锁时，应当用带密封锁紧螺母的调节螺钉代替六角螺栓。

如果直拉杆的长度（也就是正前行驶位置）已改变，则会使方向机输入轴从其中心位置转开10°以上。

如果分离的方向机上（或者已经从直拉杆上脱离的方向机上）的输入轴从其中心位置转开 1.6 圈（18.6∶1）或 2.0 圈（23.4∶1）以上，则可能使活塞中阀套管的预设位置发生移位。

THP90 转向器部件分解如图 5-5 所示。

（2）ZF 8099 动力转向器　如果没有扭力作用于扭力杆，控制阀则处于中位，动力转向器的入口和回流通道相互连通。如果发动机正在运转，机油则从液压泵流过控制阀，再通过回流管路返回到储油罐，如此循环。空挡位置的转向器状态如图 5-6 所示。

方向盘扭力的传递如图 5-7 所示。

ZF 转向器内部结构如图 5-8 所示。

转动方向盘时，扭力传递到动力转向器输入轴。一条扭力杆分别固定到输入轴和蜗杆螺钉。扭力杆转动大约 7°时，销接合，以机械方式将扭力传递到蜗杆螺钉。蜗杆螺钉和活塞之间的滚珠组加强了扭力并将

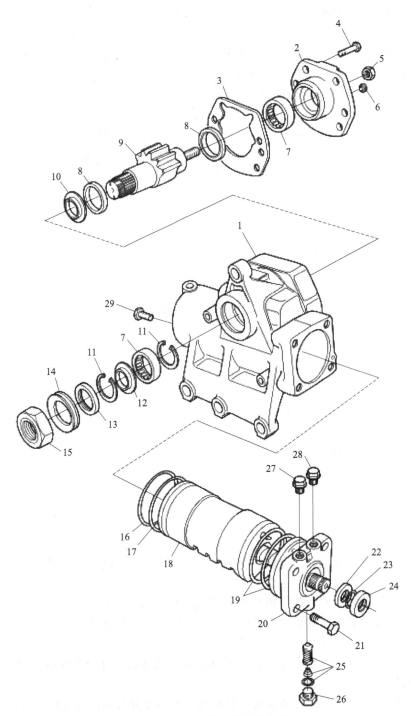

图 5-5　THP90 转向器部件分解

1—外壳；2—侧盖；3—侧盖垫片；4—侧盖螺钉；5,15,26—锁紧螺母；6—阀塞；7—滑动轴承；
8—密封件；9—扇形齿轮轴；10,12—间隔垫圈；11—锁止；13,24—防尘装置；14—输出轴
密封件；16—密封圈；17—O形环；18—活塞；19—阀壳体 O 形环；20—端部保护装置；
21,29—螺钉；22—密封件；23—卡环；25—阀；27,28—塞子

扭力传递到活塞，此时活塞移位到转向器壳体作用缸中。活塞底部有一部分呈齿条状，与扇形齿轮轴齿相啮合。活塞齿条和扇形齿轮轴齿之间的不同接触半径，加上滚珠螺杆螺距，共同决定了动力转向器传动比和方向盘的圈数。扇形齿轮轴通过直拉杆臂、直拉杆、导臂和横拉杆将扭力传递到转向车轮。

双回路系统是指，车辆有两条液压泵回路用于动力辅助，即回路 1 和回路 2。因此，方向机装有阀壳体，带有特殊双回路按照需要自动工作。双回路系统如图 5-9 所示。

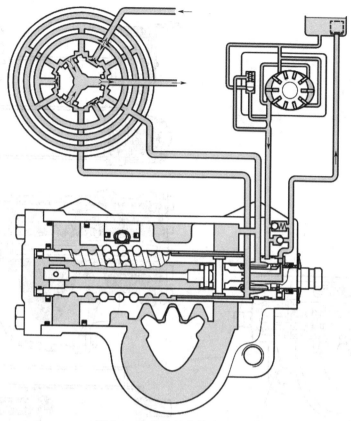

图 5-6　空挡位置的转向器状态

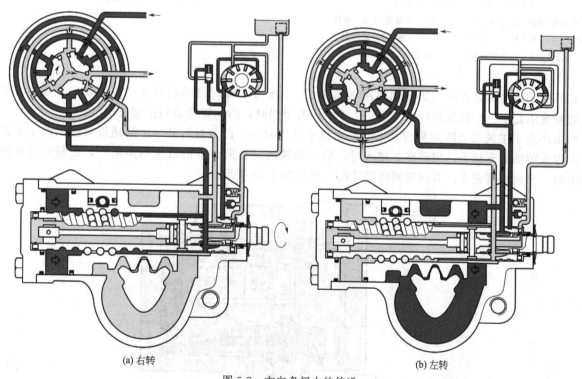

(a) 右转　　　　　　　　　　　　　　(b) 左转

图 5-7　方向盘扭力的传递

第一回路故障，第二回路启动。动力转向器处于右转位置。

如果主回路（回路 1）出现功能故障，会自动切换到次回路（回路 2），只要车辆在行驶就仍会提供动力辅助。每条回路有自己的传感器，可检查每条回路的流量是否正常。传感器连接到仪表板上的指示灯。

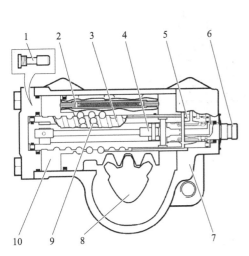

图 5-8　ZF 转向器内部结构

1—内六角螺栓（自动轮端锁）；2—阀（轮端锁）；3—蜗杆
螺钉；4—扭力杆；5—控制阀；6—输入轴；7—转向器
壳体；8—扇形齿轮轴；9—滚珠组；10—活塞

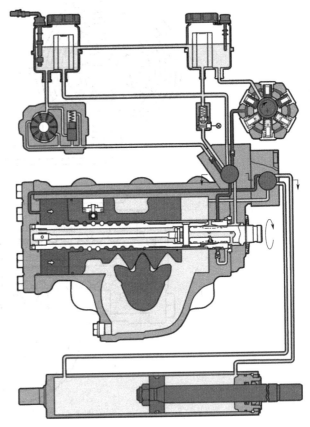

图 5-9　双回路系统

　　双回路阀的功能是在发动机驱动回路（回路 1）中压力下降时自动接合电动机驱动的回路（回路 2）。该自动系统依托于一个感压阀柱塞，回路 1 中的压力增强时，阀柱塞移动到正常工作位置。

　　如果回路 1 中的压力降到异常水平，柱塞移动并为回路 2 的流量打开一个通道以补偿回路 1 中的低流量。在带双前轴的车辆上，当回路 2 接入时，后部前轴辅助转向缸上的液压回路断开，此断开动作由双回路阀中另一个阀柱塞完成。双回路阀内部结构示意如图 5-10 所示。

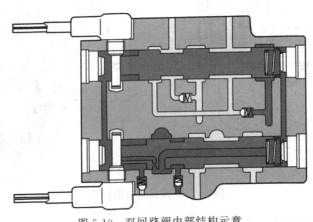

图 5-10　双回路阀内部结构示意

　　第一回路故障，第二回路启动时的阀柱塞位置。

　　回路 1 是一个标准的单回路转向系统，由发动机驱动液压泵。回路 1 通常是本身提供动力辅助的回路。

重型卡车维修技术手册
底盘分册

回路 2 液压泵由电动机驱动。当回路 1 中的压力下降到特定水平以下时，它会自动启动。它通常不提供动力辅助，当回路 1 不能正常工作时会自动接入。

（3）ZF8098 动力转向器　动力转向器 ZF 8098 和 ZF 8099 的设计相似，如图 5-11 所示。两者主要的不同是 ZF 8099 旨在用于双回路转向和辅助作用缸，即该动力转向器上装有一个额外阀壳体。ZF8098 动力转向器透视结构如图 5-12 所示。

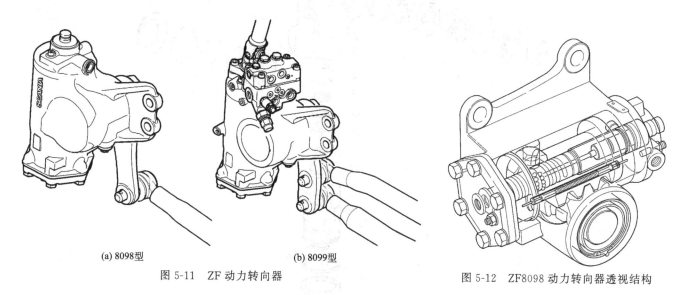

(a) 8098型　　　　　　(b) 8099型

图 5-11　ZF 动力转向器　　　　　　　　图 5-12　ZF8098 动力转向器透视结构

动力转向器附接点的设计也稍有不同，也就是说，对动力转向器 ZF 8099 进行作业时，无须使用接合板 98 148。

ZF8098 动力转向器部件分解如图 5-13 所示。

动力转向器设计为系统压力 150bar，扇形齿轮轴产生最大 6726N·m 的扭矩。转向齿轮比为 (17.0～20.0)∶1 或 (22.2～26.2)∶1。

动力转向器有一个一体式限压阀和一个液压轮端锁。轮端锁是自调节的，其作用在于当车轮靠近其端部位置时降低动力转向器内的液压，从而降低其扭矩。如果没有这一功能，当以强力将车轮保持在终端锁止位置时，系统中的压力和温度将显著升高，这还会向转向部件施加重负荷。轮端锁内部结构如图 5-14 所示。

轮端锁由两个阀组成，这两个阀集成在活塞中的纵向通道中。阀由放置在阀之间的压缩弹簧保持关闭状态，通过两个活塞销打开。活塞销的端部穿过阀套管伸入活塞的端部。

活塞高压侧的机油压力高于阀之间的机油压力时，允许通过压力侧的阀流入机油。

活塞接近终端锁止位置时，对应的活塞销被压入阀套管，打开了低压侧的阀。压力侧的机油压力将降低，这是因为机油经由阀和活塞流到低压侧，再通过回流通道回流到储油罐。活塞越接近终端位置，机油压力下降幅度越大，造成伺服效应不断变小。因此，驾驶员无法在终端锁止位置让方向机满负荷。

注意：为防止液压泵的损坏，车轮不得压在设定螺钉上超过 10s。

车轮和轮端锁的自调节功能在方向机安装在车辆上后在厂内进行设置。要求在调节时达到全车轮最大转向角度，这可以通过更换套管内部的六角螺栓来调节。

活塞接近终端锁止位置时，活塞销被压入阀套管，打开了低压侧的阀。如果后来增大了标称的车轮最大转向角度，轮端锁将自动设定。如果标称的车轮最大转向角度降低，则必须更换两个调节螺钉。

在以下情况下也必须更换调节螺钉。

① 改变了直拉杆的长度，也就是正前行驶位置。

② 分离的方向机上（或者已经从转向杆系统上脱离的方向机上）的输入轴从其中心位置转开 1.6 圈以上。

方向机阀壳体中的限压阀限制液压系统中的最高机油压力，限压阀安装位置见图 5-15。

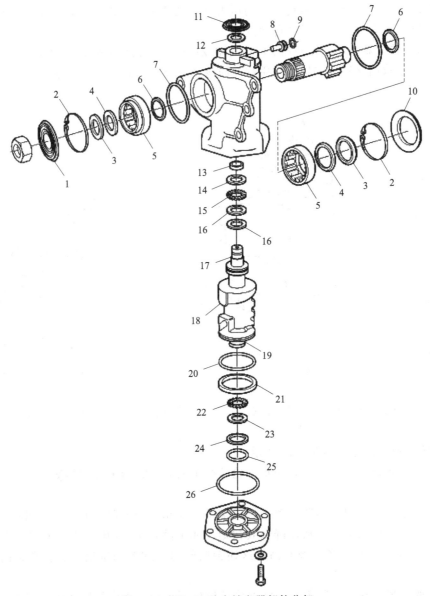

图 5-13　ZF8098 动力转向器部件分解

1,10,11—防尘盖；2—卡环；3—支撑垫圈；4,12,16,21,24—密封件；5—滚柱轴承；
6—塑料垫圈；7,9,20,25,26—O 形环；8—限压阀；13—密封圈；14,23—轴承垫圈；
15,22—滚针轴承；17—输入轴；18—活塞；19—蜗杆螺钉

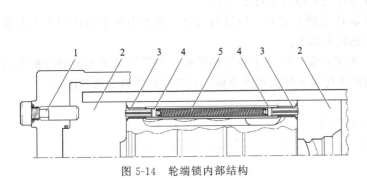

图 5-14　轮端锁内部结构

1—内六角螺栓（自动轮端锁）；2—作用缸分泵；3—阀套管；4—活塞销；5—压缩弹簧

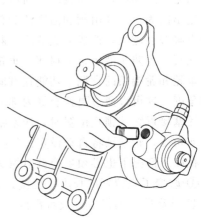

图 5-15　限压阀安装位置

如果机油压力超过允许的系统压力，限压阀将打开，机油通过回流管路从压力侧排回储油罐。因此，限压阀可保护液压系统免受压力过高引起的损坏。

5.1.1.2 陕汽重卡转向系统

（1）转向系统的组成　以 F3000 为例，该车采用整体式液压常流动力转向系统。其转向机采用循环球螺母式，因此又称为"循环球螺母整体式动力转向系统"。

如图 5-16 所示，该车转向系统由两部分组成：转向机械部分和转向助力部分。转向机械部分由方向盘、转向机、转向拐臂、横拉杆、直拉杆和转向节等组成。转向助力系统由四部分组成：动力源 1（包括助力油泵、安全阀、流量控制阀）、操纵装置（包括安置在转向机内的方向控制阀、定心装置）、执行机构 2（安置在转向机内的油缸活塞以及外部辅助动力油缸）和辅助装置（包括储油罐 3、滤清器 4 和管线）。

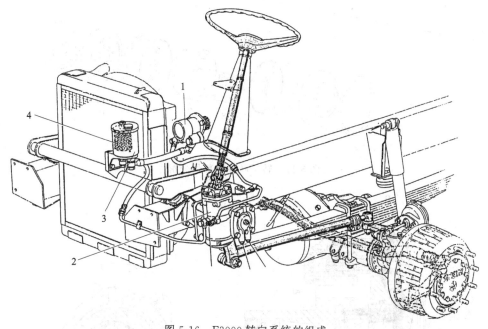

图 5-16　F3000 转向系统的组成

（2）转向助力泵　转向助力泵为转向助力提供动力源。陕汽重卡汽车一般配套德国 ZF7672、ZF7673 和 ZF7674 三种型号转子叶片泵。国产化后部分采用国产泵，转向助力泵安装在柴油机正时齿轮室上，由凸轮轴正时齿轮带动助力泵驱动齿轮旋转。

转子叶片泵部件分解如图 5-17 所示，其内部结构见图 5-18，它主要是由泵壳 1、转子轴 15、转子叶片 13 和转子 14 以及转子外圈 16 组成。为了确保转子叶片泵的输出排量基本稳定（不随转速变化而变化），以及限定输出压力的最大值，在泵的输出端还安装有流量控制阀 3 和安全阀 4。

转子叶片泵安装在发动机正时齿轮壳上，由凸轮轴齿轮带动泵驱动齿轮旋转。

当柴油机工作时，转子叶片泵旋转，泵体内安装于转子槽内的叶片，在离心力和油压作用下，紧贴泵体内曲面运动。叶片与叶片之间形成密封工作腔。密封工作腔容积逐渐缩小的区域形成压油腔，密封腔容积逐渐增大的区域形成吸油腔。泵每旋转一周，完成吸油压油动作两次，由于吸油腔与压油腔是对称分布的，作用轴上的液压经向力平衡。泵的排量是由转子叶片的宽度和转速决定的。泵的输出压力是由转向系统的阻力决定的。为限定最高泵压，在泵体内设置有安全阀 4，当转向系统外部负荷增大到使泵压达 150bar 时，安全阀打开卸荷。为保证泵排量基本恒定，泵体内设置流量控制机构，它由节流孔和流量控制阀 3 组成。泵转速较低时，流量控制阀 3 在回位弹簧的作用下保持在如图 5-18 所示位置，此时流量控制阀 3 将出油腔与进油腔封闭。随泵转速提高泵排量也增大，由于节流孔的节流作用，使流量控制阀 3 的前、后油腔 C 和 D 形成压力差 $\Delta p = p_C - p_D$，该压差随泵排量的增大而增大。当泵转速增大到设定转速，即泵排量达到一定数值时，C、D 两腔形成的压差 Δp 足以克服回位弹簧的预紧力，此时在压力差的作用下流量控制阀 3

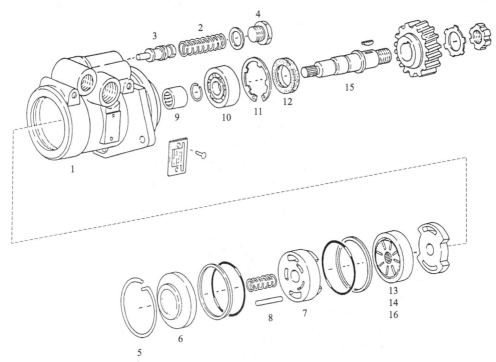

图 5-17　转子叶片泵部件分解

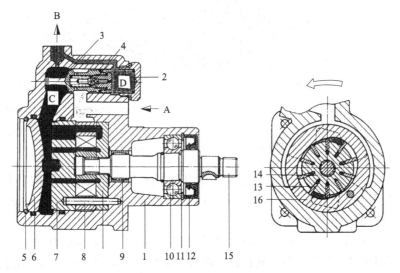

图 5-18　转子叶片泵内部结构

1—泵壳；2—弹簧；3—流量控制阀；4—安全阀；5—端盖卡簧；6—端盖；7—分油盘；8—定位销；
9—滚针轴承；10—轴承；11—轴承卡簧；12—油封；13—转子叶片；14—转子；
15—转子轴；16—转子外圈；A—进油口（低压）；B—出油口（高压）

将向右移动，从而打开出油腔与进油腔的通道，部分排量形成内部循环，泵排量越大，压差 Δp 越大，流量控制阀 3 的开度就越大，内部卸流量就越大，从而保证输出的排量基本恒定。

（3）转向机　陕汽重卡 X3000 汽车采用整体式动力转向机构，因此转向助力油缸、分配阀与转向机构成一体，结构较为复杂。下面分别介绍 ZF8098 型转向机的工作原理和使用维修。

ZF8098 型转向机结构如图 5-19 所示。

ZF8098 型转向机由控制阀、动力油缸和转向机械部分组成。

转向机所需的压力油由发动机驱动的转向泵供应，油罐接受由转向机流回的低压油，同时向转向泵供油。ZF8098 型转向机油路循环回路如图 5-20 所示。

重型卡车维修技术手册
底盘分册

图 5-19 ZF8098 型转向机结构

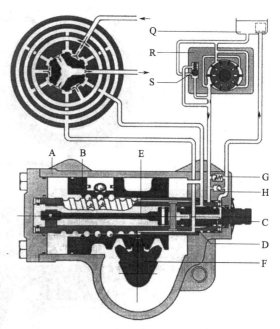

图 5-20 ZF8098 型转向机油路循环回路
A—壳体；B—活塞；C—转向轴转阀；D—阀套蜗杆；
E—扭力杆；F—摇臂扇齿轴；G—安全阀；H—充
油阀；Q—油罐；R—转向泵；S—恒流阀

　　壳体 A 和活塞 B 组成一个油缸，活塞将转向轴转阀 C 的旋转运动转换为直线运动，同时使摇臂扇齿轴 F 旋转。通过一圈钢球，活塞 B 和阀套蜗杆 D 相应运动，当蜗杆旋转时，钢球依次进入蜗杆面，通过循环管，钢球在蜗杆上可以循环往复。控制阀由转向轴转阀 C 和阀套蜗杆 D 组成，它们在圆柱面上分别开有 6 条沟槽。扭力杆 E 通过固定销分别与转向轴转阀和阀套蜗杆连接，在方向盘不动时，使控制阀处于中位。安全阀 G 可限制转向机的异常油压。充油阀 H 在转向机动作而转向泵不工作时，通过回油管向转向机内补油。

　　与固定速比的转向机相比，可变速比的转向机在中位附近的速比较小，保证此时转向的灵敏度。在停车大角度转向时，转向机的速比较大，可使摇臂扇齿轴获得更大的液压助力。

　　当液压助力失效时，打方向的力较固定速比的转向机要小。

　　当转向轴和阀套之间传递扭力时，扭力杆发生弹性扭转，在控制阀的转子和阀套间产生扭转力，使阀套偏离原来的中间位置。

　　当方向盘不动时，扭力杆使控制阀回到中位。通过转向机壳体上的油道，油液进入阀套的年轮状沟槽，经过 3 个对称的径向孔到达转轴的弧形控制槽。

　　转子上的控制槽和阀套上的控制槽间的位置相对，如图 5-21 所示，油液经过进油缝 J 和 K，到阀套上的弧形轴向槽 N 和 O，然后油液即可通过轴向油道到达助力活塞的一端或两端。

　　当控制阀处于中位时，油液到达助力活塞的两端，然后经过转子上的 3 个回油槽 P 返回油罐。

　　向右打方向时，方向盘向右转，控制阀转子上的控制沟槽顺时针偏转，进油缝 K 打开较大，让油液通过，另一个进油缝 J 关闭，阻止油液流到阀套上的轴向槽 O。这样油液只能从进油缝 K 流到阀套上的轴向槽 N，经过钢球滚道，至活塞左端。同时关闭另一个进油缝 J 防止油液回流到油罐，从而压力升高。

　　此时活塞右端的油液被排出，经过打开的回油缝 M 和回油槽 P，通过转子内的油道回油罐。活塞左端油腔压力升高，右端油腔卸荷，从而液压油推动活塞向右移动。

　　如图 5-22 所示，当方向盘向左转时，控制阀转子上的控制沟槽逆时针偏转，油液通过打开进油缝 J 和轴向槽 O，至活塞右端。

　　活塞左端的油液通过回油槽 P、钢球滚道和回油缝 L，再经过转子内的油道回油罐。

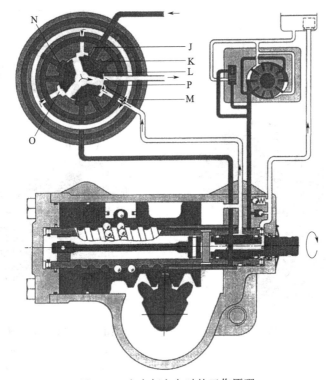

图 5-21　向右打方向时的工作原理

J,K—进油缝；L,M—回油缝；N,O—转向槽；P—回油槽

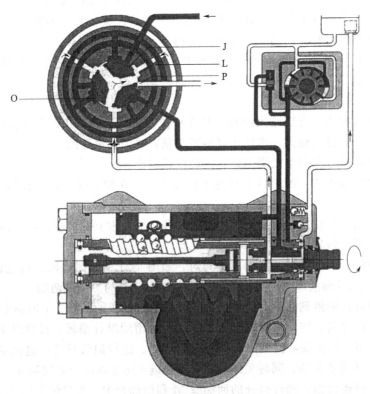

图 5-22　向左打方向时的工作原理

活塞右端压力大，活塞将向左移动，从而实现助力。

在打方向盘时，液压就像上述过程产生助力作用。一旦方向盘停止转动，开始时高压腔的油压仍然继续推动活塞向低压腔方向移动，由于转阀与转向轴是一体的，在活塞继续向低压腔移动和扭力杆 E 的回位作用下，使与蜗杆对应的阀套回到与转阀对中的卸荷位置，从而使活塞左、右腔同时与回油相通，液压助力随即停止，从而体现了"方向打多少、助力多少；方向盘停止，助力立即消失"的随动作用。

如图5-23所示，在转向机内安装有左、右两个转向限位阀。转向限位阀防止以最大工作压力将转向机转到极限位置，从而保护转向机和转向泵，不致因高压而损坏机件和防止油温过高。

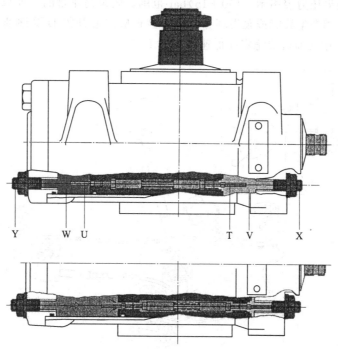

图5-23　转向限位阀工作原理

T—右侧阀芯；U—左侧阀芯；V—活塞右腔；W—活塞左腔；X—右侧调节螺钉；Y—左侧调节螺钉

双作用的液压转向限位阀由2个有弹簧的阀芯（T和U）构成，安装在活塞上，两端突出活塞。

当活塞右移到接近极限位置，右侧阀芯（T）被右侧调节螺钉（X）顶入活塞，左侧阀芯（U）在压力作用下被推入活塞，活塞左腔的油液经过限位阀孔减压后至活塞右腔与低压油路接通，产生卸荷。当活塞左移到接近极限位置时，同样两个阀芯都被打开而卸荷。从而保证在极限位置机件的安全。

当液压转向限位阀打开时，转向机仍然可向外打，但由于液压助力作用大为下降，方向盘上所需的转向力增大，直到到达转向的机械极限位置。

5.1.2　部件拆装

5.1.2.1　陕汽重卡转向系统拆装与检修

（1）检查油量、加油与放气　在储油罐上安装有油尺，正常情况当柴油机不工作时，要求油量加至油尺的上限刻度为准，当柴油机以中速稳定旋转时，储油罐的油位高于上限刻度1～2cm为正常。

当动力转向系统缺油时，可直接向储油罐中补充新油至上述标准。

当系统更换油或严重缺油，在系统中已存在空气的情况下，补充新油的同时要进行放气。首先用千斤顶将汽车前轴顶起，启动柴油机在低速稳定转速下运转，随着向储油罐逐渐加注新油的同时，慢慢将方向盘从一侧极限位置转至另一极限位置，反复进行，直至储油罐回油没有空气排出为止，将油补充至上述标准。

检查助力系统是否有空气有两种方法：一是观察在发动机运转过程中，储油罐的回油口所回的助力油是否还有气泡或助力油有乳化现象；二是在发动机停转时，将油加至油尺上刻线位置，然后发动机以中速旋转，如果油罐液面高出上刻线大于2cm，说明系统内还存有空气。助力系统存有空气时，转向阻力系统在工作时就会产生噪声。

（2）转向助力油泵的检查　转向助力泵是通过测量泵压来检查泵的好坏。

如图 5-24 所示，将泵至转向机的管线接头 B 拆开，在其间串接一个量程 150bar 的压力表 C 和开关 D。

首先将开关 D 全开，启动柴油机并稳定在低转速范围运转，逐渐关闭开关 D，注意观察压力表读数，直至将开关全部关闭，如果压力表指示（150±15）bar 范围，则泵是正常的。如果泵压达不到规定值，则说明泵的流量控制阀、安全阀产生故障或泵损坏。泵压的检查应注意开关 D 要逐渐关闭，同时关闭时间不能过长，最多 5s。检查过程中柴油机要稳定在低速状态下工作。

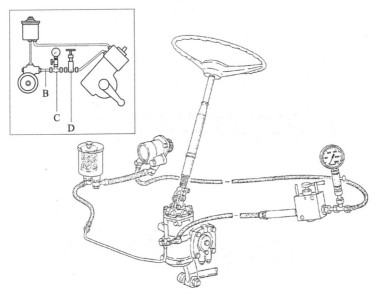

图 5-24　检查转向助力泵

（3）转向限位阀的检查与调整　顺时针转动方向盘，当左前轮的限位螺钉与工字梁凸台夹住 3mm 厚钢板时（注意不要让测试用钢板弹出，以免伤人），如图 5-25 所示，短时间（最多 5s）以 100～200N 的力继续打方向，观察此时压力表读数应为 40～50bar。

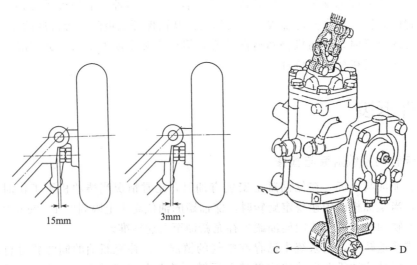

图 5-25　极限位置用铁板定位

如图 5-26 所示，自动调节的限位螺钉是由一个滑套套在限位螺钉上，作用在滑套上的轴向推力可以将滑套在螺钉上移动位置，因此，活塞的极限位置就决定了滑套的位置。

注意：具有自动调节限位阀的转向机，从整车上拆卸下来之后，或在维修保养中将转向机摇臂与转向连杆（横、直拉杆）脱离、转向连杆与转向节拆离时，不允许将转向机打向极限位置，否则，会破坏已经自动调整好的限位阀。

限位阀的调整，只有在新转向机装车，将转向拉杆、转向节全部连接好，而且将转向节的限位螺钉（即汽车转向角）调整好之后才能进行。

调整完全是自动进行的，将前桥工字梁用千斤顶起，使轮胎脱离地面，将方向盘向一个方向直接打到极限位置（转向节上的限位螺钉已顶到工字梁的限位凸台。注意：在这项调整中不需要在极限位置放置一块 3mm 的钢板）。如图 5-27 所示，此时，活塞将滑套顶到极限位置，再向另一个方向重复上述操作，限位阀即调整完毕。

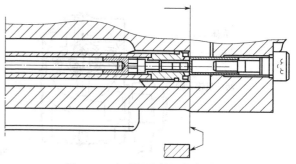

图 5-26　自动调整的限位阀结构

具有自动调整限位阀功能的转向机，在此项调整中无须借助转向测量器，因此操作简便可靠。

注意：转向机上、下端盖上的自动调整螺钉总成是不能互换的。而且如果滑套螺钉的长度短了，不允许将滑套拔出再用，此时必须更换新的调整螺钉总成。

在实际工作中，如图 5-28 所示，当转向机将要到极限位置时（相当于在工字梁凸台与转向节限位螺钉之间还有 3mm 间隙时），限位阀的推杆已经顶到滑套，如果再向极限位置转动方向盘，限位阀就开始打开卸荷，直到完全极限位置，限位阀将全开，转向系统的压力将不再升高。

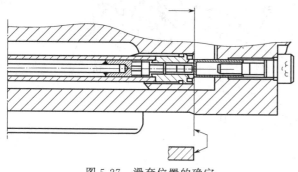

图 5-27　滑套位置的确定

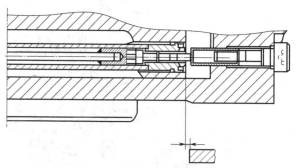

图 5-28　限位阀的实际工作

（4）转向机密封性的检查　在转向限位阀调整完毕之后，将前轴用千斤顶再次顶起使车轮脱离地面。在限位螺钉与前轴转向限位凸块之间放置一块约 15mm 厚的钢板（具有自动调整限位阀的方向机，也需在限位螺钉与限位凸台之间放置一块 15mm 厚的钢板），柴油机保持低速稳定运转状态，将前轮转至极限位置并继续向该转向方向转动方向盘，观察压力表读数是否达到（130±13）bar，如压力低于规定数值说明转向机内部泄漏，必须检查修理或更换。该项检查左、右两个方向都必须进行。

（5）方向盘自由行程的检查与调整　将压力表更换成量程 10bar 的表头，柴油机保持低速稳定运转，将车轮转至直线行驶位置，此刻测出的系统无负荷循环压力约 5bar。然后向一侧慢慢转动方向盘直到表压上升 1bar 时，测量方向盘的这一侧游动量应小于 20mm。再测量另一侧方向盘游动量同样应小于 20mm，两侧相加方向盘总自由行程应小于 40mm。方向盘自由行程主要取决于转向机活塞齿与转向轴扇形齿间的间隙。因扇形齿齿厚制成锥形结构，因此调整转向轴的轴向位置即可调整方向自由量。在方向机侧端盖上有一个调整螺杆，向里旋进该螺杆可将自由行程调小，调整结束应将锁紧螺母锁紧。转向横直拉杆接头如果间隙过大会影响方向盘自由行程，检查时应预注意。

（6）转向机的安装　在安装新的转向机到整车上时，应注意转向机中位的标记。

如图 5-29 所示，首先将前轮置于直行位置，然后转动方向盘使转向机的输入轴上的标记与壳体上的中位标记对齐。将转向机固定在汽车支架上，然后将转向拐臂装到转向机拐臂轴上，并使拐臂上的中位标记与拐臂轴上的中位标记对齐。将拐臂锁紧螺母锁紧，并将锁母用冲子冲打到防松凹槽中，连接转向各连杆，调整转向限位阀，继而加油排气。

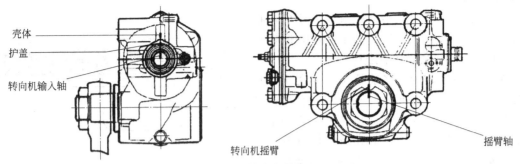

图 5-29 转向安装标记

5.1.2.2 解放 J6P 前轴转向节与主销

解放 J6P 前轴转向部件分解如图 5-30 所示。

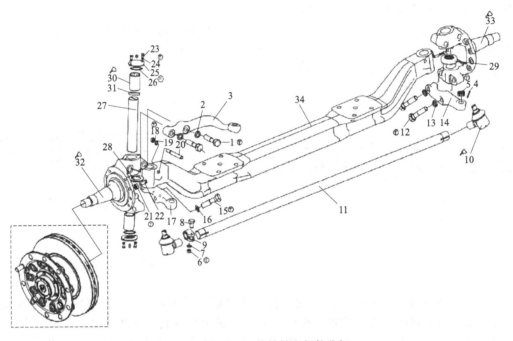

图 5-30 解放 J6P 前轴转向部件分解

1,8,12,15,23—六角头螺栓；2,13,16,19,24—弹簧垫圈；3—转向节上臂；4—开口销；5—六角槽形螺母；6,21—螺母；
7—弹簧垫圈；9—环箍；10—接头总成（转向纵拉杆）；11—转向横拉杆；14—右转向节臂；17—左转向节臂；18—六角
头螺母；20—楔形锁销；22—转向节止柱；25—盖板；26—密封垫片；27—转向节主销；
28—调整垫圈；29—止推轴承；30—转向节主销衬套；31—主销油封；32—左转向节；
33—右转向节；34—前轴；⊗—不可重复使用零件

装配顺序：按照与分解的相反顺序。

检修标准见表 5-1。

表 5-1 部件检修标准

部位	维修项目	标准值	极限值	校正方法
27	转向节主销外径	$\Phi48_{-0.016}^{0}$	$\Phi47.9$	更换
28	转向节与前轴上端面最小处间隙	<0.2	<0.5	调整或更换
10	球头销球面外径	$\Phi38_{-0.1}^{0}$	$\Phi37.7$	更换
30	主销衬套内径(压入后)	$\Phi48_{+0.025}^{+0.087}$	$\Phi48.2$	更换

部位	维修项目	标准值	极限值	校正方法
30、27	主销与衬套间隙		0.4	更换
34	前轴主销孔	$\Phi 48^{+0.034}_{+0.009}$	$\Phi 48.2$	更换
34	前轴主销内倾角	$6°$	$(6.00\pm0.67)°$	更换

紧固件拧紧力矩见表 5-2。

表 5-2 紧固件拧紧力矩　　　　　　　　　　　　　单位：N·m

部位	被拧紧的零件	拧紧力矩参数
18	模型锁销螺母	145～210
21	转向节止柱锁紧螺母	145～210
12	转向节臂安装螺栓	660～750
1	转向节上臂安装螺栓	660～750
5	转向节臂和横拉杆球头销连接螺母	121～245
6	转向横拉杆夹紧螺栓螺母	10～90
23	转向节主销上下盖板螺栓	16～30

润滑脂使用规范见表 5-3。

表 5-3 润滑脂使用规范

部位	被润滑的零件	润滑剂	数量
30	转向节主销衬套	全天候汽车通用锂基脂	按需
10	接头总成（转向纵拉杆）	全天候汽车通用锂基脂	按需
32	左转向节	全天候汽车通用锂基脂	按需
33	右转向节	全天候汽车通用锂基脂	按需

检修方法如下。

（1）止推轴承 29 的安装 如图 5-31 所示将止推轴承 29 装到前轴 34 与左转向节 32 之间时，应使其带盖的一侧面朝前轴 34。

（2）转向节主销衬套 30 与转向节主销 27 的安装与拆卸 如图 5-32 所示，用夹具固定转向节，用锤子均匀敲击转向节衬套 30，或使用液压工具。

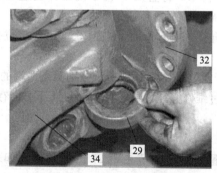

图 5-31 安装止推轴承

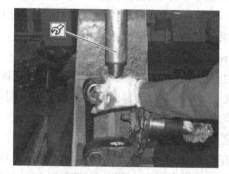

图 5-32 安装主销

（3）检查转向节主销 27 安装 转向节主销安装完毕以后，加注润滑剂。如图 5-33 所示转向节在左转向节 32 轴端挂一个弹簧秤 A，测量使转向节开始转动时所需的力。维修标准：小于 10N。

（4）检查转向节主销 27 外径 如图 5-34 所示，用千分尺 B 测量转向节主销 27 的直径，如果测量值小于磨损极限，则需要更换新的主销。

主销外径标准值：$\Phi48_{-0.016}^{0}$。磨损极限值：$\Phi47.9$。

图 5-33　检查转向节主销

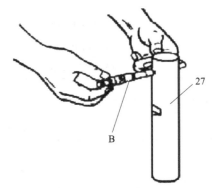

图 5-34　检查主销

（5）检查转向节主销衬套 30 压入在转向节 32 后内径　如果测量值大于磨损极限，则需要更换新的主销衬套，如图 5-35 所示，用千分表 C 检查。主销衬套内径标准值：$\Phi48_{+0.025}^{+0.087}$。磨损极限值：$\Phi48.2$。

（6）检查前轴 34 的主销孔内径　如果测量值大于磨损极限，则需要更换新的前轴，如图 5-36 所示，用千分表 C 测量。主销孔内径标准值：$\Phi48_{+0.009}^{+0.034}$。磨损极限值：$\Phi48.2$。

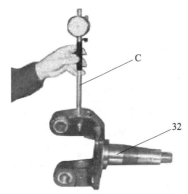

图 5-35　检查转向节主销衬套

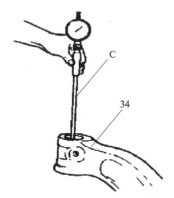

图 5-36　检查前轴主销孔内径

（7）检查前轴 34 前后方向的弯曲

① 将前轴 34 安放在工作台上，使钢板弹簧座表面处于水平位置。如图 5-37 所示，在转向节左右主销安装孔中心悬挂一根细钢丝绳 D，并在细钢丝端部系一个重物 E，将直尺 F 置于钢板弹簧座上，通过检查细钢丝是否与左右钢板弹簧座中心处的定位销孔中心重合来确定前轴 34 是否弯曲。

② 如果钢丝绳 D 与定位销孔中心线不重合，表明前轴前后方向有弯曲。当钢丝绳 D 与定位孔中心线距离超过 3mm，则需要更换。

（8）检查前轴 34 上下方向的弯曲　用左右钢板弹簧座进行定位，如图 5-38 所示分别测量两端的转向节主销 27 内倾角值。如果测量值与转向节主销内倾角值相差较大，超过维修标准，则表明前轴 34 上下方向存在弯曲。

转向节主销内倾角：$(6.00\pm0.67)^{\circ}$。

（9）检查前轴 34 的扭曲

① 用左右钢板弹簧座进行定位，如图 5-39 所示分别测量两端转向节主销 27 的倾角值。如果测量值与维修标准值相差较大，则表明前轴存在扭曲。维修标准：$(0\pm20)'$。

② 如果检查前轴 34 确实发生了弯曲或扭曲，则需要矫正到标准值或更换新的前轴。

（10）检查横拉杆接头总成 10　如图 5-40 所示检查球头销的球头外径。如果测量值小于磨损极限，则需要更换新的球头销。球头销球头外径：$\Phi38_{-0.1}^{0}$。极限值：$\Phi37.7$。

（11）检查防尘罩是否有损坏或润滑脂溢漏现象　如防尘罩已损坏或唇部严重磨损，则要将它拆下，并更换新的防尘罩。

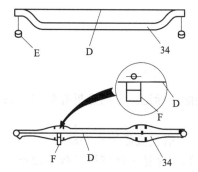

图 5-37 检查前轴前后弯曲度

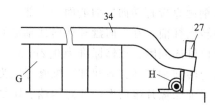

图 5-38 检查前轴上下弯曲度
G—定位块；H—角度尺

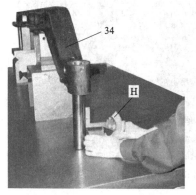

图 5-39 检查前轴的扭曲
H—角度尺

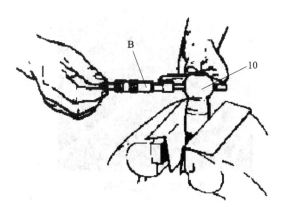

图 5-40 检查横拉杆球头外径
B—千分尺

5.1.2.3 解放 J6P 方向盘与转向操纵机构

J6P 方向盘与转向操纵机构部件分解如图 5-41 所示。

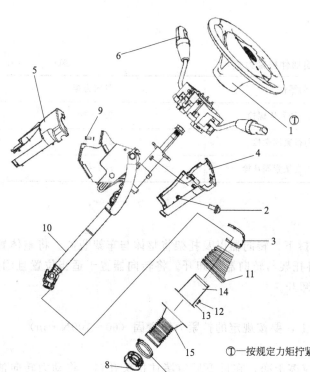

①—按规定力矩拧紧。

图 5-41 J6P 方向盘与转向操纵机构部件分解
1—方向盘及按钮总成；2—十字槽盘头自攻螺钉；3—卡箍；4—后转向柱护套；5—前转向柱护套；6—电气组合开关；7—蜗杆传动式软管夹箱；8—支架；9—组合螺栓；10—转向柱支架及铰链总成；11—转向柱防尘罩；12—螺栓；13—垫圈；14—转向柱下护套；15—防尘罩

方向盘锁紧螺母拧紧力矩：100～130N·m。

检修方法如下。

（1）方向盘的拆卸

① 不要用钢锤直接打转向柱轴端面的头部。

② 在拆卸转向柱前，在方向盘和转向柱轴端面上划一条配合标记。方向盘拆卸如图5-42所示。

③ 轴颈部位轴向间隙：维修标准为0.2mm。

④ 滑动套与转向轴旋转方向间隙：维修标准为0.134mm；磨损极限为0.2mm。

⑤ 装配时保证摩擦片表面无任何防锈油、防锈液或任何影响摩擦表面摩擦系数的油质。

方向盘拉马工具的使用如图5-43所示。

图5-42 方向盘拆卸

图5-43 方向盘拉马工具的使用

（2）方向盘游隙调整

① 使车辆处于直线行驶状态，启动发动机并左右轻转方向盘，检查游隙是否在规定范围内。规定范围：±70mm。

② 游隙不在规定范围内时，应重新调整各部分安装间隙或者更换间隙较大部件。

动力转向管路部件分解如图5-44所示。

装配顺序：按照与分解的相反顺序。

紧固部件拧紧力矩见表5-4。

表5-4 紧固部件拧紧力矩

单位：N·m

部位	被拧紧的零件	拧紧力矩
20	转向机支架跟车架紧固螺栓	220～300
18	转向臂跟转向机紧固螺栓	550～650
16	转向机跟转向机支架紧固螺栓	500～650

检修方法如下。

（1）拆卸动力转向器总成17及转向器托架21

① 如图5-45所示，将托架与车架连接螺栓依次拆下，转向器以及托架将整体与车架脱离。将整体置于适当位置且固定，拆下托架及转向器连接螺栓，可将托架与转向器拆卸开。将转向器置于适当位置且固定，拆下转向臂紧固大螺母，可将转向臂18与转向器拆卸开。

转向臂拆卸过程需要专用工具转向臂拆卸扳手。

② 如图5-46所示，将万向节叉子安装到转向器上，要按规定的拧紧力矩紧固（60～100N·m）。

（2）动力转向油罐14的拆卸与安装

① 为防止外部杂质进入油道，管接头在拆下前应擦干净，在拆下后应堵住接头孔口。将动力转向油罐14从支架上拆下，如图5-47所示。

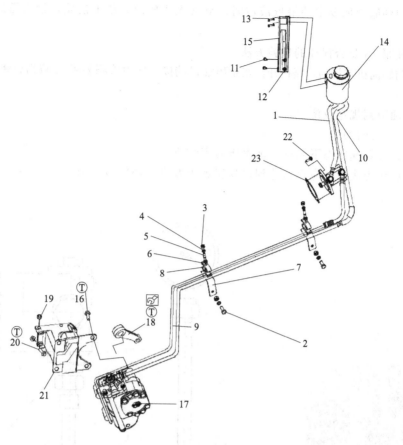

图 5-44　动力转向管路部件分解

1—进油管总成；2,5—六角头导颈螺栓；3—六角螺母；4—弹簧垫圈；6—双管夹盖；7—油管支架；
8—双管夹坐；9—高压管总成；10—回油管总成；11,16,20,22—六角法兰面缘螺栓；
12,19—六角螺母；13—六角头螺栓；14—动力转向油罐；15—油罐支架总成；
17—动力转向器总成；18—转向臂；21—转向器托架；23—动力转向油泵

② 安装后的调整：排出动力转向系统的空气，向动力转向油罐加油至规定液位。用千斤顶将前桥顶起，向左和向右转动方向盘。如果液压油液面下降，要继续加油至规定位置。让发动机怠速运转并将方向盘向左和向右转到底，直至不冒气泡且液面不再下降为止。

图 5-45　拆卸转向器与托架

图 5-46　将万向节叉子安装到转向器上

如果液压油液面下降，要继续加油至规定位置。方向盘在极限位置停留不得超过 5s。当动力转向系统的液位低于动力转向油罐内所要求的最低液位时，空气无法放出。放下前轮，检查管路和接头周围有无漏油现象。

(3) 动力转向油泵 23 是否损坏的检验方法

① 将泵出油口与转向机连接的管路松开，在泵出油口端接上压力检测装置 A 将组合密封垫拧紧，如图 5-48 所示。

② 将油罐补充油液到规定液位。

③ 检测油温应（70±10）℃。

④ 启动发动机，在急速状态下测试，观察压力表数值。

⑤ 启动发动机后压力表指针应迅速达到铭牌规定压力值（1MPa），保压 5～10s，压力稳定则为合格产品，否则为不合格产品。

图 5-47 转向油罐位置

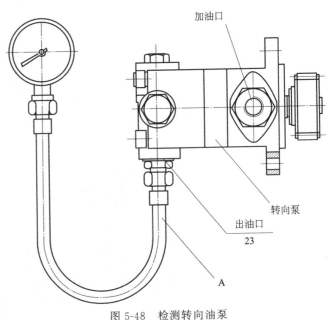

图 5-48 检测转向油泵

注意事项如下。

① 该方法只适用于带卸荷阀的动力转向泵。

② 启动发动机同时观察压力表，当压力表指针大幅度超过铭牌规定的压力值时，应立即关闭发动机，避免因压力无限升高发生转向系统爆裂。

③ 压力测定保压时间不应超过 10s，否则将损坏转向泵。

④ 油温大于 55℃时，由于内泄，压力将会下降。

⑤ 由于发动机振动允许压力表产生振摆。

5.1.3　故障排除

5.1.3.1　动力转向系统使用与维护

整体式液压助力转向系统在使用与保养中应注意如下几点。

因助力泵采用转子叶片泵，转子叶片泵的最大优点就是体积小、效率高。然而对比其他泵来讲，转子叶片泵最大的弱点就是低压腔的吸油能力较低。因此，储油罐中的助力油滤清器，并没有安装在泵的吸油端，而是安装在转向机的回油端。换句话说，转向助力系统采用的是回油滤清方式。这种滤清器仅起一个系统净化的作用，即系统的机械磨料经滤清器过滤使助力油总保持纯净。如果储油罐里掉进脏物或机械杂质，那么很快就会直接被吸入助力泵，造成助力泵的早期磨损或拉伤，因此保持储油罐内的清洁是至关重要的。这就要求在更换或补充助力油时，应注意应将储油罐擦干净，而且应在无尘埃的场地进行作业，特别注意不要将脏污掉进储油罐。事实证明，助力泵以及转向机磨损、拉伤损坏的主要原因就是油脏。

转向助力系统是高度精密的液压系统，因此在使用中应注意经常进行检查和调整。发生故障应及时处理，否则造成机件的磨损与损坏后，有时将会是不能修复的。往往因为一个很小的精密配合零件的损坏而造成整个部件的报废。

转向助力系统使用专用的 AFT 自动传动油。国产 N32 号自动传动油可常年用于助力系统，但这种油价格较高而且往往买不到。通常使用国产 30D（30 号低凝点）工程液压油来代用，这种油冬、夏季通用。如果这种油也买不到，夏季可使用 30 号工程液压油、冬季使用 20 号工程液压油代用。切记不可以将不同品牌的油长期混装。

在维修需要拆卸横、直拉杆，也就是当转向器和转向机械系统脱开时，应首先将前轮打正，临时采取措施，将转向器拐臂固定在垂直位置不动，待维修结束，把转向器与转向机械部分重新连接牢固后，再转动转向器。如果在转向器与转向械机部分脱开后，随意转动转向器，特别还将转向器转向极限位置，很可能将转向器极限调整阀改变极限位置而造成在极限位置时超负荷而损坏机件。

5.1.3.2 动力转向系统故障排除

转向系统的故障不过是方向重与方向跑偏两种情况。在分析判断故障时应注意从两个方面去查找：一是转向系统的机械部分；二是转向助力部分。转向系统常见故障以及排除如下。

（1）两侧方向都沉重　如果遇有方向沉重的故障，特别是向两侧打方向都沉重，应当从两个方面去查找原因：查找转向机械部分的原因；如果机械部分没有问题，再查找转向助力方面的原因。

引起方向沉重机械方面的原因主要在于转向节。长时间不保养，使转向立柱和衬套严重缺油、磨损甚至烧蚀，都会引起方向沉重。因此在保养时，必须向转向立柱空腔内注满润滑脂，而且每次注油时需用千斤将前桥支承起来，要注到立柱上、下两支承面都有润滑脂挤出为止，此时说明立柱与衬套间已注入滑脂。转向立柱的平面止推轴承如果严重磨损，或是损坏，也会造成方向重的故障。

机械部分的故障可以用眼观察转向立柱、转向节的外观和用手搬动前轮来感受一下前轮左、右摆动的阻力来检查。如果通过检查转向机械部分没有问题，那么显然是转向助力部分产生故障。可以通过上一小节介绍的方法，既迅速又准确地查出引起方向重故障的部位，然后通过拆检，查明故障的原因。

一般来讲引起方向重的原因有如下几种。

① 助力泵故障。通过试验判断助力泵的泵压达不到标准值时，显然方向沉重与此有关。首先应检查流量控制阀与阀座的咬合面、安全阀钢球是否封闭不严。如果是流量阀或安全阀泄漏，可通过研磨的方法修复。其次检查安全阀的弹簧是否失效。这点可通过在弹簧后面加垫片的方法予以检查，如果在弹簧后面增加一个垫片后，最大泵压有明显增加，说明弹簧失效。如果这两个部位都无问题，则应拆卸解体助力泵，观察转子叶片泵的腔壁是否磨损和拉伤。因腔壁拉伤会使高、低压腔相通，从而造成压力建立不起来。一般拉伤的原因都是油脏所至。

如果方向突然沉重，则应检查是否是泵轴断裂所致。

② 转向机故障。通过检查如果发现是转向机助力油压较低时，说明方向重的原因在转向机。此时应请专业厂家来进行修理。一般来讲转向机故障大部分是由于活塞、缸筒拉伤，或是活塞上密封圈损坏造成活塞两腔相通，使助力压力不能有效地建立。此外，活塞圆周面上的各种密封圈、转向螺杆上的密封圈破损，也会造成高压卸荷，而使助力压力降低。

③ 缺油，系统有空气。如果助力系统缺油，造成系统内有空气，此时不仅转向沉重，而且在转向时还有噪声。此时按加油与放气的程序进行排气即可。

④ 储油罐内回油滤清器堵塞。储油罐内回油滤清器长期不保养、更换，造成堵塞，使助力油循环不畅，造成回油背压，同样会使方向沉重。

⑤ 两个限位阀的密封圈失效，使活塞两腔相通造成助力失效。

（2）单边转向沉重　在实际中往往发生向一个方向转向轻快，而向另一个方向转向沉重的故障，这一般是由于负责密封一侧高压腔的密封件漏损所致，例如转向螺杆密封圈、活塞圆周上油道密封圈漏损等。还有一种情况应当注意，那就是转向沉重一侧的限位阀封闭不严。封闭不严可能是调整不当，使该限位阀大部分在常开位置，或是阀与阀座封闭不严，更多的情况是限位阀上两个O形密封圈失效所致。

有的时候会发生向某一方面转向时从头至尾都很轻，而向另外一个方向打方向时，开始很轻，每打到某一个位置，方向就突然沉重。这种故障一般来讲是由于该方向的限位阀调整不当，使车轮还没有到极限位置时，限位阀就打开卸荷，此后方向立刻沉重。遇有此故障只要按上一小节所述进行限位阀的重新调整即可。

（3）转向时有异响　转向时有异响一般是机械部分，例如主销与衬套损伤、立柱止推轴承损坏等造成。检查时可以左、右打方向，观察响声的部位，进行拆检。

（4）转向有噪声　转向时有"吱、吱"的噪声，严重时转向高压油软管都抖动，这显然是缺油进空气所致。按照上一小节所述放空气的方法将空气排净，故障自然消除。

（5）快速打方向沉重　在转向时如果慢慢打方向，方向还轻。如果在急转弯时快速打方向，方向立刻就重。这说明在快速转向时，助力泵的有效排量不够，助力油对油缸高压腔的补充还跟不上活塞的运动，助力油压得不到建立，因而反映转向沉重的故障。这类故障主要在助力泵。如果助力泵流量控制阀泄漏、弹簧失效以及泵叶片与腔室表面严重磨损都会造成这种现象。

（6）方向回位较困难　一般车辆都有转向自动回位的功能。液压助力的汽车，由于液压阻尼的作用，自动回位的功能有所减弱，但还应保持一定的自动回位的能力。如果回位时，也要像转向时那样施力，则说明回位功能有故障。这种故障一般都发生在转向机械部分。例如转向节主销与衬套缺油而烧损，转向横、直拉杆接头缺油而锈蚀，方向盘与转向机连接的操纵轴万向节缺油或别劲，以及转向机的转向轴扇齿与活塞直齿啮合太紧等，都会造成这种故障。

（7）方向摆动或跑偏　方向跑偏的故障首先应检查机械部分和外界因素。

汽车行驶在拱形路面的一侧上本身就有偏跑的倾向，当拱形较大时跑偏就较为明显，这是外界的因素造成的。

前轮两边轮胎气压不同，一边是新轮胎另一边是旧轮胎或左右胎磨损差异较大，前钢板错位（例如钢板中心螺栓断），前轮定位偏差较大等都会造成方向跑偏。如果排除上述机械和外部因素，方向仍然严重跑偏，那就可能是转向机内控制转向螺母偏摆杆初始位置调整不当，使汽车直线行驶时，转向螺母在偏置位置，偏置的滑阀总使活塞某一侧产生高压助力，造成汽车自动跑偏。

如果汽车行驶时无规律地两边摆动，方向不好掌握，说明转向系统机械传动各机构较松旷。例如前轮轮毂轴承松旷、转向轴扇齿与活塞直齿间隙过大、横直拉杆球头松旷、转向机固定螺栓松旷、前轮定位有较大的偏差等。前轮钢圈变形当然也会引起方向的抖动，如果排除上述的机械原因，则很可能是转向机内定位转向螺母的偏摆杆折断或松旷所致。

（8）转向机漏油　转向机漏油不外乎是几个位置：转向机上盖、侧端盖和转向轴拐臂连接处。这三个部位都有密封圈，更换新的油封和密封圈即可解决。如果其他部位漏油就很可能是转向机壳体出现砂眼或裂痕。细小的裂痕和砂眼可以用乐泰290高渗透性密封胶来堵漏。

（9）助力泵漏油　如果从助力泵后端盖漏油，显然是后端盖密封圈破损，这是比较容易发现的。实际中还有一种难以发现的故障，那就是转向油罐里的油不断减少（总需要补充），而发动机油底内的机油却不断增多或者表面上看起来丝毫不烧机油。放出部分油底机油观察没有什么异常现象，也闻不出什么其他的异味，这种情况显然是助力泵驱动轴端的油封漏油所致。助力泵低压油腔的液压油由油封漏至发动机正时齿轮室，流入油底。液压油与机油混合无法分辨。

（10）部分制动时方向摆动　汽车在全负荷急刹车时工作正常，就是在轻轻踩刹车踏板时前轮发摆，这种现象在许多车上都出现过。引起这一故障的原因是多方面的，但绝大部分是因前制动鼓失圆所致。当前制动鼓失圆时，轻踩刹车踏板会使左、右车轮分别间歇制动造成车轮发摆。前轮各部位连接松旷往往也会造成这种故障。

动力转向系统故障排除见表5-5。

表 5-5 动力转向系统常见故障排除

故障现象	原因分析	排除方法
转向泵异响	油罐内油位过低	补油
		检修泄漏
	吸入空气	转向系统排气
	转向泵内的传动件损坏	分解大修转向泵,更换损坏的零件
		更换转向泵
转向系统无压力	转向泵内的控制阀芯卡滞	拆下阀芯,研磨清洁,使其滑动自如
		更换阀芯
		更换转向泵
转向系统压力偏低	传动皮带松动	张紧传动皮带
	转向泵的控制阀芯卡滞	拆下阀芯,研磨清洁,使其滑动自如
转向泵流量不足	传动皮带松动	张紧传动皮带
	转向泵内的控制阀芯卡阻,弹簧失效	拆下阀芯,使其滑动自如,更换弹簧
转向泵漏油	转向泵油封密封件损坏	更换转向泵油封密封件
	转向泵壳体损坏	更换转向泵
左右打方向均偏重	油罐内油位过低	补油
	吸入空气	检修泄漏
		补油
		转向系统排气
	转向柱或转向连杆卡阻	检修或更换卡阻的转向传动件
	油罐内滤芯堵塞	更换滤芯和油液
	转向泵损坏	分解大修转向泵,更换损坏的部件
		更换转向泵
单方面打方向盘	转向限制器调节不当	重新调节转向限制器
	转向机不良	更换转向机
		分解大修转向机
怠速快打方向重	吸入空气	检修泄漏
		补油
		转向系统排气
	转向泵匹配过小或转向泵内部磨损	更换合适的转向泵
转向机异响	油罐油位过低	补油
		检修泄漏
		转向系统排气
	吸入空气	检修泄漏
		补油
		转向系统排气
	转向泵损坏	分解大修转向泵
		更换转向泵
	转向机损坏	分解大修转向机
		更换转向机

故障现象	原因分析	排除方法
转向机漏油	外围件密封失效	更换外围件密封
	内部密封件失效	分解大修转向机
		更换转向机
转向自动回位不良	转向柱或转向连杆卡阻	检修或更换卡阻的转向传动杆
	转向机损坏	分解大修转向机
		更换转向机
转向跑偏	转向连杆或悬架定位不良	检修或更换相关部件
	油罐内油位过低	补油
		检修泄漏
	转向机内转向间隙偏小	分解大修转向机
		更换转向机

5.1.3.3 动力转向器故障判断与维修

（1）故障特征

① 转向发卡、沉重。

② 转向机漏油。

（2）故障原因

① 转向发卡、沉重。

a. 转向桥超载引起的故障。

b. 转向桥轮胎气压低引起的故障。

c. 系统油液量不够引起的故障。

d. 系统油脏引起的故障。

e. 系统进入空气引起的故障。

f. 转向系统胶管变形引起的故障。

g. 助力泵的流量和车型不匹配引起的故障。

h. 助力泵损坏引起的故障。

i. 转向杆系变形或损坏引起的故障。

j. 转向桥压力轴承变形引起的故障。

k. 转向助力缸失效引起的故障。

l. 客户感知原因。

② 转向机漏油。

a. 油脏造成输入轴轴封损坏。

b. 转向系统高温引起的输入轴轴封损坏。

（3）维修拆装与故障排查

① 转向发卡、沉重。

a. 转向桥超载引起的故障。车辆装好货物以后，在地磅上只是对转向桥进行称重，用相机拍摄称重时显示的重量；对于双转向桥，应先将第一个转向桥称重，然后对两个转向桥同时进行称重，标准判定如下。

ⓐ WG9725478118：单个转向桥的载荷不大于9t。

ⓑ WG9725478198：单个转向桥的载荷不大于7t。

ⓒ WG9625478228：单个转向桥的载荷不大于8t。

b. 转向桥轮胎气压低引起的故障。检查每个转向桥轮胎的气压是否过低，如果过低请补充气压。

c.系统油液量不够引起的故障。发动机停止时检查油位，油位应达到至油尺的上标处。

注：打开油罐游标尺之前，请将油罐外表面清理干净。

如油位低首先应该检查各个管接头是否存在漏油现象，复紧管接头，然后添加转向油，油品要求：ATF-Ⅲ。

d.系统油脏导致的故障。打开油罐盖检查油是否干净，检查油罐滤芯上部是否进入杂质；检查油罐滤芯是否损坏，导致不能有效过滤杂质；检查油罐滤芯有无缺失，使转向系统中油液无过滤功能。

维修方法如下。

ⓐ 将系统中的残油清理干净，并用干净的油将系统冲洗。

ⓑ 加注新油。

e.系统进入空气引起的故障。

判断方法：油罐中存在大量气泡。

排除方法：支起转向桥，启动发动机，旋转方向盘从一个极限位置到另外一个极限位置，旋转3～4次，气体就可以排出。关闭发动机，检查转向油罐油尺，油位应达到油尺的上标处。

f.转向系统胶管变形引起的故障。转向胶管变形造成系统流量不足引起的故障，常见现象如图5-49所示。

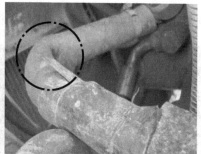

图5-49 转向胶管变形

g.助力泵的流量和车型不匹配引起的故障。检查泵标牌上的零件号和原车配置是否一致，如不一致请更换原车配置的转向叶片助力泵。

h.助力泵损坏引起的故障。助力泵技术标准参数见表5-6，低于标准值，请更换同型号的转向叶片助力泵。

表5-6 助力泵技术标准参数

车型	转向泵流量/(L/min)	转向泵压力/bar
单前轴	16～20.8	200(无泄压阀)
双前轴	25	200(无泄压阀)

i.转向杆系统变形或损坏引起的故障。支起转向桥，让轮胎离开地面，转动方向盘到左右极限位置，如图5-50所示，检查拉杆是否干涉及变形，球头是否存在松旷现象。

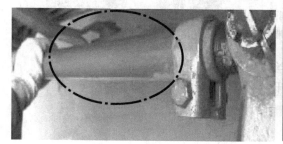

图5-50 检查拉杆与球头

如存在上述故障现象，请维修或更换相关部件。

j. 转向桥压力轴承变形引起的故障。将压力轴承部位清理干净，目视检查轴承是否存在变形现象，如图 5-51 所示。

图 5-51 检查轴承是否存在变形

如存在上述现象，请更换新件。

k. 转向助力缸失效引起的故障。

检查方法如下。

a. 擦拭干净转向机上连接助力缸的两个接头，如图 5-52 所示。

图 5-52 擦拭干净助力缸的连接头

b. 为了便于安装，将两个油管的接头拧松但不要拆下。

c. 如图 5-53 所示，拆转向机侧边接头，并安装带有铜垫圈的铁丝堵，拧紧力矩为 35N·m。

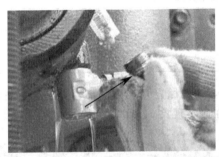

图 5-53 安装带有铜垫圈的铁丝堵

d. 拆转向机底边接头，并安装带有铜垫圈的铁丝堵，拧紧力矩为 35N·m。

e. 在转向系统中将第二个转向桥的机械连接断开。

f. 加油。

ⓐ 油品要求：ATF-Ⅲ。

ⓑ 顶起前轴，使轮胎完全脱离地面。

ⓒ 往油罐中加满油，然后启动发动机怠速运转，使转向系统充油。

此时油罐内油位将快速下降，为了避免吸入空气，需要不断地向油罐内补油，保证油位接近油罐的顶边。

ⓓ 缓慢地向左右打方向盘并打到底，如此反复几次，使系统中的空气排出，直至油罐中不再出现气泡为止（液面不再变化）。

ⓔ 关闭发动机，检查油面高度，使之处于油尺的上刻度。

判断方法：启动发动机，转动方向盘，感觉此时手力如果变轻，表明转向系统的故障是由于助力缸引起的，应更换二桥助力缸。

g.客户感知原因。针对此类抱怨，应进行对比检查。

专用工具：指针式力矩扳手（0～50N·m）、加长套管、外六角套筒。

准备工作：正常车辆一辆（和故障车同样型号、同样配置、同样生产厂家的转向系统的正常车辆）且在同样状态下进行测试。

判断方法：如果同等情况下测量的数据值接近或一样，则由于客户感知差异引起的抱怨，实际车辆不存在转向沉重或发卡。

② 转向机漏油。主要原因是油脏造成输入轴轴封损坏。

a.检查转向油是否干净。

b.检查转向机是否漏油，检查方法如下。

ⓐ 将漏油部位清理干净，启动发动机，在原地打方向。

ⓑ 观察输入轴部位是否有油流出，则如果没有，则不存在漏油现象；如有油流出，应更转向机，更换方法如下：

• 拆转向机及周围附件；
• 车辆调整到直行位置；
• 将管接头、油罐周围清理干净；
• 拆下油管接头及排空系统中的油液（将油液收集到容器中，禁止再次使用）；
• 将转向机从车上拆下；
• 清洗整个转向系统的管路及油罐，并更换新滤芯；
• 装新转向机及周围附件。

（4）转向机安装

① 检查转向机标牌：转向机型号和原车必须一样。

② 检查转向机直行位置：输入轴处三个刻线在一条直线上，同时保证输出轴刻线垂直于三个螺纹孔的连线（图 5-54）。

图 5-54 输入轴处三个刻线在一条直线上

警告：必须保证转向机在直行位置。

③ 装转向机垂臂。

a.垂臂花键干净无油污。

b.如图 5-55 所示，垂臂上刻线和转向机输出轴端面上箭头对齐（图中1，2），安装垂臂螺母。

c.紧固垂臂螺母，在紧固过程中应将垂臂固定，不允许转动。螺母的紧固力矩为 630～770N·m。

d. 用錾子锁紧螺母，锁死深度不少于 1.5mm，如图 5-56 所示。

图 5-55　对齐装配标记

图 5-56　锁紧螺母

e. 转向机装到车上；将转向机安装到支架上并拧紧螺栓。螺栓的拧紧力矩为（520±52）N·m。

警告：在安装过程中，垂臂不能旋转，避免转向限位螺栓被压入失去限位功能。

f. 安装转向机进油管接头并拧紧螺母。

g. 安装转向机出油管接头并拧紧螺母；

h. 安装万向节并拧紧螺母；万向节上的开口和转向机塑料护盖的三角符号对齐并朝向车辆前方，锁紧螺母，如图 5-57 所示。

i. 将直拉杆球头安装到转向机的垂臂孔中，紧固螺母并穿入销子锁死。

图 5-57　转向机塑料护盖方向

j. 转向系统注油。

5.2
转向控制系统

5.2.1　系统原理

5.2.1.1　奔驰液压转向回路控制

转向系统部件组成如图 5-58 所示。一般情况下，ServoTwin® 机电控制单元 1 由传统的车载电气系统进行供电。如果传统车载电气系统无法使用，则方向盘处的手动扭矩 M_H 足以安全使车辆驻车［装配转向辅助系统，不带 RPS 或 BUB（代码 O1H）的车辆］或缓冲蓄电池 G3 向 ServoTwin® 系统供电，直至车辆安全驻车［未装配转向辅助系统，不带 RPS 或 BUB（代码 O1H）的车辆］。缓冲蓄电池 G3 由冗余电源（RPS）控制单元 A76 进行监控，冗余电源（RPS）控制单元 A76 还在车载电气系统电压水平允许的情况下对缓冲蓄电池 G3 进行充电。

方向盘上的手动扭矩（M）是 ServoTwin® M 初始输入变量。转向角和车速、方向盘上的手动扭矩（M）和转向角由电液动力转向机构（APS）的控制单元 A73 通过转向角和转向扭矩传感器 A77 进行记录。施加的手动扭矩（M）可使电液动力转向机构（APS）控制单元 A73 确定方向盘是否转动及转动方向。

转向角可提供前轮位置的相关信息。车速通过各种信息获取，由电液动力转向机构（APS）控制单元 A73 进行合理性检查。该信息的一部分为车速信息，由行驶控制［共用传动系控制器（CPC）］控制单元 A3 确定，并通过车架控制器区域网络（CAN）CAN3 传送至中央网关（CGW）控制单元 A2，后者将其通过车外控制器区域网络（CAN）CAN1 传送至电液动力转向机构（APS）控制单元 A73。

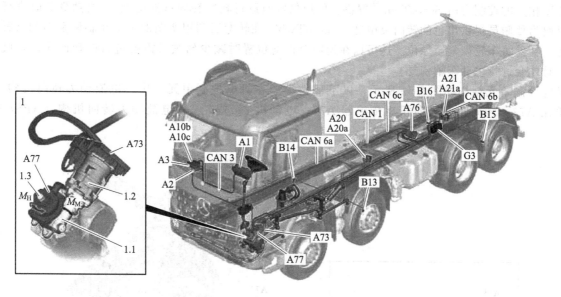

图 5-58　转向系统部件［未装配转向辅助系统，不带 RPS 或 BUB（代码 O1H）的车辆］

1—机电控制单元；1.1—蜗轮；1.2—电动机；1.3—主轴；A1—仪表盘（ICUC）控制单元；A2—中央网关（CGW）控制单元；A3—行驶控制［共用传动系控制器 B（CPC）］控制单元；A10b—电子制动控制系统（EBS）控制单元 B（Wabco）；A10c—电子制动控制系统（EBS）控制单元 B（Knorr）；A20—前轴车轴调制器（Wabco）；A20a—前轴车轴调制器（Knorr）；A21—后轴车轴调制器（Wabco）；A21a—后轴车轴调节器（Knorr）；A73—电液动力转向机构（APS）控制单元；A76—冗余电源（RPS）控制单元 C［未装配转向辅助系统，不带 RPS 或 BUB（代码 O1H）的车辆］；A77—转向角和转向扭矩传感器；B13—左前轴转速传感器；B14—右前轴转速传感器；B15—左后轴转速传感器；B16—右后轴转速传感器；CAN 1—车外控制器区域网络（CAN）；CAN 3—车架控制器区域网络（CAN）；CAN 6a—前轴制动器控制器区域网络（CAN）；CAN 6b—后轴制动器控制器区域网络（CAN）；CAN 6c—双重传输制动器控制器区域网络（CAN）；G3—缓冲蓄电池［仅适用于未装配转向辅助系统，不带 RPS 或 BUB（代码 O1H）的车辆］；M_H—手动扭矩（方向盘）；M_M—输入扭矩（电动转向系统回路）

　　该信息的另一部分为车轮转速，由车轴调制器通过前轴和后轴的转速传感器确定，并传送至电子制动控制系统（EBS）控制单元 A10b、A10c。电子制动控制系统（EBS）控制单元 A10b、A10c 将车轮转速通过车架控制器区域网络（CAN）CAN 3 传送至中央网关（CGW）控制单元 A2，后者将其通过车外控制器区域网络（CAN）CAN 1 传送至电液动力转向机构（APS）控制单元 A73。

　　车速大于 6km/h 且液压转向回路发生故障，速度相关的控制力发生故障以及车速大于 0 且主动车轴恢复的情况下，车速用于启用紧急转向辅助系统。

　　计算要施加的初始扭矩 M_H 及确定传送方向后，电液动力转向机构 M（APS）控制单元 A73 促动电机 1.2 产生的扭矩随后通过蜗轮 1.1 传送至转向机的主轴。

　　转动方向取决于是否需要对转向助力进行补充或抵消（转向限制器）。由于蜗轮 1.1 的高传动比（1∶21），电动机 1.2 产生的扭矩增大 21 倍。尽管如此，蜗轮 1.1 仍配置为非自锁蜗轮。

　　转向限制器用于保护动力转向泵，转向机和转向杆系统的转向限制器功能通过电子方式执行，该功能在已编程的转向限制器前的特定角度开始逐渐激活电动机 1.2，同时产生初始扭矩 M，以抵消手动扭矩 M_H。电机 1.2 产生反向扭矩，随后由蜗轮 1.1 传动比进行增压，最高可达到 160N·m。

　　如果更换了转向机或机电控制单元 1 或更换了转向停止器（例如由于安装了较大的车轮或辅助防滑链），则需要通过 XENTRY 对电动转向限制器进行设置。

　　如果电机扭矩重叠失败，仍可通过方向盘进行转向干预。换言之，电动机 1.2 关闭后，方向盘的移动不会受到严重干扰。一方面，通过涡轮 1.1 的非自锁配置实现；另一方面，断电后的电动机 1.2 被视为同步电动机，不会产生任何反向扭矩，因为所有的电动机相位已互相分离（空挡分离）。机械连接总是保持，并且由液压转向回路提供支持。

速度相关的控制力由 ServoTwin® 提供。低速驾驶时进行轻度转向（舒适型），高速驾驶时进行刚性转向，以便为驾驶员提供出色的转向灵敏度。ServoTwin® 在转弯后利用所谓的主动车轴恢复功能（舒适型增强功能）辅助将车轮恢复至原位。这可以在返回至正前位置时减少驾驶员需要进行的转向操作，仅在车速大于 0 时才会进行主动车轴恢复。

机电控制单元结构如图 5-59 所示。以下部件集成在机电控制单元 1 中：电液动力转向机构（APS）控制单元 A73；转向角和转向扭矩传感器 A77；电动机 2；蜗轮 3；电液动力转向机构（APS）控制单元 A73。

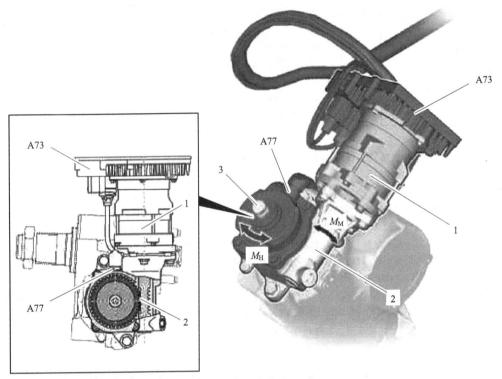

图 5-59　机电控制单元结构

1—电动机；2—蜗轮；3—主轴；A73—电液动力转向机构（APS）控制单元；A77—转向
角和转向扭矩传感器；M_H—手动扭矩（方向盘）；M_M—输入扭矩（电动转向系统回路）

转向角和转向扭矩传感器 A77 之间的电液动力转向机构（APS）控制单元 A73 集成在车辆整体网络中，其利用各种输入变量计算要引入转向柱系统总成的初始扭矩 M 以及初始扭矩作用的方向。转向角和转向扭矩传感器 A77 由电液动力转向机构（APS）控制单元 A73 用于记录方向盘上的手动扭矩 M_H 以及转向角。电动机 2 由电液动力转向机构（APS）控制单元 A73 促动，沿相应方向产生计算得到的初始扭矩 M。蜗轮 3 将该初始扭矩 M 从电动机 2 传送至转向机的主轴，随后由传动比进一步增大。机电控制单元 1 从上方用螺栓连接至转向机，如图 5-60 所示。

机电控制单元 1 为电液双回路动力转向机构电动转向回路的一部分。如有必要，其产生辅助初始扭矩，并将其引入转向柱系统总成。

转向机内部结构如图 5-61 所示。转向机 1 的外壳包括转向阀、工作缸和一个完全机械式转向机。动力转向泵提供转向需要的机油和压力。其将机油从动力转向机构储液罐中吸出，然后通过转向机 1 泵送回动力转向机构储液罐。外壳和活塞 5 发挥气缸的功能。活塞 5 将转向轴和蜗杆 6 的转动转化为轴向运动，并将其传送至转向

图 5-60　机电控制单元位置
1—机电控制单元

臂轴 7。活塞 5 和蜗杆 6 通过球链 8 刚性连接。蜗杆 6 转动时，链条一端的球由再循环管抬起并引向另一侧，从而形成无限球链 8。

更换活塞 5 时，活塞 5 和转向臂轴 7 上的齿轮向转向臂轴 7 传递旋转运动。左舵驾驶车辆上的蜗杆 6 逆时针运转，右舵驾驶车辆上的蜗杆则顺时针运转。因此对于左舵驾驶车辆，向左转向时活塞 5 会向上移动，而对于右舵驾驶车辆则会向下移动。

转向臂轴 7 上的转向摇臂 9 相应地将纵拉杆向前或向后移动。转向阀由支撑在蜗杆 6 中滚针轴承中的阀门促动器 10（圆周上带有六个控制槽）和蜗杆 6 上的控制套筒组成。只要方向盘不受力，则钉在阀门促动器 10 和蜗杆 6 上的稳定杆 11 便将转向阀固定在中央位置。集成在外壳中的限压阀 12 限制转向机构中的最大压力。

转向机 1 带可变传动比。与定速传动比转向机相比，带可变传动比的转向机中央范围内的配置比外侧的配置更为直接。因此，小幅校正即可保证直线行驶时的转向能力。同时，受间接传动比的影响，在转向角较大的操作范围内，转向臂轴 7 上会有更大的液压扭矩。在该范围内，与定速传动比相比，如果液压动力辅助出现故障，则方向盘上施加的转向力会降低。

方向盘已松开及正前位置如图 5-62 所示。

松开方向盘后，稳定杆 11 可以确保转向阀返回中央位置。机油通过供油孔 14 流入外壳，供给环形槽 15 和控制套筒的贯通孔 16 流至阀门促动器 10 中的三个对称分布的供给控制槽 17。阀门促动器 10 中供给控

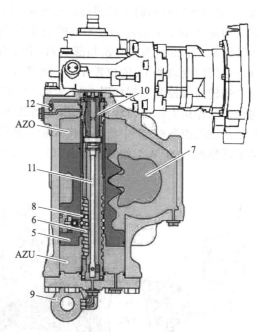

图 5-61　转向机结构（左舵驾驶车辆的转向机）

5—活塞；6—蜗杆；7—转向臂轴；8—球链；
9—转向摇臂；10—阀门促动器；11—稳定杆；12—限压
阀；AZO—工作缸顶部；AZU—工作缸底部

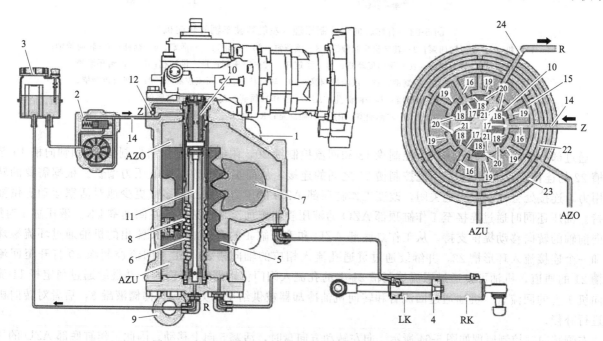

图 5-62　方向盘松开及正前位置（左舵驾驶车辆的转向机）

1—转向机；2—动力转向泵；3—转向机构储液罐；4—液压缸（第 2 前轴）；5—活塞；6—蜗杆；7—转向臂轴；8—球链；9—转向摇臂；10—阀门促动器；11—稳定杆；12—限压阀；14—供油孔；15—供给环形槽；16—贯通孔；17—供给控制槽；18—供给控制缘；19—轴向槽；20—回流控制缘；21—回流控制槽；22,23—环形槽；24—回流孔；AZO—工作缸顶部；AZU—工作缸底部；LK—左侧油室；RK—右侧油室；R—回流；Z—供油

制槽 17 相对于控制套筒中的凹槽的位置是固定的，以使机油通过供给控制缘 18 流入转向阀的中央位置及所有的轴向槽 19，并继续通过回流控制缘 20 流入阀促动器 10 的回流控制槽 21。机油还通过回流控制槽 21 和环形槽 22 和 23 流至工作缸顶部 AZO 和工作缸底部 AZU。转向阀处于中央位置时，机油即通过回流孔 24（也由阀门促动器 10 的位置开启）回流 R，并继续通过转向机油冷却器流入动力转向机构储液罐 3。

右侧转向锁控制原理如图 5-63 所示。向右转动方向盘时，活塞 5 向下移动。同时，稳定杆 11 由施加在方向盘上的作用力作用而转动，阀门促动器 10 的控制槽向顺时针方向移动。随后供给控制缘 18 打开，确保机油从供给控制槽 17 中流出，流入相应的轴向槽 19，并继续通过贯通孔流入环形槽 23。之后机油通过连接从环形槽 23 流入工作缸顶部 AZO，为活塞运动提供液压支持。

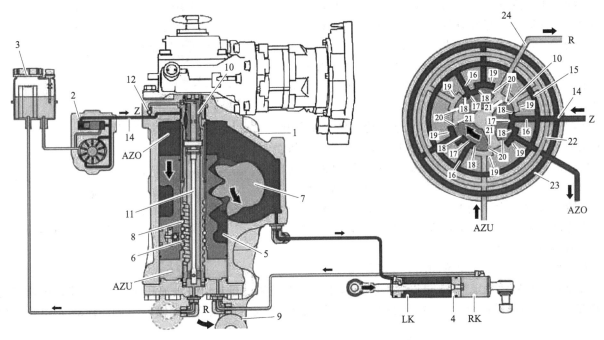

图 5-63　右侧转向锁控制原理（左舵驾驶车辆的转向机）

1—转向机；2—动力转向泵；3—转向机构储液罐；4—液压缸（第 2 前轴）；5—活塞；6—蜗杆；7—转向臂轴；
8—球链；9—转向摇臂；10—阀门促动器；11—稳定杆；12—限压阀；14—供油孔；15—供给环形槽；
16—贯通孔；17—供给控制槽；18—供给控制缘；19—轴向槽；20—回流控制缘；21—回流控制槽；
22,23—环形槽；24—回流孔；AZO—工作缸顶部；AZU—工作缸底部；
LK—左侧油室；RK—右侧油室；R—回流；Z—供油

通过部分关闭或完全关闭供给控制缘 18 和回流控制缘 20，限制或抑制供给控制槽 17 和轴向槽 19 至环形槽 22 的连接及轴向槽 19 和回流控制槽 21 之间的连接，从而实现可独立调节压力增长。根据需要的转向作用力，连接处会或多或少地关闭，改变工作缸顶部 AZO 的压力，从而更多或更少地对活塞运动提供液压支持。油压还同时通过连接至工作缸顶部 AZO 的液压管路施加至液压缸 4 的左侧油室 LK。液压缸 4 对第 2 转向前轴的转向移动提供支持。从工作缸底部 AZU 和液压缸 4 的右侧油室 RK 流出的机油通过环流滚珠螺纹和一个连接流入环形槽 22，并继续通过贯通孔流入相应的轴向槽 19。由于回流控制缘 20 打开至回流控制槽 21 的通道，机油可以通过回流控制槽 21 上的孔流入阀门促动器 10 的内侧，并继续通过稳定杆 11 流入转向机 1 上的回流管。机油通过回流管和转向机油冷却器被供给至动力转向机构储液罐 3，后者对转向机油量进行补偿。

左侧转向锁控制原理如图 5-64 所示。向左转动方向盘时，活塞 5 向上移动，因此工作缸底部 AZU 的压力增长。阀促动器的控制槽逆时针方向转动，从而使机油通过打开的供给控制缘 18 流至轴向槽 19。机油通过轴向槽 19 流入环形槽 22，并继续通过连接和环流滚珠螺纹流入工作缸底部 AZU，从而为活塞运动提供液压支持。连接至工作缸底部 AZU 的液压管路同时向液压缸 4 的右侧油室 RK 供给油压，并为第 2 转向前轴的转向移动提供支持。执行此操作时，来自工作缸顶部 AZO 的机油和液压缸 4 左侧油室 LK 的机油进行更换。其流入阀门促动器 10 的环形槽 23 中，并继续通过贯通孔流入相应的轴向槽 19，然后通过打开的回流控制缘 20 流入回流控制槽 21。之后机油通过回流孔 24、回流管和转向机油冷却器流回动力转向机构储液罐 3。

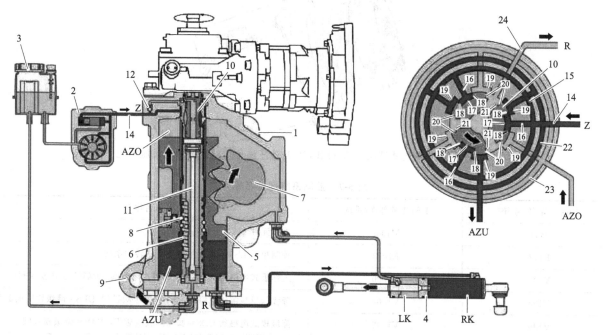

图 5-64　左侧转向锁控制原理（左舵驾驶车辆的转向机）

1—转向机；2—动力转向泵；3—转向机构储液罐；4—液压缸（第 2 前轴）；5—活塞；6—蜗杆；7—转向臂轴；
8—球链；9—转向摇臂；10—阀门促动器；11—扭杆；12—限压阀；14—供油孔；15—供给环形槽；
16—贯通孔；17—供给控制槽；18—供给控制缘；19—轴向槽；20—回流控制缘；21—回流控制槽；
22, 23—环形槽；24—回流孔；AZO—工作缸顶部；AZU—工作缸底部；
LK—左侧油室；RK—右侧油室；R—回流；Z—供油

转向限制器（保护动力转向泵 2 和转向杆系以及防止温度升高）不同于传统转向机采用的液压转向限制器，而是电动转向限制器。

如果液压转向系统回路发生故障，则通过电动转向回路保持动力转向。

动力转向机构储液罐 3 中的机油液位由驾驶室传感器和促动器模块（SCA）控制单元 A7 根据转向机油液位开关 S33 的位置监测。

5.2.1.2　斯堪尼亚重卡电控转向系统

斯堪尼亚重卡转向控制系统组成部件如图 5-65～图 5-67 所示，控制系统部件名称见表 5-7。

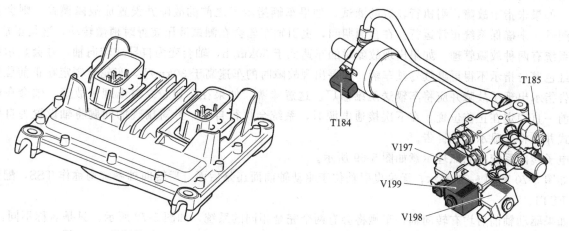

图 5-65　控制单元 E112（ECU）　　　图 5-66　配备附带阀组件和位置传感器的液压作用缸（CVU）

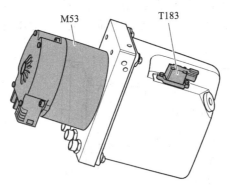

图 5-67 带内置式液压液箱（MPU）和液压液位传感器的电动液压单元

表 5-7 控制系统部件名称

EST 的部件/系统	ESTA 的部件/系统	名称
M53	M1003	液压元件 MPU＝电机泵装置
E112	E1003	控制单元 EST＝电动液压曳引轴转向系统
V197	V1000	工作模式电磁阀 NMS＝正常模式电磁阀，OMV＝工作模式阀
V198	V1001	降级阀机械解锁电磁阀 DVL＝降级阀锁闩，DLS＝降级锁闩电磁阀
V199	V1002	降级模式电磁阀 CDS＝脚轮降级电磁阀，DMV＝降级模式阀
T183	T1000	液压液位传感器 FLS＝液位传感器
T184	T1001	活塞位置传感器 CPS＝作用缸位置传感器
T185	T1002	阀位置传感器 VPS＝阀位置传感器
液压作用缸，EST 和 ESTA	液压作用缸，EST 和 ESTA	液压作用缸，后转向轴

EST（电液曳引轴转向系统）和 ESTA（附加电液曳引轴转向系统）都是电动液压式转向系统，可使用来自方向盘舵角传感器的电信号和车速控制液压泵及附带阀组件的液压作用缸。

该系统可提供舒适、安全且适应相关情况的转向效果，同时能够缩小转弯半径并降低轮胎磨损。

控制单元将多种参数纳入考虑，从而以最佳的方式操纵曳引轴。为了计算所需的曳引轴转向角，控制单元收集有关方向盘位置和车速的信息。与此同时，控制单元还持续接收有关实际曳引轴转向角的信息。控制系统对比所需转向角和实际转向角，然后操纵曳引轴上的车轮转向正确角度。系统功能简图见图 5-68。

带电动液压泵储液罐的液压单元产生可影响控制缸的液压流量。控制缸阀组会将压力引导至作用缸的两个分泵之一，如此可调节车轮的转向角。

当启动钥匙转至行驶位置时，EST 系统执行自测。测试范围取决于控制单元是否接收到系统有故障的指示。如果未指示故障，则执行较短的测试。如果车辆指示了之前的故障并设置成故障模式，则会执行较长的测试，来确保系统正常运行。在自测期间，曳引轴车轮会在测试液压装置时稍微转动，这是正常现象。

系统有两种故障管理。如果出现故障时的车速低于 30km/h，轴会变为自导式转向轴，并会显示红色警告。红色警告指示不得再继续驾驶车辆。如果出现故障时的车速高于 30km/h，车轮会锁定在正前位置。黄色警告指示出现了故障并应将车辆送至维修厂。这意味着，如果在车速较高时出现了故障，轴会在电源断开之前一直锁定在正前位置。在下次接通电源时，系统会执行自测，针对出现的问题将轴设置为自导式转向模式并且将会显示红色警告。

电子转向系统控制原理示意如图 5-69 所示。

如图 5-70 和图 5-71 所示，无论曳引轴位于驱动轴前面还是后面，后转向轴系统均称作 TSS，配置的名称为 EST1。

如果驱动轴前后均有转向轴，车辆将会有两个完全相同的系统，如图 5-72 所示，只是名称不同：TSS，曳引轴转向系统；TSA，附加曳引轴转向系统。

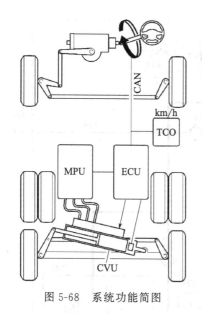

图 5-68 系统功能简图

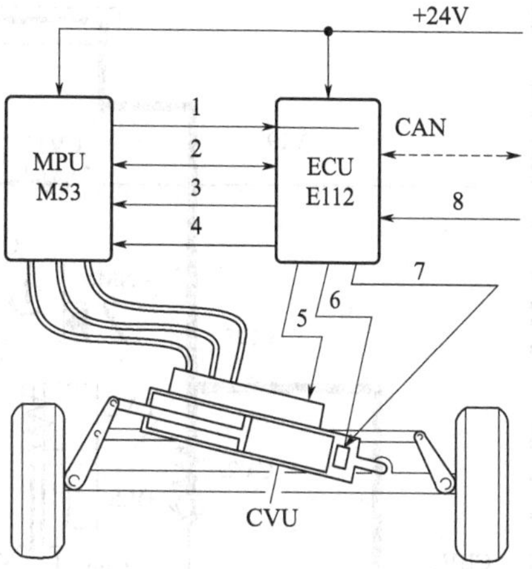

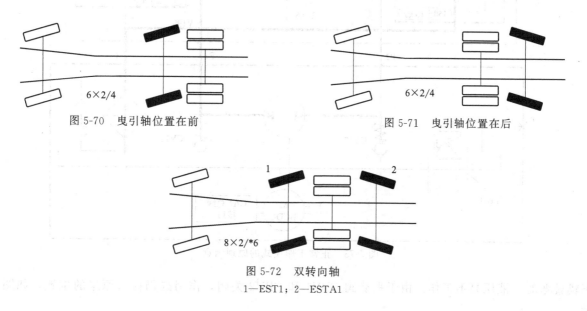

图 5-69 电子转向系统控制原理示意

1—液位；2—发动机信号子 CAN；3—激活信号；4—启动；5—气门
导管；6—CAN 传感器信号；7—传感器的电源；8—钥匙电

图 5-70 曳引轴位置在前

6×2/4

图 5-71 曳引轴位置在后

6×2/4

图 5-72 双转向轴

8×2/*6

1—EST1；2—ESTA1

TSA 配置称为 ESTA1。

ESTA1 仅安装在带双转向轴的车辆上。若车辆既有 EST1 又有 ESTA1，在这些车辆配置中，EST1 位于驱动轴前面，ESTA1 位于驱动轴后面。

该系统有两种工作模式：正常工作模式和故障处理。

正常工作模式：当车速不超过 30km/h 时，曳引轴转向。工作模式阀 V197（OMV）接通电源并且处于关闭位置，降级模式阀 V199（DMV）处于平行转向、打开位置（脚轮转向）。

当车辆转弯并请求左转车轮来转向时，液压泵工作，作用缸正压侧的压力增加。这使得活塞杆向外移动。正压侧的压力将会通过控制管路打开负压侧的平衡阀，使负压侧的机油排入机油箱。然后，活塞杆向上移动。此模式下的原理示意图如图 5-73 所示。

正常工作模式：车速低于 30km/h，曳引轴车轮左转。在升起后，无论车速为多少，曳引轴都不会转向。当车速超过 30km/h 时，曳引轴固定。工作模式电磁阀 V197 接通电源，阀（OMV）处于关闭位置。

电磁阀 V198 和 V199 已经接通电源并改变了降级阀（DMV）的模式，后者处于固定模式（关闭）。

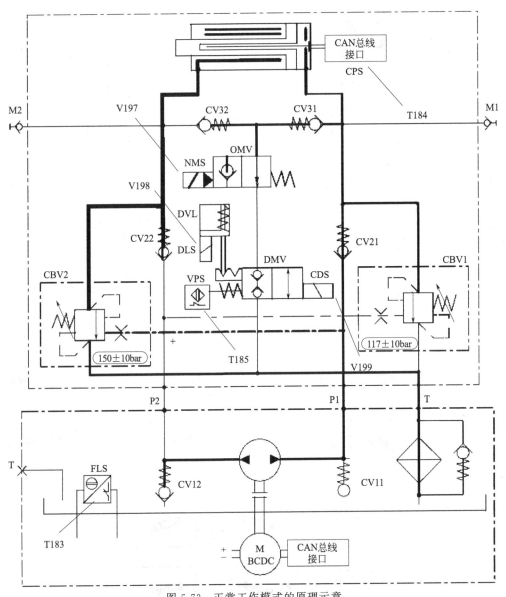

图 5-73　正常工作模式的原理示意

当车辆转弯时，液压泵不工作。由于平衡阀 CBV1 和 CBV2 关闭，作用缸仍保持原来的位置，如图 5-74 所示。

固定模式，以液压方式锁定，如图 5-75 所示。

当车速超过 30km/h 时，曳引轴不转向，但处于正前位置，并且以固定曳引轴的方式工作。

在转弯并加快速度时，曳引轴的车轮偏转角度将随着速度增加而降低。如果在车辆静止时使方向盘朝一个方向转动至全锁位置，则曳引轴车轮将处于最大偏转角。当车速在方向盘位置保持不变的条件下升高时，曳引轴车轮将从 20km/h 开始朝着中间移动，直到它们在 30km/h 时到达中间。

降级阀（DMV）会根据车速切换模式，但不影响正常工作模式下的功能。当工作模式阀（OMV）未接通电源时，降级阀会决定激活哪个降级模式并切换模式。

在配备 8×4/4 和 8×4＊4 三轴悬吊架的车辆上，曳引轴开始转向的速度间隔更高，一般需车速达到 40km/h 左右。

任何故障既可能是机械故障也可能是电气故障。系统试图以确保车辆始终保持安全行驶的方式显示所有警告，这导致曳引轴升起时警告也不会被关闭。

关于失效安全模式，系统有两种主要原理：脚轮转向和固定曳引轴，由降级阀（DMV）所处的模式决

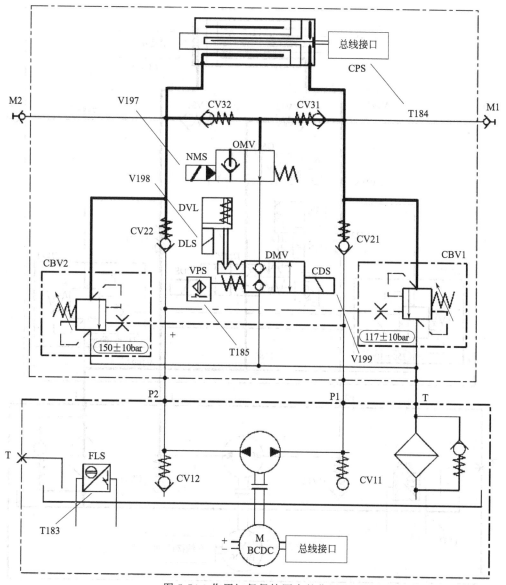

图 5-74　作用缸仍保持原来的位置

定并通过机械方式实现。在出现故障时，系统会进入哪个模式主要取决于车速和故障类型。

当出现某些类型的故障，系统会在轴到达中间位置时将其锁定。例如，当橙色 CAN 总线故障时，系统将轴居中并以液压方式将其锁定。当电动机不工作时，系统可在轴通过中间位置时将轴锁定。一旦居中，轴将保持固定模式。当舵角传感器有故障时，转向系统保持固定模式。

如果在不超过 30km/h 的车速下检测到故障，故障处理的主要原理是将曳引轴设置至脚轮转向并让车轮沿着车辆行驶方向，即也在外部因素的影响下转向。如果发动机在运转，则会点亮红色警告灯并发出警告声。

当车速增加时，轴仍会被设置至脚轮转向，车辆在此模式下的稳定性下降，仪表板上的红色警告灯仍点亮。

如果在超过 30km/h 的车速下检测到故障，故障处理的主要原理是将轴固定在正前位置，直至下次车辆熄火。根据故障类型，会点亮红色或黄色警告灯。如果在出现故障时，车辆仍能安全行驶，则会点亮黄色警告灯。在此模式下车辆处于稳定状态，但是车速较低时将发生转向不足。

这会导致仪表板中的黄色警告灯点亮等情况。系统启动时会执行较短的功能测试。根据是否有故障，会点亮红色或黄色警告灯。如果出现红色警告，在车辆启动时一定会执行较长的功能测试。

工作模式电磁阀（OMV）在未接通电源时打开。根据降级阀的模式，系统可能处于脚轮降级模式或故

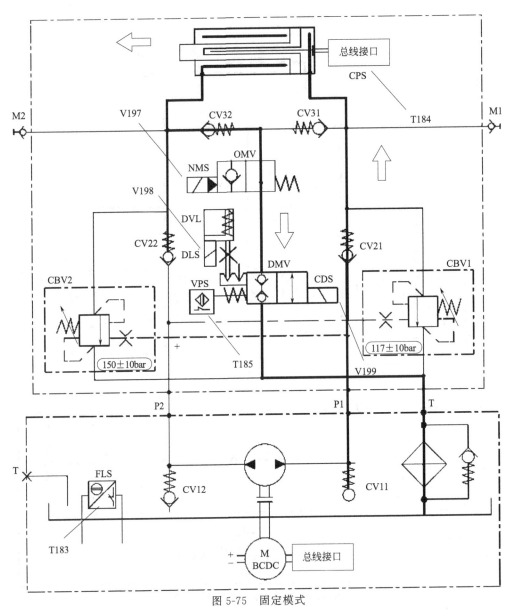

图 5-75　固定模式

V199—DMV 降级模式电磁阀；V198—DVL 降级阀机械解锁电磁阀

障固定模式。

　　如果出现红色警告，系统可以进入缓行返回模式，以便将曳引轴居中，如图 5-76 所示。当曳引轴居中后，红色警告灯变为黄色。

　　对于亮起红色警告灯的车辆，为了进入缓行返回模式，必须重新启动车辆。重新启动可以激活自测，从而开始故障排除。在执行故障排除时，要求车辆静止并应用手刹车。当发现故障时，曳引轴居中。曳引轴居中后，警告灯亮起黄色。故障排除需要 1～2min。

　　如果有软管破裂并出现泄漏，根据泄漏的严重程度以及系统是否已启动，会点亮红色或黄色警告灯。如果出现机油液位偏低警告，黄色警告灯会点亮，泵会试图将轴居中。如果机油箱已空，则会触发合理性故障，原因是作用缸不会按预期的移动，这会触发红色警告灯和脚轮。

　　如果泵不工作，则会显示 MPU 故障的故障码以及红色警告灯并启动脚轮。

　　如果控制单元不工作，COO8 会点亮仪表板中的红色警告灯。车速决定系统是进入脚轮模式（低速）还是固定模式（高速）。如果子 CAN 信号未到达泵或作用缸，系统也会进入脚轮/固定模式，但是会转而点亮 EST 中的红色警告灯。这时需要重新启动车辆，然后会执行自测。

　　见图 5-77，EST 系统控制单元利用来自舵角传感器（SAS T100）1 的信息和车速以及轴距 3、双轴悬

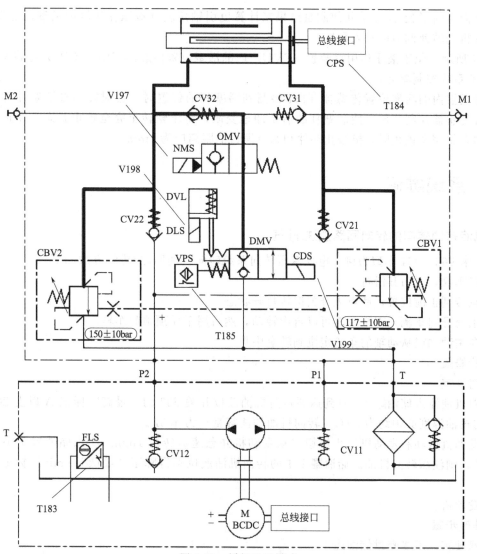

图 5-76　缓行返回模式

V197—OMV 工作模式电磁阀；V198—DVL 降级阀机械解锁电磁阀；V199—DMV 降级模式电磁阀

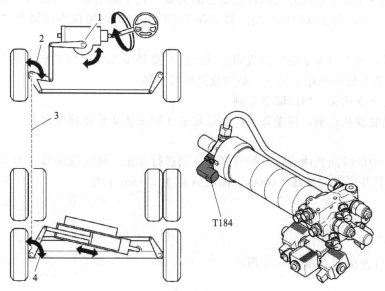

图 5-77　活塞位置传感器

T184—活塞位置传感器

吊架间隔和转向几何形状 2，4 等几何测量结果来计算曳引轴角度（液压作用缸内活塞的位置）。计算的参考值用作电动机的转速调节的输入数据。

如图 5-77 所示，位于液压作用缸装置（CVU）内的活塞位置传感器 T184（CPS）会将实际的曳引轴角度反馈至 EST 系统控制单元。

当液压作用缸内的活塞位置传感器 T184 检测到活塞杆的位置时，会对控制缸活塞冲程进行限制。如此，活塞位置传感器控制液压，使活塞杆的活塞冲程受限，将车轮转至完全锁止状态。在正常情况下，当后转向轴上的车轮完全锁止时，机械止动件和调节螺钉的距离应为 4mm。

5.2.2 系统维修

5.2.2.1 电液辅助转向的转向回路加注/排气

以奔驰重卡 963、964 车型为例，电控液压转向系统转向机油回注/排气方法如下。

① 固定好车辆，以防其滑行。

② 将前轮转到正前位置，使点火开关保持打开状态。

③ 在前轴处升起车辆，直至车轮可以自由转动，然后用千斤顶顶起车辆。

④ 将转向主动轴或从动轴的车轮定位到转盘中央。

⑤ 打开检修盖。

⑥ 倾斜驾驶室。

⑦ 将转向机油注入储油罐 1，直到达到转向机油液位开关 S33 的"最高"标记 A 以上 20mm a 处。注意车辆的转向机油温度必须约为 20℃，转向机油加注容量约为 4.5L。

⑧ 使用发动机启动和发动机停止按钮启动发动机并怠速运转约 1min。注意储油罐 1 中的转向机油液位，如有必要，则注满转向机油。储油罐 1 中的转向机油液位不得降至"最低"（min）标记以下，否则会吸入空气。

⑨ 关闭发动机。

以下为排气步骤。

① 降下驾驶室，不要密封储油罐 1。

② 启动发动机，并使其怠速运转。

③ 将方向盘在左右机械极限位置之间转动足够的次数，直至储油罐 1 内没有气泡。注意储油罐 1 中的转向机油液位，如有必要，则注满转向机油。储油罐 1 中的转向机油液位不得降至"最低"（min）标记以下，否则会吸入空气。

④ 关闭发动机后，储油罐 1 中的转向机油位可能会升高最多 2cm。如果储油罐 1 中的转向机油液位升高超过 2cm，这意味着系统中仍存在空气。必须重复排气步骤。

⑤ 升起前轴，拆下支承架，然后降下车辆。

⑥ 提起转向主动轴或从动轴，移走转盘，然后将主动轴或从动轴降到地面上。

⑦ 倾斜驾驶室。

⑧ 检查储油罐 1 中的转向机油液位，如有必要，则进行校正。转向机油温度为 20℃ 时，转向机油液位必须位于转向机油液位开关上"最高"（max）标记 A 以上 20mm a 处。

⑨ 密封储油罐 1。

⑩ 降下驾驶室。

⑪ 关闭检修盖。

以上操作涉及部件及标记点如图 5-78 所示。

5.2.2.2 电液辅助转向控制单元中转向角传感器的学习

电子液压转向助力器控制单元（A909）的按键分配如图 5-79 所示。学习转向角传感器的操作步骤如下。

图 5-78　储油罐转向机油液位标记

1—储油罐；S33—转向机油液位开关；A—"最高"（max）标记；a—20mm

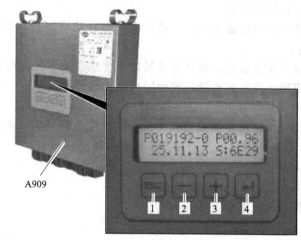

图 5-79　电子液压转向助力器控制单元（A909）的按键分配

① 将所有转向轴的车轮置于转盘的中央。

② 将定位桥置于车轮（未处于转盘上）下方。

③ 锁止制动踏板。

④ 将车轮定位系统的必要部件安装到车辆上。

⑤ 将电子液压转向助力器控制单元（A909）从支架上分开。

⑥ 启动发动机，并使其怠速运转。

⑦ 调用诊断菜单。为此，按住回车键 4 至少 1s。

⑧ 用加号键 3 和减号键 2 选择菜单项"访问代码"（access code）。

⑨ 通过按下回车键 4 调用"访问代码"（access code）菜单。任何时候都可通过按下退出键 1 退出菜单。

⑩ 通过输入代码"7101"对访问进行初始化。可使用加号键 3 和减号键 2 更改数值。可通过按下回车键 4 确认各条目。确认上一个数值后，访问初始化即成功。

⑪ 用加号键 3 和减号键 2 选择菜单项"对正"（alignment）。

⑫ 通过按下回车键 4 调用"对正"（alignment）菜单。各种学习模式显示在显示屏中。任何时候都可通过按下退出键 1 退出菜单。

⑬ 用加号键 3 和减号键 2 选择"M1：车轴间校准（calibration axle by axle）"并通过按下回车键 4 确认。

⑭ 用加号键 3 和减号键 2 选择要学习转向角传感器的车轴，并通过按下回车键 4 确认。车轴从前向后以升序方式编号。如果车轴上没有安装转向角传感器，则通过在相应的车轴左侧显示字符"♯"标明。

更换或拆卸/安装转向角传感器后，只需要学习更换或拆卸/重新安装后的转向角传感器，不必学习所有转向角传感器。学习过程可在任何时候通过按下退出键 1 或关闭发动机或关闭点火开关取消。

⑮ 通过车轮定位系统将相应的车轴移至正前位置。通过方向盘对正前轴。用加号键 3 和减号键 2 对正转向主动轴和从动轴。

⑯ 检查数值是否在公差范围内 [(2.50±0.15)V]。只有数值位于公差范围内时，正前位置的学习流程才完成。

如果所有的数值超出公差范围 [(2.50±0.15)V]：调节前轴转向角传感器 B945，主动轴转向角传感器 B947 或从动轴转向角传感器 B946 的连杆，直至数值处于公差范围或前轴转向角传感器 B64 处的螺栓松动，然后相应地转动转向角传感器。

⑰ 按下回车键 4，完成正前位置的学习流程。

⑱ 将相应车轴的车轮转动至左转向锁止位置。通过方向盘转动前轴的车轮。用加号键 3 和减号键 2 转动转向主动轴和从动轴的车轮。

⑲ 按下回车键 4 确认左转向锁止位置。

⑳ 将相应车轴的车轮转动至右转向锁止位置。通过方向盘转动前轴的车轮。用加号键 3 和减号键 2 转动转向主动轴和从动轴的车轮。

㉑ 按下回车键 4 确认右转向锁止位置。确认完成转向角传感器的学习流程，车轴选择显示被重置。

㉒ 学习下一个转向角传感器，仅在需要学习其他转向角传感器的情况下。为此，重复操作步骤⑭～㉑。

㉓ 通过按下退出键 1 退出菜单"对正"（alignment）。

㉔ 通过方向盘将转向机构完全转至左侧或右侧一次，然后完全转至另一侧，最终转至正前位置。最晚当转向机构回到正前位置时，转向主动轴或从动轴的车轮进行转向。

㉕ 停止发动机并关闭点火开关。

㉖ 将电子液压转向助力器控制单元 A909 安装到支架上。

㉗ 将车轮定位系统的所需部件从车辆上分开。

㉘ 拆下制动踏板撑杆。

㉙ 拆下定位桥。

㉚ 拆下所有转盘。

退出键 1 功能：离开当前菜单；退出且不保存；切换至上一条目字段。

减号键 2 功能：移至上一选项；将数值减小 1。

加号键 3 功能：移至下一选项；将数值增大 1。

回车键 4 功能：激活所选菜单；确认数值；存储数值；切换至下一条目字段。

菜单结构如图 5-80 所示。

"operating data"显示运行数据，例如转向角、车速等；"i/o data display"显示数字输入和输出，模拟输入等；"alarm memory"显示存储的故障；"parameters"显示和更改参数；"alignment"显示学习转向角传感器的菜单；"version display"显示软件版本；"access code"显示需要访问代码条目以清除事件记忆或学习转向角传感器。

控制单元与转向角传感器安装位置如图 5-81～图 5-83 所示。

5.2.2.3　辅助转向轴（ASA）控制单元故障码

辅助转向轴（ASA）控制单元故障码见表 5-8。

重型卡车维修技术手册
底盘分册

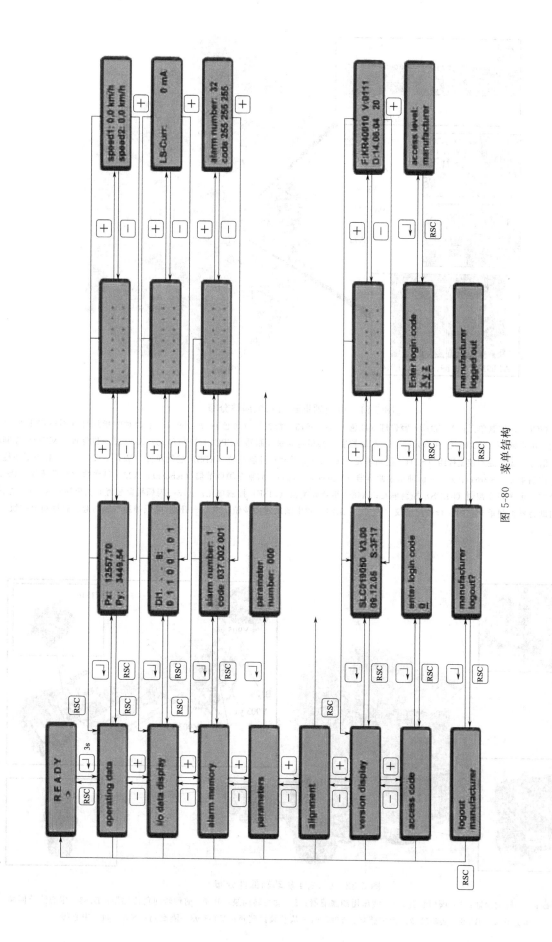

图 5-80 菜单结构

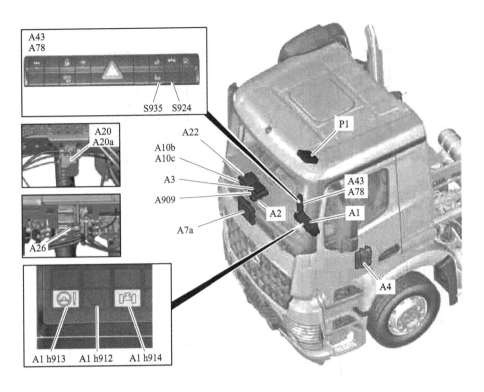

图 5-81　电液辅助转向系统部件分布

A1—仪表盘（ICUC）控制单元；A1 h912—警告灯（红色）；A1 h913—警告灯（黄色）；A1 h914—车轴对中指示灯（不适用于 6×2/4 从动轴）；A2—中央网关（CGW）控制单元；A3—行驶控制 ［共用传动系控制器（CPC）］控制单元；A4—发动机管理（MCM）控制单元；A7a—单信号采集及促动控制模组（SCH）控制单元；A10b—电子制动控制系统（EBS）控制单元（Wabco）；A10c—电子制动控制系统（EBS）控制单元（Knorr）；A20—前轴车轴调节器（Wabco）；A20a—前轴车轴调节器（Knorr）；A22—可参数化专用模块（PSM）控制单元；A26—水平高度控制（CLCS）控制单元；A43—组合开关板（MSF）控制单元；A78—闪烁报警装置开关模块；A909—电子液压转向助力器控制单元；P1—行驶记录仪（TCO）；S924—对中辅助转向按钮；S935—升高/降低辅助车轴与起步辅助组合按钮

图 5-82　6×2/4 从动轴部件分布

1—储压罐；2—转向油缸；3—阀门装置；4—液压用油滤清器；5—动力转向泵；B64—前轴转向角传感器；B183—定心液压回路压力开关；B946—从动轴转向角传感器；Y903 y1—从动轴比例阀；Y903 y3—隔离阀；Y905 y4—中心阀

图 5-83　10×4/6 从动轴部件分布

1—储压罐；2—转向油缸；3—阀门装置；4—液压用油滤清器；5—动力转向泵；
B183—定心液压回路压力开关；B945—前轴转向角传感器；B946—从动轴
转向角传感器；Y903 y1—从动轴比例阀；Y903 y3—隔离阀

表 5-8　辅助转向轴（ASA）控制单元故障码

故障码	故障记忆/故障文本
00F0E0	控制单元"A34（辅助转向轴（ASA）控制单元）"的控制器区域网络（CAN）信号"B64（前轴转向角传感器）"不可信
00F0E2	部件"B64（前轴转向角传感器）"的电线彼此短路
00F0E3	部件"B64（前轴转向角传感器）"的信号电压过高
00F0E4	部件"B64（前轴转向角传感器）"的信号电压过低
00F0E9	部件"B64（前轴转向角传感器）"的控制器区域网络（CAN）通信有故障
00F0ED	部件"B64（前轴转向角传感器）"未校准
00F0F3	部件"B64（前轴转向角传感器）"的控制器区域网络（CAN）通信有故障
00F0FFF	部件"B64（前轴转向角传感器）"的控制器区域网络（CAN）通信有故障
01F0E0	部件"B65（辅助车轴转向角传感器）"的信号电压过高
01F0E2	部件"B65（辅助车轴转向角传感器）"的电线彼此短路
01F0E3	部件"B65（辅助车轴转向角传感器）"的信号电压过高
01F0E4	部件"B65（辅助车轴转向角传感器）"的信号电压过低
01F0ED	部件"B65（辅助车轴转向角传感器）"未校准
02F0FFF	Y39（辅助车轴阀单元）测试未成功
04F0E2	车速信号不可信
05F0E3	部件"Y39（辅助车轴阀单元）"的信号电压过高
05F0E4	部件"Y39（辅助车轴阀单元）"的信号电压过低
05F0E5	部件"Y39（辅助车轴阀单元）"的电流值过低
05F0E6	部件"Y39（辅助车轴阀单元）"的电流值过高
06F0E3	部件"Y39（辅助车轴阀单元）"的信号电压过高
06F0E4	部件"Y39（辅助车轴阀单元）"的信号电压过低
06F0E5	部件"Y39（辅助车轴阀单元）"的电流值过低
06F0E6	部件"Y39（辅助车轴阀单元）"的电流值过高

故障码	故障记忆/故障文本
06F0E7	部件"Y39(辅助车轴阀单元)"出现机械故障
06F0FFF	部件"Y39(辅助车轴阀单元)"的动态测试未成功
07F0E0	部件"Y39(辅助车轴阀单元)"出现电压偏差
07F0EA	部件"Y39(辅助车轴阀单元)"出现电压偏差
08F0EC	控制单元"A34[辅助转向轴(ASA)控制单元]"有故障
0B0209	部件"A3[行驶控制(CPC)控制单元]"的控制器区域网络(CAN)通信有故障
0B0213	控制器区域网络(CAN)通信部件"A3[行驶控制(CPC)控制单元]"有故障
0B021F	控制器区域网络(CAN)通信部件"A3[行驶控制(CPC)控制单元]"有故障
0BF0FFF	控制单元的数据记录未编码或编码错误
0DF0FFF	控制器区域网络(CAN)总线出现故障
0FF0E9	部件"A43[模块化开关板(MSF)控制单元]"的控制器区域网络(CAN)通信有故障
0FF0F3	部件"A43[模块化开关板(MSF)控制单元]"的控制器区域网络(CAN)通信有故障
0FF0FFF	部件"A43[模块化开关板(MSF)控制单元]"的控制器区域网络(CAN)通信有故障
10F0E4	传感器电压过低
1E0709	部件"A26[水平高度控制(CLCS)控制单元]"的控制器区域网络(CAN)通信有故障
1E0713	控制器区域网络(CAN)通信部件"A26[水平高度控制(CLCS)控制单元]"有故障
1E071F	部件"A26[水平高度控制(CLCS)控制单元]"的控制器区域网络(CAN)通信有故障
3A0609	部件"A10[4 通道防抱死制动系统(ABS)控制单元]"的控制器区域网络(CAN)通信有故障
3A0613	部件"A10[4 通道防抱死制动系统(ABS)控制单元]"的控制器区域网络(CAN)通信有故障
3A061F	部件"A10[4 通道防抱死制动系统(ABS)控制单元]"的控制器区域网络(CAN)通信有故障
3AF0E9	部件"A10[4 通道防抱死制动系统(ABS)控制单元]"的控制器区域网络(CAN)通信有故障
3AF0F3	部件"A10[4 通道防抱死制动系统(ABS)控制单元]"的控制器区域网络(CAN)通信有故障
3AF0FFF	部件"A10[4 通道防抱死制动系统(ABS)控制单元]"的控制器区域网络(CAN)通信有故障
3B0613	部件"A10[4 通道防抱死制动系统(ABS)控制单元]"的控制器区域网络(CAN)通信有故障
3B061F	部件"A10[4 通道防抱死制动系统(ABS)控制单元]"的控制器区域网络(CAN)通信有故障
3BF0E9	部件"A10[4 通道防抱死制动系统(ABS)控制单元]"的控制器区域网络(CAN)通信有故障
3BF0F3	部件"A10[4 通道防抱死制动系统(ABS)控制单元]"的控制器区域网络(CAN)通信有故障
3BF0FFF	部件"A10[4 通道防抱死制动系统(ABS)控制单元]"的控制器区域网络(CAN)通信有故障
3CF0E9	部件"A43[模块化开关板(MSF)控制单元]"的控制器区域网络(CAN)通信有故障
3CF0F3	部件"A43[模块化开关板(MSF)控制单元]"的控制器区域网络(CAN)通信有故障
3CF0FFF	部件"A43[模块化开关板(MSF)控制单元]"的控制器区域网络(CAN)通信有故障
460209	部件"A26[水平高度控制(CLCS)控制单元]"的控制器区域网络(CAN)通信有故障
540009	部件"A10[4 通道防抱死制动系统(ABS)控制单元]"的控制器区域网络(CAN)通信有故障
540013	部件"A10[4 通道防抱死制动系统(ABS)控制单元]"的控制器区域网络(CAN)通信有故障
54001F	部件"A10[4 通道防抱死制动系统(ABS)控制单元]"的控制器区域网络(CAN)通信有故障
550213	部件"A3[行驶控制(CPC)控制单元]"的控制器区域网络(CAN)通信有故障
55021F	部件"A3[行驶控制(CPC)控制单元]"的控制器区域网络(CAN)通信有故障
610B09	部件"A10[4 通道防抱死制动系统(ABS)控制单元]"的控制器区域网络(CAN)通信有故障
610B13	部件"A10[4 通道防抱死制动系统(ABS)控制单元]"的控制器区域网络(CAN)通信有故障
610B1F	部件"A10[4 通道防抱死制动系统(ABS)控制单元]"的控制器区域网络(CAN)通信有故障

故障码	故障记忆/故障文本
880309	部件"A3[行驶控制(CPC)控制单元]"的控制器区域网络(CAN)通信有故障
880313	部件"A3[行驶控制(CPC)控制单元]"的控制器区域网络(CAN)通信有故障
88031F	部件"A3[行驶控制(CPC)控制单元]"的控制器区域网络(CAN)通信有故障
9E0002	部件"A7[驾驶室传感器和促动模块(SCA)控制单元]"的控制器区域网络(CAN)通信有故障
9E0009	部件"A7[驾驶室传感器和促动模块(SCA)控制单元]"的控制器区域网络(CAN)通信有故障
9E0013	部件"A7[驾驶室传感器和促动模块(SCA)控制单元]"的控制器区域网络(CAN)通信有故障
9E001F	部件"A7[驾驶室传感器和促动模块(SCA)控制单元]"的控制器区域网络(CAN)通信有故障
A80003	端子30的电压过高
A80004	端子30的电压过低
BE0009	部件"A3[行驶控制(CPC)控制单元]"的控制器区域网络(CAN)通信有故障
BE0013	部件"A3[行驶控制(CPC)控制单元]"的控制器区域网络(CAN)通信有故障
BE001F	部件"A3[行驶控制(CPC)控制单元]"的控制器区域网络(CAN)通信有故障

第6章

驾驶辅助系统

6.1
奔驰卡车

6.1.1 驾驶员辅助系统

驾驶员辅助系统控制单元（VRDU）A53 或驾驶员辅助系统控制单元（VRDU2）A53a 位于前排乘客侧的电气盒中。VRDU 安装位置如图 6-1 所示，VRDU2 安装位置如图 6-2 所示。

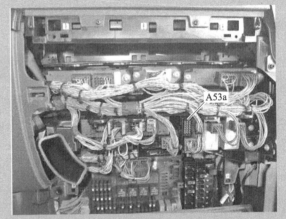

图 6-1　驾驶辅助系统模块位置
（生产日期截止至 2015 年 2 月 28 日的车辆）
A53—驾驶员辅助系统（VRDU）控制单元

图 6-2　驾驶辅助系统模块位置
（生产日期从 2015 年 3 月 1 日开始的车辆）
A53a—驾驶辅助系统（VRDU2）控制单元

VRDU 和 VRDU2 之间的区别：从 2015 年 3 月 1 日开始，驾驶员辅助系统控制单元（VRDU2）A53a 替换了驾驶员辅助系统控制单元（VRDU）。为了符合欧盟法规，必须使用新控制单元：347/2012，对应"高级紧急制动系统（AEBS）"；351/2012，对应"车道偏离警告系统（LDWS）"。

驾驶员辅助系统控制单元（VRDU2）A53a 比驾驶员辅助系统控制单元（VRDU）A53 更小并且具有更大的内存和计算能力。对于装配注意力辅助系统（代码 S1L）或车道保持辅助系统（代码 S1H）的车辆，驾驶员辅助系统的功能在多功能摄像头（MPC）A84 中装配有驾驶员辅助系统控制单元（VRDU2）A53a 的车辆中执行。

另一个区别是驾驶员辅助系统的声音信号输出。对于装配有驾驶员辅助系统控制单元（VRDU2）A53a 的车辆，扬声器启用装置已集成在仪表盘控制单元（ICUC）A1 中。

驾驶员辅助系统（VRDU）控制单元 A53 或驾驶员辅助系统控制单元（VRDU2）A53a 接收以下信息：通过低压差动信号（LVDS）线路［适用于装配驾驶员辅助系统控制单元（VRDU）A53 的车辆］传送的车道辅助摄像头 A72 的图像数据；通过驾驶员辅助系统控制器区域网络（CAN）CAN19［适用于装配驾驶员辅助系统控制单元（VRDU2）A53a 的车辆］传送的多功能摄像头（MPC）A84 的图像数据；来自前部雷达传感器（RDF）控制单元 A15 的雷达数据；行程和转速传感器 B18 的状态；油门踏板传感器 B44 的状态；左侧多功能操纵杆 S20 的状态；左侧多功能方向盘按钮组 S110 的状态；右侧多功能方向盘按钮组 S111 的状态；车道保持辅助系统关闭按钮 S925 的状态；主动制动辅助系统（ABA）按钮 S926 的状态；电控车辆稳定行驶系统（ESP®）的状态；电子制动系统（EBS）的状态；自动变速箱的状态；发动机管理的状态；前轴车轴调节器的状态；后轴车轴调节器的状态；驻车制动器状态；车辆高度水平状态。

驾驶员辅助系统控制单元（VRDU）A53 或驾驶员辅助系统控制单元（VRDU2）A53a 发送以下请求：减小卡车控制中心（TCC）的收音机音量；卡车控制中心（TCC）的收音机静音功能；电子制动系统（EBS）控制单元 A10b 的制动扭矩；仪表盘控制单元（ICUC）A1 的警告显示和警告声；减小行驶控制系统控制单元（CPC）A3 的发动机目标扭矩；行驶控制系统控制单元（CPC）A3 的连续制动；行驶控制系统控制单元（CPC）A3 的挡位范围限制。

驾驶辅助系统在各种情况下主动或被动地为驾驶员提供支持（取决于系统配置）。无论主动或被动提供支持，驾驶辅助系统都有助于提高驾驶安全性。这有助于降低事故的发生频率，并尽可能减轻后果。驾乘舒适性也有所提高。在注意力不集中或存在驾驶错误的情况下，驾驶辅助系统无法提供保护，这些系统仅用于为驾驶员提供辅助。

提供有以下几种驾驶辅助系统：车道保持辅助系统；接近控制辅助系统；主动式制动辅助系统；转弯辅助；注意力辅助系统。

车道保持辅助系统是一种光学系统，可在车辆意外偏离车道时向驾驶员发出声音及视觉警告。在存在驾驶错误的情况下，例如驾驶员疲劳，注意力不集中或分散时，系统会发出警告，从而预防事故发生。

以下情况下，系统不会发出警告或无法适当做出反应：车道标记缺失或模糊不清；道路上存在相矛盾的标记（建筑工地）。

某些情况下，并不需要车道保持辅助系统发出警告。为此，可完全抑制警告输出（声音及视觉）。也可允许仅输出视觉警告。在警告输出之前以及输出过程中，均可对警告进行抑制。

接近控制辅助系统是对标配定速巡航控制的扩展。接近控制辅助系统借助于前部雷达传感器（RDF）控制单元 A15 记录本车前方最远 200m 范围内的交通情况，并自动调节驾驶员指定的车速以及与前车之间的距离。

接近控制辅助系统利用时走时停功能可以在交通堵塞时自动控制起步和停止。如果时走时停交通状况下的停止时间短于 2s，则无须操作油门踏板，车辆便可再次开始行驶。在此过程中，驾驶员随时保持对车辆的控制。该系统可以减轻驾驶员压力，特别在长途驾驶过程中。

与制动系统配合使用时，该系统可为标准集成式持续制动功能提供辅助。

主动式制动辅助系统可在本车与前车之间距离过近时通知驾驶员。该系统还可在本车可能与车道上的车辆或静止障碍物发生碰撞时发出警告（视觉及声音）。

如果主动式制动辅助系统未检测到任何相应的驾驶员操作：若前方存在车辆，则利用电子制动系统（EBS）进行紧急制动（完全制动），直至车辆停止；对于静止障碍物，则利用电子制动系统（EBS）启用部分制动或紧急制动（完全制动）。

转弯辅助系统仅适用于左舵驾驶车辆。转弯辅助系统通过近距离雷达主控制单元（SRR-R）A148 和近距离雷达从控制单元（SRR-R）A149 监测牵引车和挂车/半挂车的右侧区域。雷达传感器固定在后轴前部的右侧翼子板支架上。

向右转和向右变换车道时转弯辅助系统辅助驾驶员。右侧 A 柱中的指示灯 H56 在监测区域中检测到物体时会提示驾驶员。如果即将发生碰撞，还会发出警告声。

转弯辅助系统在以下情况下提供辅助：静止（例如等待交通信号灯时，负载和空载时等）；起步；低速行驶时；向右转弯时，追踪模式中存在静止物体（不超过36km/h）；向右侧换道（整个车速范围）。

倒车时不启用转弯辅助系统。转弯辅助系统的挂车监测功能不启用并且在以下情况下无法启用或停用：刚刚倒车后；刚刚挂上/接合挂车后。

在长时间单调的行程期间，例如在高速公路和公路上，注意力辅助系统为驾驶员提供辅助。注意力辅助系统在车速大约超过60km/h起开始启用。如果注意力辅助系统探测到驾驶员疲劳或注意力越来越不集中的迹象，则它会建议休息。发出注意力辅助系统警告的情况与法律规定的驾驶时间和休息时间或数字行驶记录仪功能无关。

驾驶辅助系统的系统限制是对前部雷达传感器（RDF）控制单元A15和接近控制辅助以及驾驶辅助系统控制单元（VRDU）A53和驾驶辅助系统控制单元（VRDU2）A53a的主动式制动辅助系统功能的距离测量产生负面影响的驾驶状况。

接近控制辅助仅利用前车进行控制，而不利用路面上的静止障碍物，例如抛锚车辆或交通堵塞车队的尾端车辆。

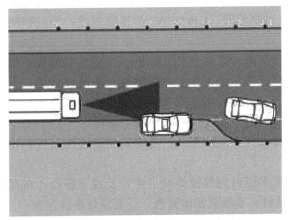

图6-3 前车在偏离车道中心的位置行驶

期间完全未发出警告或未施加制动的驾驶状况如下。

前车在偏离车道中心的位置行驶，如图6-3所示。在偏离车道中心的位置行驶的前车的驾驶风格可能会导致检测故障，因其可能位于前部雷达传感器控制单元（RDF）A15的检测范围之外。因此，前车与本车之间的距离可能过近，因为接近控制辅助仅调节本车与前部雷达传感器（RDF）控制单元A15检测区内的某辆车辆之间的距离。因此，主动式制动辅助系统可能会意外或延迟发出警告，或对车辆进行制动。

其他车辆变换车道时，如图6-4所示。当与本车距离较近的其他车辆变换车道时，只有当其处于本车前部雷达传感器（RDF）控制单元A15的检测区内时，才会被检测到。因此，与正在改变车道的车辆之间的车距可能过小。接近控制辅助和主动式制动辅助系统可能延迟发出警告或对车辆进行制动。因此，驾驶员必须通过制动增大与前方车辆之间的车距。

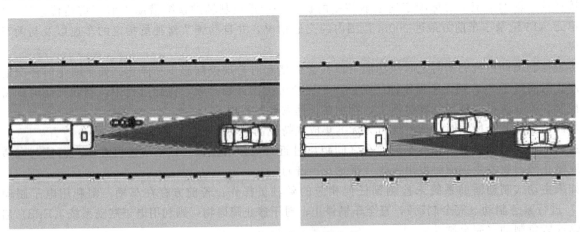

图6-4 其他车辆变换车道

可能发出意外警告或可能意外施加制动的驾驶状况如下。

如图6-5所示弯道范围内存在前方行驶车辆，对于弯道区域内的前车以及车辆驶入和驶出弯道时，接近控制辅助和主动式制动辅助系统的检测能力有限。因此，接近控制辅助和主动式制动辅助系统可能意外发出警告或对车辆进行制动。

前方行驶车辆在对面的弯道内，接近控制辅助和主动式制动辅助系统无法检测前方车辆正在行驶的车道。因此，接近控制辅助和主动式制动辅助系统可能意外发出警告或对车辆进行制动。

理论上继续沿其行驶的车道如图6-6所示。

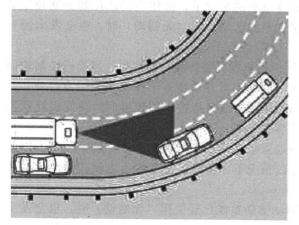

图6-5 弯道范围内存在前方行驶车辆

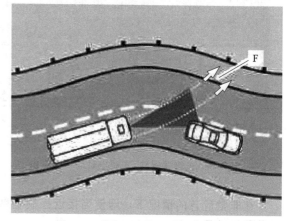

图6-6 理论上继续沿其行驶的车道

如果驾驶员的超车操作过急，则在超车操作过程中，接近控制辅助以及主动式制动辅助系统都可能发出距离警告或对车辆施加制动。原因是驶出车道之前的片刻或其过程中，都会出现短时间的紧随前车行驶的情况。

超车操作过急的可能影响如下。

① 输出视觉警告，而不输出声音警告。当设置转向信号指示灯或驾驶员明显踩下油门踏板时，接近控制辅助系统仅发出视觉警告（无制动）。驾驶员用力踩下油门踏板时，主动式制动辅助系统仅发出声讯警告信号（无制动），如图6-7所示。

② 同时输出视觉警告和声音警告。既未设置转向信号指示灯，又未明显踩下油门踏板时，主动式制动辅助系统在极紧急的超车操作期间会发出声讯及视觉警告。在非常危急的情况下，即使当接近控制辅助和主动式制动辅助系统已经关闭（无制动）时，也会发出视觉警告及警告音。

③ 同时发出视觉警告及警告音，并且进行制动。当未明显踩下油门踏板时，接近控制辅助系统可在非常紧急的超车过程中对车辆稍稍进行制动，并通过声音及视觉警告提醒驾驶员注意当前交通状况。在这些情况下，

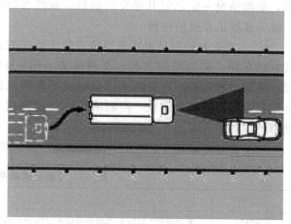

图6-7 超车警告

主动式制动辅助系统通常不会对车辆进行制动，而只会发出警告，因为危险情况在主动式制动辅助系统的最短警告时间内总是可以得到基本缓解，或是本车已经驶出车道。

④ 车辆转变方向或转出车道。当前方行驶车辆驶出车道时，它通常会先降低车速，然后变换至相邻车道。因此，车距缩短，车速差增加。这可能使接近控制辅助系统发出警告。

由于接近控制辅助会通过对本车减速而非常迅速、及时地做出反应，因此危险情况会及时得到缓解，从而不再需要主动式制动辅助系统进行干预。

离开操作或驶出弯道的过程可能会加重这一效果。在弯道或弯道的过渡部分，虽然已经驶出的车辆已经处于相邻车道，但在非常短的时间内，前部雷达传感器（RDF）控制单元A15仍可能继续记录到该车辆，如图6-8所示。

因此，主动式制动辅助系统和接近控制辅助可能意外发出警告或对车辆进行制动。

⑤ 视觉警告。只有驾驶员明显踩下油门踏板，同时非常接近于驶出车辆后方驾驶本车时，才会输出视

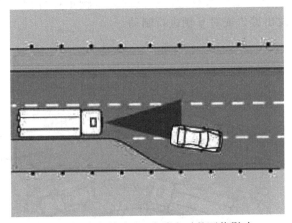

图6-8　车辆转弯和/或驶出时的可能影响

觉警告。警告通常来自接近控制辅助系统，极少情况下以及非常危急的情况下，该警告也可能由主动式制动辅助系统输出。

在非常危急的情况下，即使当接近控制辅助和主动式制动辅助系统已经关闭（无制动）时，也会发出视觉警告。

⑥ 同时输出视觉警告和声音警告。当接近控制辅助系统关闭，同时本车非常接近于驶出车辆后方行驶，并且油门踏板未踩下或保持在相同位置时，会发出视觉警告及声音警告。

警告通常来自接近控制辅助系统，极少情况下以及非常危急的情况下，该警告也可能由主动式制动辅助系统输出。

在非常危急的情况下，即使当接近控制辅助和主动式制动辅助系统已经关闭（无制动）时，也会发出视觉警告及警告声。

⑦ 同时发出视觉警告及警告声，并且进行制动。如果仅稍稍踩下油门踏板，则接近控制辅助系统可能在极短的驶出过程中对车辆稍稍进行制动，并通过声音及视觉警告提醒驾驶员注意当前交通状况。在这些情况下，主动式制动辅助系统不进行制动，而仅发出警告（视觉及声音），因为在主动式制动辅助系统的最短警告时间内，危险情况一定已经几乎得到缓解，或前方行驶车辆已经完成驶出车道的过程。

⑧ 主动式制动辅助系统也可能对静止物体发出警告或制动车辆，例如抛锚车辆，交通标志（图6-9）或桥梁。非常频繁地发出有关静止障碍物的警告的原因可能是前部雷达传感器（RDF）控制单元A15的高度未正确调节。

驾驶员辅助系统（VRDU）控制单元故障码见表6-1。

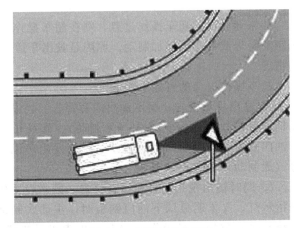

图6-9　交通标志的影响

表6-1　驾驶员辅助系统（VRDU）控制单元故障码

故障码	故障记忆/故障文本
00FBED	未对部件"A72(车道辅助摄像头)"的安装高度进行参数设置
01FFE9	与部件"A7[传感器和促动器模块,驾驶室(SCA)控制单元]"的控制器区域网络(CAN)通信出现错误
01FFF3	与部件"A7[传感器和促动器模块,驾驶室(SCA)控制单元]"的控制器区域网络(CAN)通信出现错误
02FBFF	功能"主动制动辅助系统2"已停用
03FBFF	控制单元存在硬件内部故障
04FBFF	控制单元参数设置发生错误
05FBFF	座椅承载识别发生故障
05FFE9	与部件"A2[中央网关(CGW)控制单元]"的控制器区域网络(CAN)通信发生错误
05FFF3	与部件"A2[中央网关(CGW)控制单元]"的控制器区域网络(CAN)通信发生错误
0AFFE9	与部件"A15[前部雷达传感器(RDF)控制单元]"的控制器区域网络(CAN)通信发生错误
0AFFF3	与部件"A15[前部雷达传感器(RDF)控制单元]"的控制器区域网络(CAN)通信发生错误
11F7E5	电路30断路

故障码	故障记忆/故障文本
11FFE9	与部件"A43[模块开关板(MSF)控制单元]"的控制器区域网络(CAN)通信发生错误
11FFF3	与部件"A43[模块开关板(MSF)控制单元]"的控制器区域网络(CAN)通信发生错误
12F7E3	电路15对正极短路
12F7E5	电路15断路
27FFE9	与部件"A8[传感器和促动器模块,底盘(SCH)控制单元]"的控制器区域网络(CAN)通信发生错误
27FFF3	与部件"A8[传感器和促动器模块,底盘(SCH)控制单元]"的控制器区域网络(CAN)通信发生错误
60FFE9	与部件"A33[蓄电池隔离开关(BESO)控制单元]"的控制器区域网络(CAN)通信发生错误
60FFF3	与部件"A33[蓄电池隔离开关(BESO)控制单元]"的控制器区域网络(CAN)通信发生错误
7F0203	控制器区域网络(CAN)总线[CAN 3(车架 CAN)]发生故障
7F0209	控制器区域网络(CAN)总线[CAN 3(车架 CAN)]发生故障
7F020B	控制器区域网络(CAN)总线[CAN 3(车架 CAN)]发生故障
9E0000	部件"A53[驾驶员辅助系统(VRDU)控制单元]"的供电电压过高(过压)
9E0001	部件"A53[驾驶员辅助系统(VRDU)控制单元]"的供电电压过低(欠压)
CCFFE9	与部件"A16[驾驶员车门模块(DCMD)控制单元]"的控制器区域网络(CAN)通信发生错误
CCFFF3	与部件"A16[驾驶员车门模块(DCMD)控制单元]"的控制器区域网络(CAN)通信发生错误
CDFFE9	与部件"A17[前排乘客车门模块(DCMP)控制单元]"的控制器区域网络(CAN)通信发生错误
CDFFF3	与部件"A17[前排乘客车门模块(DCMP)控制单元]"的控制器区域网络(CAN)通信发生错误
CF0403	控制器区域网络(CAN)总线[CAN 12(雷达 CAN)]发生故障
CF0409	控制器区域网络(CAN)总线[CAN 12(雷达 CAN)]发生故障
CF040B	控制器区域网络(CAN)总线[CAN 12(雷达 CAN)]发生故障
E0FEE9	与部件"A3[行驶控制(CPC)控制单元]"的控制器区域网络(CAN)通信发生错误
E0FEF3	与部件"A3[行驶控制(CPC)控制单元]"的控制器区域网络(CAN)通信发生错误
F3FEE9	与部件"B66[方向盘转角传感器(SAS)]"的控制器区域网络(CAN)通信发生错误
F3FEF3	与部件"B66[方向盘转角传感器(SAS)]"的控制器区域网络(CAN)通信发生错误
F7FEE9	与部件"A1[仪表盘(ICUC)控制单元]"的控制器区域网络(CAN)通信发生错误
F7FEF3	与部件"A1[仪表盘(ICUC)控制单元]"的控制器区域网络(CAN)通信发生错误
F8FAEC	部件"A53[驾驶员辅助系统(VRDU)控制单元]"出现故障
F9FAEC	部件"A72(车道辅助摄像头)"出现故障
F9FAED	检测到部件"A72(车道辅助摄像头)"发生对正故障
FAFAE3	其中一条接至部件"A72(车道辅助摄像头)"的电线对正极短路
FAFAE4	其中一条接至部件"A72(车道辅助摄像头)"的电线对地短路
FAFAE5	接至部件"A72(车道辅助摄像头)"的电线断路
FDFAE3	部件"B51(驾驶员扬声器)"对正极短路
FDFAE4	部件"B51(驾驶员扬声器)"对地短路
FDFAE5	部件"B51(驾驶员扬声器)"断路
FEFAE3	部件"B52(前排乘客扬声器)"对正极短路
FEFAE4	部件"B52(前排乘客扬声器)"对地短路
FEFAE5	部件"B52(前排乘客扬声器)"断路
FFFAED	功能"主动制动辅助系统 2"的试运行尚未完成

6.1.2　主动制动辅助系统

主动式制动辅助系统作为驾驶员辅助系统用于防止许多紧急情况的出现，包括"与前方车辆或静止障碍物发生后向碰撞"，或在道路交通中降低事故的影响，防止造成更多伤害。

为此，主动式制动辅助系统持续评估本车前方的交通状况。记录与同一车道中前方车辆或静止障碍物之间的车距和速度差，并对其进行评估确定是否即将发生后向碰撞。

驾驶员对状况做出反应的时间越短，评估就越重要。

主动式制动辅助系统 3 的功能已经扩展，现在对于静止障碍物，也会进行紧急制动（完全制动）。主动式制动辅助系统 4 与主动式制动辅助系统 3 的功能相同，但还会检测移动的行人。换言之，在车速不高于 50km/h 的车速范围内，车辆可对穿过道路的行人采取部分制动或紧急制动（完全制动）。

以下情况下，评估过程会包括前方车辆或静止障碍物：检测到障碍物至少 1s；速度差超过 0km/h（距离减小）；距离超过 0.25m。

为此，必须正确调节前部雷达传感器控制单元，否则可能错误评估车辆前方的交通状况。

在出现紧急情况时，主动式制动辅助系统的设计方式可以立即通过多个警告阶段向驾驶员发出警告。这些警告会根据即将发生后向碰撞之前的剩余时间动态发出。由此可使驾驶员通过制动或急转弯来自行缓解所处的危险状况。为此，主动式制动辅助系统评估驾驶员可能执行的以应对状况的所有相关驾驶员操作。这确保了驾驶员始终可以对本车进行控制。

如果主动式制动辅助系统未检测到任何相应的驾驶员操作，则会促动以下控制。

① 对于前方行驶车辆，则利用电子制动系统（EBS）进行紧急制动（完全制动），直至车辆停止。

② 对于静止障碍物，则利用电子制动控制系统（EBS）执行部分制动，但不是紧急制动（完全制动），仅适用于主动式制动辅助系统 2（代码 S1C）。

③ 对于静止障碍物，则利用电子制动系统（EBS）启用部分制动或紧急制动（完全制动），仅适用于主动式制动辅助系统 3（代码 S1M）。

④ 对于静止障碍物和移动的行人，则利用电子制动系统（EBS）启用部分制动或紧急制动（完全制动），仅适用于主动式制动辅助系统 4（代码 S1V）。

在某些情况下，主动式制动辅助系统 4 可能不会对以下物体做出反应：移动的行人；传感器检测范围内快速移动的行人或车辆；隧道中的行人；身高低于 1m 的行人；动物。

点火开关打开后，驾驶员辅助系统控制单元启动初始化和自测试阶段。如果主动式制动辅助系统启用，则主动式制动辅助系统（ABA）按钮中的发光二极管熄灭。主动式制动辅助系统状态显示在仪表盘控制单元的多功能显示屏中。驾驶员可以利用主动式制动辅助系统（ABA）按钮随时停用或启用主动式制动辅助系统（即使在制动系统干预时）。但是，仪表盘控制单元的多功能显示屏中的视觉警告即使关闭也仍会保持启用。

必须满足以下状况主动式制动辅助系统才能起作用：车速高于 10km/h；防抱死制动系统（ABS）开启；电子制动控制系统（EBS）正常工作（未检测到故障）；主动式制动辅助系统中无系统故障；底盘处于行车高度，仅适用于未装配主动式制动辅助系统 4（代码 S1V）的车辆。

如果前部雷达传感器控制单元检测到车辆未处于行车高度，且前部雷达传感器控制单元的收发器叶片未正确对正，则主动式制动辅助系统会停用。

如果存在与前方车辆发生追尾的风险，则主动式制动辅助系统会在自动启动紧急制动之前向驾驶员分两个警告阶段发出警告。紧急停止之前，一定会首先执行两个警告阶段。如果安装了接近控制辅助系统并且已启用，则可能已发出来自接近控制辅助系统的距离警告。

各警告阶段的持续时间取决于驾驶员在面临后向碰撞危险情况下的剩余时间，但每个警告阶段至少持续 1s。接近控制辅助系统与主动式制动辅助系统的距离警告之间的重要差别如下。

① 接近控制辅助系统的距离警告可以通过一个双音进行识别。车辆首先根据接近控制辅助系统的控制逻辑制动，然后发出警告；或在突发紧急状况的情况下，在制动车辆的同时发出警告。或仅制动车辆（最

大减速度的 30％) 但不发出警告。

② 主动式制动辅助系统的距离警告可以通过间歇式警告音或连续式警告音进行识别。根据主动式制动辅助系统的控制逻辑，先发出警告（最少 1s），然后进行制动。

主动制动辅助系统功能网络如图 6-10 和图 6-11 所示。

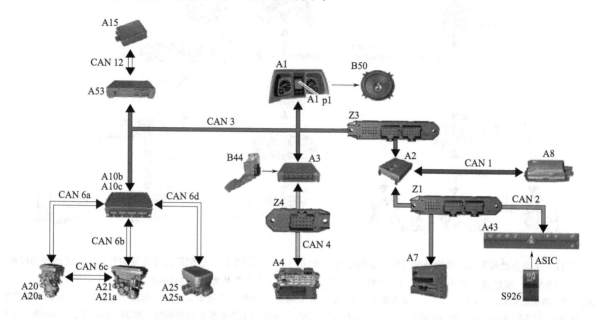

图 6-10　主动制动辅助系统功能网络 [生产日期截至 2015 年 2 月 28 日的车辆，未装配取代驾驶室信号采集及促动控制模组 (SAM) 和底盘信号采集及促动控制模组 (SAM) 的单信号采集及促动控制模组 (SAM) (代码 Z3L)]

A1—仪表盘控制单元 (ICUC)；A1 p1—多功能显示屏；A2—中央网关 (CGW) 控制单元；A3—行驶控制系统 [共用传动系控制器 (CPC)] 控制单元；A4—发动机管理 (MCM) 控制单元；A7—驾驶室信号采集及促动控制模组 (SCA) 控制单元；A8—车架信号采集及促动控制模组 (SCH) 控制单元；A10b—电子制动控制系统 (EBS) 控制单元 (Wabco)；A10c—电子制动控制系统 (EBS) 控制单元 (Knorr)；A15—前部雷达传感器 (RDF) 控制单元；A20—前轴车轴调制器 (Wabco)；A20a—前轴车轴调制器 (Knorr)；A21—后轴车轴调制器 (Wabco)；A21a—后轴车轴调节器 (Knorr)；A25—电控车辆稳定行驶系统 (ESP®) 控制单元 (Wabco)；A25a—电控车辆稳定行驶系统 (ESP®) 控制单元 (Knorr)；A43—组合开关板 (MSF) 控制单元；A53—驾驶辅助系统 (VRDU) 控制单元；B44—油门踏板传感器；B50—中央扬声器；CAN 1—车外控制器区域网络 (CAN)；CAN 2—车内控制器区域网络 (CAN)；CAN 3—车架控制器区域网络 (CAN)；CAN 4—传动系控制器区域网络 (CAN)；CAN 6a—前轴制动器控制器区域网络 (CAN)；CAN 6b—后轴制动器控制器区域网络 (CAN)；CAN 6c—冗余制动器控制器区域网络 (CAN)；CAN 6d—电控车辆稳定行驶系统 (ESP®) 制动器控制器区域网络 (CAN)；CAN 12—雷达控制器区域网络 (CAN)；S926—主动式制动辅助系统 (ABA) 关闭按钮；Z1—驾驶室仪表板控制器区域网络 (CAN) 总线星形结点；Z3—车架控制器区域网络 (CAN) 总线星形结点；Z4—传动系控制器区域网络 (CAN) 总线星形结点；ASIC—应用系统集成电路 (总线系统)

预警阶段（接近控制辅助系统）：接近控制辅助系统仅对检测为移动的车辆发出至少一次警告。如果检测到静止物体，则不会发出警告。多功能显示屏的黄色事件信息中显示该符号，然后通过中央扬声器发出双警告声。

主动式制动辅助系统警告阶段 1：紧急情况下，多功能显示屏的红色事件信息中显示该符号。然后通过中央扬声器发出间歇警告音。同时，收音机及免提系统静音，以便驾驶员能完全集中于交通状况。

主动式制动辅助系统警告阶段 2：极度紧急情况下，多功能显示屏的红色事件信息中显示该符号。通过中央扬声器发出间歇警告声且收音机和免提系统保持静音。主动式制动辅助系统最多以车辆最大制动力的 50％对车辆实施制动（部分制动）。此外还会促动制动灯。

在主动式制动辅助系统的警告阶段 1 或 2，如果主动式制动辅助系统检测到以下任一驾驶员操作，则制动系统的干预可能会被抑制。

① 促动制动踏板，装配主动式制动辅助系统 4（代码 S1V）的车辆。如果驾驶员经过判断执行制动，则不会中断驾驶员执行的制动程序。

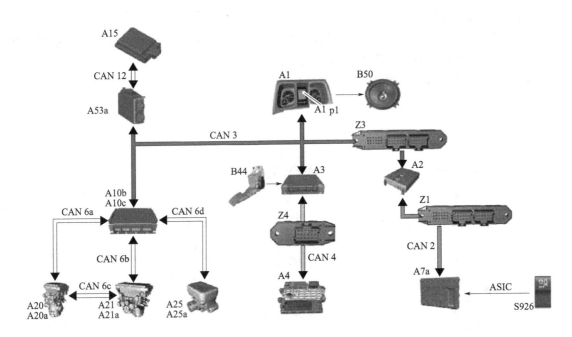

图 6-11　主动制动辅助系统功能网络［生产日期始自 2015 年 3 月 1 日的车辆，装配取代驾驶室信号采集及促动控制模组

（SAM）和底盘信号采集及促动控制模组（SAM）的单信号采集及促动控制模组（SAM）（代码 Z3L）］

A1—仪表盘控制单元（ICUC）；A1 p1—多功能显示屏；A2—中央网关（CGW）控制单元；A3—行驶控制系统［共用传动系控制器（CPC）］控制单元；A4—发动机管理（MCM）控制单元；A7a—单信号采集及促动控制模组（SCH）控制单元；A10b—电子制动控制系统（EBS）控制单元（Wabco）；A10c—电子制动控制系统（EBS）控制单元（Knorr）；A15—前部雷达传感器（RDF）控制单元；A20—前轴车轴调制器（Wabco）；A20a—前轴车轴调制器（Knorr）；A21—后轴车轴调制器（Wabco）；A21a—后轴车轴调节器（Knorr）；A25—电控车辆稳定行驶系统（ESP®）控制单元（Wabco）；A25a—电控车辆稳定行驶系统（ESP®）控制单元（Knorr）；A53a—驾驶辅助系统控制单元（VRDU2）；B44—油门踏板传感器；B50—中央扬声器；CAN 2—车内控制器区域网络（CAN）；CAN 3—车架控制器区域网络（CAN）；CAN 4—传动系统控制器区域网络（CAN）；CAN 6a—前轴制动器控制器区域网络（CAN）；CAN 6b—后轴制动器控制器区域网络（CAN）；CAN 6c—冗余制动器控制器区域网络（CAN）；CAN 6d—电控车辆稳定行驶系统（ESP®）制动器控制器区域网络（CAN）；CAN 12—雷达控制器区域网络（CAN）；S926—主动式制动辅助系统（ABA）关闭按钮；Z1—驾驶室仪表板控制器区域网络（CAN）总线星形结点；Z3—车架控制器区域网络（CAN）总线星形结点；Z4—传动系统控制器区域网络（CAN）总线星形结点；ASIC—应用系统集成电路（总线系统）

② 促动转向信号（最多 20s），指示变换车道；驾驶员有意促成这一情况，并且已经做出相应反应。

③ 急剧加速或强制降挡意味着驾驶员希望迅速加速，此时会判断为驾驶员意识到并有意促成这一情况（如通过超车）。

④ 目标丢失。进行目标丢失障碍物避让操纵意味着驾驶员已经意识到当前情况，并做出了相应反应。

⑤ 通过按下主动式制动辅助系统（ABA）按钮停用主动式制动辅助系统。

多功能显示屏中的显示信息保持激活。主动式制动辅助系统如果未检测到驾驶员的任何操作且继续存在发生碰撞的危险，则主动式制动辅助系统执行紧急制动（完全制动），直至车辆停止。主动式制动辅助系统 2 仅对前方行驶车辆执行紧急制动，不会对静止障碍物执行，主动式制动辅助系统 3 会对静止障碍物执行制动，而主动式制动辅助系统 4 还会对移动的行人执行制动，尽管此时仅执行部分制动。

紧急制动所需的信息由驾驶员辅助系统控制单元通过底盘控制器区域网络（CAN）传送至电子制动控制系统控制单元。启用紧急制动程序后，多功能显示屏的红色警告信息中还会显示该符号，也会通过中央扬声器发出持续警告声。

只有以下任一驾驶员行为才可终止所采取的紧急停止操作。

① 强制降挡。

② 通过按下主动式制动辅助系统（ABA）按钮停用，此操作一旦生效，紧急制动就无法通过其他任何操作取消。这样可以防止诸如无意识地激活转向信号而意外取消紧急制动的操作。

未装配主动式制动辅助系统 4（代码 S1V）的车辆执行紧急制动操作后，车辆在停止后继续由主动式制动辅助系统制动最多 5s。"紧急制动完成"符号显示在多功能显示屏中。

装配主动式制动辅助系统 4（代码 S1V）的车辆紧急制动程序完成后，车辆通过主动式制动辅助系统 4 的保持-制动功能保持静止。多功能屏显示屏警告提示如图 6-12 所示。

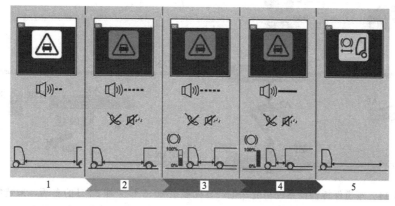

图 6-12　多功能显示屏警告提示

1—预警阶段（接近控制辅助系统）；2—主动式制动辅助系统警告阶段 1；3—主动式制动辅助系统警告阶段 2
（部分制动）；4—主动式制动辅助系统紧急制动（完全制动）；5—主动式制动辅助系统紧急制动完成

6.1.3　车道保持辅助系统

摄像头安装位置如图 6-13 所示。车道辅助摄像头 A72 从视觉上记录车辆相对于车辆前方 6～35m 范围内左侧和右侧车道标记的位置，并将视频图像传送至驾驶员辅助系统（VRDU）控制单元 A53。

车道辅助摄像头 A72 安装在挡风玻璃中央内部。车道辅助摄像头 A72 包括以下主要部件：摄像头；车道辅助摄像头控制单元；加热元件。

更换车道辅助摄像头 A72 或挡风玻璃后，必须重新校准车道辅助摄像头 A72。

图 6-13　车道辅助摄像头位置
A72—车道辅助摄像头

车道保持辅助系统是一种可视系统，在意外偏离车道的情况下，其通过驾驶员扬声器 B51 或前排乘客扬声器 B52 向驾驶员发出声讯警告并通过多功能显示屏 A1 p1 中的指示发出视觉警告。系统功能网络如图 6-14～图 6-16 所示。

车道辅助摄像头 A72 或多功能摄像头（MPC）A84 记录车辆前方 6～35m 道路的图像。驾驶员辅助系统（VRDU）控制单元 A53 检测车道辅助摄像头 A72 图像是否有鲜明的道路标识，并检查这些标记是否与对称车道边界的特定图案相对应，或多功能摄像头（MPC）A84 自己执行此功能。

当多功能摄像头（MPC）A84 或驾驶辅助系统（VRDU）控制单元 A53 检测到对称车道边界后会不断监测其是否对称，并在发现车辆偏离车道时立即触发声音及视觉警告。

前轴的一个车轮驶过检测到的车道标志的边缘时，即表示偏离车道。多功能显示屏 A1 p1 中的车道标记颜色：

① 灰色表示未检测到车道违规或车道保持辅助系统停用；

② 白色表示检测到车道违规；

③ 红色表示警告。

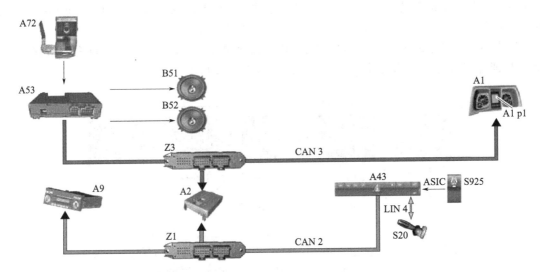

图 6-14　车道保持辅助系统功能［生产日期截至 2015 年 2 月 28 日的车辆，未装配取
代驾驶室信号采集及促动控制模组（SAM）和底盘信号采集及促动控制模组
（SAM）的单信号采集及促动控制模组（SAM）（代码 Z3L）］

A1—仪表盘控制单元（ICUC）；A1 p1—多功能显示屏；A2—中央网关（CGW）控制单元；A9—卡车控制中心
（TCC）；A43—组合开关板（MSF）控制单元；A53—驾驶辅助系统（VRDU）控制单元；A72—车道辅助摄像头；
B51—驾驶员扬声器；B52—前排乘客扬声器；CAN 2—车内控制器区域网络（CAN）；CAN 3—车架控制器区域网
络（CAN）；LIN 4—左侧多功能控制杆局域互联网（LIN）；S20—左侧多功能操纵杆；S925—车道辅助系统关闭按
钮；Z1—驾驶室仪表板控制器区域网络（CAN）总线星形结点；Z3—车架控制器区域网络（CAN）总线星形结点；
ASIC—应用系统集成电路（总线系统）

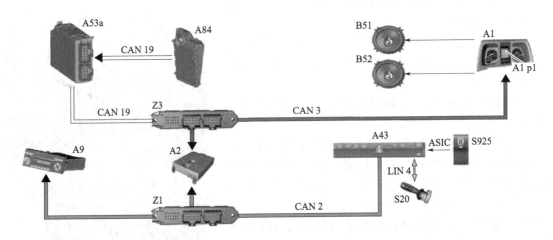

图 6-15　车道保持辅助系统功能［生产日期始自 2015 年 3 月 1 日的车辆，装配接近控制辅助
系统/代码（S1I），未装配取代驾驶室信号采集及促动控制模组（SAM）和底盘信号
采集及促动控制模组（SAM）的单信号采集及促动控制模组（SAM）（代码 Z3L）］

A1—仪表盘控制单元（ICUC）；A1 p1—多功能显示屏；A2—中央网关（CGW）控制单元；A9—卡车控制中心
（TCC）；A43—组合开关板（MSF）控制单元；A53a—驾驶辅助系统（VRDU2）控制单元；A84—多功能摄像头
（MPC）；B51—驾驶员扬声器；B52—前排乘客扬声器；CAN 2—车内控制器区域网络（CAN）；CAN 3—车架控制器
区域网络（CAN）；CAN 19—驾驶辅助系统控制器区域网络（CAN）；LIN 4—左侧多功能控制杆局域互联网（LIN）；
S20—左侧多功能操纵杆；S925—车道辅助系统关闭按钮；Z1—驾驶室仪表板控制器区域网络（CAN）总线星形结
点；Z3—车架控制器区域网络（CAN）总线星形结点；ASIC—应用系统集成电路（总线系统）

　　功能启动的前提条件：检测到车道标记；速度超过 60km/h；车道辅助摄像头 A72 或多功能摄像头
（MPC）A84 参数设置正确。

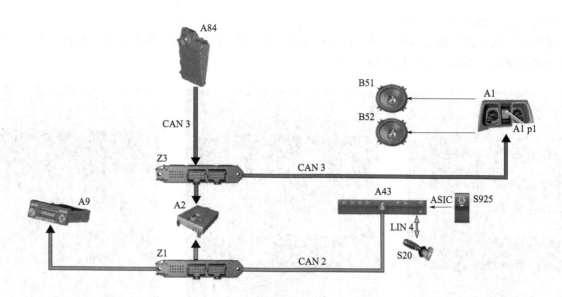

图 6-16　车道保持辅助系统功能［生产日期始自 2015 年 3 月 1 日的车辆，未装配接近控制辅助
系统（代码 S1I），未装配取代驾驶室信号采集及促动控制模组（SAM）和底盘信号
采集及促动控制模组（SAM）的单信号采集及促动控制模组（SAM）（代码 Z3L）］

A1—仪表盘控制单元（ICUC）；A1 p1—多功能显示屏；A2—中央网关（CGW）控制单元；A9—卡车控制中心
（TCC）；A43—组合开关板（MSF）控制单元；A84—多功能摄像头（MPC）；B51—驾驶员扬声器；B52—前排乘客
扬声器；CAN 2—车内控制器区域网络（CAN）；CAN 3—车架控制器区域网络（CAN）；LIN 4—左侧多功能控制杆
局域互联网（LIN）；S20—左侧多功能操纵杆；S925—车道辅助系统关闭按钮；Z1—驾驶室仪表板控制器区域网络
（CAN）总线星形结点；Z3—车架控制器区域网络（CAN）总线星形结点；ASIC—应用系统集成电路（总线系统）

如果驾驶辅助系统（VRDU）控制单元 A53 中设置的摄像头高度参数无效，则车道保持辅助系统不能使用。驾驶员辅助系统（VRDU）控制单元 A53 中存储一条故障条目。

启动警告的时间点取决于接近车道标记的速度和车道的宽度。由于在窄车道情况下发生无意轻微横向偏离的频率更高，因此窄车道情况下警告的触发迟于宽车道。

与建筑工地上的振动噪声类似，声讯报警音根据偏离情况通过驾驶员扬声器 B51 或前排乘客扬声器 B52 输出。为此，各扬声器配有一个次级线圈，可降低喇叭的音量，以便在警告过程中更好地识别警告音。

输出的视觉警告显示在多功能显示屏 A1 p1 中。如果没有检测到车道或系统停用，则车道标记在显示屏中显示为灰色。如果检测到车道，则车道标记在显示屏中显示为白色。如果出现车道违规，则车道标记在显示屏中显示为红色。

警告最短持续时间为 1.5s。新的警告只能在停顿 3s 后输出。如果在警告停顿期间再次发生车道偏离，则警告输出在此车道偏离持续期间会受到抑制。

某些情况下，并不需要车道保持辅助系统发出警告。完全抑制警告输出（声讯和视觉）有多个前提条件。在某些前提条件下，允许连续输出视觉警告。在警告输出之前以及输出过程中，均可对警告进行抑制。

以下情况下，启用的系统会抑制/中断声音和视觉警告输出：车速低于 60km/h；驶过宽度大于车宽一半的车道标志；驾驶员进行校正转向干预（在输出警告时重新转入车道）；不存在或车道标记不清晰；路标相互矛盾（交通区）；车道宽度小于 3m；弯道半径小于 125m；车道辅助系统关闭按钮 S925 的操作；已设置转向信号指示灯。

以下情况下，启用的系统抑制声音警告输出（继续输出视觉警告）：强制降挡；制动踏板位置超过 30% 的制动；电控车辆稳定行驶系统（ESP®）的控制干预功能；主动制动辅助系统或接近控制辅助系统发出距离警告。

车道保持辅助系统功能在每次点火开关打开时启用，并可通过车道辅助系统关闭按钮 S925 停用。当车道保持辅助系统停用时，车道辅助系统关闭按钮 S925 中的指示灯亮起。多功能显示屏（A1 p1）中的车道标记显示为灰色，如图 6-17 所示。

车道保持辅助系统的警告输出：警告在多功能显示屏 A1 p1 中输出。偏离车道的情况通过一个红色的车道标记进行指示，如图 6-18～图 6-21 所示。

图 6-17　没有检测到车道或系统停用

图 6-18　左侧车道违规以虚线车道标记显示

图 6-19　右侧车道违规以虚线车道标记显示

图 6-20　左侧车道违规以实线车道标记显示

图 6-21　右侧车道违规以实线车道标记显示

6.1.4　转弯辅助系统

转弯辅助系统当前仅适用于左舵驾驶车辆。转弯辅助系统通过近距离雷达主控制单元（SRR-R）A148 和近距离雷达从控制单元（SRR-R）A149 监测牵引车和挂车/半挂车的右侧区域。转弯辅助系统功能如图 6-22 所示。

雷达传感器固定在后轴前部的右侧翼子板支架上。向右转和向右变换车道时转弯辅助系统辅助驾驶员。右侧 A 柱中警告元件的指示灯 H56 提醒驾驶员注意监测区域检测到物体。

如果即将发生碰撞，还会发出警告音。转弯辅助系统对牵引车右侧区域中移动的人员或车辆提前发出警告，主要注意避免碰撞自行车或行人。

转弯辅助系统还具有关闭辅助功能：针对静止人员或物体发出的追踪模式警告。曲线警告的发出取决于先前对整个牵引车/挂车组合转弯行为的计算，该计算受各种车辆和挂车参数的影响。

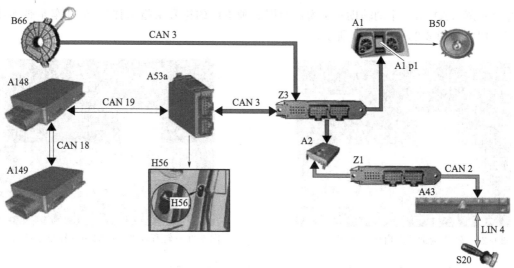

图 6-22　转弯辅助系统功能

A1—仪表盘控制单元（ICUC）；A1 p1—多功能显示屏；A2—中央网关（CGW）控制单元；A43—组合开关板（MSF）控制单元；A53a—驾驶辅助系统（VRDU2）控制单元；A148—近距离雷达主控制单元（SRR-R）；A149—近距离雷达从控制单元（SRR-R）；B50—中央扬声器；B66—方向盘转角传感器（SAS）；CAN 2—车内控制器区域网络（CAN）；CAN 3—车架控制器区域网络（CAN）；CAN 18—近距离雷达控制器区域网络（CAN）；CAN 19—驾驶辅助系统控制器区域网络（CAN）；H56—指示灯；LIN 4—左侧多功能控制杆局域互联网（LIN）；S20—左侧多功能操纵杆；Z1—驾驶室仪表板控制器区域网络（CAN）总线星形结点；Z3—车架控制器区域网络（CAN）总线星形结点

倒车时，转弯辅助系统自动停用且不进行监测。随后再次向前行驶时，挂车监测器在约100m的距离期间保持停用，直至弯曲角重新初始化并且挂车的追踪模式计算重新开始。

转弯辅助系统在以下情况下提供辅助：静止（例如等待交通信号灯时，负载和空载时等）；起步；低速行驶时；向左转弯时，追踪模式中存在静止物体（不超过36km/h）；向右侧换道（整个车速范围）。

倒车时不启用转弯辅助系统。转弯辅助系统的挂车监测功能不启用并且在以下情况下无法启用或停用：刚刚完成倒车后；刚刚连接挂车后。

近距离雷达主控制单元（SRR-R）A148和近距离雷达从控制单元（SRR-R）A149监测牵引车/挂车组合右侧的整个长度，最大长度18.75m。在近距离雷达主控制单元（SRR-R）A148和近距离雷达从控制单元（SRR-R）A149的前部及后部，车辆与监测区域之间约6°的区域范围，无法进行监测，如图6-23所示。

无法检测到该区域内的物体。靠近护栏或相似的屏障结构时，系统可能发出不合理的警告或在较长车辆（例如卡车）旁边行驶较长时间时，可能会中断警告。

根据情况和挂车/半挂车的不同，转弯辅助系统可能提前发出警告或完全不发出警告。如果转弯辅助系统的正常功能中断，多功能显示屏（A1p1）显示黄色事件信息。

点火开关打开时，转弯辅助系统启用。转弯辅助系统的监测范围中存在移动物体时，A柱中的指示灯H56亮起为黄色，如图6-24所示。在转弯辅助系统的监测范围中存在移动物体且存在碰撞的风险时，A柱中的指示灯H56闪烁或亮起为红色。

图 6-23　传感器的监测范围

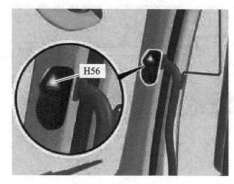

图 6-24　指示灯位置

多功能显示屏（A1 p1）中的辅助菜单窗口使用 3 种不同的符号来指示挂车/半挂车是否连接以及挂车监测器是否启用，如图 6-25～图 6-27 所示。

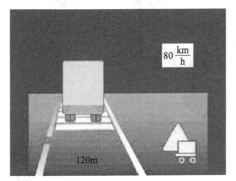

图 6-25　转弯辅助系统启用（挂车被监测）

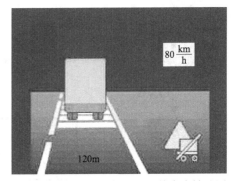

图 6-26　转弯辅助系统启用（挂车未被监测）

在转弯辅助系统的监测范围内存在移动物体，如图 6-28 所示，指示灯 H56 亮起为黄色。此外，多功能显示屏 A1p1 的辅助菜单窗口中的指示灯呈黄色亮起。

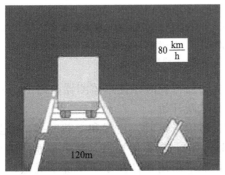

图 6-27　转弯辅助系统停用或倒挡接合

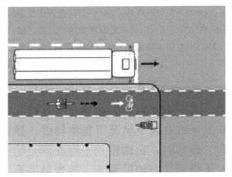

图 6-28　向右转弯时发出警告

在转弯辅助系统的监测范围内存在移动物体。如果驾驶员向右转向且车辆开始移动，则转弯辅助系统对此进行检测，如图 6-29 所示。若存在碰撞风险，指示灯 H56 呈红色闪烁约 2s。同时还会发出声讯报警。然后，指示灯 H56 呈红色亮起直至碰撞危险解除。此外，多功能显示屏 A1p1 的辅助菜单窗口中的指示灯呈红色亮起。系统没有自动制动。

在转弯辅助系统的监测范围内存在移动物体，指示灯 H56 亮起为黄色。此外，多功能显示屏 A1p1 的辅助菜单窗口中的黄色指示灯亮起。

如图 6-30 和图 6-31 所示，变换车道时危险区域中存在移动物体，存在碰撞风险。驾驶员向右转向时，指示灯 H56 呈红色闪烁约 2s，同时还会发出声讯报警。然后，指示灯 H56 呈红色亮起直至碰撞危险解除。此外，多功能显示屏 A1p1 的辅助菜单窗口中的红色指示灯亮起。

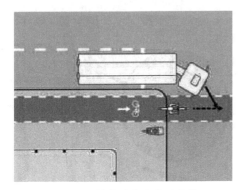

图 6-29　转弯时存在移动物体

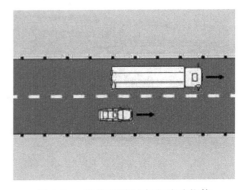

图 6-30　变换车道时存在移动物体

向右转向时针对静止物体的警告（追踪模式警告），转弯辅助系统在最高车速 35km/h 范围内，会针对车辆转弯范围内的静止物体发出警告。

如果向右转向时存在与静止障碍物发生碰撞的风险，则指示灯 H56 呈红色闪烁约 2s，同时还会发出声讯报警。然后，指示灯 H56 呈红色亮起直至碰撞危险解除。此外，多功能显示屏 A1p1 的辅助菜单窗口中的红色指示灯亮起。系统没有自动制动。

在出厂时，对转弯辅助系统的牵引车进行参数设置（车型、轴距等）。根据挂车雷达反射的不同程度，转弯辅助系统可以识别以下三个挂车类型：长度为 13.6m，3 轴非转向组的标准半挂车；带转向架或中置轴挂车的标准挂车；低架挂车。

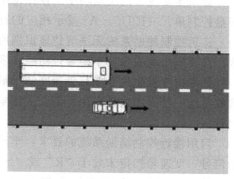

图 6-31　变换车道时发出警告

用于计算弯曲角和追踪模式的计算机型号存储在这些挂车类型系统中。

通过防抱死制动系统（ABS）信号和挂车尾灯的电源监测器检测是否存在挂车。

追踪模式计算基于标准挂车的尺寸。如果是带 ISO 接口的挂车，则使用挂车实际传送的尺寸进行计算。

参数设置不正确的 ISO 接口或特殊几何结构的挂车（雷达传感器的检测点在车架内侧而不在外侧边缘），可能会导致精度降低或发出警告。在这种情况下，驾驶员可以通过仪表盘中的菜单选择停用挂车监测器。

随后连接不同的挂车时，系统会自动重新启用挂车监测器。

转弯辅助系统可通过系统菜单窗口关闭。设置会继续保存至下一次更换挂车/半挂车前，可能出现的任何不良效果（例如通过现有挂车监测器发出的提前曲线警告）均可通过仪表盘中的挂车菜单单独停用挂车监测器避免。在这种情况下，转弯辅助系统将仅针对与牵引车高度相同的物体继续提供警告。

6.1.5　接近控制辅助系统

随着交通密度的不断增加以及相关道路速度的频繁变化，定速巡航控制的实用性越来越低。经常不得不手动超越或施加制动后重新激活设置的期望车速。为了减轻驾驶员压力，特别对于长途驾驶，采用了接近控制辅助系统。

接近控制辅助系统通过前部雷达传感器（RDF）控制单元 A15 检测本车前方最多 200m 区域的交通状况。记录车辆之间的距离和车速差异，并对其变化进行分析。

由于集成在整车网络中，无须驾驶员的帮助，可通过减速自动控制与前方车辆的距离。接近控制辅助系统利用时走时停功能可以在交通堵塞时自动控制起步和停止。如果时走时停交通状况下的停止时间短于 2s，则无须操作油门踏板，车辆便可再次开始行驶。

通过发动机制动实现车辆减速；根据车辆设备的不同，还通过缓速器或行车制动器减速。距离依据基本设置而定，具体取决于相应的车速以及距离正前方车辆的法定最短距离。

还可通过驾驶员使用左侧多功能方向盘按钮组 S110 和右侧多功能方向盘按钮组 S111 改变车距。驾驶员必须对行驶速度以及与正前方车辆之间的距离负责任。接近控制辅助系统不会根据道路和视野状况自动调节与正前方车辆之间的距离。

可以使用右侧多功能方向盘按钮组 S111 在 0～90km/h 之间启用接近控制辅助系统。激活后，对于空闲车道以及由于陡坡或山路上下驾驶引起的偏差，该系统可如定速巡航控制那样调节设置的车速。

如果与正前方车辆靠得太近，则会降低车速，并与正前方车辆适当保持指定的车距。通过发动机，持续制动器和行车制动器的自动干预可实现这一点。

如果交通状况允许（例如由于前方车辆变更车道），则会重新恢复设定的车速。如果突然出现车辆（例如由于变更车道），则接近控制辅助系统会设法对这种状况进行调节。但是，基于安全理由，车速在 0～15km/h 之间时制动干预限制在最大 3m/s，车速超过 15km/h 时制动干预限制在最大 2m/s。这约相当于车辆最大可能制动功率的 30%。

如果需要更大的制动功率或存在碰撞危险，则还会发出车距警告。为此，多功能显示屏 A1 p1 中的仪表盘控制单元（ICUC）A1 显示相应的符号。此外，还通过中央扬声器 B50 发出双信号音（交替音）。

接近控制辅助系统无法清楚地识别所有的复杂驾驶状况。可能会发出错误的距离警告或根本不发出警告。只要不出现故障，车距警告功能在接近控制辅助系统关闭时仍然启用。

如果由于发生故障或行驶速度低于最低速度而导致启用的车距控制功能自行关闭，则会通过声讯通知驾驶员这一情况。这是利用所谓"关闭响铃"的装置实现的，该装置与双警告音（交替响铃）不同，是单响铃。

启用接近控制辅助系统的要求：车速超过 15km/h 或已检测到前方车辆；座椅承载传感器传送了相应的信号；变速箱挡位未处于"R"或"N"；底盘在行车高度范围内（适用于装配空气悬架的车辆）；防抱死制动系统（ABS）、防加速打滑控制（ASR）和电控车辆稳定行驶系统（ESP®）未处于控制模式；初始化和自检阶段完成（发动机启动后约 2min）。

启用接近控制辅助系统可通过促动右侧多功能方向盘按钮组 S111 进行启动，信号随之通过控制器区域网络（CAN）转发至行驶控制（CPC）控制单元 A3。

行驶控制（CPC）控制单元 A3 检查启用接近控制辅助系统的所有要求是否均已满足。为此，由于整车网络的集成性，会对通过不同方式提供的以下信息进行评估。

① 驻车制动器的位置：驻车制动器 B30 压力开关的信号被传送至中央网关控制单元（CGW）A2。中央网关控制单元（CGW）A2 将该信息通过网关功能经车架控制器区域网络（CAN）CAN3 传送至行驶控制（CPC）控制单元 A3。

② 防抱死制动系统（ABS）、防加速打滑控制系统（ASR）和电控车辆稳定行驶系统（ESP®）的当前状态：如果防抱死制动系统（ABS）、防加速打滑控制或电控车辆稳定行驶系统（ESP®）处于闭环操作，电子制动控制系统（EBS）控制单元 A10b、A10c 将该信息通过车架控制器区域网络（CAN）CAN3 传送至行驶控制（CPC）控制单元 A3。

③ 车速：为了计算车速，对来自行程和速度传感器 B18 的信息进行评估，然后通过行驶记录仪（TCO）P1 传送至行驶控制（CPC）控制单元 A3。

④ 变速箱挡位：变速箱的当前开关位置由变速箱（TCM）控制单元 A5 确定。为此，该控制单元评估来自变速箱定位器 Y900 的信息，将其转换为相应的信息，然后经传动系统控制器区域网络（CAN）CAN 4 将其传送至行驶控制（CPC）控制单元 A3。

⑤ 与前方车辆的车距：驾驶员辅助系统控制单元（VRDU）A53 和/或驾驶员辅助系统控制单元（VRDU2）A53a 通过前部雷达传感器控制单元（RDF）A15 评估检测到的信息并将其传送至行驶控制（CPC）控制单元 A3。

如果满足所有要求，则启用车距控制。行驶控制（CPC）控制单元 A3 将相应的信息（如符号"接近控制辅助系统启用""当前巡航速度 15～89km/h"和"当前实际距离 0～125m"）通过车架控制器区域网络（CAN）CAN 3 传送至仪表盘控制单元（ICUC）A1。多功能显示屏 A1 p1 显示与前方车辆的当前实际车距、符号"接近控制辅助系统启用"和当前设定的巡航速度。

如果未满足要求并试图启用接近控制辅助系统，则会记录无效的启用尝试。在多功能显示屏 A1 p1 中显示"--公里/小时"约出现 3s。

如果无法启用接近控制辅助系统，例如由于水平高度控制系统未处于行车高度或系统存在故障，则仅启用标准定速巡航控制并通过中央扬声器 B50 发出一声警告音。

更改所需车速的功能顺序：行驶控制（CPC）控制单元 A3 通过右侧多功能方向盘按钮组 S111 检测输入，然后经整车网络将当前设定的巡航速度的相应信息传送至仪表盘（ICUC）控制单元 A1。在更改所需速度期间，当前设定的所需速度同时显示在多功能显示屏（A1 p1）的中央和底部边缘。松开右侧多功能方向盘按钮组 S111 后，当前设定的所需速度存储在行驶控制（CPC）控制单元 A3 中。显示在多功能显示屏 A1 p1 中央的当前设定巡航速度约 5s 后消失。

更改与前方车辆之间的规定距离的功能顺序：打开点火开关时，与前方车辆设置约 2s 的时间间隔（基本设定）。与前方车辆之间的距离最低不能低于 15m。指定距离范围可设置在车速表读数的 30%～100%之间（单位：m，分 7 个等级）。

行驶控制（CPC）控制单元 A3 通过多功能方向盘按钮组 S110、S111 记录输入，然后将关于所需限定距离的信息传送至仪表盘控制单元（ICUC）A1。在更改距离期间，当前设定的限定距离带标记显示在多功能显示屏 A1 p1 中。更改距离后，新设定的限定距离存储在行驶控制（CPC）控制单元 A3 中。多功能显示屏 A1 p1 中关于设定的限定距离信息在约 5s 后消失。

接近控制辅助系统功能如图 6-32 和图 6-33 所示。

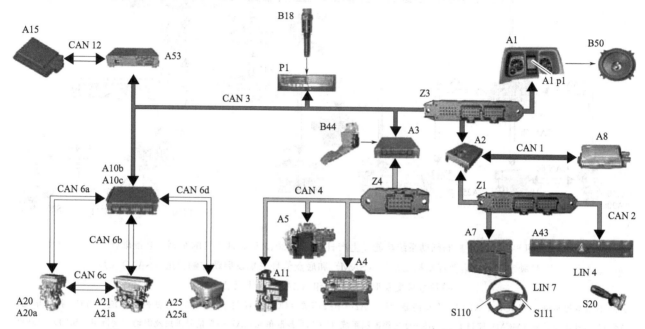

图 6-32　接近控制辅助系统功能［生产日期截至 2015 年 2 月 28 日的车辆，未装配取
代驾驶室信号采集及促动控制模组（SAM）和底盘信号采集及促动控制模组
（SAM）的单信号采集及促动控制模组（SAM）（代码 Z3L）］

A1—仪表盘控制单元（ICUC）；A1 p1—多功能显示屏；A2—中央网关（CGW）控制单元；A3—行驶控制系统（CPC）控制单元；A4—发动机管理系统（MCM）控制单元；A5—变速箱控制系统（TCM）控制单元；A7—驾驶室信号采集及促动控制模组（SCA）控制单元；A8—车架信号采集及促动控制模组（SCH）控制单元；A10b—电子制动控制系统（EBS）控制单元（Wabco）；A10c—电子制动控制系统（EBS）控制单元（Knorr）；A11—缓速器控制单元（RCM）［仅适用于装配二级水冷式缓速器（代码 B3H）的车辆］；A15—前部雷达传感器（RDF）控制单元；A20—前轴调制器（Wabco）；A20a—前轴调制器（Knorr）；A21—后轴调制器（Wabco）；A21a—后轴调制器（Knorr）；A25—电控车辆稳定行驶系统（ESP®）控制单元（Wabco）；A25a—电控车辆稳定行驶系统（ESP®）控制单元（Knorr）；A43—组合开关板（MSF）控制单元；A53—驾驶员辅助系统（VRDU）控制单元；B18—行程和转速传感器；B44—油门踏板传感器；B50—中央扬声器；CAN 1—车外控制器区域网络（CAN）；CAN 2—车内控制器区域网络（CAN）；CAN 3—车架控制器区域网络（CAN）；CAN 4—传动系统控制器区域网络（CAN）；CAN 6a—前轴制动器控制器区域网络（CAN）；CAN 6b—后轴制动器控制器区域网络（CAN）；CAN 6c—双重传输制动器控制器区域网络（CAN）；CAN 6d—电控车辆稳定行驶系统（ESP®）制动器控制器区域网络（CAN）；CAN 12—雷达控制器区域网络（CAN）；LIN 4—左侧多功能控制杆局域互联网（LIN）；LIN 7—按钮组局域互联网（LIN）；P1—行驶记录仪（TCO）；S20—左侧多功能操纵杆；S110—左侧多功能方向盘按钮组；S111—多功能方向盘右侧按钮组；Z1—驾驶室仪表板控制器区域网络（CAN）总线星形结点；Z3—车架控制器区域网络（CAN）总线星形结点；Z4—传动系统控制器区域网络（CAN）总线星形结点

6.1.6　注意力辅助系统

在长时间单调的行驶期间，例如在高速公路和公路上，注意力辅助系统为驾驶员提供辅助。注意力辅助系统在车速大约超过 60km/h 起开始启用。

如果注意力辅助系统探测到驾驶员疲劳或注意力越来越不集中的迹象，则会建议休息。发出注意力辅助系统警告的情况与法律规定的驾驶时间和休息时间或数字行驶记录仪功能无关。

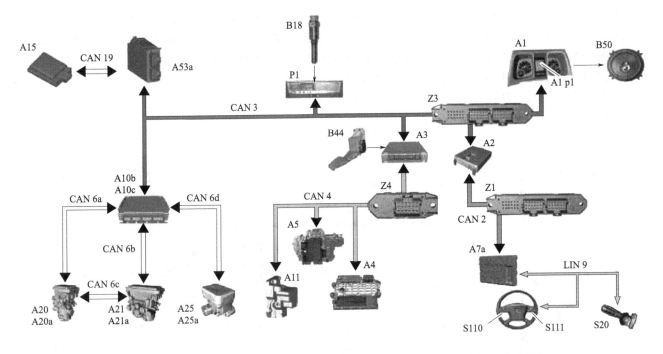

图 6-33　接近控制辅助系统功能［生产日期始自 2015 年 3 月 1 日的车辆，装配取代
驾驶室信号采集及促动控制模组（SAM）和底盘信号采集及促动控制模组（SAM）的
单信号采集及促动控制模组（SAM）（代码 Z3L）］

A1—仪表盘控制单元（ICUC）；A1 p1—多功能显示屏；A2—中央网关（CGW）控制单元；A3—行驶控制系统（CPC）控制单元；A4—发动机管理系统（MCM）控制单元；A5—变速箱控制系统（TCM）控制单元；A7a—单信号采集及促动控制模组（SCH）控制单元；A10b—电子制动控制系统（EBS）控制单元（Wabco）；A10c—电子制动控制系统（EBS）控制单元（Knorr）；A11—缓速器控制单元（RCM）［仅适用于装配二级水冷式缓速器（代码 B3H）的车辆］；A15—前部雷达传感器（RDF）控制单元；A20—前轴调制器（Wabco）；A20a—前轴调制器（Knorr）；A21—后轴调制器（Wabco）；A21a—后轴调制器（Knorr）；A25—电控车辆稳定行驶系统（ESP®）控制单元（Wabco）；A25a—电控车辆稳定行驶系统（ESP®）控制单元（Knorr）；A53a—驾驶员辅助系统控制单元（VRDU2）；B18—行程和转速传感器；B44—油门踏板传感器；B50—中央扬声器；CAN 2—车内控制器区域网络（CAN）；CAN 3—车架控制器区域网络（CAN）；CAN 4—传动系统控制器区域网络（CAN）；CAN 6a—前轴制动器控制器区域网络（CAN）；CAN 6b—后轴制动器控制器区域网络（CAN）；CAN 6c—双重传输制动器控制器区域网络（CAN）；CAN 6d—电控车辆稳定行驶系统（ESP®）制动器控制器区域网络（CAN）；CAN 19—驾驶辅助系统控制器区域网络（CAN）；LIN9—开关板局域互联网（LIN）；P1—行驶记录仪（TCO）；S20—左侧多功能操纵杆；S110—左侧多功能方向盘按钮组；S111—多功能方向盘右侧按钮组；Z1—驾驶室仪表板控制器区域网络（CAN）总线星形结点；Z3—车架控制器区域网络（CAN）总线星形结点；Z4—传动系统控制器区域网络（CAN）总线星形结点

　　注意力辅助系统评估疲劳程度和注意力分散程度，同时考虑以下标准：个人驾驶方式，例如车道保持，转向能力；行驶条件，例如行驶时间。

　　注意力辅助系统功能有局限性，在以下情况下，警告不会发出或延迟发出：车速基本低于 60km/h；不存在车道标记或标记几乎消失；路线弯绕。

　　如果注意力辅助系统识别到典型的疲劳或注意力分散迹象：

　　① 会发出声讯信号；

　　② 车载电脑显示一条黄色事件信息（床形图标）和"需要休息"；

　　③ 车道保持辅助系统再次自动启用。

　　如果发动机关闭或系统检测到车辆静止较长时间，则注意力辅助系统会复位评估设置。如果注意力辅助系统未识别到休息情况，则在 15min 后再次发出休息请求。注意力辅助系统功能如图 6-34～图 6-36 所示。

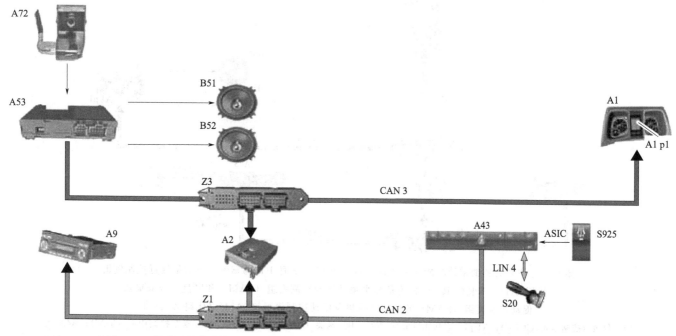

图 6-34　注意力辅助系统功能［生产日期截至 2015 年 2 月 28 日的车辆，未装配取代驾驶室
信号采集及促动控制模组（SAM）和底盘信号采集及促动控制模组（SAM）的单信号
采集及促动控制模组（SAM）（代码 Z3L）］

A1—仪表盘控制单元（ICUC）；A1 p1—多功能显示屏；A2—中央网关（CGW）控制单元；A9—卡车控制中心（TCC）；A43—组合开关
板（MSF）控制单元；A53—驾驶辅助系统（VRDU）控制单元；A72—车道辅助摄像头；B51—驾驶员扬声器；B52—前排乘客扬声器；
CAN 2—车内控制器区域网络（CAN）；CAN 3—车架控制器区域网络（CAN）；LIN 4—左侧多功能控制杆局域互联网（LIN）；S20—左侧
多功能操纵杆；S925—车道辅助系统关闭按钮；Z1—驾驶室仪表板控制器区域网络（CAN）总线星形结点；Z3—车架控制器区域网络
（CAN）总线星形结点；ASIC—应用系统集成电路（总线系统）

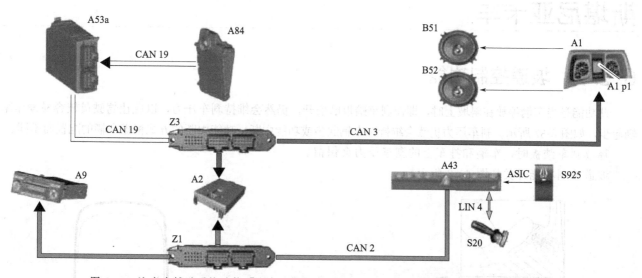

图 6-35　注意力辅助系统功能［生产日期始自 2015 年 3 月 1 日的车辆，装配接近控制辅助
（代码 S1D），未装配取代驾驶室信号采集及促动控制模组（SAM）和底盘信号采集及
促动控制模组（SAM）的单信号采集及促动控制模组（SAM）（代码 Z3L）］

A1—仪表盘控制单元（ICUC）；A1 p1—多功能显示屏；A2—中央网关（CGW）控制单元；A9—卡车控制中心（TCC）；A43—组合开
关板（MSF）控制单元；A53a—驾驶辅助系统（VRDU2）控制单元；A84—多功能摄像头（MPC）；B51—驾驶员扬声器；B52—前排
乘客扬声器；CAN 2—车内控制器区域网络（CAN）；CAN 3—车架控制器区域网络（CAN）；CAN 19—驾驶辅助系统控制器区域网络
（CAN）；LIN 4—左侧多功能控制杆局域互联网（LIN）；S20—左侧多功能操纵杆；S925—车道辅助系统关闭按钮；Z1—驾驶室仪表板
控制器区域网络（CAN）总线星形结点；Z3—车架控制器区域网络（CAN）总线星形结点；ASIC—应用系统集成电路（总线系统）

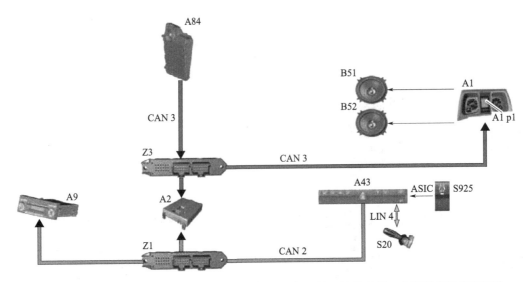

图 6-36 注意力辅助系统功能［生产日期始自 2015 年 3 月 1 日的车辆，未装配接近控制辅助
（代码 S1I），未装配取代驾驶室信号采集及促动控制模组（SAM）和底盘信号采集及
促动控制模组（SAM）的单信号采集及促动控制模组（SAM）（代码 Z3L）］

A1—仪表盘控制单元（ICUC）；A1 p1—多功能显示屏；A2—中央网关（CGW）控制单元；A9—卡车控制中心（TCC）；A43—组合开关板（MSF）控制单元；A84—多功能摄像头（MPC）；B51—驾驶员扬声器；B52—前排乘客扬声器；S20—左侧多功能操纵杆；S925—车道辅助系统关闭按钮；Z1—驾驶室仪表板控制器区域网络（CAN）总线星形结点；Z3—车架控制器区域网络（CAN）总线星形结点；ASIC—应用系统集成电路（总线系统）；CAN 2—车内控制器区域网络（CAN）；CAN 3—车架控制器区域网络（CAN）；LIN 4—左侧多功能控制杆局域互联网（LIN）

6.2
斯堪尼亚卡车

6.2.1 坡道控制功能

此功能是当车辆停放在斜坡上时，即使刹车踏板已松开，仍然会维持刹车压力，以此让驾驶员较容易操作车辆起步，如图 6-37 所示。刹车压力仍然会维持至车辆起步或功能中断，功能中断的方式根据车辆的配置而不同。

释放刹车踏板时，车辆和挂车上的刹车压力会保留。

坡道控制功能开关如图 6-38 所示。

图 6-37 坡道控制功能示意

图 6-38 坡道控制功能开关

以下情况可激活此功能：接通了坡道控制功能开关；车辆静止；发动机正在运转；刹车踏板踩下；离合器踏板踩下。

当满足以上条件且释放了刹车踏板时，此功能激活。当此功能启动时，将会听到一个不连续的声音，如图 6-39 所示。在 2008 年 10 月及以前生产的车辆上，仪表盘中还将显示"坡道控制功能已启动"信息。

图 6-39　声音警报与仪表显示

如果基于安全考虑，即使接通坡道固定开关仍无法激活坡道控制功能，例如当刹车压力偏低或者 ABS 在刹车结束时已启动。

一旦激活该功能，在功能中断之前，刹车压力会保持恒定。

带自动变速箱或自动离合器的车辆此功能可通过下述任一方式中断：激活坡道控制功能 5s 以上；发动机转矩增高；断开了坡道控制功能开关；钥匙电断开。

在刹车压力释放前，驾驶员在仪表盘上接收到一个警告信号和警告文本。

带手动变速箱和离合器的车辆此功能可通过下述任一方式中断：激活坡道控制功能 5s 以上（仅适用于不带 EBS 的车辆）；释放了离合器，且发动机转矩增高；断开了坡道控制功能开关；钥匙电断开；接合空挡的情况下松开了离合器踏板。

在刹车压力释放前，驾驶员在仪表盘上接收到一个警告信号和警告文本。

6.2.2　自适应巡航系统

保持设定车速以及与前面车辆的设定最小车距的功能。巡航定速控制启用后可增大或减小设定车速和设定最小车距。如果距离传感器未检测到前面车辆以低于自身车速的速度行驶，则自适应巡航控制系统将如巡航定速控制一样工作。然而，检测到前面的车辆在以较低速度行驶时，此功能将调节车辆自身速度，以保持与前面车辆的设定最小车距。

驾驶员警告功能如下。

① 自适应巡航控制系统故障警告：警告自适应巡航控制系统发生故障的功能。

② 来自自适应巡航控制系统的碰撞警告：此功能可向驾驶员发出会有与前面车辆发生碰撞危险的警告。

③ 自适应巡航控制系统的距离传感器阻塞警告：距离传感器的感应（发送数据至自适应巡航控制系统的雷达）受积雪、灰尘或类似物阻碍时，此功能可向驾驶员发出警告。

以下情况下，无法激活此功能：变速箱位于空挡；驾驶员正在刹车；车速低于 16km/h；ABS 或 ESP 正在对车辆进行检查；运行系统的系统故障。

以下情况下，此功能自动停用：车速下降至 10km/h 以下；发生系统故障；距离传感器受阻或阻塞。

驾驶员可通过刹车暂时解除此功能，驾驶员松开刹车踏板后此功能将再次激活。

如果系统请求刹车与驾驶员刹车同时发生，则请求最大制动力的来源将处于控制状态中。自适应巡航控制系统将只执行有限刹车。驾驶员必须自己刹住车辆以获得全制动功率。驾驶员可通过踩下油门解除系统请求的所有刹车。

6.2.3　碰撞缓冲系统

AEB 是一种紧急刹车系统，采用了摄像头和雷达，可缓解与前方车辆发生的碰撞的严重程度。

警告：AEB仅是一种辅助功能。AEB不能根据行驶状况或天气做出调整。

当AEB检测到碰撞危险时，系统分3步启动。

① 仪表盘上会显示红色警告并伴有声音信号，碰撞危险符号如图6-40所示。

② 如果驾驶员无反应且危险仍然存在，AEB将进行小幅度刹车。

③ 如果驾驶员仍无反应且危险仍然存在，AEB将以全力刹车。

当车辆以全力刹车并达到静止时，该刹车会在几秒内维持车辆不动。驾驶员可通过应用刹车踏板或油门踏板释放该刹车。

驾驶员可以按如下方式终止警告或刹车：按下仪表板上的AEB开关；急踩刹车踏板；干净利索地踩下油门踏板；将油门踏板踩至强制降挡位置；启动转向信号灯。

启动AEB开关，启动碰撞缓冲系统。

接通电源时AEB自动启动。AEB可通过开关停用。该开关为弹簧复位式并可重置AEB。

在以下情况下AEB可用：车速超过15km/h。

在以下情况下AEB受限或停用，显示符号如图6-41所示：雷达（DIS2）被挡或有故障；摄像头（FLC1）被挡或有故障；车辆或挂车的刹车系统有故障；车辆空气悬架被设置为远离正常驾驶位置。

图6-40　碰撞危险符号

图6-41　受限或停用AEB的符号

当AEB受限或停用时，符号亮起并呈现黄色且仪表盘上会显示相应的消息。可能显示以下消息：已停用：AEB可通过开关停用。

系统存在故障：雷达有故障或被挡导致AEB停用。

功能下降：AEB受限但仍能发挥部分作用。AEB可能不能及时刹车或发出碰撞警告。

如果雷达或摄像头被污垢、雪或冰等挡住，仪表盘上会显示相关符号及相应的消息，如图6-42所示。如果问题未解决，则AEB功能将停用或受限。如果摄像头被挡，只需启动挡风玻璃雨刮器。确保摄像头上没有污垢、雪或冰。

(a) 雷达被挡

(b) 摄像头被挡

图6-42　功能受限提示

AEB仅为一种辅助功能，并且在特定交通状况下难以识别和准确定位车辆。AEB可能会忽略碰撞危险或在没有碰撞危险时启动。

弯道：当驶入或驶出弯道时，AEB很难识别前方道路。因此，AEB可能会忽略道路上的车辆而不发出警告，或将道路旁边的车辆当作道路上的车辆而发出错误警告。

易滑路面和隔离墩：在易滑路面和隔离墩上行驶时，AEB难以识别前方车辆。

换道：AEB 无法识别正在您车辆正前方换道的车辆，直到它们驶入可识别区域。

可能会导致系统（AEB）难以识别或正确定位车辆的交通状况示例，如图 6-43～图 6-47 所示。

图 6-43　超车车辆换道

图 6-44　对弯道上停驻的车辆实施超车

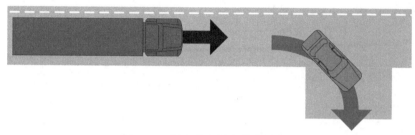

图 6-45　刹车的车辆和熄火的车辆

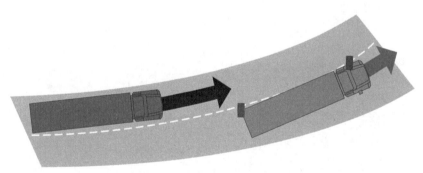

图 6-46　对长型车辆实施超车

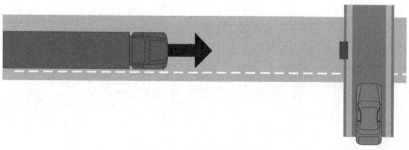

图 6-47　路面上方的车辆